상징형식의 철학

제1권: 언어

대우고전총서
Daewoo Classical Library
028

상징형식의 철학
제1권: 언어

Philosophie der Symbolischen Formen,
Erster Teil: Die Sprache

에른스트 카시러 | 박찬국 옮김

아카넷

* 일러두기: 〔 〕 안의 주는 역자가 독자들의 이해를 돕기 위해 삽입한 것임을 밝혀둔다.

차례

저자 서문 | 9

서론과 문제 제기

    I. 상징형식이라는 개념과 상징형식들의 체계학 | 21

    II. 기호의 일반적인 기능—의미의 문제 | 47

    III. '표현'의 문제와 의식의 구조 | 64

    IV. 기호의 이념적인 의미—모사설의 극복 | 90

제1부 언어적인 형식에 관한 현상학

제1장 철학사에서 언어 문제 | 113

    I. 철학적 관념론의 역사에서 언어 문제
       (플라톤, 데카르트, 라이프니츠) | 113

    II. 경험론의 체계들에서 언어 문제가 갖는 위치
       (베이컨, 홉스, 로크, 버클리) | 148

    III. 프랑스 계몽주의의 철학
       (콩디야크, 몽페르튀이, 디드로) | 161

    IV. 정동의 표현으로서의 언어—'언어의 기원' 문제
       (잠바티스타 비코, 하만, 헤르더, 낭만주의) | 178

V. 빌헬름 폰 훔볼트 | 196

VI. 아우구스트 슐라이허와 '자연과학적' 언어관으로의 진전 | 212

VII. 현대 언어학의 정초와 '음운법칙'의 문제 | 222

제2장 감각적 표현 단계에서의 언어 | 240

I. 표현운동으로서의 언어—신체언어와 어휘언어 | 240

II. 모방적, 유비적, 상징적 표현 | 260

제3장 직관적 표현 단계에서의 언어 | 285

I. 공간과 공간적 관계들의 표현 | 285

II. 시간 표상 | 324

III. 수 개념의 언어적 발전 | 348

IV. 언어와 '내적 직관'의 영역—자아개념의 국면들 | 398

   1. 언어적 표현에서 '주관성'의 해명 | 398

   2. 인칭표현과 소유표현 | 421

   3. 언어표현의 명사적 유형과 동사적 유형 | 435

제4장 개념적 사고의 표현으로서의 언어
―언어에 의한 개념형성과 종류형성의 형식 | 463

   I. 성질을 규정하는 개념의 형성 | 463

   II. 언어에서의 종류형성의 근본방향 | 501

제5장 언어와 순수한 관계형식의 표현―판단영역과 관계개념 | 518

   역자 해제 | 555

■ 저자 서문

이 책—이번의 출간된 것은 이 책의 I권에 해당되지만—의 첫 구상은 졸저 『실체개념과 기능개념(*Sunbstanzbegriff und Funktionsbegriff*)』(Berlin 1910)에서 집약된 연구에서 비롯된다. 본질적으로는 수학적·자연과학적 사고의 구조를 다루었던 이 연구의 결과를 **정신과학적** 문제를 다루는 데 이용하기 위해서 노력하던 중에 다음과 같은 사실이 나에게 갈수록 분명하게 되었다. 즉 일반적인 인식이론은 그것의 전통적인 파악방식과 한계에 머물러서는 정신과학을 방법적으로 정초하기에 불충분하다는 사실 말이다. 이러한 정초가 가능하려면 이러한 인식이론은 원칙적인 확장이 필요한 것 같았다. 세계에 대한 과학적 인식의 일반적 전제들을 탐구하는 것 대신에, 세계를 '**이해하는**' 다양한 근본형식들을 서로 분명하게 구별하고 그것들 각각의 특유한 경향과 정신적 형식을 가능하면 선명하게 파악하는 것으로 나아가야만 했다. 정신의 '형식들에 대한 그러한 이론'을 최소한 일반적인 윤곽에서라도 확립한 후에라야 개별적인 정신과학적 분과학문들을 위해서도 명료한 방법적 개관과 확실한 정초원리를 발견할 수 있을 것이라는 희망을 품을 수 있었다. 자연의 '객체'를 구성하는 근본특성들을 규정하고 인식의 '대상'이 인식기능에 의해서 어떻게 제약되어 있는지를 파악하는 자연과학적 개념형성과 판단형성에 대한 이론 곁에 순수한 주관성의 영역에 대한 유사한 규정이 들어서야만 했다. 그러나 주관성은 자연과 현실을 인식하는 데 그치지 않고 현상의 전체를 하나의 특정한 정신적 관점 아래 두고 그것으로부터 형태화되는 모든 곳에서 작용하는 것으로 입증된다. 이러한 형태화작업들 각각이 정신의 구성에서 하나의 고유한 과제를 어떤 식으로 수행하고 하나의 특별한 법칙에 어떤 식으로 따르는지를 제시해야 했다. 이러한 문제를 다루면서 [이 책의 I권] 서론에서 상세하게 제시한 것과 같은 정신적 형식들에 대한 일반이론의 구상을 발전시키게 되었다. 이러한 구상을 상세하게 구현하는 것과 관련해서 말하자면, 이번에 출간되는 제I권은 언어적 형식에 대한 분석에 한정되어 있다. 희망컨대 대략 일 년 후에 출간될 제II권은 신화적 사유와 종교적 사유의 현상학을 위한 구상을 담을 것이며, 마지막 제III권은 본래적 '인식이론', 즉 **과학적** 사유의 형식에 대한 이론을 서술할 예정이다.

언어가 갖는 순수하게 철학적인 내용을 하나의 특정한 철학적 '체계'라는 시점에서 고찰하는 것은 물론, 빌헬름 폰 훔볼트에 의한 최초의 기초적인 작업들 이래 다시 시도된 적이 없었던 모험을 감행하는 것을 의미한다. 훔볼트가 1805년에 볼프에게 썼던 대로 언어에서 세계 전체의 최고의 것과 가장 심원한 것 그리고 다양한 것들을 파악하기 위한 수단을 발견했다고 믿었다면, 언어탐구와 언어철학이 19세기에 취했던 방향을 통해서 그러한 기대는 갈수록 무망(無望)하게 되는 것 같았다. 철학적 인식의 수단이 되는 것 대신에 언어는 때때로 철학적 회의를 위한 본래적이고 가장 강력한 도구가 되는 것 같았다. 그러나 언어철학이 언어의 정신적 내용의 부정이자 해소와 동일한 의미를 갖게 되었던 근대 언어비판의 이러한 결론을 도외시할 경우에조차도, 언어에 대한 철학적 정초란 만약 그런 것이 가능하다면 단지 **심리학적** 탐구에 의해서만 가능하다는 확신이 갈수록 강하게 대두되었다. 17세기와 18세기의 경험론과 합리론이 서로 다른 길에서 추구했던 단적으로 보편적이고 '철학적인' 문법학이라는 이상은 과학적인 언어비교의 정초 이래로 완전히 파괴된 것으로 보였다. 이제 언어의 통일을 그것의 논리적 내용 대신에 그것의 발생과 이러한 발생의 심리적인 법칙들 면에서 증시하는 길만이 남게 되었다. 오랜 시간이 흐른 후에 언어현상들의 전체를 파악하고 하나의 특정한 정신적 해석방향에 의해서 파악하려는 시도를 다시 기도했던 분트(Wundt)의 대저는 이러한 해석의 원리를 민족심리학(Völkerpsychologie)의 개념과 방법에서 취하고 있다. 동일한 사유방향에서 슈타인탈(Steinthal)은 그의 『심리학과 언어학 입문(*Einleitung in die Psychologie und Sprachwissenschaft*)』(1871)에서 통각에 대한 헤르바르트(Herbart)의 개념을 언어고찰의 기초로서 입증하려고 했다. 그 후 슈타인탈과 분트의 언어관 기초에 대해 의식적이고 선명하게 대립적 입장을 취하면서 마르티(Marty, 1908)는 '일반적 문법학과 언어철학(eine allgemeine Grammatik und Sparchwissenschaft)'에 관한 사상으로 되돌아가고 있다. 그는 그것을 '기술(記述)적인 의미설(deskriptive Bedeutungslehre)'에 대한 구상으로 이해하고 있다. 그러나 여기에서도 이러한 의미설의 구성 시도는 순전히 심리학적인 방법에 의해서 수행되고 있다. 더 나아가 언어철학의 과제는, 언어현상들에서 일반적인 것과 법칙적인 것과 관련된 모든 문제들은 그것들이 심리학적 성질을 갖든가 아니면 최소한 심리학의 주도적인 도움에 의해서만 해결될 수 있는 한에서만 언어철학의 대상이 될 수 있다는 식으로 한정되고 있다. 따라서 이러한 영역에서는 — 이러한 견해가 언어탐구의 권역 자체에서 그리고 무엇보다도 카를 포슬러(Karl Voßler)가 제기한 반대에도 불구하고 — 심리주의와 실증주의가 방법적인 이상으로서 확립되었을 뿐 아니라 거의 일반적인 교의(敎義, Dogma)로까지 높여졌던 것 같다. 물론 철학적 관념론은 이러한 교의와 줄기차게 투쟁해왔지만 그것조차 빌헬름 폰 훔볼트에서 언어가 소유했던 **자율적인** 지위를 언어에게 다시 되찾아주지는 못했다. 철학적 관념론은 언어를 자립적이고 특유한 법칙에 근거하는 정신적인 '형식'으로 이해하는 것 대신에 일반적인 미적 표현기능으로 환원하려고 시도했다. 이러한 의미에서 베네데토 크로체(Benedetto Croce)는 언어적 표현이라는 문제를 미적 표현이라는 문제에 귀속시키거나 그것에 종속시켰다. 이와 마찬가지로 헤르만 코헨(Hermann Cohen)의 철학체계조차 논리학, 윤리학과 미학 그리고 최종적으로 종교철학을 자립적인 분과로서 취급하고 있지만 언어의 근본물음들에 대해서는 단지 가끔 미학의 근본물음들과 관련해서만 취급하고 있다.

이번에 출간된 이 책이 철학적 관점에서 확고하게 이미 정립된 사유권에서 움직이지 못하고 자신의 방법적 길 자체를 도처에서 트려고 시도해야만 했다는 것은 이러한 사정에 의한 것이다. 이에 반해서 이 책의 주제를 탐구하기 위해서 이 책은 언어학이 빌헬름 폰 훔볼트의 시대 이래로 이룩해온 발전에서 받은 도움을 받았거니와 그러한 도움의 원천은 그만큼 더욱더 풍부했다. 언어를 진정으로 보편적으로 고찰한다는 생각이 훔볼트에서는 아직 관념론적인 철학의 요청으로 나타날 수 있었던 반면에, 이러한 요청은 그때 이래로 갈수록 구체적인 과학에 의해서 실현되어갔던 것 같다. 물론 철학적 고찰은 바로 이러한 경험과학적인 탐구자료의 풍부함에 의해서 거의 극복될 수 없는 곤란에 직면하게 된다. 왜냐하면 철학적 고찰은 이러한 상세한 자료를 포기할 수도 없지만 그것이 자신의 의도와 과제에 충실하려면 이러한 자료에 전적으로 구속되어서도 안 되기 때문이다. 이러한 방법적 딜레마에 대해서는, 본인이 언어탐구에 들어서게 되는 단초가 되는 **물음들**을 실로 체계적인 일반성에서 정식화하면서도 이러한 물음들에 대한 **답**은 각각의 개별적인 경우에 대한 경험적인 탐구 자체로부터 획득하는 것 외의 다른 해결책이 없었다. 개별적인 언어권의 현상들에 대해서뿐 아니라 사상적인 근본유형이 서로 크게 다른 다양한 언어들의 구조에 대해서 가능한 한 폭넓은 시야를 획득하려고 노력해야만 했다. 문제들을 해결하기 위해 끊임없이 참고해야 했던 언어학 문헌의 권역은 이를 통해서 아주 크게 확대되어서, 이 탐구가 원래 세웠던 목표는 갈수록 더욱더 먼 곳에 놓이게 되었으며 심지어 나는 과연 이러한 목표가 도달될 수 있는지라는 물음에 거듭 직면하게 되었다. 그럼에도 불구하고 내가 일단 발을 들여놓은 길을 계속해서 걸었던 것은, 다양한 언어현상들에 대한 통찰이 열리면 열릴수록 여기에서도 모든 개별적인 것이 서로를 비추면서 하나의 일반적인 연관으로 이를테면 저절로 편입되는지를 그만큼 명료하게 보게 된다고 믿었기 때문이다. 이 책에서의 탐구는 어떤 개별현상들에 대한 고찰이 아니라 이러한 일반적인 연관의 해명과 명료화를 목표로 한다. 이러한 고찰이 입각하는 인식비판적인 근본사상이 입증될 경우에, 즉 여기서 시도된 것과 같은 순수한 언어形式의 서술과 특징지음이 근거를 갖는 것으로 증시될 경우에, 세부적으로는 간과되거나 잘못 고찰되었던 많은 것이 그 주제에 대한 미래의 탐구에서 쉽게 보완되거나 교정될 수 있을 것이다. 이 책을 쓰면서 나는 주제의 어려움과 나의 힘의 한계를 스스로 아주 명료하게 의식하게 되었기 때문에, 이 방면의 전문가들의 모든 비판을 기쁘게 환영한다. 이러한 비판을 수월하게 하기 위해서 나는 언어학적 개별 자료가 해석되고 사용된 모든 곳에서 나의 주장을 뒷받침하는 자료를 분명하게 언급하고 출처를 명시함으로써 [독자들이 그것들을] 직접 검토할 수 있게 했다.

끝으로 이 책을 쓰는 동안 본인의 작업에 관심을 가져주거나 특별한 전문적인 조언을 통해서 본인의 작업을 뒷받침해주었던 모든 사람들에게 감사를 표명하고 싶다. 이른바 '원시적인' 언어들의 구조에 대해서 보다 정확한 통찰을 확보하려고 본인이 노력하는 와중에서—아메리카 원주민어들에 대한 보아스(Boas)와 셀러(Seler)의 저서들 외에—카를 마인호프(Carl Meinhof)의 저작들이 안내자가 되었다. 1919년에 함부르크 대학교 교수로 초빙된 후에 나는 마인호프가 이끄는 아프리카어들과 남태평양어들에 대한 학과(Seminar für afrikanische und Südseesprache)의 도서관에서 풍부한 자료를 이용할 수 있었을 뿐 아니라 많은 난해한 개별 경우들과 관련해서도 그의 조언을 받을 수 있었다. 그는 항상 기꺼이 조언을 주었을 뿐 아니라 그러한 조언은 항상 크게 많은 도움이 되었다. 나의 동료인 오토 뎀프볼프(Otto Dempwolff) 교수와 하인리히 융커(Heinrich Junker) 교수에 대해서도 감사하고 싶다. 그들과 나눈 대화는 나에게 많은 도움이 되었다. 하이델베르크 대학교의 에른스트 호프만(Ernst Hoffmann)과 함부르크 대학교의 에밀 볼프(Emil Wolff)에게 이 책이 덕을 입은 것은 세부적으로 자극과 조언을 받은 정도를 훨씬 넘어선다. 문헌학적이고 언어학적인 개별연구에 종사하는 그들이 이 책이 입각하고 있는 근본적인 견해를 나와 공유하고 있다고 알고 있다. 즉 우리는 모든 정신적인 근본기능들과 마찬가지로 언어는 철학적 **관념론**의 전체 체계 내에서만 철학적으로 해명될 수 있다는 확신을 공유하고 있다. 더 나아가 에른스트 호프만에게 진심으로 감사를 표한다. 그는 자신의 일도 과중한데 제I권의 교정쇄를 함께 점검했다. 이때 그가 제시했던 세부적인 중요한 지적들과 보완사항들은 유감스럽게도 인쇄의 기술적인 이유들 때문에 온전히 고려될 수는 없었다. 그러나 나는 그것들을 그 주제에 대한 나중의 탐구에서 이용할 수 있게 되기를 희망한다.

함부르크, 1923년 4월
에른스트 카시러

서론과 문제 제기

서론과 문제 제기

I. 상징형식이라는 개념과 상징형식들의 체계학

철학적 사색의[1] 출발점은 **존재**라는 개념이 특징 짓는다. 존재라는 개념이 개념으로서 구성되는 순간에, 즉 다양하고 상이한 존재자들에 대해서 존재의 통일에 대한 의식을 일깨우는 순간에야 비로소, 철학에게만 고유한 세계고찰의 방향이 성립된다. 그러나 이러한 세계고찰은 〔존재라는 개념이 개념으로서 구성된〕 후에도 그것이 벗어나고 극복하려고 하는 존재자의 권역에 오랜

---

1) 〔역주〕'사색'의 원어는 Spekulation이다. Spekulation이란 말은 보통 사변으로 번역되지만 사변이라는 말이 우리나라에서 갖는 부정적인 의미를 고려하여 사색이라는 비교적 무난한 용어를 번역어로 택했다. 그러나 문맥에 따라서는 사변이라고 번역한 부분도 있다.

동안 구속된 채로 있었다. 모든 존재의 시원, 근원, 궁극적인 '근거'가 언표되어야만 하지만, 〔궁극적인 근거에 대한〕 이러한 물음이 아무리 분명하게 제기되더라도 그것에 대해서 발견되는 답이 특수하고 구체적인 규정성을 갖는 한, 그러한 답은 이러한 문제에 대한 최고의 그리고 가장 보편적인 파악이라고는 할 수 없다. 세계의 본질이라든가 세계의 실체라고 불리는 것은 이러한 세계를 원칙적으로 초월하지 못하며 바로 이러한 세계 자체로부터 끌어낸 것에 지나지 않는다. 즉 어떤 개별적이고 특수하며 한정된 존재자가 채택되며 이러한 존재자로부터 다른 모든 것이 발생적으로 도출되고 '설명되는' 것이다. 따라서 이러한 설명은 그것의 내용이 아무리 다채롭게 변하더라도 그것의 일반적인 형식 면에서 보면 항상 동일한 방법적 한계 안에 머무르는 것이다. 즉 처음에는, 그 자체가 아직은 감각적인 개별적인 존재, 즉 구체적인 '원소'가 현상들의 총체의 궁극적인 근거로서 설정된다. 다음에 '설명'은 이념적인 것으로 방향을 전환하게 되며, 이러한 원소 대신에 연역과 근거지음을 위한 순수하게 지적인 하나의 '원리'가 보다 명확한 형태로 부각된다. 그러나 이러한 원리조차도 더 치밀하게 고찰해보면 아직 '자연적인 것'과 '정신적인 것' 사이의 어떤 중간에서 부유하고 있다. 즉 그것은 이념적인 색채를 농후하게 띠면서 다른 한편으로는 현실적인 존재자의 세계에 극도로 밀착해 있다. 이러한 의미에서는 피타고라스 학파의 수(數)든 데모크리토스의 원자든 그것들이 이오니아 학파가 내세우는 원소로부터 아무리 멀리 떨어져 있다고 해도 그것들은 방법적으로는 이것도 저것도 아닌〔자연적인 것도 정신적인 것도 아닌〕 하나의 중간적인 존재이며, 자체 내에서 자신의 참된 본성을 아직 발견하지 못했다고 할 수 있다. 이를테면 그것들은 자신들의 참된 정신적인 고향을 아직 결정하지 못한 것이다. 이러한 내적인 불안정성은 플라톤 이데아론에서 비로소 궁극적으로 극복된다. 플라톤 이데아론의 체계적이고 역사적인 업적은, 그것에 의해서 모든 철학적 개념파악과 세계에 대한 모든 철학적 설명의 본질적인 정신적 근본전제가 처음으로 분명한 형태로 나타났다는 데에 있다. 플라톤이 '이데아'라는 명칭 아래 추구했던 것은 가장 이른 설명시도들, 즉 엘레아 학파, 피타고라스 학파, 데모크리토스 등의 설명시도들에서도 내적인 원리로서는 작용하고 있었다. 그러나 플라톤에서 비로소 이러한 원리의 본질과 의미가 자각된 것이다. 플라톤은 자신의 철학적 업적을 이러한 의미로 이해했다. 자신의 학설의 논리적 전제들에 대해서 극히 명확한 의식을 갖게 되었던 노년기의 저작들에서 그는 바로 이것을 자신의 사색과 소크라테스 이전의 철학자들의 사색 사이에 존재하는 결정적인 차이로서 보여주고 있다. 즉 소크라테스 이전의 철학자들의 사색에서 존재는 어떤 개별적인 존재자라는 형태를 취하면서 확고한 **출발점**으로 간주되었던 것에 반해서 플라톤에서부터 비로소 존재는 처음으로 **문제**로서 인식되었다는 것이다. 그는 이제 더 이상 존재의 분절(Gliederung), 존재의 체제(Verfassung), 존재의 **구조**를 직접 묻는 것이 아니라 존재의 **개념**과 이러한 개념의 의미를 묻는다. 플라톤의 이러한 예리한 물음과 엄격한 요구에 비하면, 그 이전의 모든 세계설명시도들은 존재에 대한 단순한 이야기나 신화로 전락하게 된다.[2] 이제 이러한 신화적·우주론적인 설명방식을 넘어서, 존재의 단순한 사실적 존립에 구속되지 않고 존재의 사상(思想)적인 의미, 즉 그것의 체계적·목적론적인 연관을 드러내는 것을 목표로 하는 존재에 대한 참된 변증법적 설명방식이 수립되어야만 한다. 그리고 그것에 의해서 비로소 파르메니데스 이래의 그리스철학에서 존재와 치환될 수 있는 개념으로 출현하는 사유(Denken)까지도 새롭고 보다 깊은 의미를 얻게 된다. 존재가 **문제**라는 예리하게 규정된 의미를 얻게 되었을 때에야 비로소 사유는 **원리**라는 예리하게 규정된 의미와 가치를 얻게 된다. 이제 사유는 더 이상 단지 존재 곁에 나란히 서 있는 것이 아니며 존재에 '대한' 단순한 반성도 아니다. 사유 자체에 고유한 내적인 형식이야말로 존재의 내적인 형식을 규정한다.

그 후 관념론의 역사적 전개에서도 여러 단계들에서 동일한

---

[2] 특히 *Sophistes* 243 C 이하 참조.

유형의 근본적인 특성이 반복해서 나타나고 있다. 실재론적 세계관이 사물들의 궁극적으로 주어져 있는 어떤 사태를 모든 인식의 기초로 간주하면서 그것에 안주할 때에, 관념론은 바로 그러한 사태 자체를 사유의 한 문제로 변형시킨다. 철학사에서뿐 아니라 개별과학들의 역사에서도 〔탐구방식에서의〕 이러한 진보가 인식될 수 있다. 개별과학에서도 〔탐구의〕 길은 '사실'로부터 '법칙'으로 그리고 '법칙'으로부터 다시 '공리'와 '원리'로 소급되는 것만은 아니다. 인식의 어떤 특정한 단계에서는 종국적이고 완전한 해결의 표현인 이러한 공리와 원리가 나중의 단계에서 다시 문제가 되지 않을 수 없다. 따라서 과학이 그것의 '존재'와 그것의 '대상'이라고 부르는 것은 더 이상 전적으로 단순하고 분해 불가능한 사태는 아니며, 모든 고찰방법과 새로운 고찰의 방향은 그러한 '존재'와 '대상'에서 어떤 새로운 계기를 개시한다. 이와 함께 경직된 존재개념은 이를테면 유동적이 되고 어떤 보편적인 운동 안에 빠져들게 되는 것 같다. 그리고 존재일반의 통일성은 이러한 보편적인 운동의 목표로서만 사유될 뿐이지 그것의 출발점으로서 사유되지는 않는다. 이러한 통찰이 과학 자체 내에서 전개되고 관철될수록 인식에 관한 소박한 **모사설**은 과학에서 지반을 상실하게 된다. 모든 과학의 근본개념, 즉 과학이 문제를 제기하고 해결을 정식화하는 수단은 주어져 있는 존재의 수동적인 **모상**이 아니라 과학 자신이 창조한 지적인 상징으로 나타나게 된다. 이러한 기초적인 근본수단들이 갖는 상징적인 성격을 가장 일찍 그리고 예리하게 자각한 것은 무엇보다도 수학적·물리학적 인식이었다.[3] 하인리히 헤르츠는[4] 『역학의 원리(Prinzipien der Mechanik)』의 서론에서 행해지고 있는 예비적인 고찰에서 이러한 발전 전체가 시사하는 인식의 새로운 이상을 극히 간결하게 표현했다. 그는 우리의 자연인식의 가장 직접적이고 중요한 과제는 우리에게 장차 일어날 사건을 예견할 수 있게 하는 것으로 본다. 과학이 과거의 것에서 장래의 것을 도출하기 위해 사용하는 방법은 우리가 외적인 대상에 대한 '내적인 가상(innere Scheinbilder) 내지 상징'을 만들어내는 것이지만, 그에 의하면 이러한 가상 내지 상징은 그러한 상들(Bilder)이 갖는 사유 필연적인(denknotwendig) 계열이 모사되는 대상들이 갖는 자연 필연적인 계열의 상이기도 하다는 성질을 항상 가지고 있다. "요구되고 있는 성질을 갖춘 상을 이제까지의 집적된

---

3) 이 점에 관해서 보다 상세한 것은 졸저 *Zur Einsteinschen Relativitätstheorie*, Berlin 1921을 참조할 것. 특히 'Maßbegriffe und Dingbegriffe'에 대한 첫 번째 장을 참조할 것.
4) [역주] 헤르츠(Heinrich Rudolf Hertz, 1857.2.22-1894.1.1): 전자기파의 존재를 확인해낸 독일의 물리학자. 베를린 대학교에서 물리학을 전공했으며 본(Bonn) 대학교 교수로 재직하던 중 만성패혈증이 악화되어 37세의 나이로 요절하였다. 『역학의 원리(*Prinzipien der Mechanik*)』에서 그는 힘이나 에너지와 같은 개념들을 제거하고 질량과 시공(時空)이라는 개념에 의해서만 역학을 건설하려고 하는 독자적 시도를 감행했다.

경험에서 도출하는 것에 일단 성공한다면, 모델을 사용하는 것과 마찬가지로 이 상에 의해서 우리는 외부 세계에서는 오랜 시간이 지난 후에서야 비로소 혹은 우리 자신의 개입의 결과 비로소 출현하게 될 결과를 짧은 시간에 전개할 수 있다. …… 우리가 말하는 상은 사물에 대한 우리의 표상이다. 상과 사물은 앞에서 언급된 요구를 충족시키는 본질적인 어떤 합치점을 가지고 있다. 그러나 상이 사물과 그 이상의 어떤 합치를 보여주는 것은 그것의 목적상 반드시 필요한 것은 아니다. 사실 우리는 사물에 대한 표상이, 바로 저 하나의 근본적인 관계 외에 어떤 다른 관계에서 사물과 합치하는지 어떤지를 알지 못하며 그것을 알 수 있는 어떤 수단도 갖고 있지 않다."5)

하인리히 헤르츠가 입각하고 있는 자연과학적 인식론도, 헬름홀츠가 처음으로 상세하게 전개한 '기호(Zeichen)' 이론도 여전히 인식에 대한 모사설이 사용하는 언어로 말하고 있다. 그러나 '상'이란 개념에서는 이제 자체 내에서 내적인 전환이 일어나게 되었다. 왜냐하면 상과 사물 사이에 요구되었던 어떤 내용적인 유사성 대신에 이제는 극히 복잡한 논리적 관계표현이 등장하게 되었으며 물리학적 인식의 근본개념들이 충족시켜야만 하는 일반적인 지적 조건이 들어섰기 때문이다. 물리학적 인식의 근본

---

5) H. Hertz, *Prinzipien der Mechanik*, Leipzig 1894, 1쪽 이하.

개념들이 갖는 가치는 주어진 현실을 반영하는 데에 있는 것이 아니라 그것이 인식의 수단이 되어 달성하는 것, 즉 그것 자체가 자기 자신으로부터 비로소 산출하는 현상들의 통일에 존재하는 것이다. 객관적인 대상들의 연관과 그것들의 상호의존방식이 물리학적 개념들의 체계 안에서 개관(槪觀, überschauen)되어야만 한다. 그러나 이러한 개관은, 이러한 개념들이 이미 처음부터 인식의 일정한 통일적 시선 방향(Blickrichtung)에 종속되어 있는 한에서만 가능하다. 대상은 자연인식의 본질적인 범주들과 무관하게 그 자체로서 적나라하게 제시될 수 없으며, 대상의 고유한 형식을 비로소 구성하는 이러한 범주들 안에서만 나타날 수 있다. 헤르츠에서 역학의 근본개념, 특히 질량과 힘이라는 개념이 '가상'이 되는 것은 이러한 의미에서이지만, 이러한 가상이 자연인식의 논리에 의해서 창조된 것인 한 그것은 명료함, 무모순성, 서술의 일의성(一義性)이라는 아 프리오리한 요구를 가장 중시하는 그러한[자연인식의] 논리의 일반적인 요구들에 복속된다.

이러한 비판적인 통찰과 함께 물론 과학은 현실을 '직접적으로' 파악하고 반영한다는 기대와 요구를 포기하게 된다. 과학이 수행할 수 있는 모든 객관화는 실은 매개작용(Vermittlung)이며 매개 작용에 그칠 수밖에 없다는 사실을 과학은 깨닫는다. 그런데 이러한 통찰에는 그 이상의 중대한 관념론적인 귀결이 포함되어 있다. 만약 정의, 즉 인식대상에 대한 규정이 항상 어떤 독특한 논리적인 개념구조를 매체로 해서만 행해질 수 있다면, 이러한 매체가 달라짐에 따라서 대상의 구조도 달라지고 '대상' 연관들이 갖는 의미도 달라질 것임에 틀림없다는 결론을 배제할 수 없다. 그렇다면 '자연'의 권역 내에서조차 물리학적 대상이 단적으로 화학적 대상과 일치하지 않게 되며, 화학적 대상도 단적으로 생물학적 대상과 일치하지 않게 된다. 왜냐하면 물리학적, 화학적, 생물학적인 인식 각각은 **문제설정**을 위한 독자적인 시점(視點)을 가지고 있고 그 시점에 따라서 현상들을 특수한 해석과 형식에 복속시키기 때문이다. 이러한 관념론적 사유전개의 결과에 의해서, 이러한 전개가 출발할 때 가졌던 기대가 거의 궁극적으로 좌절된 것처럼 보일지도 모른다. 즉 이러한 전개의 종말은 그 출발점을 부정하는 것처럼 보인다. 왜냐하면 출발점에서는 추구되고 요구되었던 존재의 통일이 다시 존재자들의 한갓 다양성으로 분열되는 위험에 빠지기 때문이다. 사유가 고집하는 하나의 존재, 즉 사유가 자신의 고유한 형식을 파괴하지 않는 한 방기할 수 없을 것으로 보이는 하나의 존재가 인식의 영역으로부터 더욱더 멀어지게 된다. 그것은 한갓 X가 되며 그것이 '물 자체'로서 자신의 형이상학적 통일성을 더욱 엄격하게 주장할수록 더욱더 인식이 불가능한 것이 되며 마침내는 불가지의 영역으로 완전히 내몰리게 된다. 그런데 이러한 고정된 형이상학적 절대자에 대해서 현상들의 영역, 즉 끝없이 다양하고 조건 지어져 있으며 상대적이고 가지(可知)적이며 인식 가능한 본래적인 영역이 대립해 있는 것이다. 그러나 보다 예리하게 고찰해보면, 바로 이렇게 인식의 방법과 대상들이 아무리 다양하더라도 통일에 대한 근본적인 요구는 쓸데없는 것으로 배척되지 않으며 여기에서 오히려 새로운 형태로 제기된다. 물론 인식의 통일은 이제는 더 이상, 인식이 그것의 모든 형식들에서 하나의 공통된 '단일한' 객체에 관계하고 이러한 객체가 인식의 이러한 형식들에 대해서 흡사 초월적인 원상이 경험적인 모상들에 관계하는 방식으로 관계하는 것에 의해서 보증되고 확보될 수는 없다. 그러나 그 대신에 이제는, 방법 면에서 다양한 인식 방향을 각각의 고유한 독자성과 자립성을 인정하면서도 그것들을 하나의 체계 안에서 파악한다는 다른 요구가 생긴다. 그 체계의 개별적인 부분들은 당연히 다양성을 유지하면서도 서로를 조건 지우며 요구한다. 이러한 순수한 기능적인 통일의 요청이 이제 기체의 통일, 기원의 통일이라는 요청, 즉 고대적인 존재개념을 본질적으로 지배했던 요청을 대신하게 된다. 여기로부터 철학적 인식비판에 새로운 과제가 부과된다. 철학적인 인식비판은 개별과학들이 개별적으로 걷는 길을 전체적으로 추적하고 개관해야만 한다. 그것은 또한 개개의 과학이 현실을 관찰하고 기술할 때에 사용하는 지적인 상징들이 단순히 서로 병렬적으로 존재한다고 사유되어야만 하는지, 아니면 하나의 동일한 정신적인 근본기능의 다양한 표현들로 이해될 수 있는지라는 문제를 제기해야만 한다. 뒤의 가정이 올바르다면, 더 나아가서 이러한 근본기능의 보편적인 조건들을 제시하고 그것을 지배하는 원리를 분명히 해야 한다는 과제가 생긴다. 독단적인 형이상학에서처럼 실체의 절대적 통일이 탐구되는 것이 아니라, 인식기능들의 구체적인 다양성과 상이성을 지배하고 있는 하나의 규칙, 즉 그러한 다양성을 폐기하고 파괴하지 않고 그것들을 어떤 통일적인 행위, 다시 말해 어떤 자기완결적인 활동으로 종합하는 하나의 규칙이 이제는 탐구된다.

그러나 비록 인식이라는 개념이 아무리 보편적이고 포괄적으로 파악된다고 해도, 인식이 정신에 의한 존재의 파악과 해석의 전체에서 항상 형식을 부여하는 하나의 개별적인 방식일 뿐이라는 사실을 고려하자마자 여기에서 우리의 시야는 다시 한 번 넓어진다. 인식이란 특수하면서도 그와 동시에 그 자체로 명료하고 첨예하게 한정된 원리가 인도하는 다양한 것들의 형태화 작업(Gestaltung)이다. 모든 인식은 그것의 길과 방향이 아무리 다양해도 결국은 많은 현상들을 통일적인 '근거율'에 종속시키는 것을 목표한다. 개별적인 것은 개별적인 것으로 그쳐서는 안 되고 어떤 연관 안에 편입되어야만 하며 그 연관 안에서 논리적인 혹은 목적론적인 혹은 인과적인 '구조'의 부분으로 나타나야만 한다. 인식이란 이러한 본질적인 목표, 즉 특수한 것을 보편적인 법칙과 질서 형식 안에 편입시키는 것에 향해 있다. 그러나 전체로서의 정신생활에는 과학적 개념의 체계 내에서 표현되고 그 안에서 작용하는 지적 종합이라는 형식 외에 다른 형태화 방식들이 존재한다. 그것들도 '객관화'의 일정한 방식들, 즉 개별적인 것을 어떤 보편타당한 것으로 높이는 수단이라고 할 수 있다. 그러나 그것들은 논리적인 개념과 논리적인 법칙과는 전혀 다른 길을 통해서 그러한 보편타당성이라는 목표에 도달한다. 정신의 모든 진정한 근본기능은 단지 모사하는 힘뿐 아니라 근원적으로 형성하는 힘을 포함하고 있다는 결정적인 특징을 인식과 공유하고 있다. 정신의 근본기능은 현존하는 것을 단순히 수동적으로 표현하는 것이 아니라 정신의 자립적인 에너지를 자체 내에 가지고 있으며, 단지 존재할 뿐인 현상은 이러한 에너지에 의해서 특정한 '의미'와 어떤 독특한 이념적인 내용을 갖게 되는 것이다. 이러한 사실은 인식에 대해서와 마찬가지로 예술에 대해서도 타당하다. 종교에 대해서도 신화에 대해서도 타당하다. 이것들은 모두 각각 독자적인 상의 세계(Bilderwelt) 안에 살고 있지만, 이러한 세계는 경험적으로 주어진 것을 단순히 반영하는 것이 아니라 오히려 그것들[인식, 예술, 종교, 신화]에 의해서 그것들의 자립적인 원리에 따라서 산출되는 것이다. 이와 같이 그것들은 각각 독자적인 상징적 형상을 창조하는 것이며 그것들의 형상은 지성적인 상징과 동일한 종류의 것은 아니더라도 동일한 정신적 기원을 갖는다. 이러한 형상들 중 어떤 것도 다른 형상으로 해소되지 않으며 다른 형상으로부터 도출될 수 없다. 그것들 각각이 정신의 특정한 파악방식을 보여주고 있으며, 동시에 그러한 파악방식 안에서 또한 그것의 파악방식을 통해서 '현실적인 것'의 특정한 측면을 구성하고 있다. 따라서 그러한 형상들은 자체적으로 존재하는 현실적인 것이 정신에게 개시되는 다양한 방식들이 아니고, 정신이 자신을 객관화하면서, 즉 자신을 개시하면서 걷게 되는 길들이다. 예술과 언어, 신화와 인식을 이러한 의미로 파악한다면, 그것들로부터 곧 정신과학에 대한 하나의 보편적인 철학에 통하는 새로운 문을 여는 하나의 공통적인 문제가 부각되어 나오게 된다.

칸트가 이론철학 내에서 수행한 '사유양식의 혁명'은 그때까지 인식과 인식의 대상 사이에 일반적으로 인정되고 있었던 관계의 철저한 전환이 필요하다는 근본사상에 입각해 있다. [칸트에 따르면] 이미 잘 알려져 있고 주어져 있는 것으로서의 대상에서 출발하는 것 대신에 오히려 유일하게 참되게 접근될 수 있고 가장 확실한 것으로서의 인식법칙에서 출발해야만 한다는 것이다. 또한 존재론적 형이상학이 사유하려고 하는 **존재**의 가장 일반적인 속성들을 규정하는 것 대신에 지성을 분석하는 것에 의해서, 객관성이 정립될 수 있는 조건인 판단의 근본형식을 밝혀내고 그것의 다양한 모든 분지(分枝)들을 규정해야만 한다는 것이다. 칸트에 의하면 이러한 분석이 비로소 존재에 대한 모든 인식과 존재의 순수개념 자체가 의거하고 있는 조건들을 밝히게 된다. 그러나 이러한 방식으로 초월론적인 분석론이 우리에게 제시하는 대상은 지성의 종합적 통일의 상관항(Korrelat)으로서 그 자체가 순수하게 논리적으로 규정된 대상이다. 따라서 그러한 대상은 모든 대상성의 특징을 나타내는 것이 아니라 과학의 근본개념들에 의해서, 특히 수학적 물리학의 개념과 원리에 의해서 파악되고 기술될 수 있는 객관적 법칙성의 형식이 갖는 특징을 나타낸다. 따라서 세 개의 비판서[『순수이성비판』, 『실천이성비판』, 『판단력비판』]에서 칸트가 참된 '순수이성의 체계'를 전개하는 데까지 나아가자마자 칸트 자신에게도 이미 그러한 대상은 너무 협소한 것으로 판명된다. 수학적 · 자연과학적 존재가 현실의 모든 것을 다 길어내지는 못한다. 왜냐하면 정신의 모든 활동과 그것의 자발적인 모든 활동이 그 안에 포함되지는 않기 때문이다. 실천이성비판에 의해서 그 근본법칙이 해명되는 자유의 예지계에서 그리고 심미적 · 목적론적 판단력의 비판에서 해명되는 예술의 영역과 유기체적 자연형식의 영역에서 이러한 현실의 새로운 측면이 드러나고 있다. 현실과 정신에 대한 비판적 · 관념론적 개념의 이러한 **점진적** 전개는 칸트의 사유가 갖는 가장 독자적인 특징에 속하며, 그것은 칸트의 사유가 갖는 어떤 종류의 양식법칙(Stilgesetz)에 직접적으로 근거하고 있다. 정신의 진정한 전체성, 구체적인 전체성은 처음부터 하나의 단순한 정식(Formel) 내에서 제시되지 않으며 완결된 것으로 주어지지도 않는다. 비판적 분석 자체가 끊임없이 진전해가면서 비로소 정신의 전체성이 개진되며 발견된다. 정신적 존재의 영역 전체는 이러한 분석의 진전과 함께 그 영역 전체가 답파되는 것에 의해서만 해명되고 규정될 수 있다. 이러한 분석과정의 출발점과 종착점이 수미일관하지 않을 뿐 아니라 외관상으로는 양자가 서로 대립할 수밖에 없다는 것도 이러한 분석과정의 본성상 피할 수 없는 것이다. 그러나 그러한 대립은 잠재적 능력(Potenz)과 그것의 현실화(Akt)의 대립관계, 어떤 개념의 단순한 논리적 '소지(素地, Anlage)'와 그것의 완전한 전개와 발현의 대립관계 이외의 것이 아니다. 이러한 나중의 입장으로부터 살펴볼 때, 칸트가 출발점으로 삼았던 코페르니쿠스의 전회조차도 하나의 새롭고 보다 확장된 의미를 갖게 된다. 코페르니쿠스 전회는 단지 논리적인 판단기능에만 관계되는 것이 아니라 정신의 형성작용의 모든 방향과 원리에 대해서도 동등한 정당성을 갖고 관계하게 된다. 결정적인 것은 항상, 형성물(Gebilde)로부터 기능을 이해할 것인가 아니면 형성물을 기능으로부터 이해할 것인가라는 물음이며 어떤 것이 어떤 것에 '근거하고 있는 것'으로 볼 것인가 하는 물음이다. 이러한 물음이야말로 여러 문제영역들을 서로 결합하고 있는 정신적인 끈이다. 이러한 물음이야말로 그러한 문제영역들의 내적인 방법적 통일을 보여주는 것이지만, 그렇다고 해서 그러한 영역들이 언젠가는 내용 면에서 동일한 것이 된다고 말하는 것은 아니다. 왜냐하면 비판적 사유의 근본원리, 대상에 대해서 기능이 갖는 '우위'라는 원리는 모든 특수영역에서 새로운 형태를 취하며 새로운 자립적인 근거지움을 요구하기 때문이다. 순수한 인식기능뿐 아니라 언어적 사유의 기능, 신화적·종교적 사유의 기능, 예술적 직관의 기능에 대해서도 어떻게 해서 이것들 모두에서 전적으로 특정한 형태화—〔이미 존재하고 있는〕 세계의 형태화라기보다는 차라리 세계로의 형태화, 즉 어떤 객관적 의미연관, 어떤 객관적인 직관적인 전체상으로의 형태화—가 수행되는가를 분명히 하는 방식으로 그것들을 이해하는 것이 중요하다.

이와 함께 이성 비판은 문화 비판이 된다. 이러한 비판이 이해하고 입증하려고 하는 것은, 문화의 모든 내용은 그것이 단순한 개별적인 내용 이상의 것인 한, 즉 그것이 어떤 일반적인 형식원리에 근거하는 한 정신의 어떤 근원적인 활동을 전제로 갖는다는 것이다. 여기에서야 비로소 관념론의 근본테제가 본래적이고 완전하게 입증된다. 철학적 고찰이 단지 순수한 **인식형식의** 분석에만 관계하고 자신의 과제를 이것에만 한정하는 한, 소박한 실재론적인 세계관을 완전히 무력화하는 것은 불가능하게 될 것이다. 인식의 대상은 아무튼 인식 내에서 그리고 인식의 근원적인 법칙에 의해서 어떠한 방식으로든 규정되고 형성될지도 모르지만, 그럼에도 불구하고 이러한 대상은 인식의 근본범주들에 대한 이러한 관계 밖에서도 자립적인 어떤 것으로 존재하고 주어져 있을 것임에 틀림없는 것처럼 생각된다. 이에 대해서 보편적인 세계개념으로부터가 아니라 오히려 보편적인 문화개념으로부터 출발한다면, 문제는 곧 다른 형태를 취하게 된다. 왜냐하면 문화개념의 내용이 정신의 산출활동의 근본형식과 근본방향으로부터 분리될 수는 없기 때문이다. 즉 여기에서 '존재'는 '활동(Tun)'으로부터만 파악될 수 있기 때문이다. 미적 상상과 미적 직관이라는 특수한 방향이 존재하는 한에서만 미적 대상들의 영역도 존재한다. 그리고 동일한 사실은 다른 모든 정신적인 에너지에 대해서도 타당한바, 이러한 에너지의 힘으로 특정한 대상영역의 형식과 윤곽이 형성된다. 종교적 의식도 ─ 비록 그것이 자신의 대상의 '실재성'과 진리를 아무리 확신하더라도 ─ 오직 낮은 단계에서만, 즉 순전히 신화적인 사고의 단계에서만 이러한 실재성을 단순히 사물적인(dinglich) **존재**로 변형시킨다. 이에 반해서 고찰의 보다 높은 모든 단계들에서는 종교적 의식은 전적으로 독자적이고 자신에게만 고유한 방식으로 대상에 관계함으로써만 자신이 대상을 '갖는다'는 사실을 다소간 분명하게 의식하게 된다. 바로 이러한 객관성 자체의 궁극적인 보증이 포함되어 있는 곳은 정신의 어떤 태도, 즉 객관적이라고 사유되고 있는 것에 대해서 정신이 취하는 방향이다. 철학적 사유는 이러한 모든 방향들에 향한다. 〔그리고〕 그것은 단지 그러한 방향들의 각각을 개별적으로 추적하거나 그러한 방향들을 전체로서 개관하려는 의도에서가 아니라 그러한 방향들을 어떤 통일적인 중심점, 어떤 이념적인 중심에 관계 지울 수 있음에 틀림없다는 전제와 함께 그러한 모든 방향들에 향하는 것이다. 그러나 이러한 중심은 어떤 주어져 있는 존재에 결코 존재할 수 없으며 어떤 공통된 과제에만 존재할 수 있다. 따라서 정신문화의 여러 소산들, 즉 언어, 과학적 인식, 신화, 문화, 종교는 그것들 간의 내적인 차이에도 불구하고 유일한 커다란 문제연관의 일부가 된다. 그리고 그것들은 정신이 우선은 사로잡혀 있는 것처럼 보이는 한갓 **인상**들의 수동적인 세계를 순수한 정신적 **표현**의 세계로 변형시킨다는 하나의 목표에 관련되어 있는 다양한 단초(端初, Ansatz)들이 되는 것이다.

왜냐하면 현대의 언어철학이 언어의 철학적 고찰을 위한 본래의 출발점을 발견하기 위해서 '내적 언어형식(innere Sprachform)'이라는 개념을 설정했던 것과 똑같이 종교와 신화, 예술과 과학적 인식에도 그와 유사한 '내적 형식'이 전제되고 탐구되어야만 한다고 말할 수 있기 때문이다. 그리고 이러한 형식은 단지 이러한 영역들의 개별적 현상들의 총합이나 사후적인 총괄이 아니라 그러한 구성을 규정하는 법칙에 해당된다. 물론 이러한 법칙을 확정하기 위해서는 결국 현상들 자체에 입각하여 그러한 법칙을 드러내고 현상들 자체에서 그것을 '추출하는' 수밖에 없다. 그러나 바로 이러한 추출에 의해서, 그러한 법칙은 동시에 개별적인 것의 내용에서 필연적이고 구성적인 계기라는 사실이 분명해진다. 철학은 자신의 역사의 진행과정에서 항상 이러한 개개의 문화형식에 대한 분석과 비판이라는 과제를 다소간 의식하고 있었지만, 철학이 직접 착수했던 것은 대부분의 경우 이러한 과제의 **부분들**일 뿐이며 아울러 그러한 착수도 적극적인 의도에서보다는 소극적인 의도에서 이루어졌다. 그것의 노력은 이러한 비판〔개개의 문화형식에 대한 비판〕에서는 각각의 개별적인 형식의 적극적 형식을 제시하고 근거 짓는 것보다도 오히려 그릇된 요구들을 막는 데 주로 향해졌다. 그리스 소피스트 철학의 시대 이래로 회의론적 신화비판과 인식비판과 마찬가지로 회의론적인 언어비판이 행해져왔다. 이렇게 본질적으로 부정적인 태도는, 정신의 모든 근본형식이 출현하고 전개될 때 그것은 자신을 부분이 아니라 하나의 전체로 내세우면서 단순한 상대적인 타당성이 아니라 절대적인 타당성을 주장하는 경향이 있다는 사실을 고려하면, 이해될 수 있다. 그러한 근본형식은 자신의 특수영역에 만족하는 것이 아니라 존재와 정신생활의 전체에 자신의 특유한 각인을 부여하려고 하는 것이다. 무조건적인 것을 향한 이러한 노력은 모든 개별 방향에 내재하는 것인바, 그것에서 문화의 갈등과 문화개념의 이율배반이 생긴다. 과학은, 다음과 같은 고찰형식, 즉 그것이 시작되고 자신을 관철하기 이전에 언어와 언어적인 보편개념들에서 자신의 최초의 표현과 침전을 발견했던 사고가 행하는 최초의 결합과 분리를 실마리로 할 수밖에 없었던 고찰형식에서 발생한다. 그러나 과학은 언어를 소재와 기반으로서 이용하면서도 동시에 필연적으로 그것을 초월해간다. 이제 언어적 사고의 원리와는 다른 원리가 인도하고 지배하는 어떤 새로운 '로고스'가 등장하며, 그것은 첨예하고 갈수록 자립적인 것으로 형성되어간다. 그리고 이러한 새로운 로고스에 비춰보면 언어의 형성물들은 이제는 장애와 장벽으로밖에 나타나지 않으며 새로운 원리의 힘과 독자성이 점차 극복해야 할 것으로 나타난다. 언어와 언어적 사고형식에 대한 비판이 전진하는 과학적·철학적 사고의 불가결한 구성부분이 되는 것이다. 그리고 나머지 다른 영역들에서도 이러한 전형적인 전개과정이 나타난다. 개개의 정신적인 방향들은 서로 보완하기 위해서 평화스럽게 병렬적으로 나타나는 것이 아니라 다른 방향들을 부정하고 다른 방향들과 투쟁하면서 자신의 독자적인 힘을 증명한다. 종교와 예술은 그것들의 순수하게 역사적인 상호작용 면에서 서로 극히 밀접한 관계에 있으며 내용 면에서도 형성의 내적 원리 면에서도 때로는 서로 구별할 수 없는 것으로 보일 정도로 서로 침투하고 있다. 그리스의 신들은 호머와 헤시오도스에 의해서 생겨났다고 사람들은 말한다. 그러나 다른 한편으로 그리스인들의 종교적 사고는 그 후의 진행에서, 이러한 미적인 시원·근원에서 갈수록 결연하게 이탈해간다. 크세노파네스 이래로 그리스인들의 종교적 사고는 신화적·신적인 신개념도 감각적·구상적 신개념도 갈수록 단호하게 거부하면서 그러한 신개념을 의인관으로 보면서 배척하게 된다. 이러한 정신적 투쟁과 갈등은 역사의 진행과정에서 항상 새롭게 강화되고 증폭되어 나타나지만, 그것들에 대해서 유일한 최종 결단을 내리는 역할은 최고의 통일법정인 철학에게 기대되고 있는 것 같다. 그러나 형이상학의 독단적인 체계들은 이러한 기대와 요구를 불완전하게 밖에 충족하지 않는다. 왜냐하면 대부분의 경우 그것들 자체는 아직은 여기에서 수행되는 투쟁의 한가운데에 있고 그러한 투쟁을 넘어서지는 못하기 때문이다. 즉 그것들은 개념적인 보편성을 추구함에도 불구하고 실은 그 대립의 한쪽만을 대표할 뿐이며, 이러한 대립 자체를 그것의 전체적 폭과 깊이에서 파악하고 매개하고 있지는 않다. 왜냐하면 그것들 자체는 대부분의 경우 논리적이거나 미학적이거나 종교적인 특정한 원리의 형이상학적 실체화일 뿐이기 때문이다. 그것들이 이러한 원리의 추상적인 보편성 안에 자신을 가둘수록, 정신문화의 개별적인 측면들에 대해서도 그리고 그러한 형식들의 구체적인 전체성에 대해서도 자신을 폐쇄하게 된다. 철학적 고찰이 이러한 폐쇄상태의 위험에서 벗어날 수 있는 것은, 그것이 이러한 모든 형식들을 **넘어서면서도** 다른 한편으로는 그것들의 완전한 피안에 존재하지 않는 하나의 입장을 발견하는 것에 성공할 때뿐일 것이다. 그러한 입장이란 형식들의 전체를 하나의 시야 안에서 파악하는 것을 가능하게 하는 입장일 것이지만, 그러한 입장이 하나의 시야 안에서 보려고 하는 것은 분명히 이 모든 형식들 상호 간의 내재적인 관계이며, 그러한 형식들이 외부의 '초월적'인 존재와 원리에 대해서 갖는 관계는 아닐 것이다. 이 경우에는 정신에 대한 하나의 철학적 체계학이 성립하게 되고 그러한 체계학에서 각각의 개별적인 형식은 그 안에서 자신이 차지하는 **위치**에 의해서만 자신의 의미를 갖게 되며, 그것의 내용과 의의는 그러한 형식이 다른 정신적 에너지들에 대해서 가지고 있고 아울러 최종적으로는 그 에너지들 전체에 대해서 갖는 관계와 연계의 풍부함과 독자성에 의해서 특징지어질 것이다.

그러한 체계학의 시도와 그것을 위한 단초는 근대철학이 시작된 이래로, 또한 근대의 철학적 관념론의 정초 이래로 없었던 것이 아니다. 데카르트의 방법적 계획서, 즉 『정신지도의 규칙(*Regulae ad directionem ingenii*)』이 이미 사물들의 전체를 개관하면서 자연의 궁극적 비밀로 파고 들어가려고 하는 과거의 형이상학의 시도를 쓸모없는 것으로 배척하고 있지만, 그 대신에 더욱 강하게 **정신**의 '**보편성**(universitas)'은 사고가 길어내고 헤아릴 수 있을 것임에 틀림없다고 주장한다. '정신의 한계를 규정한다는 것(Ingenii limites definire)', 정신의 전체영역과 한계를 규정한다는 데카르트의 이러한 슬로건이 이윽고 근대철학 전체의 표어가 된다. 그러나 '정신'이란 개념은 어떤 때는 좁은 의미로 어떤 때는 넓은 의미로 사용되기 때문에 그것 자체는 아직은 분열되어 있으며 애매하다. 데카르트 철학이 **의식**이라는 새로운 포괄적인 개념에서부터 출발하면서도 이 개념을 사고(cogitatio)로 표현함으로써 의식을 다시 순수**사유**와 동일시하는 것처럼, 데카르트와 합리주의의 전체에서는 정신의 체계학도 사고의 체계학과 일치하게 된다. 정신의 **보편성**(universitas), 그것의 구체적인 전체성은 이것을 유일한 **논리적** 원리에서 연역하는 것에 성공할 경우에 비로소 참으로 포착되고 철학적으로 통찰된 것으로 간주된다. 이와 함께 논리학의 순수형식이 다시 모든 정신적 존재와 정신적 형식의 전형 혹은 모범으로 격상된다. 그리고 고전적 관념론 체계들의 계열의 출발점이 된 데카르트의 경우와 마찬가지로 이러한 계열을 종결 짓는 헤겔에서 이러한 방법적 연관이 다시 한번 극명하게 우리 앞에 드러난다. 헤겔은 그 이전의 어떠한 사상가보다도 분명히, 정신의 전체를 **구체적** 전체로서 사유할 것, 따라서 단순한 개념에 머물러서는 안 되고 그것을 그것의 표현들의 전체로 전개할 것을 요구했다. 그러나 다른 한편으로 헤겔은 이러한 요구를 충족하려고 하는 정신현상학이 실은 **논리학**을 위해 지반과 길을 준비하는 것에 불과하다고 말한다. 정신현상학이 드러내는 다양한 정신적인 형식들도 결국은 이른바 최고의 논리적 정점으로 귀착되는 것이며 이러한 종점에서 비로소 자신의 완성된 '진리'와 본질을 발견하는 것이다. 그것들이 내용 면에서 아무리 풍부하고 다양할지라도 구조 면에서는 유일하면서도 어떤 의미에서는 획일적인 법칙에, 즉 개념의 자기운동에서 항상 동일한 리듬을 보여주는 변증법적 방법이라는 법칙에 따르고 있다. 여기에서 정신은, 자신의 현존의 순수한 장(Element)인 개념을 획득함으로써, 자신을 형태화하는 모든 운동을 절대지에서 종결 짓는다. 이러한 궁극적인 목표에서는, 정신이 통과해온 모든 이전 단계들은 물론 계기로서는 보존되고 있지만 단순한 계기라는 것으로 지양되고 있기도 하다. 따라서 여기에서도 모든 정신적 형식들 중에서 논리적인 것의 형식, 즉 개념과 인식이라는 형식에만 진정한 **자율성**이 귀속되고 있는 것으로 보인다. 개념은 정신의 구체적인 생활을 **표현하는** 수단일 뿐 아니라 정신 자체의 참된 본질적 장이다. 따라서 모든 정신적 존재와 정신적 사건은 그것이 어느 정도로 특수하게 개별화된 형태로 파악되고 인정된다고 하더라도 결국은 이를테면 하나의 유일한 차원으로 귀착되고 환원되는 것이다. 그리고 이러한 차원에서 비로소 모든 정신적인 존재와 사건의 가장 깊은 내용과 본래적인 의미가 파악되는 것이다.

사실 이렇게 정신의 모든 형식이 최종적으로는 하나의 논리적 형식에 집중된다는 것은 철학의 개념 자체에 의해서 그리고 특히 철학적 관념론의 근본원리에 의해서 필연적으로 요구되는 것 같다. 왜냐하면 만약 이러한 통일을 단념한다면 이러한 형식들의 엄밀한 체계학은 성립될 수도 없기 때문이다. 따라서 변증법적 방법과 대립하는 것으로는 순전히 경험적인 방법밖에 남아 있지 않게 된다. 만약 어떤 정신형식이 다른 정신형식에서 필연적으로 생길 때 작용하는 보편적인 법칙, 그리고 종국적으로는 그러한 원리에 따르는 정신적 형태화 작업들의 계열 전체를 관통하면서 작용하는 보편적 법칙이 존재한다는 사실이 입증될 수 없다면 이러한 형태화 작업들의 전체는 더 이상 하나의 완결된 우주라고 생각될 수 없다. 그렇다면 개개의 형식들은 단순히 나란히 분산되어 존재하는 것이 된다. 그것들 각각의 범위는 물론 개관되고 각각의 특수성은 기술될 수 있지만 그것들 안에 하나의 공통된 이념적인 내용이 표현되어 있다고 할 수는 없다. 이러한 형식들의 철학은 결국은 그러한 형식들의 역사로 귀착될 수밖에 없으며 그러한 역사는 그것의 대상에 따라서 언어의 역사, 종교·신화의 역사, 예술의 역사 등으로 표현되고 상술될 것이다. 이와 함께 여기에서 기묘한 딜레마가 생기게 된다. 우리가 논리적 통일이라는 요구를 고집한다면, 결국은 논리적 형식의 보편성 안에서 각각의 개별영역의 특수성과 그 원리의 독자성이 사라지게 될 위험이 있다. 이에 반해서 만약 우리가 이러한 개별성에 몰두하면서 그것을 고찰하는 데 머문다면, 우리는 그러한 개별성에 빠져서 보편적인 것으로 되돌아갈 수 있는 길을 더 이상 발견할 수 없게 될 위험이 있다. 이러한 방법적 딜레마에서 벗어날 수 있는 출구는, 모든 정신적 근본형식에서 발견되지만 그것들 중의 어디에서도 전적으로 동일한 형태로는 재현되지 않는 계기가 드러나고 파악될 수 있을 경우에만 발견될 수 있다. 그 경우에는 이러한 계기에 주목하는 것에 의해서, 개별영역들의 이념적 연관—언어와 인식, 미적인 것과 종교적인 것 등의 근본기능들 사이의 **연관**이 존재한다는 사실이 주장될 수 있지만 그 어느 것도 다른 것과 비교될 수 없는 자신만의 **독자성**도 잃지 않을 것이다. 다음과 같은 하나의 매체, 즉 정신의 개별적인 근본방향들에서 수행되는 모든 형태화 작업들이 통과하면서도 그것들이 그 안에서 자신들의 독자적인 본성, 자신들의 특수한 성격을 보존하는 매체가 발견될 수 있다면, 이와 함께 우리는, 초월론적 비판이 순수인식에 대해서 수행하는 것을 정신적 형식들의 **전체**에도 적용하는 고찰을 위해서 필수적인 매개 항을 갖게 되는 셈이다. 따라서 우리가 다음에 제기해야 할 물음은 다음과 같다. 즉 정신의 다양한 방향들을 위한 중간영역, 매개기능이 실제로 존재하는지 그리고 이러한 기능이 인식되고 기술될 수 있는 특정한 전형적 근본특징들을 보여주고 있는지라는 물음 말이다.

II. 기호의 일반적인 기능 — 의미의 문제

 이러한 목적을 위해서 우리는 우선, 하인리히 헤르츠가 물리학적 인식의 입장에서 요구하고 특징지은 '상징'이라는 개념을 다시 회복하려고 한다. 물리학자가 현상들에서 추구하는 것은 현상들의 필연적인 연결에 대한 서술이다. 그러나 이러한 서술은 물리학자가 감성적인 인상들의 직접적 세계를 자기 뒤에 남겨 놓을 뿐 아니라 외관상으로는 그것들로부터 완전히 등을 돌리는 식으로만 수행될 수 있다. 물리학자가 조작하는 개념들, 즉 시간과 공간, 질량과 힘, 질점(質點)과 에너지, 원자, 에테르 등의 개념은 인식이 감성적 경험의 세계를 지배하고 그것을 법칙적 질서를 갖고 있는 어떤 세계로서 전망하기 위해서 자유롭게 고안해낸 '가상들'이며 이것들에 직접적으로 대응하는 것이 감각적인 자료들 자체에 있는 것은 아니다. 그러나 그러한 대응관계가 존재하지 않음에도 불구하고—아니 오히려 아마도 그러한 것이 존재하지 않기 때문에—물리학의 개념세계는 완전히 자기완결적인 것이다. 모든 개별적인 개념, 각각의 특수한 가상과 기호는 그 자체로 의의와 의미를 갖추고 확고한 법칙에 의해서 조직되어 있는 **언어의 분절된 단어**와 같은 것이다. 근대물리학의 탄생기에 이미, 즉 갈릴레이에서 이미 '자연의 책'은 수학적 언어로 쓰여 있고 수학적 암호에 의해서만 해독될 수 있다는 비유가 발견되고 있다. 그리고 이후의 정밀한 자연과학의 전개 전체에서 우리는, 그것의 문제제기와 개념장치에서 보이는 모든 진보가 사실은 그것의 **기호체계**가 갈수록 섬세하게 되어가는 것과 함께 이루어진다는 것을 발견하게 된다. 갈릴레이 역학의 기초개념에 대한 명확한 파악은, 미분계산의 산식(算式, Algorithmus)에 의해서 이러한 기초개념이 갖는 이른바 보편논리적인 위치가 결정되고 그러한 개념을 위한 보편타당한 수학적·논리적 기호가 고안되면서 가능하게 되었다. 그리고 이로부터, 즉 무한에 대한 해석법의 발견과 연관을 갖고 있는 이러한 문제들로부터 라이프니츠는 곧바로 기호화의 기능에 포함되어 있는 일반적인 문제를 극히 명확하게 규정하고 그러한 보편적 '기호법'의 구상을 참으로 철학적인 의의를 갖는 것으로 격상시킬 수 있었다. 그가 주장하고 고수하던 근본신념에 의하면 사태의 논리, 즉 어떤 학문의 구축이 입각하고 있는 내용에 관한 근본개념과 근본관계의 논리는 기호의 논리와 분리될 수 없다. 왜냐하면 기호는 사고의 단순한 우연적 외피(外皮)가 아니라 그것의 필연적·본질적인 기관(器官, Organ)이기 때문이다. 기호는 완성된 형태로 주어진 사고내용을 전달하기 위해서 사용되는 것이 아니라 이러한 내용 자체가 형성되고 완전한 규정성을 비로소 갖게 되기 위해서 사용되는 도구이다. 어떤 내용을 개념적으로 규정하는 방식과 그것을 어떤 특징적인 기호에 의해서 고정하는 방식은 함께 진행된다. 그렇기 때문에 진정으로 엄밀하고 정확한 모든 사고는 상징론(Symbolik)과 기호론(Semiotik)에서 비로소 자신이 의거하는 지지대(支持臺)를 발견하게 된다. 자연의 모든 '법칙'은 우리의 사고에서는 보편적인 '공식'이라는 형태를 취하게 된다. 그러나 모든 공식은 보편적이고 특수한 기호를 연결하는 것에 의해서만 표현될 수 있다. 산술과 대수가 제공하는 보편적 기호 없이는 물리학의 어떠한 특수한 관계도 어떠한 특수한 자연법칙도 언표될 수 없다. 바로 이러한 사태에서, 보편이 항상 특수 안에서만 직관되고 특수가 항상 보편을 고려할 경우에만 사유될 수 있다는 인식 일반의 근본원리가 분명하게 나타난다.

그러나 [특수와 보편 사이의] 이러한 상호관계는 과학에만 한정되는 것이 아니라 정신적 창조활동의 다른 모든 형식들에서도 두루 나타난다. 이 모든 형식들에 대해서 말할 수 있는 것은, 그것들이 자신을 위해서 이를테면 어떤 특정한 감성적 기체를 창출하는 것에 의해서만 자신에게 적합한 독자적인 파악양식과 형태화의 양식을 관철할 수 있는 것이다. 여기에서 이러한 기체는 아주 본질적인 것이어서 때로는 이러한 형식들의 의의내용 전체와 본래의 '의미'를 포함하고 있는 것처럼 보인다. 예를 들면 언어는 전적으로 음운기호의 체계로서 정의되고 사유될 수 있다. 또한 예술의 세계와 신화의 세계도 각각이 제시하는 감성적으로 파악 가능한 특수한 형상의 세계가 전부인 것 같다. 그리고 사실 그것들이 비록 아무리 다양하더라도 모든 정신적 형성물들이 표현되는 어떤 포괄적인 매체를 준다. 정신의 내용은 자기 밖에 자신을 표현하는 것에 의해서만 자신을 개시한다. 이념적인 형식은 그것의 표현을 위해서 이용되는 감성적 기호의 전체에 입각해서만 그리고 그 안에서만 인식될 수 있다. 만약 이러한 표현양식의 여러 방향들을 체계적으로 조망하는 데 성공한다면, 만약 그러한 방향들에게 전형적이고 일관된 특징들과 그것들에 특유한 단계질서와 내적인 차이를 드러내는 데 성공한다면, 라이프니츠가 인식에 대해서 제기했던 것과 같은 '보편적 기호법'의 이상을 정신의 창조활동의 전체에 대해서 실현하는 것이 된다. 그 경우 우리는 언어, 예술, 신화, 종교에서 보이는 특수한 표현과 어법을 파악하고 일반적인 형태로 규정하게 될 상징기능에 대한 일종의 문법을 소유하게 될 것이다.

그러한 문법의 이념은 관념론이라는 전통적 · 역사적 학설의 확장을 포함하고 있다. 이러한 학설은 옛날부터 '감성계(mundus sensibilis)'에 대해서 그것과는 다른 세계인 예지계(mundus intelligibilis)를 대립시키면서 이 두 세계의 경계를 확실하게 구별하는 경향이 있었다. 그러나 본질적으로 그러한 경계는 예지계가 순수한 능동이라는 계기에 의해서 그리고 감성계가 수동이라는 계기에 의해서 규정되는 방식으로 설정되고 있다. 예지계에서는 정신적인 것의 자유로운 자발성이, 감성계에서는 감성적인 것의

피구속성과 수동성이 지배한다. 그러나 '보편적 기호법'에서는
—우리는 앞에서 그것의 문제와 과제의 가장 일반적인 윤곽을
제시했다—그러한 대립은 더 이상 무매개적이지도 배타적이지
도 않다. 왜냐하면 여기에서는 감성적인 것과 정신적인 것이 어
떤 새로운 형식의 상호연관, 상관관계에 의해서 결합되어 있기
때문이다. 정신적인 것의 순수한 기능은 감성적인 것에서 자신
의 구체적인 실현을 추구할 수밖에 없으며 결국 여기에서만 실
현될 수 있다는 사실이 밝혀지는 한에서만 이 두 세계의 형이상
학적 이원성에도 가교(架橋)가 놓이는 것 같다. 감성적인 것 자
체의 영역에서는 단순한 '반작용'과 순수한 '작용', 즉 '인상'의
영역에 속하는 것과 '표현'의 영역에 속하는 것이 분명하게 구별
되어야만 한다. 독단적 감성론의 결점은 그것이 단지 순수하게
지적인 요인들의 의의와 성과를 과소평가하고 있다는 점뿐 아니
라, 무엇보다도 그것이 감성을 정신의 참된 기본능력이라고 주
장하면서도 그러한 감성 자체도 그것의 전체적인 폭과 수행 전
체를 고려하면서 파악하고 있지 않다는 점에 있다. 감각론이 감
성을 단지 '인상'의 세계에, 즉 단순한 감각의 직접적 소여에 한
정하고 있는 한, 그것이 감성에 대해서 갖고 있는 상도 불충분하
여 왜곡된 것이다. 거기에서는 감성적인 것 자체의 능동적 활동
도 존재한다는 것, 괴테의 표현을 빌려 말하자면 '정밀한 감성
적 상상력'도 있으며 그것이 정신의 창조작용의 극히 다양한 영

역들에서 작용하고 있다는 사실이 간과되고 있다. 이러한 모든 영역들에서 감성적인 것은 지각의 세계와 아울러 또한 지각의 세계를 넘어서 독자적인 자유로운 상의 세계(Bildwelt)를 성립시키는 그러한 영역들의 내재적 과정의 참된 매체로서 나타난다. 이러한 상의 세계는 그것의 직접적인 성질 면에서 보면 아직 전적으로 감각적인 색채를 띠고 있지만, 이미 형성되어 있으며 따라서 정신적으로 지배되고 있는 감성이라는 것을 보여주는 세계이다. 여기에 존재하는 것은 단순히 우리 앞에 주어져 있는 감성적인 것이 아니라, 어떠한 형식으로든 자유로운 형성작용이 창조한 감성적인 다양성들의 체계이다.

따라서 예를 들면 언어형성의 과정은, 직접적 인상들의 카오스에 우리가 '명칭을 부여하고' 이를 통해서 그 카오스를 언어적 사고와 언어적 표현의 기능을 가지고 관통함으로써 그 카오스가 비로소 우리에게 어떻게 밝혀지고 분절되는지를 보여준다. 언어기호로 구성되는 이러한 새로운 세계에서는 인상들의 세계 자체도 정신이 새롭게 분절하기 때문에 전적으로 새로운 '존재방식'을 갖게 된다. 언어음운에 의해서 어떤 내용적인 계기들을 구별하고 분리하고 고정하는 것은 그러한 계기들에서 일정한 사상(思想)적인 질을 표시할 뿐 아니라 내용상의 계기들에게 직접 그러한 사상적인 질을 부여하는 것이다. 그리고 그렇게 부여된 사상적인 질에 의해서 그러한 내용적 계기들이 이른바 감각적 질들의 단순한 직접성 이상의 것으로까지 높여지는 것이다. 그러한 방식으로 언어는 우리가 단순한 감각의 세계에서 직관과 표상의 세계로 나아가는 것을 가능하게 하는 정신의 근본적 도구의 하나이다. 언어는 나중에 과학적 개념, 즉 특정의 논리적 형식 통일체로서의 개념을 형성하는 저 지적 작업을 이미 맹아의 형태로 포함하고 있다. 언어에는 과학적 사고의 분석과 종합에서 자신의 최고의 의식적 표현을 발견하는 저 분리와 결합이라는 보편적 기능의 단서가 존재한다. 그리고 이러한 언어기호와 개념기호의 세계와 아울러 신화나 예술이 창조하는 저 형상세계가 있으며, 이것들은 언어기호와 개념기호의 세계와 비교될 수는 없지만 정신적 기원이라는 면에서는 그것들과 친족관계를 갖고 있다. 왜냐하면 신화적인 공상조차도 그것이 아무리 강하게 감성적인 것에 뿌리박고 있다고 하더라도 감성적인 것의 단순한 수동성을 넘어서고 있기 때문이다. 만약 사람들이 감성적 경험이 주는 통상의 경험을 척도로 하여 신화적 공상을 평가한다면 그러한 공상의 형상들은 단적으로 '비현실적'인 것으로 나타날 것임에 틀림없지만, 바로 이러한 비현실성에서 신화적 기능의 자발성과 내적 자유가 고지된다. 그리고 이러한 자유는 전적으로 무법칙적인 자의와는 다르다. 신화의 세계는 단순한 기분이나 우연의 소산이 아니라 그것의 특수한 모든 표현들을 관통하면서 작용하는 고유하면서도 근본적인 형성 법칙을 갖고 있다.

따라서 예술적 직관의 영역에서도 우리 자신이 형식의 근본요소들을 형성하고 산출하는 것에 의해서만 감성적인 것에서 미적 형식을 파악하는 것이 가능하게 된다. 예를 들어 공간적 형상의 이해는 모두 최종적으로는 이러한 형상의 내적 산출활동과 이러한 활동의 법칙성에 결부되어 있다. 이렇게 해서 의식이 알고 있는 가장 고도의 것이면서 가장 순수한 활동조차도 감성적 활동의 일정한 방식들에 의해서 제약되고 매개되어 있다는 것이 분명하게 드러난다. 여기에서도 순수한 이념의 참된 본질적인 생은 현상들이 그것을 다채롭게 반사하는 식으로만 존재한다는 사실이 드러난다. 정신의 다양한 외적 표현들의 체계는 우리가 그것의 근원적 형성력의 다양한 방향을 추적하는 것에 의해서만 파악될 수 있다. 우리는 그러한 다양한 방향들에 정신의 본질이 반영되어 있다는 사실을 통찰한다. 왜냐하면 정신의 본질은 그것이 감성적 소재의 형태화에 종사하는 것에 의해서만 표현될 수 있기 때문이다.

그리고 감성적 상징의 여러 체계들의 창조에서 고지되고 있는 것이 사실은 정신의 순수한 활동이라는 것은, 이러한 상징들이 애초부터 일정한 객관성과 가치를 요구하면서 출현한다는 데서도 나타나고 있다. 그러한 상징들 모두는 단순한 개인적 의식현상의 영역을 초월하는 것이며, 그것들은 개인적 의식현상에 대해서 보편타당한 것을 제시하려고 하는 것이다. 〔보편타당성에 대한〕 이러한 요구는 나중의 비판철학적 고찰과 발전되고 완성된 진리개념에게는 아마도 근거가 박약한 것으로 드러날지도 모른다. 그러나 그러한 요구를 제기한다는 것이 바로 개개의 근본형식들 자체의 본질과 성격에 속한다. 이러한 근본형식들 자체는 자신의 형성물이 단지 객관적인 타당성만을 갖는다고 보지 않고 대개의 경우 객관적인 것의, 즉 '현실적인 것'의 진정한 핵심이라고 본다. 이와 같이 언어적 사고의 최초의, 이를테면 소박하고 반성을 거치지 않은 표현과 신화적 사고의 특징은 그것들에서는 '사상(事象)'의 내용과 '기호'의 내용이 명료하게 구별되지 않고 오히려 양자가 전적으로 무차별하게 서로에게 이행하는 경향이 있다는 데에 있다. 사상의 이름과 사상 자체가 아직 나누어질 수 없을 정도로 용해되어 있다. 즉 단순한 단어나 상이 자신 안에 마술적인 힘을 숨기고 있으며 이러한 힘에 의해서 사물의 본질을 우리 것으로 할 수 있다는 것이다. 이러한 직관에서 실제로 정당한 핵심을 발견하려면 그러한 직관을 실재적인 것에서 이념적인 것으로, 사물적인 것에서 기능적인 것으로 전환하기만 하면 된다. 왜냐하면 사실 정신의 내재적 발전에서 기호의 획득은 항상 객관적 본질의 인식을 달성하기 위해서 불가결한 첫걸음이기 때문이다. 이를테면 기호는 의식에서 객관성의 첫 번째 단계이자 첫 번째 증거이기 때문이다. 왜냐하면 기호에 의해서 무엇보다도 먼저 의식내용의 지속적인 변화를 저지하며 기호에서 어떤 불변적인 것을 확정하고 부각하기 때문이다. 의식의 어떠한 단순한 내용도 그것이 일단 지나가버리고 다른 것으로 대체된 후에는 엄격하게 동일한 규정을 갖는 그 자체로서는 더 이상 재현되지 않는다. 그것은 의식에서 사라져버리자마자 과거의 그것으로서는 영원히 상실되고 만다. 그런데 의식은 내용을 이루는 성질들의 이러한 끊임없는 변화에 대해서 자기 자신과 자신의 형식의 통일성을 대치(對峙)시킨다. 의식의 동일성은 그것이 무엇이고 무엇을 가지고 있는가라는 점에서가 아니라 그것이 무엇을 하는가라는 점에서 비로소 참으로 입증된다. 어떤 내용과 결부된 기호에 의해서 이러한 내용은 자체 안에 어떤 새로운 존립과 새로운 지속을 획득하게 된다. 왜냐하면 의식의 개개의 내용의 실제적 변화와 대조적으로, 기호에는 그 자체로서 지속하는 어떤 일정한 이념적 의미가 귀속되기 때문이다. 기호는 소여인 단순한 감각과는 다르며 개별적인 것도 일회적인 것도 아니라 어떤 전체, 즉 가능한 내용들의 총괄개념을 대신하는 것이므로 개개의 내용에 대해서 최초의 '보편자'를 표현하는 것이다. 언어와 예술 그리고 신화에서 작용하고 있는 의식의 상징기능에 의해서, 의식의 흐름에서 비로소 부분적으로는 개념적이며 부분적으로는 직관적이기도 한 성질을 가진 특정한 불변적 근본형상이 부각되어 나온다. 흘러가는 내용 대신에 자기완결적이며 지속적인 형식의 통일이 나타나는 것이다.

그러나 여기에서 문제가 되는 것은 단순한 개별적 활동이 아니라 의식의 전체적인 전개에 자신의 각인을 부여하는 끊임없이 진전하는 규정작용의 과정이다. 그것의 첫 번째 단계에서 언어 기호와 신화적 내지 예술적 상에 의해서 내용에 주어지는 고정작용은 그러한 내용을 기억에 붙잡아두는 것, 즉 그것의 단순한 재생 이상을 넘어서지는 않는다. 여기에서 기호는 그것이 관계하는 것에 아무것도 덧붙이지 않으며 단지 그것을 그것의 순수한 내용 그대로 보지(保持)하고 반복할 뿐이다. 사람들은 예술의 심리적 발달사에서도 단순히 '상기예술(Erinnerungskunst)'이라고 불릴 만한 단계가 존재한다는 사실을 입증할 수 있다고 믿었다. 그러한 단계에서는 모든 예술적 조형이, 감각적으로 지각된 것 중에서 어떤 특징들만을 강조하며 그것들을 자기 자신이 창조한 상이라는 형태로 기억한다는 유일한 방향에서만 행해진다는 것이다.[6] 그러나 개개의 근본방향이 각각에 특유한 에너지를 갖고 분명하게 나타날수록, 외관상으로는 '재생(Reproduktion)'으로 보이는 것도 의식에게는 모두 근원적이고 자율적인 수행을 전제한다는 사실이 동시에 그만큼 더 명료하게 된다. 내용 자체의 재생 가능성은 그 내용을 가리키는 기호의 산출과 결부되어 있으며 그러한 산출활동에서 의식은 자유로우면서도 자립적으

---

6) Wundt, *Völkerpsychologie*, Bd. III: Die Kunst, 2판, 115쪽 이하 참조.

로 작용한다. 이와 함께 '상기'라는 개념도 보다 풍부하고 깊은 의미를 갖게 된다. 어떤 내용을 상기하기 위해서 의식은 단순한 감각이라든가 지각과는 다른 방식으로 그 내용을 내적으로 자신의 것으로 만들어놓아야 한다. 이 경우, 주어진 것이 다른 시점에서 단순히 반복되는 것으로는 충분하지 않고 그러한 반복에서 동시에 그러한 새로운 방식의 파악과 형식화가 작용하지 않으면 안 된다. 왜냐하면 내용의 어떠한 '재생'도 이미 새로운 단계의 '반성'을 자체 안에 포함하고 있기 때문이다. 의식이 그 내용을 더 이상 단순히 현재의 것으로 받아들이지 않고 과거의 것이지만 그럼에도 의식 자체에게는 사라지지 않은 것으로서 상의 형태로 자신 앞에 세워두는 것만으로도 이미 의식은 그 내용과 변화된 **관계**를 갖는 것이 되며 이를 통해서 자기 자신과 내용에게 어떤 변화된 이념적인 **의미**를 부여한 것이 된다. 그리고 이제 이러한 의미는 자아의 독자적인 상-세계(Bildwelt)가 분화되어갈수록 보다 분명하면서도 풍부하게 나타난다. 자아는 이제 상의 형성이라는 근원적 활동을 수행할 뿐 아니라 동시에 이러한 활동을 갈수록 깊이 이해하게 된다. 그리고 이와 함께 '**주관적**' 세계와 '**객관적**' 세계의 경계가 참으로 선명하면서도 날카롭게 그어진다. 과학적 사고의 여러 방법에 의해서 순수하게 **이론적인** 영역의 내부에서 이러한 분리가 행해질 때 그러한 분리가 의거하는 법칙을 분명히 보여주는 것이 일반적인 인식비판의 본질적 과제 가운데 하나다. 이러한 인식비판은 '주관'적 존재와 '객관'적 존재가 처음부터 고정적으로 분리되어 있고, 내용적으로 완전히 규정된 영역으로서 서로 대립해 있는 것이 아니라 양자가 인식과정에서 비로소 그리고 그러한 인식과정의 수단과 조건에 따라서 각각의 규정성을 갖게 된다는 사실을 보여준다. 이렇게 해서 '자아'와 '비아(Nicht-Ich)' 사이의 범주적 분리는 이론적 사고의 철저하면서도 끊임없이 작용하는 기능이라는 사실이 분명해지며, 한편으로 이러한 기능이 **실현**되는 방식, 즉 '주관적' 존재와 '객관적' 존재의 내용이 서로 구획되는 방식도 그때마다의 도달된 인식단계에 따라서 다르게 된다. 이론적·과학적 세계고찰에서는 경험에서 '객관적인' 것은 경험에서 항상적이고 필연적인 요소들이다. 그러나 어떠한 내용들에 이러한 항상성과 필연성이 인정될지는 한편으로는 사고가 경험에 부과하는 일반적 방법적 척도가 좌우하며, 다른 한편으로는 그때마다의 인식의 단계, 즉 인식이 경험적으로도 이론적으로도 보증하는 통찰들의 전체가 좌우한다. 우리가 '주관적인' 것과 '객관적인' 것이라는 개념적 대립을 경험계의 형성과 자연의 구성에 적용하고 관철하는 방식은 이러한 연관에서 보면 인식문제의 **해결**이라기보다는 인식문제의 완전한 표현이라는 사실이 드러난다.[7] 그러

---

[7] 이러한 사실에 대한 보완과 상세한 논증에 대해서는 졸저 *Substanzbegriff*

나 〔주관적인 것과 객관적인 것의〕 이러한 대립은 우리가 이론적인 사고와 그것에 특유한 개념장치의 한계를 넘어서 추적할 경우에야 비로소 그것의 전체적인 풍부함과 내적 다형성(多形性, Vielgestaltigkeit)에서 나타난다. 과학뿐 아니라 언어, 신화, 예술, 종교의 고유한 성격은 그것들이 우리에게 '현실'의 세계와 정신의 세계, 자아의 세계를 구성하기 위한 초석을 제공한다는 것이다. 우리는 그것들을 단순한 **형성물**로서 하나의 주어진 세계에 투입할 수는 없으며 존재의 그때마다의 특유한 형태화와 구분과 분리가 수행될 때 작용하는 **기능**으로 파악해야만 한다. 이 경우 모든 기능이 이용하는 수단들이 상이하고 개개의 기능 각각이 전제하고 적용하는 척도와 규준들이 전적으로 상이한 것처럼 산출되는 결과들도 상이하다. 과학의 진리개념과 현실개념은 종교와 예술의 그것과는 다르다. '안'과 '밖', 자아의 존재와 세계 사이에 서로 비교할 수 없는 특별한 근본관계가 그것들에 의해서 드러난다기보다는 건립되는바, 그러한 근본관계 역시 각 영역에서 상이하게 나타난다. 이렇게 서로 교차하고 모순되는 다양한 모든 견해와 주장에 대해서 판결을 내리는 것이 가능하게 되기 전에, 우선 그것들이 비판적으로 정확하고 엄격하게 **구별되어야**만 한다. 개개의 견해와 주장의 성과는 어떤 다른 견해와 주장

---

und Funktionsbegriff, Berlin 1910, Cap. VI에서의 서술을 참조할 것.

의 척도와 요구에 의해서가 아니라 그것 자신에 의해서 측정되어야만 한다. ─이러한 고찰이 이루어진 후에야 비로소 이렇게 상이한 세계 파악방식들과 자아 파악방식들이 서로 조화될 수 있는지─그것들이 그 자체로 존재하는 하나의 동일한 '사물'을 모사하는 것은 아니라도 서로 보완하면서 정신적 활동의 전체성과 통일적 체계를 형성하는 것은 아닌가라는 물음도 제기될 수 있다.

언어철학에서 이러한 고찰방식은 빌헬름 폰 훔볼트가 극히 명료한 의식 아래 이해하고 수행했다. 훔볼트에게는 모든 언어형성의 소재인 음운기호는 이른바 주관적인 것과 객관적인 것을 서로 잇는 다리이다. 왜냐하면 음운기호에서 주관과 객관 양자의 본질적 계기들이 통합되기 때문이다. 음운이란 한편으로는 우리가 언표하는 음운이고 그런 한에서는 우리 자신이 산출되고 형성한 음운이지만 다른 한편으로는 우리가 듣는 음운으로서 우리를 둘러싸는 감성적 현실의 일부이다. 따라서 우리는 음운을 '내적'인 것과 동시에 '외적'인 것으로서─외적인 것으로 나타나고 객관화되는 내적 에너지로서─파악하고 이해하는 것이다. "언어에서 정신의 활동이 입술을 통해서 표출되자마자 동시에 그것〔정신적 활동〕의 소산이 자신의 귀에 되돌아온다. 이렇게 해서 표상이 참된 객관성을 얻게 되지만 그렇다고 해서 그것의 주관성이 상실되는 것은 아니다. 이러한 일은 언어만이 할 수 있다. 그리고 결국은 주관으로 되돌아가는 객관성을 침묵 속에서도 항상 먼저 획득해야만—이러한 일에 언어가 기여하는 것이지만—개념의 형성과 아울러 일체의 참된 사고도 가능하다. …… 왜냐하면 분명히 언어는 우리가 전체가 개관될 수 있거나 조금씩 전달될 수 있는 눈앞에 있는 어떤 물질이 아니라 영원히 자신을 산출하는 것으로 간주되어야만 하기 때문이며, 그러한 산출의 법칙은 정해져 있지만 그 범위뿐 아니라 어떤 의미에서는 산출의 방식조차 전혀 규정되어 있지 않기 때문이다. …… 개개의 음운이 대상과 인간 사이에 들어서는 것처럼, 언어 전체는 인간과 인간에게 안팎으로 영향을 미치는 자연 사이에 들어선다. 인간은 음운의 세계로 자신을 둘러싸는 것에 의해서 대상들의 세계를 자신 안에 수용하고 가공한다."[8] 언어에 대한 이렇게 비판적이고 관념론적인 견해에서는, 모든 종류와 형식의 상징부여에 해당되는 하나의 계기가 동시에 언급되고 있다. 자신이 자유롭게 고안한 각각의 기호에 의해서 정신은 '대상'을 파악하지만 그 경우 동시에 자기 자신과 자신의 형성 작업에 고유한 법칙성도 파악한다. 그리고 이렇게 특유한 통찰에 의해서 정신은 비로소 주관성과 객관성을 보다 깊게 규정하는 것에 토대를 마련

---

8) Humboldt, *Einleit. zum Kawi-Werk*, S.-W.(Akademie-Ausg.), VII, 55쪽 이하를 볼 것.

한다. 이러한 규정의 첫 번째 단계에서는 흡사 대립하는 두 계기가 아직 단순히 분리되어 나란히 대립해 있는 것처럼 보인다. 예를 들어 언어는 그것의 최초의 형성과정에서는 내적인 것의 순수한 표현으로 파악될 수 있으면서도 외적인 것의 순수한 표현으로 파악될 수도 있다. 즉 그것은 **단순한** 주관성의 표현으로 파악될 수 있으면서도 **단순한** 객관성의 표현으로서 똑같이 파악될 수 있다. 전자의 경우에 언어음운은 흥분음운, 감정음운일 뿐이고, 후자의 경우에는 단순한 모방음운〔의성어〕일 뿐이다. '언어의 기원'에 대해서 제기되었던 여러 가지의 사변적 견해들은 사실 이 두 극단 사이에서 움직이고 있지만 그것들 중 어느 것도 언어의 핵심과 정신적 본질 자체를 파악하고 있지는 않다. 왜냐하면 언어는 주관적인 것이나 객관적인 것을 일방적으로 표시하고 표현하는 것이 아니라 그 안에서 두 요인 사이의 새로운 매개와 특유한 **상호규정**을 이루기 때문이다. 따라서 단순한 감정의 표출도 객관적인 음운자극의 반복도 그것만으로는 아직 언어에 특유한 의미와 형식을 표현하지는 않는다. 오히려 이 양 극이 하나로 결합되고 이것에 의해서 이때까지 없었던 새로운 '자아'와 '세계'의 **종합**을 창조하는 곳에서 비로소 언어가 성립되는 것이다. 그리고 유사한 관계가 의식의 진정으로 자립적이고 근원적인 모든 방향에서 성립하게 된다. 예술도 단순히 내적인 것의 표현이라든가 외적 현실의 형태들의 재현으로 규정되고 이해될 수는 없다. 예술에서도 '주관적인 것'과 '객관적인 것', 순수한 감정과 형태가 그것을 통해서 서로 융합되고 이러한 융합에 의해서 새로운 존립과 내용을 획득하는 방식에 결정적이고 특징적인 계기가 존재한다. 순수하게 지적인 기능에 한정할 경우보다도 이러한 모든 예들에서 훨씬 선명하게 드러나는 것은, 정신적 형식들을 분석할 때 우리는 주관적인 것과 객관적인 것이라는 이미 확정되어 있는 독단적 구분에서 **출발해서는** 안 되며 이러한 정신적 형식들 자체가 비로소 주관과 객관이라는 영역의 경계선을 **긋고 확정한다는** 것이다. 모든 특수한 정신적 에너지는 각각 특유한 방식으로 이러한 확정에 기여하며 그와 함께 자아개념과 세계개념의 구성에 협력한다. 인식도 언어도 신화도 예술도 모두, 외적으로 혹은 내적으로 주어져 있는 존재의 상들을 존재 자체 안에서 그러한 상들이 산출되는 그대로 반영할 뿐인 단순한 거울은 아니다. 그것들은 그러한 무차별한 매체는 아니고 오히려 독자적인 광원(光源)이며 봄의 조건인 것과 함께 모든 형태화작용의 근원들이다.

III. '표현'의 문제와 의식의 구조

언어, 예술, 신화에 대한 분석에서 우리가 부딪히는 첫 번째 문제는 도대체 어떻게 해서 특정한 감성적 개별 내용이 보편적인 정신적 '의미'의 담지자가 될 수 있는가이다. 만약 이러한 모든 영역들을 단지 그것의 물질적 소재라는 측면에서만 파악하고 그것들이 사용하는 기호를 단지 그것의 물질적 성질이라는 측면에서 기술하는 것으로 만족한다면, 그것들은 궁극적인 근본요소로서의 특수한 감각들의 전체, 즉 시각과 청각 그리고 촉각에 주어지는 단순한 성질들로 환원될 것이다. 그런데 놀랄 만한 것은 이러한 단순한 감성적 질료가 그것이 고찰되는 방식에 의해서 어떤 새롭고 다양한 정신적 생명을 획득하게 된다는 것이다. 물리적 음은 그것 자체로서는 고저와 강도, 음색 등에 의해서만 구별되지만 그것이 언어음운으로 형성됨으로써 극히 미묘한 사상적·감정적 차이를 표현하는 것이 된다. 직접적인 형태에서의 음은 그것이 간접적으로 수행하고 '의미하는' 것의 배후로 완전히 물러나고 만다. 예술작품을 구성하는 구체적인 개개의 요소들도 이러한 근본관계를 분명히 보여준다. 어떠한 예술작품도 이러한 요소들의 단순한 **종합**으로 이해할 수는 없다. 그러한 모든 요소에서는 미적인 형식을 부여하는 일정한 법칙과 특수한 의미가 작용하고 있다. 의식이 일련의 음을 결합하여 하나의 멜로디라는 통일체로 형성하는 종합작용은 그것이 다양한 언어음운들을 조합하여 하나의 '문장'이라는 통일체로 형성하는 종합작용과는 분명히 다르다. 그러나 그 모든 것에 공통된 것은, 어떠한 경우에도 감성적인 개별자들이 독립적으로 존재하는 것이 아니라 하나의 의식-전체에 순응하면서 그것으로부터 비로소 각각의 질적인 의미를 획득한다는 점이다.

의식의 통일성을 나타내면서 그러한 통일체를 통일체로서 구성하는 관계들의 총체를 우선은 일반적으로 개괄하는 방식으로 제시하려고 시도할 경우, 우리는 우선 각각이 특유하고 자립적인 결합 '방식'으로 존재하면서 서로 대립하고 있는 일련의 특정한 근본관계들로 인도된다. **공간**의 형식 안에 나타나는 '병렬적 존재'라는 계기, **시간**의 형식 안에 나타나는 '잇달아 일어남'이라는 계기, 어떤 것을 '**사물**'로서, 다른 것을 '**속성**'으로 파악하는 것과 같은 존재규정들의 결합, 혹은 어떤 것을 다른 것의 원인으로 보는 잇달아 일어나는 사건들의 결합, 그것들은 모두 그러한 근본적인 관계양식의 예들이다. 감각주의는 이러한 근본적 관계양식을 개별적인 인상들의 직접적 내용에서 도출하고 설명하려고 하지만 그것은 헛된 일이다. 흄의 잘 알려진 심리학이론이 말하는 것처럼 '플루트의 5개의 음'이 결과로서 시간 표상을 '낳을지도' 모르지만, 이러한 결과는 '잇달아 일어남'이라는 특징적인 관계와 질서라는 계기가 이미 암묵적으로 개개의 음의 내용 안에 함께 수용되어 있을 경우에만 그리고 그와 함께 시간이라는 것이 그것의 일반적인 구조형식과 관련해서 이미 전제되어 있을 경우에만 가능한 것이다. 따라서 심리학적 분석에 의해서도 인식 비판적 분석에 의해서도, 관계의 본래적인 근본형식들은 결국은 시각, 청각, 촉각의 요소들, 즉 단순한 감각적 질들과 동일한 수의 단순하면서도 서로 환원될 수 없는 의식의 여러 '성질들'이라는 것이 드러난다. 그러나 다른 한편으로 철학적 사고는 이러한 관계들의 다양성을 단지 그 자체로서, 즉 단순한 사실적 사태로 받아들이는 것에 만족할 수는 없다. 감각에 대해서라면, 그것의 여러 가지 기본적인 유형을 단지 열거하고 그것들을 결합되지 않은 다수로서 제시하는 것으로 만족할 수 있을지도 모른다. 이에 반해 관계에 대해서 말하자면, 개개의 결합형식으로서의 그것이 수행하는 것이 파악 가능하고 이해 가능하게 되는 것은, 우리가 그러한 결합형식들 자체를 다시 보다 높은 종류의 종합에 의해서 서로 결합된 것으로 사유할 경우뿐이다. 플라톤이 대화편 『소피스테스』에서 κοινωνία τῶν γενῶν[최고류의 결합]의 문제, 즉 순수한 이념들과 형식개념들의 체계적 '공동관계'의 문제를 제기한 이래 이 문제는 철학적 사색의 역사에서 계속 논란이 되었다. 그러나 이 문제에 대한 비판적인 해결과 형이상학적·사변적 해결 사이의 차이는 양자가 상이한 '보편' 개념을 전제하고 있고, 따라서 논리적 체계 자체에 대해서도 각각 상이한 의미를 전제하고 있다는 점에 있다. 전자의 고찰은 분석적 보편의 개념으로 거슬러 올라가고 있고, 후자는 종합적–보편의 개념을 겨냥하고 있다. 전자에서 우리는 많은 가능한 결합형식을 어떤 최고의 체계개념 안에 통일하고 그와 함께 그러한 형식들을 일정한 근본법칙들에 **종속시키는** 것에 만족하며, 후자에서 우리는 유일한 근본원리에서 개별적 형식들의 전체가, 즉 그 구체적 전체가 어떻게 전개되는가를 이해하려고 한다. 이 후자의 고찰방식이 단지 **하나의** 출발점과 단 **하나의** 종착점밖에 허용하지 않고 항상 동일한 방법적 원리를 적용하는 것에 의해서 그 양자〔출발점과 종착점〕를 종합적·연역적 논증과정에서 서로 결합하고 매개한다면, 전자〔비판적 고찰방식〕는 고찰의 여러 '차원들'의 다양성을 허용할 뿐 아니라 오히려 요구하는 것이다. 전자는 단일성을 애초부터 단념하면서 통일의 문제를 제기한다. 정신적 형식부여의 여러 방식들이 그대로 허용되는 것이며, 그것들을 유일한 단선적 진보계열에 편입시키려는 시도는 행해지지 않는다. 그렇다고 해서 그러한 견해에서 개개의 형식들 간의 상호연관에 대한 파악이 포기되는 것은 아니다. 오히려 반대로, 단순한 체계 개념 대신에 복합적인 체계라는 개념이 들어섬으로써 체계사상은 보다 더 첨예하게 된다. 각각의 형식이 이를테면 각각 특수한 수준(Ebene)으로 할당되며 그러한 수준에서 각각이 자신의 힘을 발휘하고 각각에 특수한 개성을 전적으로 독립적으로 전개한다. 바로 이러한 이념적인 작용방식들의 전체에서 동시에 유사성과 특정한 유형적 활동양식이 출현하며 그것이 그 자체로서 추출되고 기술될 수 있다.

여기에서 우리가 마주치는 첫 번째 계기는 형식들의 **질과 양**

상의 구별이라고 부를 수 있는 구별이다. 이 경우 어떤 특정한 관계 지음의 '질'이라고 부르는 것은, 개개의 특수한 결합방식, 즉 그것의 힘으로 어떤 관계 지음이 특정한 계열들, 다시 말해서 그것의 구성부분들이 그것들을 서로 질서 짓는 특수한 법칙에 의해서 지배되고 있는 계열들을 의식의 전체 안에 창출하는 결합방식이다. 이와 같이 예를 들면 '잇달아 일어남'과 그것에 대치(對峙)되는 '함께 있음(Beisammen)', 즉 계속적 결합형식과 그것에 대치되는 동시적 결합형식이 각각 그러한 독립적인 질을 형성한다. 그런데 다른 한편으로는 동일한 관계형식은 어떤 다른 형식연관 안에 존재하게 되는 것에 의해서도 내적 변화를 경험할 수 있다. 각자의 특수성에도 불구하고 개개의 관계는 모두 항상 동시에 하나의 의미 **전체**에 속하고 이러한 전체 자체가 또한 자신의 고유한 본성, 즉 자기완결적인 형식 법칙을 갖는다. 따라서 예를 들어 우리가 '시간'이라고 부르는 보편적 관계는 이론적·과학적 **인식**의 한 요소인 동시에 **심미적** 의식의 특정한 형상들에게 본질적인 요소이기도 한다. 뉴턴 역학이 시작될 당시에 모든 사건의 부동의 기초로서, 또한 모든 변화에 대해서 그 자체로 변하지 않는 척도로 간주되었던 시간과, 음악과 그것의 리듬을 지배하는 시간 사이에는 우선은 시간이라는 명칭을 넘어서는 어떠한 공통점도 없는 것 같다. 그러나 양자 모두에 우리가 '잇달아 일어남'이라는 표현에 의해서 가리키고 있는 일반적·

추상적인 질이 포함되어 있는 한, 명칭의 이러한 합치에는 적어도 의미의 동일성이 포함되어 있다. 그러나 사건의 시간형식에 관한 법칙인 자연법칙에 대한 의식에서 주재하고 있는 것과 어떤 음 형상의 리듬의 척도를 파악할 때에 주재하는 것은 물론 그 '존재 방식'이 다르며 각자는 잇달아 일어남의 독자적 양태이다. 똑같이 우리는 어떤 공간형체, 선과 형의 어떤 복합체를 어떤 경우에는 예술적 장식으로서 다른 경우에는 기하학의 도형으로서 파악할 수 있으며 이러한 파악에 의해서 동일한 소재에 전혀 다른 의미를 부여할 수 있다. 회화, 조각, 건축 등을 심미적으로 감상하고 창조할 경우에 우리가 구성하는 공간의 통일은 기하학의 특정한 정리(定理)들과 특정한 형식의 공리체계에서 표현되는 공간의 통일과는 전혀 다른 단계에 속한다. 후자의 경우에는 논리적·기하학적 개념이라는 양상이, 전자의 경우에는 예술적 공간 상상이라는 양상이 주재하고 있다. 후자의 경우에는 공간이 상호의존적인 규정들의 총체로서, 즉 '여러 원인'과 '여러 결과'로 이루어진 하나의 체계로서 사유되고 있는 반면에, 전자의 경우에는 개별적인 계기들의 역동적인 상호포섭이라는 형태를 취하는 하나의 전체로, 즉 직관적·감정적 통일체로 파악되고 있다. 그러나 공간의식이 취하는 형태화 작업의 양상에는 위와 같은 것들만 있는 것은 아니다. 왜냐하면 **신화적 사고**에서도 전적으로 독특한 공간파악이 보이기 때문이다. 그것은 공간적 관점에 따라서 세계를 조직하고 '방향 짓는' 하나의 방식이며, 경험적 사고에서 우주의 공간적 조직화가 행해지는 방식과는 명확히 그리고 특징적으로 구별된다.[9] 예를 들면 '인과성'이라는 일반적 형식만 해도 그것을 과학적 사고의 단계에서 고찰하느냐 신화적 사고의 단계에서 고찰하느냐에 따라서 전적으로 상이한 양상을 보인다. 신화에도 인과 개념이 있다. 신화는 이것을 일반적 신들의 발생 계보와 우주의 발생에 대한 설명에도 사용하며 많은 개별적 현상의 해석에도 이용하면서 이 개념에 의해서 그 현상들을 신화적으로 '설명'한다. 그러나 이러한 신화적 '설명'의 궁극적 동기는 이론적 · 과학적 개념에 의한 인과 인식을 지배하고 있는 동기와는 전적으로 다르다. 기원이라는 문제 자체는 과학에도 신화에도 똑같이 존재한다. 그러나 이러한 기원의 종류와 특성, 즉 그것의 양상은 우리가 어떤 영역에서 다른 영역으로 이행하자마자 — 즉 기원이라는 것을 신화적 잠재력(Potenz)으로서 파악하지 않고 과학적 원리로서 사용하고 그러한 원리로서 이해하는 것을 배우자마자 — 변하게 된다.

따라서 어떤 일정한 관계형식을 그것의 구체적 사용방식과 의의와 관련해서 특징짓기 위해서는 그것의 질적 성질 자체를 기

---

9) 나의 연구 *Die Begriffsform im mytischen Denken*, Studien der Bibl. Warburg I, Lpz. 1922를 참조할 것.

술할 뿐 아니라 그것이 속하는 체계 전체도 기술해야 한다는 것이 극히 분명히 드러난다. 예를 들어 관계의 여러 종류—공간관계, 시간관계 인과관계 등등—를 도식적으로 R_1, R_2, R_3······라고 부른다면, 그 각각에는 그것이 어떠한 기능연관과 의미연관에서 취해져야만 하는지를 보여주는 개별적인 '양상지표(Index der Modalität)' μ_1, μ_2, μ_3 ······가 속한다. 왜냐하면 이러한 의미연관의 각각, 즉 언어와 과학적 인식, 예술과 신화는 각각 고유한 구성원리를 가지고 있고 이러한 원리가 각각에 속하는 모든 특수한 형성체에 이를테면 자신의 날인을 찍기 때문이다. 이를 통해 극히 다양한 형식관계들이 생기게 되지만 그러한 형식관계들의 풍부함과 내적인 얽혀 있음은 각각의 개별적 전체형식에 대한 정확한 분석에 의해 비로소 개관될 수 있다. 그러나 그러한 개별적 분석은 도외시하더라도 의식 전체에 대해서 가장 일반적인 고찰을 하는 것만으로 우리는 이미 일정한 근본적인 통일의 조건들, 즉 결합의 가능성과 정신에 의한 총괄, 정신에 의한 표현 일반의 조건들로 소급하게 된다. 의식에서는 어떠한 내용이 정립되더라도 정립한다는 이러한 단순한 작용에 의해서 다른 내용의 복합체 전체도 함께 정립되지 않을 수 없다는 것이 의식의 본질 자체에 속한다. 칸트는 일찍이—마이너스의 양(negative Größe)에 대한 그의 저술에서—인과성의 문제를, 어떤 것이 존재하기 때문에 그것과는 전혀 **다른 어떤** 것이 동시에 존재하며 존재해야만 한다는 사실이 어떻게 하면 이해될 수 있는 가라는 형태로 정식화한 적이 있다. 독단적 형이상학에서처럼 사람들이 절대적 **존재**라는 개념을 출발점으로 삼는다면, 사실 이러한 문제는 해결될 수 없는 것으로 나타날 것임에 틀림없다. 왜냐하면 절대적 존재는 또한 궁극적인 절대적 요소들을 요구하며 그러한 요소들 각각이 실체적으로 고정된 상태로 독자적으로 존재하고 독자적으로 존재하는 것으로서 파악되어야만 하지만, 이러한 실체 개념은 세계의 다수성, 개별적 현상의 다양성과 상이성으로의 어떠한 필연적인 이행뿐 아니라 심지어는 이해 가능한 이행조차도 보여주지 않기 때문이다. 스피노자에서도 in se est et per se concipitur〔그것 자신에 입각하여 존재하고 그것 자신에 의해서 이해되는〕 것으로서의 실체에서 개개의 의존적이고 가변적인 양태들(Modi)의 계열로의 이행은 연역되고 있다기보다는 오히려 사취(詐取)된 것이다. 일반적으로 형이상학은—그것의 역사가 가르쳐주는 것처럼—사고의 딜레마에 직면해 있다는 것을 갈수록 분명하게 깨닫는다. 형이상학은 절대적 존재라는 근본개념을 진지하게 취급함으로써 이와 함께 모든 관계가 사라져버리고 공간, 시간, 인과성의 모든 다수성이 한갓 가상으로 해소될 위험에 처하든가, 아니면 이러한 관계들을 인정한다고 해도 그것을 단지 외적이고 우연적인 것으로, 즉 전적으로 '우유(遇有)적인 것(ein Akzidentelles)'으로 존재에 덧붙일 수밖에 없다.

그러나 그렇다면 기묘한 역전이 바로 일어나게 된다. 왜냐하면 바로 이 '우연적인 것'이야말로 인식에 접근될 수 있고 인식의 형식들 안으로 포착될 수 있는 것이라는 사실이 갈수록 분명해지는 반면에, 개별적인 규정들의 기초로서 사유되어야 할 적나라한 '본질(das nackte Wesen)'은 단순한 공허한 추상으로서 소실되어 버린다는 사실이 갈수록 분명해지기 때문이다. '실재의 총체'로서, 모든 현실의 총체로서 이해되었어야 할 것이 결국은 단순한 규정 가능성의 계기만을 포함할 뿐이지 자립적이고 적극적인 규정성을 자체 안에 전혀 포함하지 않는다는 것이 분명하게 되는 것이다.

'내용'과 '형식', '요소'와 '관계' 양자가 서로 독립적인 규정이 아니라 함께 주어져 있으면서 서로를 한정하는 것으로서 나타나는 식으로 파악될 때만, 우리는 존재에 관한 형이상학적 교설의 이러한 변증법에서 벗어날 수 있다. 사유의 역사에서 근대에 들어오면서 철학적 사색이 갈수록 분명하게 '주관적'인 전환을 하게 될수록 이러한 일반적인 방법적 요구가 그만큼 더 강력하게 관철된다. 왜냐하면 물음이 절대적인 존재라는 지반이 아니라 의식이라는 지반에서 제기되면 그것은 곧 새로운 형태를 띠게 되기 때문이다. 의식의 '단순한' 모든 질 각각은 그것이 철저하게 통일되어 있으면서도 동시에 다른 질들과 철저하게 구별되는 것으로서 파악되는 한에서만 어떤 특정한 내용을 갖게 된다. 통일과 구별이라는 이러한 기능은 의식의 내용에서 분리될 수 있는 것이 아니라 의식의 본질적인 조건들 중의 하나를 표현하기 때문이다. 따라서 의식과 함께 바로 그 의식을 통해서(eo ipso) 그리고 그 이상의 매개도 없이 어떤 '다른 것'과 일련의 다른 것들이 정립되지 않는다면 의식 안에는 '어떤 것'도 존재하지 않게 된다. 왜냐하면 의식의 모든 개별적인 존재는 그 안에서 동시에 의식 전체가 어떠한 형태로든 함께 정립되고 표현되는 것에 의해서만 자신의 규정성을 갖기 때문이다. 이러한 **표현**(Repräsentation)에서만 그리고 그것을 통해서만 우리가 내용의 주어져 있음이라든가 **현전**(現前, Präsenz)이라고 부르는 것도 가능하게 된다. 이러한 '현전'의 가장 단순한 경우, 즉 시간적 관계와 시간적 '현재(Gegenwart)'를 고찰하는 것만으로도 이러한 사실은 즉시 분명하게 드러난다. 참으로 **직접적으로** 의식에 주어져 있는 것은 모두 어떤 하나의 시점(時點), 즉 어떤 특정한 '지금'에 관계하면서 그것 안에 포함되어 있다는 것보다 확실한 것은 없다. 과거의 것은 '더 이상' 의식 안에 존재하지 않으며 미래의 것은 의식 안에 '아직 존재하지 않는다'. 따라서 양자는 의식의 구체적인 현실, 그것의 참된 현재(Aktualität)에 전혀 속하지 않으며 단순한 사고(思考)상의 추상물로 해소되어버리는 것 같다. 그러나 다른 한편으로 우리가 '지금'이라고 부르는 내용은 과거의 것을 미래의 것으로부터 나누는 영원히 유동하는 경계선 이외의 것이 아니라는 사실도 타당하다. 이러한 경계선은 그것이 한정하는 것으로부터 독립해서 존재하는 식으로는 절대로 정립될 수 없다. 즉 이러한 경계선은 분단하는 작용 자체 안에만 존재하며 이러한 작용 이전에 또한 이러한 작용에서 분리되어서 사유될 수 있는 것이 아니다. 개개의 시간적인 순간은 그것이 정녕 시간적인 것으로서 규정되려면 고정된 실체적인 존재로서가 아니라 오직 과거에서 미래로의, '더 이상 존재하지 않음'에서 '아직 존재하지 않음'으로의 부유하는 이행으로만 파악되어야 한다. 지금이라는 것이 이와 달리 절대적인 것으로 받아들여지는 경우에는 그 지금은 시간의 요소가 아니라 시간의 부정이 된다. 그렇게 되면 시간의 운동은 그 지금에 억류되고 이를 통해 소멸되는 것으로 나타난다. 엘레아 학파의 사유처럼 단지 절대적인 존재만을 겨냥하고 그것을 고집하려는 사유에서는 날아가는 화살은 정지해 있다. 왜냐하면 각각의 불가분의 '지금'에 존재하는 화살에는 항상 단 하나의 유일한, 일의적(一義的)으로 규정된 나뉠 수 없는 '위치'가 주어지기 때문이다. 이에 반해서 시간적 순간이 시간의 운동에 속하는 것으로 사유되어야 하고 그 순간이 시간의 운동에서 벗어나서 이것에 대립하는 것이 아니라 그 운동 안에 속해야 한다면, 이것은 개별적인 것으로서의 순간 안에 동시에 전체로서의 과정이 함께 사유되고 순간과 과정의 양자가 완전한 통일을 이루는 것으로 의식에 나타나는 것에 의해서만 가능하다. 시간이라는 형식 자체가 우리에게 '주어지는' 것은, 시간요소 안에 전방으로도 후방으로도 열려 있는 시간계열이 나타나는 방식으로만 가능하다. 의식의 어떤 한 단면을 생각할 때 우리는 단지 그 단면 자체에만 그치지 않고, 일정한 공간적 혹은 시간적 혹은 질적인 질서기능에 의해서 여러 관계 방향을 향해서 그 단면을 넘어서 나가는 것에 의해서만 그 단면을 하나의 단면으로서 파악할 수 있다. 우리는 이러한 방식으로 의식의 현재적인 존재 안에 존재하지 않는 어떤 것을 붙들 수 있고, 주어지지 않은 어떤 것을 주어진 어떤 것 안에서 붙들 수 있기 때문에, 오직 그 때문에만 우리에게는 우리가 한편으로 의식의 주관적인 통일이라고 부르고 다른 한편으로는 대상의 객관적 통일이라고 부르는 저 통일이 존재한다.

공간의식에 대한 심리학적 분석에 의해서도 인식비판적 분석에 의해서도 우리는 이러한 동일한 근원적 기능으로 거슬러 올라가게 된다. 왜냐하면 우선 공간적인 '전체'에 대한 모든 파악은 시간계열 전체의 형성을 전제하기 때문이다. 즉 의식의 '동시적' 종합은 비록 그것이 의식의 독자적이고 근원적인 본질 특징을 이루고 있다고 해도 항상 연속적인 종합을 기반으로 해서만 완성되고 나타날 수 있기 때문이다. 만약 특정한 요소들이 하나의 공간적 전체에 통합되어야만 한다면 그러한 요소들은 그 이전에 의식에서 잇달아 일어나는 방식으로 달려 지나가야 하며 일정한 법칙에 따라서 서로 관계 지어져야만 한다. 영국인들의 감각주의적인 심리학도 헤르바르트의 형이상학적 심리학도 시간적 결합의 의식으로부터 어떻게 해서 공간적 결합의 의식이 생기는지—단지 일련의 시각, 촉각, 근육감각으로부터 혹은 단순한 표상계열들의 복합체로부터 어떻게 해서 '함께 있음(Beisammen)'의 의식이 형성되는지—를 명확하게 설명할 수 없었다. 그러나 전적으로 상이한 출발점을 가지고 있는 이러한 이론들에서 공통적으로 인정되는 것은 자신의 구체적인 형태와 분절을 가진 공간이 마음의 완성된 소유물로서 '주어져 있는' 것이 아니라 의식의 과정과 이른바 그것의 전체적인 운동 속에서 비로소 성립된다는 것이다. 그런데 만약 이 경우에도 전체를 이미 각 요소 안에서 파악하고 각 요소를 전체 안에서 파악한다는 일반적인 가능성이 존재하지 않는다면, 바로 이러한 과정 자체는 우리에게는 전적으로 고립되어 있고 서로 무관한 개별적인 부분들로 해체되고 말 것이며 따라서 하나의 결과로 종합되는 것도 불가능하게 될 것이다. 라이프니츠가 의식 일반을 특징지었던 '일자 안에 다자가 표현된다는 것(Ausdruck des Vielen im Einen)', 즉 multorum in uno expressio가 이와 함께 여기에서도 결정적인 의미를 갖게 된다. 우리가 일정한 공간형상을 직관할 수 있게 되는 것은, 한편으로는 직접적인 감각적 체험에서는 서로를 배제하는 감각적인 지각들의 그룹들을 하나의 표상 안에서 통일하면서 다른 한편으로는 이러한 통일을 다시 그것의 다양한 개별적인 구성부분들로 분해하는 것에 의해서만 가능하다. 집중과 분석의 이러한 상호작용에 의해서 비로소 공간의식이 구성된다. 여기에서는 형태가 가능한 운동으로 나타나는 것처럼 운동이 가능한 형태로 나타난다.

버클리는 근대의 생리학적 광학(Optik)의 출발점을 이루는 시각(視覺)에 관한 그의 이론 연구에서 공간지각의 발달과 언어의 발달을 비교하고 있다. 그에 따르면 공간적 직관은 일종의 자연언어, 즉 기호와 의미를 긴밀하게 관계 짓는 것에 의해서 비로소 획득되고 확립될 수 있다. 〔버클리에 의하면〕 이미 완성되어 존재하는 사물처럼 존재하는 '절대공간'이라는 근원적인 상(Urbild)을 우리의 표상 안에 모사하는 것에 의해서가 아니라 다양한 감관영역들의 상이하고 그 자체로 비교 불가능한 인상들, 특히 시각적이고 촉각적인 인상들을 서로 대리(代理, Repräsentation)와 기호로 사용하는 것을 배움으로써 서로 체계적으로 결합되고 관계 지어진 지각들의 세계로서의 공간의 세계가 성립한다. 버클리는 이 경우 자신의 감각주의적인 근본전제에 따르면서, 자신이 공간적 직관의 한 조건으로서 증명하고 있는 정신의 언어를 오로지 **감성**의 언어로 이해하려고 한다. 그러나 이러한 시도는 자세하게 살펴보면 자기 부정에 빠지고 있다. 왜냐하면 언어에서는 항상 개개의 감성적 기호가 일반적이고 사고상의 의미내용으로 채워져 있다는 사실이 전제되는 이상, 언어가 결코 단순히 감성적인 것일 수는 없고 감성적 요인과 개념적 요인의 특유한 상호침투와 상호작용을 보여주고 있다는 사실이 언어개념 자체에 이미 포함되어 있다. 동일한 사실은, 다른 모든 종류의 '표현'—의식의 요소가 다른 요소 안에 그리고 다른 요소를 통해서 표시된다는 것—에 대해서도 타당하다. 우리가 일정한 시각, 운동감각, 촉각 안에 공간 표상을 구축하기 위한 감성적인 직관이 주어져 있다고 생각하더라도, 바로 이러한 감각들의 총합에는 '공간'이라는 특징적인 통일형식은 전혀 포함되어 있지 않다. 오히려 이러한 감각적인 질들의 각각으로부터 그것들의 전체로 이행하는 질서지음에 의해서 비로소 공간이라는 통일형식이 나타난다. 이러한 방식으로 우리는, 우리가 각각의 요소를 공간적인 것으로서 정립하는 한 그것 안에는 이미 무한하게 가능한 **방향**들이 정립되어 있고 이러한 방향들의 총체가 비로소 공간적인 직관의 전체를 구성한다고 생각한다. 개개의 경험적 대상, 예를 들면 하나의 집에 대해서 우리가 갖는 공간적인 '상'은 하나의 개별적이고 비교적 한정된 원근법적 전경(前景, Ansicht)을 이러한 의미에서 확장하는 것에 의해서, 즉 그러한 전경을 단지 출발점, 다시 말해 자극으로만 이용하고 그것으로부터 공간적 관계들의 극히 복합적인 전체를 구축하는 것에 의해서만 성립한다. 이런 의미에서 이해될 경우, 공간이란 그것과 똑같이 완성되어 있는 것으로서의 '사물들'이 들어가는 정지된 용기나 통이 아니고 오히려 서로를 보완하고 규정함으로써 통일적인 결과에 도달하는 이상적인 기능들의 총체를 표현한다. 단순한 시간적인 '지금'에는 이전과 이후가, 즉 시간적 진행의 근본적 방향들이 동시에 표현되고 있다는 사실을 우리가 보았던 것처럼, 우리는 각각의 '여기'에, 이미 '저기'와 '거기'를 함께 정립하고 있다. 개개의 위치는 위치체계 이전에 주어져 있는 것이 아니라 오직 그러한 위치체계를 고려해서 그리고 그것과의 상관관계 안에서만 주어진다.

공간적 통일과 시간적 통일 위에 생기는 세 번째 통일형식은 **대상적 결합**이라는 형식이다. 우리가 일정한 성질들의 총체를 변화하는 다양한 특징들을 갖는 지속적인 사물의 전체로 통합할 경우, 이러한 통합은 〔공간적인〕 나란히 있음과 〔시간적인〕 잇달아 있음의 결합작용을 전제하지만 이러한 결합작용으로 끝나는 것이 아니다. 가변적인 성질들의 지속적인 담지자로서의 사물이라는 개념이 형성되기 위해서는, 비교적 항상적인 것이 변화하는 것과 구별되어야 하며 특정한 공간적 배치(Konfiguration)가 견지되어야만 한다. 그러나 다른 한편으로 이러한 '담지자'라는 관념은 공간적인 함께 있음과 시간적인 잇달아 있음에 대한 직관에 자립성이라는 의의를 갖는 고유하고 새로운 계기를 덧붙인다. 물론 인식에 대한 경험주의적 분석은 거듭해서 이러한 자립성을 부인하려고 시도했다. 그것은 사물이라는 관념에서 순전히 외적인 결합형식만을 보려고 한다. 그것은 '대상'의 내용과 형식은 그것의 속성들의 총합에 지나지 않는다는 사실을 보여주려고 한다. 그러나 이 경우 자아개념과 자아의식에 대한 경험주의적 분석에 존재하는 근본적 결함이 곧바로 나타난다. 흄이 자아를 '지각들의 다발'로서 설명할 때,—거기에서는 결합 **일반**이라는 사실만이 확보되어 있을 뿐 '자아'로의 종합이 갖는 **특수한** 형식과 양식에 대해서는 조금도 언급되지 않았다는 점은 차치하더라도—지각이라는 개념 안에는 외관상으로 분석되어서 그것의 구성부분들로 분해되어야만 하는 자아의 개념이 아직 완전히 분해되지 않고 포함되어 있기 때문에, 그러한 설명은 그것만으로도 이미 자기부정에 빠지고 만다. 개개의 지각을 지각으로 만드는 것, 즉 '표상'의 질로서의 지각을 예를 들어 임의의 사물의 질로부터 구별하는 것은 그것이 '자아에 귀속된다는 점'이다. 자아로의 이러한 귀속성은 다수의 지각들의 추후적인 결합에서 성립하는 것이 아니라 모든 개개의 지각에 이미 근원적으로 고유한 것이다. 전적으로 유사한 관계가 다양한 성질들을 하나의 '사물'이라는 통일체로 결합할 때에도 성립한다. 우리가 연장을 갖는 것, 단 것, 거친 것, 하얀 것이라는 감각들을 하나의 통일적이고 사물적인 전체로서의 '설탕'이라는 표상으로 결합하는 것이 가능한 것은, 이러한 질들의 각각이 이미 처음부터 이러한 전체를 고려하면서 규정된다고 사유되기 때문이다. 하얗다는 것, 달다는 것 등등이 단지 내 안에 있는 상태로서뿐 아니라 '속성'으로서, 즉 대상의 질로서 파악된다는 것, 이것은 이미 '사물'이라는 추구된 기능과 시점(視點)을 자체 안에 포함하고 있다. 따라서 여기에서는 개별적인 것을 정립할 때 이미 어떤 일반적인 근본도식이 지배하고 있으며 이것이 다음에 '사물'과 그것의 '속성들'에 대한 점진적인 경험 내에서 항상 새로운 구체적인 내용으로 채워질 뿐이다. 단순한 하나의 위치로서의 점이 항상 공간 '안에서'만, 즉 논리적으로 말해서 모든 위치 규정들의 한 **체계**를 전제로 해서만 가능한 것처럼—시간적인 '지금'이라는 관념이 순간들의 한 **계열**, 즉 우리가 '시간'이라고 부르는 잇달아 일어남의 질서와 계열을 고려해서만 규정될 수 있는 것처럼—동일한 사실이 또한 사물과 속성들의 관계에 대해서도 타당하다. 이러한 모든 관계들—이것들을 상세하게 규정하고 분석하는 것은 특수한 인식이론의 문제이지만—에서는 의식의 저 근본 성격, 즉 의식에서는 전체가 부분들로부터 비로소 획득되는 것이 아니라 부분들의 정립은 모두 전체의 정립을 전체의 내용 면에서는 아니더라도 그것의 일반적인 구조와 형식 면에서 이미 포함하고 있다는 사실이 드러나고 있다. 의식에서는 개별적인 것들 각각은 이미 처음부터 어떤 특정한 **복합체**에 속해 있으며 이것의 규칙들을 자신 안에 표현하고 있다. 그러나 이러한 규칙들의 전체가 비로소, 시간의 통일, 공간의 통일, 대상적 결합의 통일 등으로서의 의식의 진정한 통일을 구성하는 것이다.

전통적 심리학의 개념 언어가 이러한 사태를 드러내기 위한 충분히 적합한 표현을 거의 제공하지 못한 것은, 심리학이 나중에서야 비로소, 즉 현대의 '형태심리학(Gestaltpsychologie)'으로 이행하고서야 비로소 감각주의적인 근본견해의 전제들로부터 벗어났기 때문이다. 모든 객관성은 '단순한' 인상 안에 포함되어 있다는 감각주의적 심리학에서는, 모든 결합은 인상들의 단순한 결집, 즉 그것들의 '연합(Association)'에 존재한다. 이러한 '연합'이라는 용어는 의식에서 성립하는 관계의 모든 가능성들을 동등하게 포괄하기에 충분할 정도로 그 의미가 넓지만, 동시에 그것은 그 의미가 너무나 넓어서 그것으로는 그러한 관계 각각이 갖는 특수성과 고유성을 식별할 수 없다. '연합'이라는 이 술어에 의해서 가장 다양한 질과 양상을 갖는 관계들이 무차별하게 지칭되는 것이다. '연합'이란 요소들이 시간의 통일체 혹은 공간의 통일체로, 자아의 통일체 혹은 대상의 통일체로, 사물의 전체 혹은 일련의 사건들의 전체로 결합되는 것을 의미하며, 그 구성부분들이 원인과 결과라는 시점(視點), 또는 '수단'과 '목적'이라는 시점에 의해서 서로 결합되는 계열들이 되는 것을 의미한다. 더 나아가 또한 '연합'이란, 개개의 것을 인식이라는 개념적 통일체로 결합하는 논리적 법칙과 아울러 예를 들어 '미적' 의식의 구성 작업에서 작용하는 것이 분명한 형성작용의 형식들도 가리키는 데 모자람이 없는 표현이다. 그러나 바로 여기서, 연합이라는 이 개념이 결합 일반을 지시할 뿐이며 그러한 결합의 특수한 양식과 규칙에 대해서는 전혀 아무것도 말해주는 바가 없다는 사실이 바로 드러난다. 이러한 술어에 의해서는 의식이 자신의 종합에 도달하는 길과 방향들의 다양성은 완전히 은폐되고 만다. 우리가 '요소들'을 a, b, c, d 등이라고 부른다면, 앞에서 제시된 것처럼 이러한 요소들의 결합이 언표되는 다양한 함수 F(a, b), (c, d) 등으로 이루어진 정확히 단계지어지고 내적으로 분화된 하나의 체계가 존재하는 것이 된다. 그러나 이러한 체계는 연합이라는 유개념으로는 표현되기는커녕 오히려 사라지고 만다. 즉 전적으로 균일하게 되고 만다. 그리고 이 연합이라는 명칭은 또 하나의 본질적인 결함을 갖고 있다. 사람들이 서로 연합하는 내용들은 그것들이 아무리 밀접하게 결합되고 아무리 내밀하게 '융합'되더라도 그것들의 의미와 기원을 보면 서로 **분리될 수 있는** 내용들이다. 그것들은 경험이 진전됨에 따라서 갈수록 강하게 결합되어 결합체와 그룹이 되지만, 그러한 내용들의 존립 자체는 그룹을 통해서 비로소 주어지는 것이 아니라 그것 이전에 이미 주어져 있었던 것이다. 그런데 '부분'이 '전체'에 대해서 갖는 이러한 관계야말로 의식의 진정한 종합에서 원칙적으로 극복된다. 이러한 종합에서 전체는 부분들로부터 비로소 **생기는** 것이 아니고 전체야말로 부분들을 **구성하고** 그것들에 본질적인 의미를 부여한다. 따라서 앞에서 말한 것처럼 우리는 공간의 어떠한 제한된 부분에서도 공간의 전체로 향하는 방향이 함께 정립되어 있다고 생각하는 것과 마찬가지로, 어떠한 특성을 정립하더라도 그것에는 '실체'와 '우유(偶有, Accidens)'라는 일반적 관계와 아울러 사물이라는 특징적인 형식이 포함되어 있다고 생각한다. 연합이라는 술어는 표상들이 단순히 함께 모여 있다는 것을 표현하는 것에 지나지 않으며 따라서 이러한 상호침투, 즉 이렇게 강하게 '서로에 의해서 조건 지어져 있음'을 설명하지 못한다. 연합이 형성하는 것은 표상들의 단순한 경과에 대한 경험적 법칙들이며, 이것들은 표상들이 결합되는 특수한 근본형상들과 근본형태들, 그러한 표상들 사이에서 산출되는 '의미'의 통일성에 대해서 아무것도 해명해주지 못한다.

이에 반해서 '의미'가 갖는 자립적인 성격을 구하고 그것을 증명하는 것이 합리주의적 인식론이 자신에 부과한 과제다. 이러한 이론의 본질적인 역사적 공적들 중 하나는 그렇게 생각을 크게 전환함으로써 의식 일반에 대한 새롭고 보다 깊은 견해와 인식의 '대상'에 대한 새로운 개념이 동시에 정초되었다는 데에 있다. 이와 같이 객관적인 것의 통일, 실체의 통일은 지각에서가 아니라 정신의 자기반성에 의해서, 즉 inspectio mentis〔정신의 통찰〕에 의해서만 파악될 수 있다는 데카르트의 말이 참이라는 사실이 입증된다. 합리주의의 이러한 근본교설이 표명하는 것은 경험주의적 '연합' 이론과 가장 첨예하게 대립된다. 그러나 이러한 합리주의적 학설에서조차도, 의식의 근본적으로 상이한 두 가지 본질적인 요소들 간의 내적인 긴장 관계, 즉 의식의 단순한 '소재'와 순수한 '형식' 사이의 내적인 긴장관계는 해소되지 않는다. 왜냐하면 여기에서도 의식내용들을 **결합하는** 근거가 개별적인 내용들에 어떠한 방식으로든 외부로부터 부가되는 활동에 존재하는 것으로 간주되기 때문이다. 외부 지각의 '관념들', 즉 밝음과 어둠, 거칠음과 매끄러움, 색과 음 등의 관념들은 데카르트에 따르면 그 자체로는 우리의 내부에 존재하는 상(velut picturae〔그림처럼〕)으로만 존재하며 이러한 의미에서 단순한 주관적 상태로만 주어져 있다. 우리에게 이러한 단계를 넘어서게 하는 것, 즉 인상들의 다양성과 가변성으로부터 대상의 통일성과 항상성으로 나아가는 것을 가능하게 하는 것은 이러한 인상들로부터 완전히 독립해 있는 판단기능이며 '무의식적 추론'의 기능이다. 객관적 통일성은 순수하게 형식적인 통일성이며 그것 자체는 우리가 들을 수도 볼 수도 없는 것이며 단지 순수사유의 논리적 전개에서만 파악될 수 있다. 데카르트의 **형이상학적** 이원론은 결국 그의 이러한 **방법론적** 이원론에 뿌리박고 있다. 즉 연장을 갖는 실체와 사유하는 실체의 절대적 분리라는 학설은 순수한 의식기능 자체에 대한 그의 서술에서 이미 보이고 있는 대립의 형이상학적 표현에 지나지 않는다. 그리고 칸트에서조차 『순수이성비판』의 서두에서 감성과 사유의 이러한 대립, 의식의 '소재적' 근본규정과 '형식적' 근본규정의 대립이 오래도록 가져온 힘이 여전히 변함없이 나타나고 있다.—물론 칸트에서는 곧바로, 이 양자가 우리에게는 알려져 있지 않지만 아마도 하나의 동일한 뿌리에서 연관되어 있을 것이라는 사상이 출현하고 있지만 말이다—그러나 문제를 이런 식으로 정식화하는 것에 대해서는 무엇보다도 다음과 같은 이의를 제기해야 한다. 즉 여기에서 시도되는 것처럼 〔감성과 사유를〕 대립시키는 것은 우선은 추상의 작업이고 개별적인 인식요인들에 대한 논리적인 검토와 평가의 산물에 지나지 않는 것이며, 이에 반해서 의식의 소재와 형식의 통일, '특수'와 '보편'의 통일, 감성적 '소여의 계기'와 순수한 '질서의 계기'의 통일이야말로 분명히, 의식에 대한 어떠한 **분석**도 거기에서 출발해야만 하는 바로 저 근원적이고—확실하며 근원적이고—잘 알려져 있는 **현상**이라는 것이다. 이러한 사태는 물론 그 자체로서는 수학적인 것의 영역을 넘어서는 것이지만 만약 그것을 수학적 비유와 상징을 가지고 해명해본다면 단순한 '연합'보다는 '적분'이라는 표현을 선택할 수 있다. 의식의 소재가 의식의 전체에 대해서 갖는 관계는 어떤 넓이를 갖는 부분이 그러한 부분들의 합에 대해서 갖는 관계라기보다는 미분이 그것의 적분에 대해서 갖는 관계와 같다. 어떤 운동의 미분방정식 안에 이러한 운동의 궤적과 그것의 운동법칙이 표현되어 있는 것처럼 우리는 의식의 구조의 일반법칙이 그것의 요소들의 각각에, 즉 그것의 하나하나의 단면 안에 함께 주어져 있다고 생각하지 않을 수 없으며, 함께 주어져 있다고 해도, 고유하고 자립적인 내용들이라는 의미에서가 아니라 감성적-개별적인 것 안에 이미 주어져 있는 경향과 방향들이라는 의미에서 주어져 있다. 의식에서 모든 '존재(Dasein)'는, 의식은 곧 그렇게 다양한 종합의 방향들에서 자신을 초월해간다는 바로 그러한 사실에서 성립하며 바로 그것을 통해서 성립한다. 순간에 대한 의식이 이미 시간계열에 대한 지시를 포함하고 있으며, 개개의 공간적 위치에 대한 의식이 가능한 위치규정들의 총괄과 전체로서의 '공간'에 대한 지시를 포함하고 있는 것처럼, 일반적으로 무수한 관계들이, 즉 그것들을 통해서 개별적인 것에 대한 의식 안에 동시에 전체의 형식이 표현되는 무수한 관계들이 개입하고 있다. 의식의 감성적 요소들(a, b, c, d)의 합으로부터가 아니라 이른바 의식의 관계지음의 형식의 미분들($dr_1, dr_2, dr_3 \cdots$)의 총체로부터 의식의 '적분'이 구성되는 것이다. 의식의 완전한 현세태(Aktualität)는 '잠세태'와 보편적인 가능성이라는 형태로 개별적인 요인들 각각에 이미 포함되어 있는 것을 전개할 뿐이다. 이와 함께 비로소 칸트의 물음— '어떤 것'이 있다는 이유로 동시에 어떤 '다른 것', 즉 그것과 전적으로 다른 것이 있어야만 한다는 사태가 어떻게 사유되어야만 하는지라는 물음—에 대한 가장 일반적인 비판적 해결이 획득되었다. 절대적 존재라는 관점에서 보면 예리하게 고찰되고 분석될수록 더욱더 역설적인 것으로 나타날 수밖에 없었던 저 관계는, 의식의 관점에서 보면 필연적이고 자체로부터 직접적으로 이해될 수 있는 관계라는 것이다. 왜냐하면 의식에서는 처음부터 추상적인 '일자'가 있고 이러한 일자에 대해서 똑같이 추상적으로 개별화되고 분리되어 있는 상태로 '타자'가 대립해 있는 것이 아니라 하나는 '다수' 안에 그리고 다수는 하나 '안에' 존재하기 때문이다. 이것은 양자가 서로를 조건 지우고 서로를 표현한다는 의미에서 그렇다.

IV. 기호의 이념적인 의미 — 모사설의 극복

이제까지의 고찰은 표현작용, 즉 어떤 내용을 다른 내용 안에 그리고 다른 내용을 통해서 나타내는 작용을 의식 자체의 구성의 본질적 전제로서 또한 의식에게 고유한 형식적 통일의 조건으로서 인식해야만 한다고 보면서, 이 표현이라는 개념을 정초하고 정당화하는 것, 이를테면 그 개념에 대한 일종의 인식비판적 '연역'을 겨냥했다. 그러나 다음에서 행해질 고찰의 목표는 이러한 표현 기능의 가장 일반적인 논리적 의미를 탐구하는 데 있지 않다. 여기에서는 기호의 문제를 그것의 궁극적인 '근거들'에까지 소급해서 추구하는 것이 아니고 오히려 역으로 이러한 문제가 서로 다른 다양한 문화영역들에서 보이는 구체적인 전개와 형성을 전진(前進)적으로 추구할 것이다. 지금 이러한 고찰을 위한 새로운 기초가 획득되었다. 만약 우리가 인위적인 상징체계—언어와 예술과 신화에서 의식이 창출하는 '자의적인' 기호—를 이해하려고 한다면, 우리는 우선 '자연적인' 상징 기능, 즉 이미 의식의 개개의 계기와 단편 안에 필연적으로 포함되어 있든가 혹은 적어도 소질로서 갖추어져 있는 의식 전체의 저 표현으로 되돌아가야만 한다. 만약 이러한 매개적 기호의 힘과 작용이 의식 자체의 본질에 기초를 둔 근원적 정신적 활동에 자신의 궁극적 뿌리를 두고 있지 않다면, 그러한 기호의 힘도 작용도 수수께끼로 남게 될 것이다. 예를 들어 물리적인 언어음운과 같은 감성적이고 개별적인 것이 순수하게 정신적인 어떤 의미의 담지자가 될 수 있다는 것은 결국은 다음과 같은 사실에 의해서만 이해될 수 있다. 즉 의미한다는 근본적 기능 자체가 개개의 기호의 정립 이전에 이미 존재하고 작용하는 것이며 따라서 그러한 기능은 기호의 정립에 의해서 비로소 창조되는 것이 아니라 단지 정착될 뿐이며 개개의 경우에 적용될 뿐이라는 사실 말이다. 의식의 모든 개별내용은 다양한 관계들로 이루어진 하나의 망 안에 존재하기 때문에, 그것은 단순히 존재하고 자신을 표현하는 가운데 동시에 다른 내용들과 아울러 또 다른 내용들에 대한 지시를 자체 안에 포함하고 있기 때문에, 지시한다는 이러한 순수한 형식이 이를테면 감성적으로 구체화되어 있는 의식의 특정한 형성물들이 존재할 수 있고 존재해야만 한다. 이러한 사실로부터 곧, 감성적인 것에 묶여 있으면서 동시에 감성적인 것으로부터 자유롭다는, 의식의 형성물들에게 특유한 이중적 성격이 생기게 된다. 모든 언어 '기호'에서, 즉 모든 신화적 혹은 예술적 '형상'에서, 그 자체로 모든 감성적인 것을 넘어서 나갈 것을 명령하는 정신적인 내용이 감성적인 것, 즉 볼 수 있고 들을 수 있거나 접촉할 수 있는 것의 형식으로 변화되어 나타난다. 어떠한 직접적 감각, 혹은 지각의 주어져 있음으로부터 구별되면서도 바로 이러한 주어져 있음 자체를 매체로서, 즉 표현수단으로서 이용하는 어떤 자립적인 형태화작용의 양식, 의식의 어떤 특수한 활동이 출현하는 것이다. 이와 함께 우리가 의식 자체의 근본성격 안에 갖추어져 있다고 보았던 '자연적' 상징기능은 한편으로는 이용되고 확고하게 유지되는 것이지만 다른 한편으로는 능가되고 섬세하게 된다. 왜냐하면 이러한 '자연적' 상징기능에서는 의식의 어떤 **구성부분**이 의식 전체로부터 벗어나게 되면서도 바로 이러한 전체를 대표하게 되며 이렇게 대표하는 것에 의해서 어떤 의미에서는 그 전체를 재현(再現)하는 힘을 갖고 있었기 때문이다. 눈앞에 현존하는 어떤 내용은, 자기 자신과 동시에 직접적으로 주어져 있지는 않지만 그 내용이 매개하는 다른 것을 표상하는 능력을 갖고 있었다. 그러나 언어와 신화 그리고 예술에서 우리에게 나타나는 상징적 기호는 우선 '존재'하고 난 후에 그 존재를 넘어서 일정한 의미를 획득하는 것이 아니며, 그러한 기호들에서는 모든 존재가 그러한 의미로부터 비로소 생기는 것이다. 그러한 기호들의 내용은 완전히 의미기능으로 흡수된다. 여기에서, 의식은 개별적인 것에서 전체를 파악하기 위해서, 그 자체로서 주어져 있어야만 하는 개별적인 것의 자극에 더 이상 의존하지 않고 일정한 의미복합체의 표현으로서의 구체적·감성적 내용을 스스로 **창조한다**. 자기 자신이 창조한 내용들을 전면적으로 의식의 지배 아래 두기 때문에, 의식은 지시하는 표현이 발화될 때에는 이러한 내용들을 통해서 저 모든 의미들도 항상 새로 자유롭게 '불러낼' 수 있다. 예를 들어 어떤 주어진 직관이나 표상을 임의의 언어음운에 결합하더라도, 우리는 우선은 그러한 직관과 표상의 본래의 내용에 아무것도 덧붙이지 않은 것처럼 보인다. 그러나 보다 예리하게 관찰하면 언어기호의 이러한 창조에 의해서 내용 자체도 의식에 대해서 어떤 새로운 '성격'을 띠게 된다. 왜냐하면 그 내용은 의식에 대해서 새로운 규정성을 갖게 되기 때문이다. 그 내용의 예리하면서도 명료한 정신적 '재생산'이 언어에 의한 '생산' 활동에 직접적으로 구속되어 있다는 것은 분명하다. 왜냐하면 표상 안에 이미 존재하는 규정들과 구별들을 단순히 **반복하는** 것이 아니라 그것들을 그것들 자체로서 비로소 정립하고 분명히 하는 것이야말로 언어의 과제이기 때문이다. 따라서 도처에서 자유로운 정신적 활동에 의해서 감각적 인상들의 카오스가 비로소 비추어지고 그것에 의해서 카오스가 우리에게 비로소 확고한 형태를 취하기 시작한다. 우리가 흐르는 인상에 대해서 어떠한 방향으로든 기호를 부여함으로써 그 인상에 **형태를 부여하면서** 그것과 대치(對峙)할 때에만 그러한 인상은 우리에게 형식과 지속성을 얻게 된다. 형태로의 이러한 변화는 과학에서, 언어에서, 예술에서, 신화에서, 여러 가지 방식으로 또한 여러 형성원리에 따라서 수행된다. 그러나 그것들 모두는, 그것들의 활동의 산물로 최종적으로 나타나는 것이 그것들이 처음에 출발했던 단순한 소재와는 어떠한 점에서도 더 이상 동일하지 않다는 점에서, 일치한다. 따라서 기호부여 일반이라는 근본기능과 그것의 다양한 방향들에서 정신적 의식은 감성적 의식과 전적으로 구별된다. 즉 여기〔기호부여〕에서 비로소, 어떤 외적 존재에 수동적으로 내맡겨지는 상태 대신에 우리가 외적인 존재에 행사하는 어떤 자립적인 주조(鑄造)작용, 즉 그것에 의해서 외적 존재가 우리에게 다양한 현실 영역들과 형식들로 분화되어 나타나는 자립적인 작용이 등장한다. 신화와 예술, 언어와 과학은 이러한 의미에서 존재에 **대한 주조작용**이다. 그것들은 눈앞에 현존하는 현실에 대한 단순한 모사가 아니라 정신적 활동의, 즉 우리에게 현실적인 것이 하나이자 다수의 것으로 구성되는 이념적인 과정의 큰 방향들을 표현한다. 그러한 방향들은 결국은 의미의 어떤 통일성에 의해서 통합되는 다양한 형태들이다.

이러한 목표를 미리 염두에 둔다면 이와 함께 우리는 여러 기호체계들의 **특수한** 규정과 아울러 의식이 그러한 체계들을 이용하는 방식도 비로소 이해할 수 있다. 만약 기호가 직관과 표상의 내용으로서 그 자체로 완성되어 있는 특정한 개별적 내용을 단지 반복할 뿐이라면, 현존하는 것에 대한 그러한 단순한 모사가 수행하는 것이 무엇일지 또한 참으로 엄격한 모사가 어떻게 행해질 수 있을지는 가늠할 수 없다. 왜냐하면 모사는 결코 원본을 그대로 반영할 수는 없으며 깊이 고찰해보면 모사가 원본을 결코 대체할 수 없다는 것은 분명하기 때문이다. 그렇기 때문에 그러한 규준을 전제로 한다면 사람들은 필연적으로 기호 일반의 가치에 대해서 원칙적으로 회의할 수밖에 없다. 예를 들어 언어의 본래적이고 본질적인 과제가 개개의 감각과 직관에서 이미 완성되어 우리 앞에 존재하고 있었던 현실을, 언어음운이라는 다른 종류의 매체에 의해서 다시 한 번 표현하는 것에 있다면 모든 발화가 이러한 과제를 전혀 달성할 수 없을 것임에 틀림없다는 사실이 곧 드러난다. 모든 언어적인 상징은 직관적인 현실의 무한한 풍요로움과 다양함에 비하면 공허하지 않을 수 없으며 현실의 개별적 규정성에 비하면 추상적이고 막연한 것으로 나타날 수밖에 없기 때문이다. 따라서 이러한 관점에서 언어가 감각과 직관과 경쟁하려고 하는 순간에 그것의 무력함은 부인할 수 없을 정도로 분명히 드러날 것임에 틀림없다. 그러나 회의적인 언어비판의 πρῶτον ψευδος〔첫 번째 허위〕는 이러한 척도만을 유일하게 타당하고 가능한 것으로 전제하는 데 있다. 그러나 실제로는 언어를 분석해보면—특히 단순히 개별적인 하나의 단어가 아니라 문장이라는 통일체를 실마리로 삼는다면—, 어떠한 언어표현도 주어진 감각세계나 직관세계의 단순한 복사이기는커녕 오히려 '의미부여'라는 특정한 자립적 성격을 자체 안에 가지고 있다는 사실이 드러난다. 그리고 동일한 관계가 가장 상이한 종류와 기원을 갖는 기호들에서도 나타난다. 어떤 의미에서는 그러한 기호들 모두에 대해서 우리는 이렇게 말할 수 있다. 즉 그것들은 자신들의 가치를, 구체적-감성적인 개별내용과 그것의 직접적인 상태에 속하는 것들 중에서 〔기호에 의해서〕 확정되는 것이 아니라 오히려 이러한 내용과 상태에 속하는 것들 중에서 〔기호에 의해서〕 억압되고 생략되는 것에 갖는다는 것이다. 예술적인 소묘도 그것이 '주어진' 인상에서 탈락시키는 것에 의해서 비로소 예술적인 소묘가 되며 단순한 기계적인 재생과는 구별된다. 그것은 주어진 인상을 그것의 감성적 전체성에서 재현하는 것이 아니라 그것에서 특정한 '중요한(prägnant)' 계기들을 강조하는 것이다. 이렇게 강조되는 계기들에 의해서, 주어진 인상은 자기 자신을 넘어서 확장되고, 예술적 구성력을 갖는 종합적인 **공간적 상상력**은 특정한 방향으로 유도된다. 따라서 다른 영역들에서와 마찬가지로 예술의 영역에서도 기호의 본래적인 힘을 구성하는 것은, 직접적인 내용규정이 배후로 후퇴하면 할수록 보편적인 형식계기와 관계계기가 더욱 선명하면서도 순수하게 모습을 드러낸다는 바로 그 사실이다. 개개의 것 자체는 외관상으로는 제한되어 있다. 그러나 바로 그러한 사실과 함께 우리가 '전체에의 통합'이라고 불렀던 저 작용이 그만큼 명확하고 강력하게 수행된다. 의식이 표상하는 모든 개별적인 것은, 그것이 자신 안에 잠재적으로 전체를 포함하고 있으며 이를테면 전체로의 끊임없는 이행과정 속에 존재한다는 사실에 의해서만 존립한다는 사실은 이미 분명하게 되었다. 그러나 기호의 사용은 이러한 잠세태(潛勢態)를 참된 현세태(現勢態)로 해방한다. 사실 지금 **하나**의 충격이 천 개의 결합을 야기하며 모든 것이 기호의 정립에 의해서 다소간 강력하고 명료하게 함께 흔들리는 것이다. 기호의 이러한 정립에 의해서 의식은 감각과 감성적 직관이라는 직접적 기체로부터 갈수록 벗어나게 되지만, 바로 그 점에서 의식은 자신 안에 근원적으로 포함되어 있는 결합과 통일의 힘을 갈수록 분명하게 입증하게 된다.

이러한 기능은 아마도 **과학적 기호체계들**의 기능에서 가장 명확하게 나타난다. 특정한 원소를 가리키는 것으로서 사용되는 추상적인 화학 '식(Formel)'은 직접적인 관찰과 감성적 지각이 이러한 원소에 대해서 가르쳐주는 것은 아무것도 포함하고 있지 않다. 그러나 그 대신에 그것은 지각 자체는 아직 아무것도 알지 못하는 놀랄 정도로 풍부하고 섬세하게 분절된 관계복합체 안에 개개의 물체를 편입시킨다. 화학식은 물체를 더 이상 그것이 감성에게 무엇으로 '존재하는지' 그리고 우리에게 직접적이고 감성적으로 무엇으로 나타나는지에 따라서가 아니라, 일반적인 규칙들이 규정하는 가능한 '반응들', 가능한 인과관계들의 총체로서 파악한다. 이러한 법칙적 결합들의 전체가 화학적인 구성식에서 개별적인 것의 표현과 융합되며, 그러한 법칙적 결합들의 전체에 의해서 개별적인 것의 표현이 이제 전적으로 새로운 특징적인 각인을 획득하게 된다. 다른 경우들에서와 마찬가지로 여기에서도 기호는 의식이 단순한 '소재'로부터 그것의 정신적 '형식'으로 이행하는 것을 매개하는 역할을 한다. 기호 자체는 어떠한 감성적인 재료 없이도 나타나고 이를테면 의미의 순수한 에테르 속에서 부유한다는 바로 그 이유 때문에, 그것은 자체 안에 의식의 단순한 개별적 상태들이 아니라 의식의 복합적인 운동 전체를 표시하는 힘을 갖고 있다. 기호는 고정된 의식상태의 반영이 아니라 그러한 운동의 방향이다. 따라서 언어에서의 단어는 그것의 물리적인 실체라는 면에서 보면 단순한 입김(Lufthauch)에 불과한 것이지만, 이러한 입김에는 표상과 사유의 역동적인 움직임을 야기하는 특별한 힘이 작용하고 있다. 이러한 역동적인 움직임이 기호에 의해서 고양되기도 하면서 규제되기도 한다. 이미 라이프니츠의 '보편적 기호법(Charakteristica generalis)'의 구상이 기호가 갖는 본질적이고 일반적인 이점으로서, 기호가 단순히 표현하는 것뿐 아니라 무엇보다도 일정한 논리적인 연관들을 **발견**하는 것에 기여한다는 것, 그것이 이미 잘 알려져 있는 것에 대한 상징적인 압축을 제공할 뿐 아니라 미지의 주어지지 않은 것에 도달하는 새로운 길들을 열어준다는 사실을 강조하고 있다. 이 점에서, 의식 일반이 갖는 종합능력, 즉 의식에 와 닿는 내용들의 모든 집중이 동시에 의식의 이제까지의 한계를 확장하는 추진력이 된다는 사실이 새로운 측면에서 입증된다. 기호에 주어지는 총괄작용은 단순한 회고뿐 아니라 동시에 새로운 전망도 항상 제공한다. 이러한 총괄작용에 의해서 하나의 상대적인 종결이 이루어지지만, 이러한 종결은 더 전진할 것을 촉구하며 이러한 전진의 보편적 규칙을 인식하게 함으로써 더 전진하기 위한 길을 열어준다. 무엇보다도 과학의 역사는 이러한 사태에 대해서 극히 다양한 증거를 제공하고 있다. 그것은, 어떤 문제 혹은 어떤 특정한 문제군을 확고하면서도 명료한 '정식'으로 만드는 데 성공하는 것이 그 문제의 해결에 얼마나 중요한 의미를 갖는지를 보여주고 있다. 예를 들어 뉴턴의 도함수(導函數, Fluxion)라는 개념과[10] 라이프니츠의 미분계산의 계산식(Algolithmus)이 해결한 많은 문제는 라이프니츠와 뉴턴에 앞서서 이미 존재했던 것이며, 극히 다양한 방향들에서—대수학적 해석, 기하학, 역학 등의 측면들로부터—해결이 모색되었던 것이다. 그러나 그러한 문제들에 대해서 통일적·포괄적인 상징적 표현이 획득됨으로써 비로소 그러한 모든 문제들이 제대로 처리 가능하게 되었다. 왜냐하면 이제 그러한 문제들은 단순한 개별적 물음들이 느슨하면서도 우연하게 결합되어 있는 상태에서 벗어나게 되었고, 보편적으로 응용 가능한 일정의 수속에 의해서, 즉 확립된 규칙들을 갖는 어떤 근본조작에 의해서 그러한 문제들의 근원에 존재하는 공통적인 원리를 제시했기 때문이다.

따라서 이미 의식의 단순한 개념 자체에 주어져 있고 그것에 근거를 갖고 있던 대립이 의식의 상징 기능에서 나타나고 있으며 그것에서 매개되고 있다. 모든 의식은 우리에게 시간적 생기의 형식을 띠고 나타난다. 그러나 이제 이러한 생기의 한가운데에서 '형태들'의 특정한 영역들이 등장해야만 한다. 따라서 끊임없는 변화라는 계기와 지속이라는 계기가 서로에게 이행하고 용해되어야만 한다. 이러한 일반적인 요구는 언어, 신화, 예술의 형성물들에서 그리고 과학의 지적 상징들에서 여러 가지 방식으

---

10) 〔역주〕 도함수란 어떤 함수를 미분하여 내는 함수를 의미한다.

로 충족된다. 이러한 모든 형성물들은 이를테면 생동하고 끊임없이 자신을 갱신하는 의식의 과정에 직접적으로 속하는 것으로 나타난다. 그러나 동시에 그러한 형성물들에서는 이러한 과정 안에서 일정한 정지점(Haltpunkte)과 휴지점(休止點, Ruhepunkte)을 획득하려는 정신적 노력이 지배하고 있다. 따라서 이러한 형성물들에서 의식은 끊임없이 흐른다는 성격을 보존하고 있지만, 의식은 무규정적인 것 안으로 흘러 들어가는 것이 아니라 형식과 의미라는 확고한 중심점을 둘러싸고 분절된다. 그러한 모든 형식은 플라톤이 말하는 *αὐτὸ καθ αὐτὸ*로서의 순수한 '그것 자체'라는 성격에 따라서, 단순히 표상이 경과하는 흐름으로부터 끄집어내어져야 한다. 그러나 동시에 그러한 모든 형식이 [우리에게] 나타나기라도 하고 '우리에게' 존재할 수 있기 위해서는 이러한 흐름 안에 어떠한 방식으로든 표현되어야만 한다. 상징적 기호의 여러 그룹과 체계를 창조하고 이용하는 것이 이 두 가지 조건들을 충족한다. 왜냐하면 이 경우에는 어떤 감성적인 개별적 내용이 그렇게 감성적이고 개별적인 것으로 계속해서 존재하면서도, 보편타당한 것을 의식에게 보여주는 힘을 갖게 되기 때문이다. 따라서 여기에서는 Nihil est in intellectu, quod non ante fuerit in sensu[감각에 먼저 없었던 것은 그 어느 것도 지성 안에는 존재하지 않는다.]라는 감각주의적 원리도 그것의 주지주의적 전도(顚倒)도 똑같이 타당성을 상실하게 된다. 왜냐하면 문제는

'감각적인 것'이 '정신적인 것'에 선행하는지 아니면 그것 뒤에 오는지가 아니라 감성적인 소재 자체 안에 정신의 근본기능이 개시되고 현현한다는 것이기 때문이다. 이러한 입장에서 보면, 추상적인 '경험론'도 추상적인 '관념론'도 바로 이러한 근본적 관계를 완전히 명료하게 전개하고 있지 않기 때문에 둘 다 일면적인 것으로 나타난다. 한편〔경험론〕에서는 주어진 개별적인 것이라는 개념을 내세우고 있지만 그 경우 그러한 모든 개념은 명시적으로든 암묵적으로든 이미 무엇인가 보편적인 계기들과 규정들을 자체 안에 포함하고 있어야만 한다는 사실이 인식되지 않고 있으며, 다른 한편〔관념론〕에서는 이러한 규정들의 타당성과 필연성이 주장되고 있지만 그러한 규정들이 의식의 심리적 소여 안에 자신을 표현할 수 있기 위해서는 매체를 반드시 필요로 한다는 사실이 고려되지 않고 있다. 이에 반해서 우리가 어떠한 추상적인 요청에서 출발하지 않고 정신적 생의 구체적인 근본형식에서 출발한다면, 이러한 이원론적인 대립은 지양되는 것으로 나타난다. 지성적인 것과 감성적인 것, '이념'과 '현실'의 근원적인 분리라는 가상이 소멸하게 되는 것이다. 왜냐하면 여기에서도 우리는 물론 어떤 '상(像)'들의 세계에 사로잡혀 있지만, 여기에서 문제가 되는 상은 그 자체로 존립하고 있는 '사물들'의 세계를 그대로 재현하는 상이 아니고 그 원리와 근거가 정신 자체의 자율적인 창조작용에 존재하는 상이기 때문이다. 우리는 이러한 상들을 통해서만 우리가 '현실'이라고 부르는 것을 보며 그것들 내에서만 그러한 '현실'을 소유한다. 왜냐하면 정신에게 개시되는 최고의 객관적인 진리는 궁극적으로 정신의 고유한 활동의 형식이기 때문이다. 정신의 고유한 작업들의 전체에 의해서 그리고 그러한 작업들의 각각이 규정되는 특수한 규칙들을 인식함으로써, 이 모든 특수한 규칙들을 다시 하나의 과제와 해결로 통일하는 연관을 인식함으로써, 즉 이 모든 것에 의해서 정신은 자기 자신에 대한 직관과 현실에 대한 직관을 소유하게 된다. 그러나 이러한 정신의 기능들 전체 밖에 있는 절대적 현실이란 무엇인가, 이러한 의미의 '물자체'란 무엇인가라는 물음, 이러한 물음에 대해서 정신은 물론 아무런 답변도 갖고 있지 않다. 다만 정신은 갈수록 그러한 물음을 잘못 제기된 문제로서, 즉 사유의 환영(幻影)으로서 인식하는 것을 배우게 될 뿐이다. 실재에 대한 참된 개념은 단순한 추상적 존재형식으로 압축될 수 없고 오히려 그것은 정신적 생의 다양하고 풍부한 형식들로 나타나지만, 이러한 생 자체에는 내적인 필연성이라는 각인과 함께 객관성이라는 각인이 찍힌다. 이러한 의미에서 모든 새로운 '상징형식', 즉 인식의 개념세계뿐 아니라 예술, 신화, 언어의 직관적 세계는 괴테의 말에 따르면 내부로부터 외부로 발해지는 계시, '세계와 정신의 종합'을 의미한다. 이러한 계시, 종합에 의해서 양자의 근원적 통일성이 비로소 참으로 확보된다.

그리고 이와 동시에 근대철학이 그것의 최초의 시원 이래로 거듭해서 싸워왔고 갈수록 첨예하게 형성해온 궁극의 근본적인 대립에 새로운 빛이 던져진다. 근대철학에서 수행되었던 '주관적인' 전환에 의해서, 근대철학은 갈수록 자신의 문제 전체를 존재개념의 통일이 아니라 **생** 개념에 집중시키게 되었다. 그러나 그와 함께 독단적 존재론에서 나타났던 형식의 주관성과 객관성의 대립은 완화되고 자신의 최종적인 화해가 시작된 것처럼 보였지만—이제 생 자체의 영역에는 그만큼 더 근본적인 대립이 나타나게 되었다. 생의 진리는 그것의 순수한 **직접성** 내에서만 주어지고 그것 안에 포함되어 있는 것처럼 보이지만—생에 대한 모든 개념적 파악과 이해는 이러한 직접성을 위협하고 폐기하는 것으로 보인다. 우리가 독단적 존재개념에서 출발할 경우 물론 여기에서도 존재와 사유의 이원론이 나타나며 고찰이 나아감에 따라서 그것은 갈수록 명확하게 나타나지만, 그럼에도 불구하고 인식이 존재에 대해서 소묘하는 상에는 최소한 존재의 진리의 잔여라도 보존되어 있다는 가능성과 희망은 남아 있다. 인식이 소묘하는 이러한 상에는 존재 자체가 완전하고 충전적으로는 아닐지라도 그것의 **일부**는 들어가는 것처럼 보인다. 존재가 자신의 고유한 실체와 함께 인식의 실체 안으로 들어가서 인식에서 자기 자신에 대한 다소간 충실한 반영을 산출하는 것 같다. 그러나 생의 순수한 직접성은 그러한 분리와 분해를 허용하지 않는다. 그것은 완전히 직관될 수 있거나 아니면 전혀 직관될 수 없거나 둘 중의 하나인 것 같다. 즉 그것은 우리가 이러한 직접성에 대해서 시도하는 간접적 표현들 안에는 들어가지 않고 원칙적으로 다른 것으로서, 즉 그러한 표현들에 대립되는 것으로서 그러한 표현들의 외부에 머무는 것이다. 생의 근원적 내용은 어떠한 형식의 **표현**이든 그러한 표현에서가 아니라 순수한 **직관**에서만 파악될 수 있다. 따라서 정신적인 것에 대한 모든 파악은, 이러한 두 가지 극단들 중에서 하나를 선택해야만 하는 것처럼 보인다. 정신의 실체적인 것을 모든 간접적인 형성작용들에 **선행하는** 그것의 순수한 근원성에서 찾든가, 아니면 이러한 매개들의 풍부함과 다양성에 몸을 맡기든가 둘 중의 하나를 선택하는 결단을 내려야 한다. 첫 번째 파악방식에서만 우리는 생의 본래적이고 진정한 핵심에 접촉하는 것으로 여겨지지만 그때 그 핵심은 단적으로 단순하고 자기 자신 안에 갇혀 있는 핵심으로서 나타난다. 이에 반해서 두 번째 파악방식에서 우리는 정신이 자신을 전개하는 전체적인 드라마를 우리의 눈앞에 펼쳐지게 하지만 그 드라마는 우리가 깊이 몰두할수록 그만큼 더 분명하게, 자립적인 진리와 본질을 결여한 단순한 드라마, 즉 반사에 의해서 생긴 단순한 모상으로 해소되고 만다. 이러한 두 대립항 사이의 틈은 [그것들을] 매개하는 사유의 어떠한 노력으로도 메울 수가 없다. 왜냐하면 매개하는 사유 그 자체가 대립항들 중의

한 쪽 편을 들고 있기 때문이다. 우리가 상징적인 것, 즉 단순히 기호적인 것의 방향으로 나아갈수록 우리는 순수직관이라는 근원에서 그만큼 멀어지게 된다.

철학적 신비주의만이 이 문제와 딜레마 앞에 거듭해서 직면했던 것이 아니고 관념론의 순수한 논리학도 그것을 거듭해서 극히 첨예하게 파악하고 제시했다. '이데아'와 '기호'의 관계와 그 양자 사이에 존재하는 필연적인 불일치에 대해서 플라톤이 일곱 번째 서한에서 행하고 있는 서술은, 이후 극히 다양한 변양들에서 반복적으로 나타나는 주제를 담고 있다. 라이프니츠의 인식 방법론에서는 '직관적인 인식'은 한갓 '상징적인' 인식과는 날카롭게 구분되고 있다. 그리고 순수한 관조(Schau)로서의, 즉 이데아에 대한 본래적인 '직시(Sicht)'로서의 직관에 비해서 한갓 상징들에 의한 모든 인식은, '보편적 기호법(allgemeine Charakteristik)'이라는 사상의 창시자인 그에게조차 '맹목적 인식(cogitatio caeca)'의 단계에 속하는 것으로 폄하되고 있다.[11] 인간의 인식은 분명히 상과 기호를 사용할 수밖에 없지만, 바로 그 때문에 인간적인 것, 즉 제한되고 유한한 것으로서 규정되면서 완전한 지성, 즉 원형적·신적 지성의 이상과 대비된다. 칸트는 그러한 이상이

---

11) *Meditationes de cognitione, veritate et edeis*, Leibniz' Philos. Schriften(Gerhardt), IV, 422쪽 이하를 참조할 것.

인식의 단순한 극한개념에 지나지 않는다고 규정함으로써 그러한 이상에 엄밀한 논리적 지위를 지정하면서 그것을 비판적으로 극복했다고 믿었다. 그러나 이러한 칸트에서조차—『판단력비판』의 순수하게 방법론적인 정점을 이루고 있는 곳에서—intellectus archetypus〔원형적 지성〕와 intellectus ectypus〔모형적 지성〕, 즉 직관적 원형적 지성과 '상을 필요로 하는' 논증적 지성의 대립이 최고의 원칙적인 첨예한 대립의 형태로 다시 한 번 제시되고 있다. 이러한 대립의 관점에서 보면, 인식이나 그 외의 다른 정신적 형식의 **상징내용**이 풍부할수록 그것의 순수한 **본질내용**은 그만큼 위축될 수밖에 없다는 결과가 필연적으로 생기는 것으로 보인다. 무수한 상들은 상을 결여한 일자를 지시하지 않고 오히려 은폐하는 것이며, 그 일자는 항상 많은 상들의 배후에 숨어 있고 상들은 그러한 일자를 헛되게 겨냥할 뿐이다. 상에 의한 모든 규정을 폐기하고 신비주의가 말하는 것과 같은 '순수한 무'로 되돌아가는 것에 의해서만 우리는 진정으로 근원적이고 본질적인 근거로 되돌아갈 수 있다. 바꿔 말하면, 바로 이러한 대립은 '문화'와 '생'의 반목, 양자 사이의 끊임없는 긴장으로 나타난다. 왜냐하면 문화가 끊임없이 전진하는 형성(Gestaltung)과 형상 형성(Bildung)의[12] 과정에서 창조하는 것은 우리를 근원

---

12) 〔역주〕 Bildung이란 단어는 원래 교육이나 도야를 의미하지만 여기서는

적인 생으로부터 갈수록 멀어지게 한다는 것, 바로 이 사실이야 말로 문화의 필연적인 운명이기 때문이다. 정신이 보다 풍부하게 힘 있게 형상을 형성하면서 활동할수록 바로 이러한 그의 활동이 정신을 자신의 고유한 존재의 원천에서 그만큼 멀어지게 한다. 이제 정신은 자신의 고유한 창조물들—언어의 단어들, 신화 혹은 예술의 형상들, 인식의 지적인 상징들—안에 갈수록 더욱더 깊이 사로잡혀 있는 것으로 나타나며, 그러한 창조물들이 부드럽고 투명하지만 그럼에도 불구하고 찢어질 수 없는 베일처럼 정신을 둘러싸고 있다. 그러나 문화에 대한 **철학**, 즉 언어, 인식, 신화 등에 대한 철학이 갖는 본래적이고 가장 심대한 과제는 바로 이러한 베일을 폐기하고, 단순한 의미작용과 표시작용이라는 매개적인 영역으로부터 다시 직관적인 관조의 근원적인 영역으로 되돌아가는 데에 있다. 그러나 다른 한편으로 철학만이 자유롭게 사용하는 본래의 기관(器官, Organ)은[13] 이러한 과제의 해결에 저항한다. 개념을 엄밀하게 하고 '논증적' 사고를 명석하고 판명하게 하는 것에 의해서 비로소 완성되는 철학에서는 신비주의의 파라다이스, 즉 순수한 직접성의 파라다이스

문화의 전개를 정신적 형상들의 창조과정으로 보는 카시러의 사상을 담기 위해서 형상(Bild) 형성이라고 번역했다.
13) [역주] 바로 다음에서 보겠지만 카시러가 생각하는 철학의 기관은 '개념을 엄밀하게 하고 논증적 사고를 명석하고 판명하게 하는 것'이다.

는 닫혀 있다. 따라서 철학에서는 고찰의 **방향**을 전환하는 것 이외에는 출구가 없다. 철학은 길을 되돌아가기보다는 앞을 향해서 끝까지 걸으려고 시도해야만 한다. 만약 모든 문화가 특정한 정신적 형상세계들, 즉 특정한 상징적인 형식들을 창조하는 역할을 한다는 것이 분명하다면, 철학의 목표는 이 모든 창조물들의 배후로 되돌아가는 것이 아니라 오히려 그러한 창조물들을 그것들을 형성하는 근본원리로부터 이해하고 의식하게 하는 데에 있다. 이러한 원리를 의식하는 것에 의해서 비로소 생의 내용도 자신의 진정한 형식으로 고양된다. 생은 단순히 자연적으로 주어진 존재의 영역에서 벗어나게 된다. 생은 이러한 존재의 한 단편에 불과한 것도 아니며 한갓 논리적인 과정에 불과한 것도 아니며, 오히려 자신을 '정신'의 형식으로 전화하고 완성한다. 따라서 상징적 형식들의 부정은 생의 내용을 포착하는 것이 아니라, 오히려 우리가 보기에 생의 내용이 필연적으로 결부되어 있는 것이 분명한 정신의 형식을 파괴하게 될 것이다. 이에 반해서 우리가 〔상징적 형식들을 부정하는 길과는〕 반대의 길을 취한다면—만약 정신적 현실들을 수동적으로 관조한다는 이상을 추구하는 것이 아니라 정신의 활동 자체의 한가운데에 뛰어든다면—, 즉 우리가 그러한 정신적 현실들을 존재자에 대한 조용한 관찰이 아니라 형상을 형성하는 작용의 기능이자 에너지로서 파악한다면, 그러한 작용에서 비롯되는 형태들이 아무리 상이하고 다양하더라도 이러한 작용 자체를 실마리로 하여 궁극적으로는 **형태화작용** 자체에 속하는 공통적이고 전형적인 근본특징들을 추출할 수 있을 것이다. 그러한 근본특징들을 파악하고 분명히 드러내는 데 문화철학이 성공한다면, 이와 함께 그것은 정신의 다양한 **표현들**(Äußerungen)에 대해서 그것의 **본질**의 통일성을 증명한다는 과제를 어떤 새로운 의미에서 충족시키는 것이 된다. 왜냐하면 정신의 본질이 갖는 이러한 통일성은, 정신의 다양한 **산물들**이 **생산작용**의 통일성에 아무런 방해도 주지 않고 오히려 그것을 입증하고 확인한다는 점에서 가장 명료하게 드러나기 때문이다.

1

언어적인 형식에 관한 현상학

제1장 철학사에서 언어 문제

I. 철학적 관념론의 역사에서 언어 문제

(플라톤, 데카르트, 라이프니츠)[1]

언어의 근원과 본질에 대한 철학적 물음은 근본적으로 존재의 본질과 근원에 대한 물음에 대한 물음과 마찬가지로 오래되었

---

[1] 언어철학의 역사에 대한 총괄적인 서술은 앞으로 행해져야 할 과제이다. Überweg, *Grundriß der Geschichte der Philosophie*의 최신판(제11판, 1920)은 철학사에 대한 일반적인 서술 외에 논리학과 인식론, 형이상학과 자연철학, 윤리학, 종교철학, 미학 등의 역사에 대한 다수의 개별연구서들의 색인을 제시하고 있지만 언어철학의 역사에 관해서는 단 하나의 저작도 거명하고 있지 않다. 고대의 언어철학만이 Lersch와 Steinthal의 유명한 저작들과 고대의 문법학과 수사학에 대한 문헌들에서 비교적 상세하게 서술되고 있다. 다음에서 우리가 행하는 간략한 역사적 소개가 물론 이러한 공백을 채운다고 주장하는 것은 아니다. 그것은 다만 '언어의 이

다. 왜냐하면 세계 전체에 대한 최초의 의식적 반성이 갖는 특징은, 이러한 반성에게는 언어와 존재, 말과 의미가 아직 분리되어 있지 않고 양자가 불가분의 통일체로 나타난다는 데 있기 때문이다. 언어 자체가 반성의 전제이고 조건이기 때문에, 또한 철학적 '자각'은 언어에서 그리고 언어를 통해서 비로소 일깨워지기 때문에 정신이 행하는 최초의 성찰도 항상 언어를 어떤 주어진 실재로서, 즉 물리적 현실과 비교될 수 있고 그것과 동등한 '현실'로 간주하는 것이다. 언어의 세계는 인간이 그것에 처음으로 시선을 향한 순간에, 인간과 마주 서 있는 사물의 세계가 보여주는 동일한 규정성과 필연성, 즉 동일한 '객관성'을 가지고 인간을 둘러싼다. 사물의 세계도 언어의 세계도, 자체 내에 자신의 독자적인 본질과 모든 개인적 자의에서 벗어나 있는 독자적인 구속력을 갖는 하나의 전체로서 인간 앞에 서 있다. 고찰의 이러한 최초의 단계에서는, 사물의 속성이나 그것의 감성적 인상의 직접적 존재방식과 마찬가지로 단어들의 존재와 의미도 정신의 자유로운 활동으로 소급되지 않는다. 단어는 지시하고 명명하는 것도 아니라면 존재를 가리키는 정신의 상징도 아니다. 그것 자체는 실재하는 존재의 **일부**이다. 철학적 언어관에 항상 선행하

념'의 철학적 전개에서 주요한 계기들만을 끄집어내어, 그 주제에 대해서 장차 행해져야 할 상세한 연구를 위해서 약간의 잠정적인 방향을 제시하려고 할 뿐이다.

는 신화적 언어관의 일반적 특징은 단어와 사태를 이렇게 무차별적으로 본다는 데에 있다. 신화적 언어관에서는 모든 사물의 이름에 그것의 본질이 포함되어 있다. 언어와 그것의 소유에 마술적 작용이 직접 결부되어 있다. 이름을 지배하고 그것을 사용할 줄 아는 사람은 그것에 의해서 대상 자체에 대한 지배력을 획득한다. 모든 단어와 이름의 마력이 의거하고 있는 전제는 사물의 세계와 이름의 세계가 함께 유일한 현실을 이루고 있으며 서로 불가분한 작용연관을 이루고 있다는 견해이다. 동일한 실체성의 형식, 동일한 인과성의 형식이 사물의 세계와 이름의 세계 각각에 적용되며 그것들을 하나의 자기완결적인 전체로 결합한다는 것이다.

이러한 신화적 세계상에 특유한 '전체성', 즉 사물들이 갖는 모든 특수성을 하나의 신화적-마술적 작용권 안으로 지양한다는 것에는 언어에 대한 파악에 대해서도 중대한 귀결을 포함하고 있다. **특수한 수단**을 사용하여 그때마다 **특수한 효과**를 얻으려고 하는, 따라서 직접적인 행위에서 하나의 개별자를 다른 개별자와 결부시키려는 가장 원시적인 마술적 '실천'의 단계를 신화가 넘어서자마자, 즉 그것이 아직 매우 조야하고 불완전한 형식에 의해서라도 자신의 고유한 행위를 **이해**하려고 하자마자, 신화는 이미 새로운 보편성의 영역으로 돌진한 것이 된다. 신화가 **인식형식**인 한, 다른 모든 인식과 마찬가지로 신화에게도 통일에의 경향이 본질적으로 속한다. 신화가 그 안에 살고 있는 존재자들과 힘들의 세계가 인간의 행위에 의해서 **지배 가능한** 것이 되려면, 그것은 자체 내에 이미 어떤 지속적인 **규정들**(Betimmungen)을 보여주어야만 한다. 따라서 인간이 자신을 둘러싸고 있는 자연의 사물들에 행사하는 최초의 직접적인 감각적 실천적 강제조차도 이미, 자연의 사물 안에는 어떤 이론적 필연성이 지배하고 있다는 사상의 맹아를 포함하고 있는 것이다. 신화적 사고가 진보함에 따라 마신적(魔神的, dämonisch)인 개별적 힘들은 단순한 개별적 힘들, 단순한 '순간신(Augenblicksgötter)' 내지 '특수신(Sondergötter)'은 아니고 그것들 사이에도 일종의 계급적 상하질서, 즉 일종의 위계조직이 있다는 것이 분명하게 되어간다. 신화적인 언어관도 동일한 방향을 걸으면서, 개개의 언어와 개개의 마술적 주문 안에 포함되어 있는 특수한 힘을 직관하는 것에서 언어 그 자체, 즉 전체로서의 '말'을 소유하고 있는 보편적 능력을 사유하는 방향으로 갈수록 고양된다. 이러한 신화적 형식에서 **통일체로서의 언어**라는 개념이 처음으로 구상된다. 이러한 사고방식은 가장 초기의 종교적 사변에서도 이미, 서로 멀리 떨어져 있는 지역들에서 동일한 형태로 거듭해서 나타나고 있다. 베다의 종교에서 언어가 갖는 정신적 힘은 그 종교가 비롯된 근본적 동기들 중의 하나를 형성한다. 성스러운 말은 지자(智者)와 신관(神官)이 그것을 사용할 때 모든 존재, 신들, 인간을 지배하는 것이 된다. 이미 리그베다에서 언어의 지배자는 모든 것을 양육하는 힘인 소마(Soma)와 동일시되며 만물에 위력을 떨치는 자로 간주되고 있다. 왜냐하면 생성하고 소멸하는 인간의 말의 근저에는 영원하고 소멸하지 않는 말인 천상의 Vâc가 놓여 있기 때문이다. 이 천상의 말은 자신을 찬미하는 노래에서 이렇게 말하고 있다. "나는 바수(Vasu) 신들, 루드라(Rudra) 신들, 아디탸(Aditya) 신들 그리고 모든 신들과 함께 거닌다. …… 나는 여왕이며, 재화(財貨)들을 베푸는 자이며, 지자(智者)이며, 숭배할 만한 모든 것들 중에서 가장 높은 자이다. 신들은 많은 곳에 퍼져서 많은 곳에 머물며 많은 것에 침투하면서 나를 돕는다. 통찰하는 자는 나에 의해서 음식물을 먹으며, 숨 쉬는 자는 들을 때 내가 말하는 것을 듣는다. …… 나는 만물을 강력하게 사로잡으면서 바람처럼 앞으로 돌진한다. 하늘과 대지 전체에서 나는 가장 존엄한 존재이다."[2]

천상의 언어가 갖는 존엄과 전능함에 대한 이러한 신화적 견해와 첫눈으로 보기에도 밀접한 관계에 있는 것으로 보이는 것이 그리스의 사변에서 처음으로 나타났던 '로고스'라는 개념이

---

[2] Rigveda X, 125. 독일어 번역은 Benfey, *Geschichte der Sprachewissenschaft u. oriental. Philologie in Deutschland*, München 1869, 41쪽. Vâc가 갖는 신화적·종교적 의미에 대해서는 특히 Brihadâranyaka Upanishad 1, 5, 3쪽 이하(Deussen에서는 *Sechzig Upanishad's des Veda* 3판, Leipzig 1921, 401쪽 이하)를 참조.

다. 왜냐하면 그리스에서도 언어는 영원하고 불변적이며 존재자의 통일성과 존속도 언어의 통일성과 불멸성으로 소급되기 때문이다. 예를 들면 헤라클레이토스에서 로고스는 '만물을 지배하는 자'다. 그것이 지배하는 우주와 마찬가지로 로고스는 신들이 창조한 것도 인간이 창조한 것도 아니다. 그것은 항상 존재했으며 지금도 존재하고 앞으로도 영원히 존재할 것이다. 헤라클레이토스는 아직 신화적인 언어로 말하고 있지만, 그에게서 우리는 전적으로 새로운 음조를 들을 수 있다. 여기에서 처음으로, 세계의 생기에 대한 신화적인 견해를 넘어서 만물이 통일적이고 견고한 **법칙성**을 갖는다는 철학적·사변적인 근본사상이 완전히 의식적이고 명료한 방식으로 등장한다. 세계는 더 이상 마신적인 힘들이 변덕과 자의에 따라서 지배하는 놀이공이 아니라 개개의 존재와 사건 모두를 결합하고 그것들에 확고한 척도를 부여하는 전적으로 보편적 법칙에 따른다. "태양은 자신의 척도를 넘지 않을 것이다. 만일 넘는다면 디케(Dike)를[3] 보좌하는 에리뉘에스(Erinyes)가[4] 그를 찾아낼 것이다."〔딜스(Diels), 단편 94〕[5] 그리고 우주를 지배하는 그 자체로 불변적 법칙이 이제 여러 형

---

3) 〔역주〕 디케는 정의와 판결의 신이다.
4) 〔역주〕 에리뉘에스는 복수의 여신들이다.
5) 〔역주〕 번역은 김인곤 외 옮김, 『소크라테스 이전 철학자들의 단편 선집』, 아카넷, 2005, 251쪽을 참조했다.

태를 취하면서도 내적으로는 자기동일성을 확보하면서 자연계에서도 언어의 세계에서도 나타나는 것이다. 왜냐하면 지혜는 단지 하나이면서, 만물을 관통하면서 작용하는 의미를 인식하는 것이기 때문이다. — ἐν τὸ σοφόν, ἐπίστασθαι ᾿γνώμην, ὁτέη ἐκυβέρνησε πάντα δτὰ παντων(단편 41) 이와 함께 이제 마술적·신화적 힘의 연관이 의미연관으로 변화되었다. 그러나 만약 우리가 이렇게 하나인 존재를 분리하고 단편화하면서 다수의 개개의 '사물들'로 세분화된 형태로만 파악하는 것에 그친다면, 이러한 의미연관이 우리에게 개시되지 않는 것은 물론이다. 그렇지 않고 우리가 하나인 존재를 하나의 살아 있는 전체로서 직관하고 파악할 때 비로소 그러한 의미연관은 우리에게 개시된다. 언어에 대해서도 이러한 두 견해가 존재할 수 있다. 즉 우리가 언어를 고찰하는 방식에 따라서 언어에서도 존재에 대한 우연적·개별적인 파악밖에 표현되지 않거나 진정으로 사변적이고 일반적인 파악이 표현되고 있다. 우리가 언어의 로고스를 그것이 개별적인 단어에서 표현되어 있고 침전되어 있는 형식에서만 고찰한다면, 각각의 단어는 그것이 지시하려고 하는 대상을 오히려 제한하게 되며 이렇게 제한하면서 위조한다는 사실이 드러난다. 내용은 단어 안에 고정됨으로써, 그것이 속해 있는 생성의 연속적인 흐름에서 분리되며 따라서 그것의 전체성에 입각하여 파악되지 않고 일면적인 규정에 따라서만 표현된다. 만약 우리가 여기에서도 사물의 진정한 본질을 보다 더 깊이 인식하려고 한다면, 이러한 일면적 규정을 다시 다른 규정에 의해서 지양하고 따라서 특정한 개별개념을 포함하는 각 단어에 바로 이 개념의 대립물을 대치(對峙)하는 것 외에는 방법이 없다. 그렇다면 언어의 전체에서 모든 의미는 실은 그 반대의 의미와 결합되어 있다는 사실이 드러나며 그것과 결합되어서야 비로소 존재에 대한 적합한 표현이 된다. 언어에서 수행되는 통일, 즉 정신적 종합은, 마치 [활과 뤼라의 경우처럼] '서로 반대로 당기는' 조화— $\pi\alpha\lambda\acute{\iota}\nu\rho o\pi o\varsigma\ \acute{\alpha}\rho\mu o\nu\acute{\iota}\eta\ \acute{o}\kappa\omega\sigma\pi\epsilon\rho\ \tau\acute{o}\xi o\upsilon\ \kappa\alpha\grave{\iota}\ \lambda\acute{\upsilon}\rho\eta\varsigma$(단편 51)[6] —라는 점에서 우주의 조화와 동일하며 그것을 자신 안에서 표현하고 있다. 그리고 동시에 이러한 언어에서 만물의 근본법칙이 고양되고 강화된 형태로 우리에게 나타난다. 왜냐하면 존재자에서 대립으로 나타나는 것은 언어표현에서는 모순이 되기 때문이다. 그리고 정립과 지양, 테제와 반테제의 상호작용에 의해서만 존재자의 참된 법칙과 내적 법칙을 언어로 재현할 수 있다. 이와 같이 우리는 헤라클레이토스의 전체적 세계관으로부터 볼 때 그의 문체—그의 문체의 유명한 '애매함(Dunkelheit)'—는 우연적이지도 자의적이지도 않으며 그의 사상 자체에 적합하고 필연적인 표현이라는 사실을 파악하게 된다. 헤라클레이토스의 언어양식

---

6) [역주] 번역은 김인곤 외 옮김, 앞의 책, 237쪽을 참조했다.

[문체]과 사고양식은 서로를 규정하고 있다. 양자는 각각 다른 측면으로부터 그의 철학의 동일한 근본원리, ἐν διαφερόμενον ἑωυτῶ〔그 자신과 불화하는〕라는 원리를 표현하고 있다. 이 두 양식은 헤라클레이토스에 따르면 눈에 보이는 조화보다도 더 훌륭한 '눈에 보이지 않는 조화'를 보여주며 이것을 척도로 하여 파악되기를 기대한다. 헤라클레이토스가 개개의 대상이 생성의 끊임없는 흐름 안에 존재하면서 이러한 흐름 안에서 파괴되는 것과 동시에 보존된다고 생각했던 것처럼 그는 개개의 단어도 '말'의 전체에 대해서 동일한 관계를 갖는다고 생각했다. 그 때문에, 언어에 속하는 내적인 다의성은 단순히 언어의 결함이 결코 아니고 그것에 숨어 있는 표현능력이 갖는 본질적·적극적 계기이다. 왜냐하면 바로 그것의 다의성에서 언어의 한계가 존재자의 한계와 마찬가지로 고정된 것이 아니라 유동적인 것이라는 사실이 증시되기 때문이다. 이를테면 자기 자신의 한계를 거듭해서 돌파해가는 동적이고 다양한 형태를 갖는 언어에서만, 세계를 형성하는 충일한 로고스가 자신의 대조물을 발견하는 것이다. 언어가 수행하고 수행해야만 하는 모든 구분은 잠정적이고 상대적이라는 사실을 언어 자체가 인식해야 하며, 대상을 새로운 **시점**에서 고찰할 경우에는 언어 자체가 그러한 구분을 취소하는 것이다. "신은 낮이자 밤이며 겨울이자 여름이며 전쟁이고 평화이며 포만(飽滿)이며 굶주림이다. 불이 향료와 섞일 때

향에 따라서 어떤 때는 이런 이름으로 어떤 때는 저런 이름으로 불리게 되는 것처럼 신은 변화한다."(단편 62, 67)[7] 그와 같이 불사의 것은 죽을 것이고 죽을 것은 불사의 것이며 양자는 서로 상대방의 죽음을 살고 상대방의 생을 죽는다(단편 62). 따라서 지성을 가지고 말하려고 하는 자는 개개의 단어의 특수성에 의해서 기만당하지 않고 그 특수성을 돌파하여 그것의 배후에 있는 모든 말에 공통적인 것, ξυνόν καὶ θεῖον〔공통적이고 신적인 것〕으로 육박해야만 한다.[8] 단어들의 의미와 그 반대의미가 이러한 방식으로 이해되고 서로 결합되어서야 비로소 언어는 인식의 인도자와 규준이 될 수 있다. 따라서 사람들은 헤라클레이토스가 즐긴 '어원론적인 규정들'의 대다수가 이러한 이중의 용법을 자체 안에 포함하고 있다는 사실도 이해하게 된다. 즉 그것들은 언

---

7) 〔역주〕번역은 같은 책, 247쪽을 참조했다.
8) ξὺν νόῳ λέγοντας ἰσχυρίζεσθαι χρὴ τῷ ξυνῷ πάντων, ὅκωσπερ νόμῳ πόλις καὶ πολὺ ἰσχυροτέρως· τρέφονται γὰρ πάντες οἱ ἀνθρώπειοι νόμοι ὑπὸ ἑνὸς τοῦ θείου· κρατεῖ γὰρ τοσοῦτον ὁκόσον ἐθέλει καὶ ἐξαρκεῖ πᾶ σὶ καὶ περιγίνεται (단편 114번)〔지성을 가지고 말하려는 사람들은 모든 것에 공통된 것에 확고히 기반을 두어야 한다. 마치 도시가 법에 그래야 하는 것처럼, 그것도 훨씬 더 그래야 한다. 왜냐하면 모든 인간의 법들은 하나인 신의 법에 의해서 양육되기 때문이다. 왜냐하면 그것은 하고자 하는 만큼 지배하고, 모든 것들을 충족시키고, 그러고도 남음이 있기 때문이다. 번역은 같은 책, 232쪽을 참조했다.〕

어와 사태를 어떠한 유사성에 의해서가 아니라 특히 즐겨서 per antiphrasis[어의반용, 語義反用]에[9] 의해서 서로 결합시키고 결부시킨다. "활의 이름은 생명이지만 그것이 하는 일은 죽음이다."(τῶι οὖν τόξωι ὄνομα βίος ἔργον δὲ θάνατος, 단편 48)[10] 언어의 개개의 내용은 항상 존재의 진리의 드러냄이자 은폐다. 항상 단적인 의미작용을 하는 동시에 단지 암시할 뿐이기도 하다.[11] 따라서 이러한 세계관에서 보면 언어란 무녀(巫女)와 같다. 헤라클레이토스에 따르면 시빌라[무녀]는 광기 어린 입으로 음울하고 꾸미지 않은 거친 말들을 말하면서도 신 덕분에 그 목소리로 천년 동안이나 전해온다.(단편 92)[12] 그녀는 어떤 의미를 마음속에 갖고는 있지만 그것은 그녀 자신에게는 은폐되어 있으며 그녀는 그것을 단지 예감하면서 상과 비유의 형태로 해명할 수 있을 뿐이다.

그런데 언어에 대한 이러한 견해에는 무규정적이고 불명료하

---

9) [역주] 어의반용이란 어떤 어구를 그것의 통상적인 의미와는 반대의 의미로 사용하는 수사법을 가리킨다.
10) [역주] 번역은 김인곤 외 옮김, 앞의 책, 242쪽을 참조했다.
11) 특히 단편 32번을 참조할 것. ἓν τὸ σοφὸν μοῦνον λέγεσθαι οὐκ ἐθέλει καὶ ἐθέλει Ζηνὸς ὄνομα [하나인 것, 유일하게 현명한 것이 제우스의 이름으로 불리고자 하지 않으면서도 또한 그렇게 불리고자 한다. 번역은 같은 책, 236쪽을 참조했다.]
12) [역주] 번역은 같은 책, 255쪽을 참조했다.

더라도 존재와 정신에 대한 자체 내에 완결된 전체적인 사상이 표명되고 있지만, 헤라클레이토스의 교설을 수용한 다음 세대의 후계자들에서는 이러한 교설이 갖는 원래의 의미가 갈수록 퇴색된다. 헤라클레이토스에서는 형이상학적 직관의 궁극의 깊이에서 직접적으로 하나로 느껴졌던 것이 이제는 언어 문제에 대한 논리적인 개별적 명제들로 해체된다. 헤라클레이토스의 형이상학이 하나의 통일적인 것으로 보고 결합했던 두 가지 계기들, 즉 언어와 존재의 동일성에 대한 교설과 언어와 존재의 대립에 대한 교설이 그의 후계자들에서는 각각 독립적으로 전개된다. 이와 함께 비로소 언어 **문제**가 개념적으로 예리하게 제기되기는 하지만, 그와 함께 사람들이 헤라클레이토스의 근본사상을 상징적 암시라는 형식에서 추상적 개념의 형식으로 개조하려고 시도하면서 그것은 이를테면 산산이 부서져서 유통되기 쉬운 소액화폐로 개주(改鑄)되고 말았다. 그에게는 신중하게 보호되었던 비밀이고 단지 완곡하게 암시되었던 것이 이제는 갈수록 철학적인 일상대화와 토론의 대상이 되고 만다. 크세노폰의 『회상록(Memorabilien)』은 기원전 5세기의 아테네에서 ὀρθότης τῶν ὀνομάτων[사물의 이름이 갖는 정당성]이라는 이 인기 있는 주제가 술자리와 식사자리에서 어떤 식으로 논의되었는지를 생생하게 묘사하고 있다.[13] 언어형식과 단어형식 사이에, 단어들의 본질과 사물의 본질 사이에는 자연적 연관이 존재하는가 아니면 단지 관습에 기초한 간접적인 관계만이 존재하는가? 단어들에는 존재의 내적인 연관이 표현되어 있는가 아니면 그것들에는 최초의 언어형성자가 그것들에게 자의적으로 각인한 법칙만이 존재하는가? 그리고 만약 후자가 타당하다면, 일반적으로 언어와 의미 사이에 그리고 언어와 사고 사이에 어떤 관계가 상정되는 한, 언어에 불가피하게 부착되는 자의성의 계기가 사고와 그 내용의 객관적 규정성과 객관적 필연성도 의심스러운 것으로 만들 것이 틀림없지 않은가? 따라서 소피스트는 모든 인식이 상대적이라는 자신의 명제를 옹호하기 위해서 그리고 인간이 '만물의 척도'라는 것을 증명하기 위해서 자신의 최고의 무기를 언어에 대한 고찰에서 얻을 수 있다고 생각한다. 사실 소피스트적 사고는 처음부터 '객관적' 현실과 '주관적' 현실 사이에, 즉 인간과 사물들 사이에 존재하는 언어라는 중간영역을 자신의 참된 고향으로 삼고 있다. 즉 그들의 논의는 어디까지나 이러한 영역에 입각하면서 이것으로부터 자신을 '순수한' 사고, 다시 말해서 이른바 보편타당한 사고라고 언표하는 주장에 대해서 투쟁을 도발하는 것이다. 언어의 다의성을 가지고 그들이 행하는 탁월한 유희에 의해서 사물조차도 그들의 수중(手中)에 인도되고 그것들의 규

---

13) *Memorabil.* Lib. III, 14, 2. 이 문제에 대한 이것 외의 역사적 자료에 대해서는 Steinthal, *Geschichte der Sprachwissenschaft bei den Griechen und Römern* 2판, Berlin 1890, I, 76쪽 이하를 참조할 것.

정성은 정신의 자유로운 운동으로 해소되고 만다. 언어에 대한 이러한 최초의 의식적 반성과 정신이 언어에 대해서 획득하는 최초의 의식적 지배가 동시에 **논쟁술**(Eristik)이 지배하는 것이 되는 것이다. 그러나 다른 한편으로 이것으로부터, 즉 언어라는 것의 내실과 궁극적 근거에 대한 성찰로부터 반작용도[14] 생겨나는 바, 이러한 반작용은 개념에 대한 새로운 기초 지음과 새로운 방법론으로 이끌어가는 것이기도 하다.

왜냐하면 소피스트적 사고가 언어에서 다의성과 자의성이라는 계기를 포착하고 강조하는 것에 반해서 소크라테스는 언어에 **사실**로서 주어져 있는 것은 아니지만 잠재적 **요구**로서 내포되어 있는 규정성과 일의성을 포착했던 것이다. 그에게는 단어의 의미가 갖는 통일성의 상정이야말로, 그에게 특징적인 $τί\ ἐστι$[그것은 무엇인가]라는 물음, 즉 개념의 동일하고 그 자체로 불변적인 의미에 대한 물음이 시작되는 출발점이 된다. 단어가 이러한 의미를 자체 내에 직접 포함하고 있지는 않더라도 항상 이러한 의미를 지시한다. 그리고 소크라테스적 '귀납'의 과제는 이러한 지시를 이해하고 수용하고 점진적으로 진리로 만드는 데에 있다. 유동적이고 무규정적인 단어형태의 배후에 숨어 있는 지속

---

14) [역주] 다음에서 바로 보겠지만 여기서 반작용이란 소크라테스의 성찰을 가리킨다.

적이고 동일한 개념형태가 말과 사유의 가능성을 비로소 근거 짓는 참된 형상(Eidos)으로서 제시되어야만 하는 것이다. 플라톤도 이러한 소크라테스적 사고의 근본전제를 기반으로 하고 있으며, 단어와 언어에 대한 그의 입장도 이러한 전제에 의해 규정되고 있다. 그는 젊은 시절 크라틸로스(Kratylos)의 제자였다. 크라틸로스는 소피스트들과는 달리 헤라클레이토스의 사상이 갖는 또 하나의 적극적인 일면을 대변하고 있으며, 단어들을 사물의 본질을 표현하고 포착하는 본래적이고 진정한 인식수단으로 보고 있다. 헤라클레이토스는 언어의 **전체**와 이성의 **전체** 사이에 동일성이 존재한다고 주장했지만, 크라틸로스는 그러한 동일성을 **개개**의 단어와 그것의 사고내용에게 인정하고 있다. 그러나 이렇게 헤라클레이토스의 로고스 개념이 갖는 형이상학적 내실을 현학적이고 난해한 어원학과 문헌학(Philologie)에 적용하고 옮겨놓는 것과 함께 물론 이미 귀류법적인 증명(reductio ad absurdum)이 행해졌지만, 이러한 증명을 플라톤의 대화편 『크라틸로스』는 대가의 솜씨라고 할 수 있는 대화법과 문체로 전개하고 있다. 각각의 존재에는 그것을 '자연적으로' 올바르게 지시하는 단어가 있다는 명제, *ὀνόματος ὀρθότητα εἶναι ἑκάστῳ τῶν ὄντων φύσει πεφυκυῖαν*〔어떠한 존재자에게도 자연히 올바른 이름이 생겼다.〕는 테제는, 이와 같이 이 대화편의 탁월한 아이러니에 의해서 그 자체로 붕괴되며 그러한 소박한 형태에서는 영원히 제거된다. 그러나 플라톤에서는 이러한 견해에 의해서 단어와 인식 사이의 모든 관계가 단절되고 마는 것은 아니다. 플라톤은 이 양자 사이에 입증되기 어려운 직접적인 유사관계를 인정하는 것 대신에 보다 심원한 간접적인 관계를 인정한다. 변증법적 인식의 구조와 단계적 진행 내에서 단어는 그것에게 특유한 위치와 가치를 보지하고 있다. 단어 내용을 항상 단순히 상대적으로 확정하는 것에 불과한 유동적 경계는 변증론자(Dialektiker)에게는, 그 단어의 내용과 대결하고 투쟁하면서 순수개념의 의미내용을 절대적으로 확정하라는 요구에 부응하면서 이데아 왕국의 $εβαιότης$〔안정성〕으로까지 자신을 고양시키기 위한 자극이 된다.[15] 그러나 플라톤의 만년의 철학에서야 비로소 이러한 근본적 견해는 적극적인 의미에서도 소극적인 의미에서도 완전히 전개된다. 플라톤의 일곱 번째 편지가 플라톤이 직접 쓴 것이라는 것을 무엇보다도 분명하게 증명하는 것은, 이 편지가 이러한 관점에서 크라틸로스의 결론과 직접적으로 연결되어 있고 그것을 비로소 방법적으로 완전히 명확하게 전개하고 있으며 일관되고 체계적으로 기초 짓고 있다는 점일 것이다.

일곱 번째 편지가 구별하고 있는 인식의 네 단계가 있지만, 인식은 그러한 단계들 전체를 거치면서 비로소 참된 존재에 대한

---

15) 특히 Kratylos 386 A, 438 Dff를 참조할 것.

직관에, γνωστὸν καὶ ἀληθῶς ὄν〔가지적이며 참으로 존재하는 것〕으로서의 인식대상에 대한 직관에 도달한다. 가장 낮은 단계는 명칭, 언어에 의한 대상의 정의, 그것의 감각적 모상, 즉 ὄνομα〔명사〕와 λόγος〔정의〕와 εἴδωλον〔영상〕에 의해서 주어진다. 따라서 예를 들자면 원의 본질은 삼중적인 방식으로 파악될 수 있다. 즉 첫째로 단지 원이라는 명칭을 언표하는 것, 두 번째로 이 명칭이 의미하는 것을 설명함으로써 그것을 보다 상세하게 규정하고 한정하는 것, 예를 들면 원이라는 것을 중심에서 끝점까지의 거리가 어떤 방향으로도 동일한 형상으로서 '정의'하는 것, 그리고 마지막으로 모래 위에 그려진 것이든 선반공이 제작한 것이든 어떤 감각적 형체를 원의 상으로서, 즉 모델로서 우리 앞에 제시하는 것에 의해서이다. 이러한 단어와 정의 그리고 모델에 의한 표현은 그 어느 것도 원의 참된 본질에 도달하지 않으며 그것을 파악하지도 못한다. 왜냐하면 그것들 모두는 존재의 영역이 아니라 생성의 영역에 속하기 때문이다. 음운이라는 것이 변하고 일시적인 것처럼, 즉 그것이 생겨났다가 사라지는 것처럼, 모래 위에 그려진 원의 상도 지워질 수 있고 선반공이 제작한 모델도 파괴될 수 있다. 이것들 모두는 결국 원 자체(αὐτὸς ὁ κύκλος)를 포착하지 못하는 규정이다. 그러나 다른 한편으로는 이렇게 그것만으로는 불완전한 전 단계들을 **거쳐서** 비로소 제4, 제5의 단계, 즉 학문적 인식과 그것의 대상에 도달할 수 있게 된다. 이러한 의미에서 이름과 영상, 즉 ὄνομα와 εἴδωλον-은 이성적 통찰, 즉 ἐπιστήμη[에피스테메]와는 분명히 구별되지만 다른 한편으로는 그것의 전제가 되고, 그것의 매체이자 중개자가 되는 것이며, 그것의 힘을 빌려서 우리는 비로소 부단히 전진하고 단계들을 올라가면서 인식으로 상승할 수 있다(δι' ὧν τὴν ἐπιστήμη ἀνάγκη παραγίγεσθαι, 63쪽). 따라서 대상에 대한 지식과 대상 자체는 이 세 개의 단계들을 넘어서는 것으로 나타나면서도 그것들을 자체 안에 포함하는 것으로도, 즉 그것들을 초월하는 것이자 종합하는 것으로서 나타난다.[16]

플라톤의 일곱 번째 편지에 나타나는 이러한 사상전개에서— 사유의 역사에서 처음으로— 언어가 **인식에서 갖는 가치**를 순수하게 **방법적인** 의미로 규정하고 한정하는 시도가 행해졌다. 언어는 인식의 출발점으로 인정되지만 그러한 출발점 이상의 것은 아니다. 언어의 존립은 감성적 표상의 존립보다도 훨씬 일시적이며 가변적이다. 이데아의 참된 내용을 파악하는 것과 관련해서는 단어의 음운형태 혹은 ὀνόματα[명사]와 ῥήματα[동사]에 의

---

16) 일곱 번째 편지, 342 A 이하를 볼 것. 이 일곱 번째 편지가 플라톤 자신에 의한 것인지 아닌지에 대해서는 특히 Wilamowitz, *Platon*, I, 641쪽 이하, II, 282쪽 이하; Jul. Stenzel, *Über den Aufbau der Erkenntnis im VII. Platonischen Brief*, Sokrates, Jahrg. 47, 63쪽 이하; E. Howald, *Die Briefe Platons*, Zürich 1923, 34쪽을 참조할 것.

해서 구성되는 문장의 음운형태는 감성적인 모델이나 모상에 비해 떨어진다. 그러나 다른 한편으로 단어와 이데아 사이에 존재하는 어떤 종류의 **연관**이 인정되고 있다. 즉 감성적 내용이 이데아를 '추구한다'고 말할 수 있는 것과 마찬가지로, 언어 형성물에도 그러한 지향성, 이를테면 이데아로 향하는 정신적 경향이 인정되고 있다. 플라톤의 체계가 언어에 숨어 있는 그러한 경향을 어느 정도 인정할 용의가 있었고 인정할 수 있었던 것은 이러한 체계에서 처음으로 모든 언어에 본질적인 하나의 근본계기가 그것의 원리적인 규정성과 전체적인 중요성 면에서 인식되었기 때문이다. 모든 언어는 그것이 언어인 한 전적으로 '표현(Repräsentation)'이다. 즉 언어는 어떤 감성적 '기호'에 의해서 어떤 특정한 의미를 표현하는 것이다. 철학적 고찰이 단순한 **현존물**(Dasein)의 범위 안에 머무는 한, 그것은 결국 이러한 독특한 관계를 보여주기 위한 어떠한 유사물도 적절한 표현도 발견할 수 없다. 왜냐하면 사물들을 그 내용에 입각하여 '요소들'의 총괄로 보든 혹은 사물들 상호 간의 작용관계를 추적하든, 사물들 자체에는 '단어'와 '의미'의 관계, '기호'와 그것에 의해서 사념되는 '의미' 사이의 관계에 대응하는 것과 같은 것은 전혀 보이지 않기 때문이다. 『파이돈』에서 볼 수 있는 것처럼 문제설정방식을 특징적인 방식으로 그렇게 역전시켰던 플라톤에서야 비로소, 철학적 사유의 길은 $πράγματα$〔사물〕에서 $λόγος$〔언어〕로 향하는 것이 아니라 $\lambda ó\gamma o\varsigma$에서 $\pi \rho á\gamma \mu \alpha \tau \alpha$로 향하는 것이며, 이는 개념의 진리에서만 사물의 현실성이 파악되고 직관될 수 있기 때문이라는 사실이 확실해진다.[17] 즉 플라톤에서야 비로소 표현이라는 개념이 진정으로 중심적인 체계적인 의의를 획득하는 것이 된다. 왜냐하면 이러한 개념이야말로 그것에 의해서 이데아론의 근본문제가 최종적으로 집약되고 '이데아'와 '현상' 간의 관계가 언표되는 개념이기 때문이다. 통속적인 세계상에서의 '사물', 즉 감성적이고 구체적인 경험의 대상들은 관념론의 입장에서 보면 그 자체로 상이 되며, 그러한 상의 진리내용은 그것이 직접적으로 제시하는 것에 있는 것이 아니라 간접적으로 표현하는 것에 있다. 그리고 상, 즉 $\varepsilon \H{\i} \delta \omega \lambda o \nu$이란 개념이 이제는 언어형식과 인식형식 사이에서 새로운 정신적 매개를 수행하는 것이다. 양자 사이의 관계를 분명하면서도 엄밀하게 보여주기 위해서, 즉 언어의 영역을 순수한 개념의 영역으로부터 구별하고 동시에 그것과의 결합을 유지하기 위해서, 플라톤은 이데아론의 중심을 이루는 '분유(分有)'라는 사상을 다시 적용하면 된다. 단어와 의미의 일치와 대립에 대한 헤라클레이토스의 형이상학적 교설을 둘러쌌던 어둠은 이 $\mu \acute{\varepsilon} \theta \varepsilon \xi \iota \varsigma$〔분유〕라는 방법개념에[18] 의해서 이제 단번에 걷혀지게 된다. 왜냐하면 이러한 '분

---

17) *Phädon* 99 D 이하를 참조할 것.

유'에는 실제로는 동일성의 계기도 비동일성의 계기도 똑같이 포함되어 있고, 요소들의 필연적인 연관과 통일과 아울러 요소들의 명확한 원칙적 분리와 구별 또한 상정되어 있기 때문이다. '동일한 것 자체'라는 순수한 이데아는 동일한 돌들과 동일한 나무조각들에서 표현되고 있지만 그것들과 다른 것, 즉 ἕτερον이다. 그럼에도 불구하고 바로 이 다른 것은 제약된 감성적 세계상의 입장으로부터는 이러한 표현에서밖에는 포착되지 않는 것이다. 동일한 의미로 플라톤에서는 단어의 물리적·감성적 내용이 이데아적 의미의 담지자가 되지만, 의미 그 자체는 언어의 틀 안에 포섭될 수 없으며 언어의 피안에 있는 것이다. 언어와 단어는 순수한 존재의 표현을 추구하지만 그것을 달성하지는 못한다. 왜냐하면 언어에는 항상 이러한 순수존재에 대한 지시에 항상 대상의 우연적인 '성질'이라는 순수존재 이외의 것에 대한 지시가 혼합되어 있기 때문이다. 따라서 언어의 본래적인 힘을 형성하는 것은 또한 항상, 최고의 진정으로 철학적인 인식내용을 표현할 수 없다는 언어의 본래적인 약점을 형성하는 것이기도 하다.[19]

---

18) μέθεξις 라는 개념이 플라톤 철학의 전체에서 차지하는 방법적 지위에 대해서는 Ernst Hoffmann의 탁월한 서술 *Methexis und Metaxy bei Platon*, *Sokrates*, Jahrgang 1919, 48쪽 이하를 참조할 것.
19) 일곱 번째 편지, 342를 참조할 것. πρός γὰρ τούτοις ταῦτα (scil. ὄνομα, λόγος, εἴδωλον) οὐχ ἧττον ἐπιχειρεῖ τό ποιόν τι περὶ ἕκαστον δηλοῦν ἤ τό ὄν ἑκάστου διά τό τῶν λόγων ἀσθενές·

물론 인식문제 일반의 역사와 마찬가지로 논리학의 역사에서도 우리는 플라톤이 여기에서 로고스의 두 가지 의미, 즉 개념 '그 자체'와 그것의 언어적 대리물 사이에 그은 분명한 경계선이 점진적으로 다시 소멸하게 된다는 사실을 볼 수 있다. 그러한 사태는 논리학이 최초로 정초될 당시에 이미 일어나고 있다. 물론 아리스토텔레스가 자신의 논리학설을 근거짓고 있는 본질적인 근본적 구별들을 언어에서 획득한 것이라고 말한다면 너무 지나친 것이지만 말이다. 그렇다 할지라도 '범주'라는 **명칭**이 이미, 아리스토텔레스에서 논리형식의 분석과 언어형식의 분석이 얼마나 밀접하게 연관되어 있는지를 보여주고 있다. 범주는 가장 보편적인 존재상태를 표현하는 것이지만 그 자체로 동시에 **진술**의 최고의 류(γένη 혹은 σχήματα τῆς κατηγορίας)를 의미하기도 한다. 그것들은 존재론적으로 파악하자면 현실적인 것의 근본적인 규정들이며 존재자의 궁극적인 술어들이다. 그러나 이러한 술어들은 사물들로부터 출발하여 고찰될 수도 있지만 술어화의 일반적 형식으로부터 출발하여 고찰되고 그것으로부터 전개될 수 있다. 사실 **문장**의 형성과 문장을 그 단위로서의 단어와

ὧν ἕνεκα νοῦν ἔχων οὐδεὶς τολμήσει ποτὲ εἰς αὐτὸ τιθέναι τὰ νενοημένα ὑπ' αὐτοῦ [이에 더해 이것들은 말의 허약함 탓으로 각각의 것의 실재 못지않게 각각의 것의 어떠어떠함을 밝히려듭니다. 그런 이유로 생각이 있는 사람이라면 누구라도 그것에다 자신이 생각한 것을 담아두려 하지 않을 것입니다.]

품사로 분해하는 것이 아리스토텔레스에서는 범주의 체계를 설정할 때 모델이 되었던 것 같다. 실체라는 범주에는 문법상의 '명사'의 의미가 나타나고 있으며, 분량과 성질, '언제'와 '어디'에는 형용사와 공간적·시간적인 부사의 의미가 도처에서 분명하게 보이고 있다. 그리고 특히 최후의 네 개의 범주들인 ποιεῖν(능동)과 πάσχειν(수동), ἔχειν(소유)와 κεῖσθαι(상태)는, 그리스어가 동사와 동사적인 동작을 표현하기 위해서 견지하고 있는 일정한 근본구별들과 결부될 때에야 비로소 완전히 분명하게 되는 것 같다.[20] 따라서 여기에서는 논리적 사변과 문법적 사변이 일관되게 서로 대응하고 있으며 서로를 규정하고 있는 것 같다. 사실 중세는 아리스토텔레스를 계승하면서 이러한 대응관계를 고수했다.[21] 그러나 그 후 근대로 와서 아리스토텔레스 논리학에 대한 전쟁이 시작되면서 그것이 정신의 체계적 구조 '자체'라고 불릴 권리가 있는지에 대해서 이의가 제기되었을 때, 물론 이번에는 역으로, 아리스토텔레스 논리학이 언어와 일반적 문법과 맺었던 긴밀한 동맹관계 바로 그것이 가장 중요하고 위

---

20) 이러한 연관에 대해 상세한 것은, 특히 Trendelburg, *De Aristotlis Categoriis*, Berlin 1833; *Geschichte der Kategorienlehre*, Histor. Beiträge zur Philosophie, Bd. I, 1846, 23쪽 이하를 참조할 것.
21) 예를 들어 Duns Scotus, *Tracatus de mondis significandi seu grammatica speculativa*를 참조할 것.

험한 공격목표가 되었다. 이탈리아의 로렌초 발라(Lorenzo Valla), 스페인의 로도비코 비베스(Lodovico Vives), 프랑스의 페트뤼 라무스(Petrus Ramus)는 이러한 공격목표를 거점으로 하여 스콜라적·아리스토텔레스적 철학을 근저로부터 전복하려고 했다. 처음에 이러한 전쟁은 아직 언어 연구와 언어 고찰 자체의 내부에서 행해졌다. 르네상스시대의 '문헌학'은 언어에 대한 심화된 통찰에서 출발하면서 '사고에 대한 새로운 설(Denklehre)'도 요구하는 것이었다. 지금 비난받고 있는 것처럼 스콜라학이 언어에서 포착했던 것은 언어의 피상적인 문법적 관계였을 뿐이며, 문법학에서가 아니라 오히려 **문체론**에서 찾았어야 할 언어의 참된 핵심은 스콜라학에게는 은폐된 채로 있었다. 이러한 관점으로부터, 르네상스시대의 위대한 문체가들은 삼단논법과 그것의 '야만적인' 형식들을 논리적 측면에서보다는 오히려 미학적 측면에서 공격하고 있다. 그러나 이러한 단순한 '변증가들(Dialektiker)'에 대한 수사학자들과 문체연구자들의 전쟁도, 예를 들면 **발라스**(Vallas)의 『변증법적 논의』에서도 보이는 것처럼 점차적으로 다른 형태를 취하게 된다. 왜냐하면 르네상스가 본래의 고전적 원천으로 돌아갈수록 변증법에 대한 스콜라적 고찰방식 대신에 원래의 플라톤적인 개념이 다시 살아나게 되기 때문이다. 변증법에 대한 이러한 플라톤적 개념의 이름 아래 이제 언어에서 '사태'로 되돌아갈 것이 요구된다. 그런데 점차 결정적인 것으로 되었던 르네상스의 근본적 견해에 따르면, 사태들에 대한 학문들 중에서 수학과 수학적 자연학이 첫 번째 지위를 차지하게 된다. 이와 함께 순수한 언어철학 내부에서도 문법학에 방향을 맞추기보다는 갈수록 의식적이고 결정적으로 다른 방향으로 향하려고 하는 요구가 나타난다.[22] 언어에 대한 진정으로 **체계적인** 파악과 형태화는 그것이 수학의 체계구성에 연관되고 그것으로부터 척도를 빌릴 경우에만 달성될 수 있는 것처럼 보이게 된다.

따라서 르네상스시대의 새로운 지식이상에 보편적인 철학적 기초를 부여했던 데카르트의 학설에서 언어이론에도 새로운 빛이 비춰지게 된다. 데카르트는 자신의 체계적인 주저에서 언어를 독립적인 철학적 성찰의 대상으로 삼지는 않았다. 데카르트는 메르센느(Mersenne) 경에게 보내는 편지의 단 한 군데에서만 이 문제를 다루고 있지만, 그는 이곳에서 그 문제와 관련해서 극히 특징적이면서 후대에 가장 중요한 의의를 갖는 전환을 일으켰다. 즉 아무리 다양한 대상들을 다루더라도 항상 동일한 것으로 남는 sapientia humania〔인간의 지식〕의 통일이라는 이상이 이제 언어에도 적용되는 것이다. Mathesis universalis〔보편학〕와

---

[22] 이 문제에 대한 역사적 전거에 대해서는 졸저 *Erkenntnisproblem*, 3판, I, 120-135쪽을 참조할 것.

아울러 Lingua universalis[보편언어]가 요구된다는 것이다. 인식이라고 불릴 가치를 갖는 모든 인식들에서 항상, 인식의, 즉 인간이성의 단 하나의 동일한 근본형식이 반복해서 나타나는 것처럼 모든 언어활동의 근저에도 언어 일반이 갖는 보편적인 이성형식이 존재하고 있음에 틀림없다. 실로 그것은 풍부하고 다양한 언어형식들에 의해서 은폐되어 있지만, 그렇다고 해서 완전히 은폐되어 있을 수는 없다. 왜냐하면 수학의 관념들 사이, 예를 들어 수와 수 사이에는 극히 명확한 **질서**가 존재하는 것처럼, 인간 의식의 전체는 그것에 포함될 수 있는 모든 내용들과 함께 엄밀하게 질서 지어진 총체를 형성하고 있기 때문이다. 따라서 비교적 소수의 숫자로 대수학의 체계 전체가 건립될 수 있는 것처럼, 제한된 수의 언어기호들에 의해서도 만약 이것들이 일정한 보편타당한 규칙에 따라서 결합된다면 사고내용의 전체와 그것의 구조가 남김없이 표시될 수 있을 것임에 틀림없다. 물론 데카르트는 이러한 구상을 **실현하는** 것을 단념하고 있다. 왜냐하면 이러한 보편언어의 창조는, 모든 의식내용을 그것의 궁극적 요소로, 즉 그것을 구성하는 단순한 '관념'으로 분석하는 것을 전제하는 이상, 이러한 분석 자체가 마지막까지 행해지고 그와 함께 '참된 철학'이라는 목표가 달성되었을 때에서야 비로소 보편언어창조의 기획도 성취될 것이기 때문이다.[23] 그러나 바로 그 후의 시대는 근대철학의 창시자인 데카르트의 이러한 말에서 표명되고 있는 비판적인 신중함에 의해서 거의 구애받지 않았다. 이제 인공적인 보편언어의 다양한 체계들이 신속하게 나타나는 것이다. 그것들이 실현되는 방식은 서로 극단적으로 다를지라도 근본사상과 구축의 원리 면에서는 거의 서로 일치한다. 우선 유한한 일정수의 개념들이 존재하면서 그 각각이 다른 것에 대해서 전적으로 특정한 사태적 관계, 즉 병렬 내지 상위-하위라는 관계로 존재하며, 참으로 완전한 언어의 목표는 이러한 개념들의 자연스러운 계층질서를 하나의 기호체계로 적절하게 표현하는 것에 있음에 틀림없다는 사고방식이 항상 출발점이 된다. 이러한 전제에서 출발하면서, 예를 들면 델가르노(Delgarno)는 그의 『기호법(*Ars Signorum*)』에서 모든 개념들을 17개의 최고의 유개념 아래 정리하고 있는데, 그 개념의 각각이 일정한 문자로 표시되고 있고 다시 이 문자가 해당 범주에 속하는 모든 단어의 첫 번째 문자가 되고 있다. 그리고 이와 마찬가지로 공통의 류 내부에서 구별되는 하위의 류는 각각 첫 번째 문자에 이어지는 특수한 문자나 소리에 의해서 표현되고 있다. 이러한 체계를 보완하고 완성하려고 했던 윌킨스(Wilkins)는 원래의 17개의 주요개념 대신에 40개의 주요개념을 제시하고 있는데, 이것들 각

---

23) 데카르트가 1629년 11월 20일에 Mersenne 경에게 부친 편지를 볼 것, Correspond. (ed. Adam-Tannery), I, 80쪽 이하.

각이 하나의 자음과 하나의 모음으로 구성되는 어떤 특수한 음절로 음운화되고 표현된다.[24] 근본개념들의 '자연적' 질서를 발견하고 그것들의 상호관계를 남김없이 일의적으로 규정하기 어려웠기 때문에 이 모든 체계들은 신속하게 사라져버린다. 이러한 체계들에서는 개념을 표시하는 **방법적** 문제는 갈수록 순수한 **기술적인** 문제로 변해가며, 순전히 관습적인 어떤 개념구분을 근저에 놓고 이것을 다시 점차 분화시킴으로써 구체적인 사고내용과 표상내용을 표현할 수 있도록 한 것으로 충분한 것이 된다.

언어 문제를 다시 일반논리학의 맥락에서 파악하면서 일반논리학을 모든 철학과 이론적 인식 일반의 전제라고 생각했던 라이프니츠가 비로소 보편언어의 문제도 새로운 방식으로 깊이 있게 다룬다. 데카르트가 이미 지적했던 난점을 그는 충분히 의식하고 있었다. 그러나 그는 데카르트의 시대부터 그의 시대 사이에 달성된 철학적·과학적 인식의 진보에 의해서 그러한 난점을 극복하기 위한 전적으로 새로운 수단도 소유하고 있다고 믿었

---

24) 예를 들어 P라는 문자가 '양'이라는 일반적인 범주를 표현한다면 크기 일반, 공간과 질량의 개념은 각각 *Pe, Pi, Po*에 의해서 표현되는 식이다. George Delgarno, *Ars Signorum vulgo Character universalis et lingua philosophica*. London 1661; Wilkins, *An Essay towards a Real character and a Philosophical Language*. London 1668을 참조할 것. 델가르노와 윌킨스의 체계들에 대한 간략한 개요가 Couturat, *La Logique de Leibniz*, Paris 1901, Note III와 IV, 544쪽 이하에 있다.

다. 자의적인 기호언어에 그치지 않고, Characteristica realis[사태의 기호]로서 사물의 참된 근본적 관계를 표시하려고 하는 임의적인 '기호법(Charakteristik)'은 사고 내용에 대한 논리적 분석을 필요로 한다. 그러나 그러한 '사고의 알파벳'의 확립은 우리들이 모든 개념 소재(Begriffsstoff)의 임의적인 분절화, 즉 다소간 우연한 분절화에서 출발하는 것은 아니고 새롭게 정초된 결합법(Kombinatorik)과 수학적 분석법이 제시한 길을 최후까지 수미일관하게 답파(踏破)하는 한, 해결 불가능한 무한한 과제는 아닌 것으로서 나타난다. 대수(代數)의 분석이 가르쳐주는 것처럼 어떠한 수도 일정한 근원적인 요소들로 구성되어 있고 일의적인 방식으로 '소인수(素因數, Primfaktor)'로 분석될 수 있고 그것들의 합으로서 표현될 수 있는 것처럼, 동일한 사태는 모든 인식 내용 일반에 대해서도 타당하다. 소인수로의 분해에는 단순관념으로의 분해가 대응한다. 그리고 이 양자가 본질적으로 동일한 원리와 동일한 포괄적 방법에 따라서 성립될 수 있고 성립될 수밖에 없다는 것이 라이프니츠 철학의 근본사상 중의 하나이다.[25] 참으로 보편적인 기호법이라는 형식은 지식이 내용적으로도 구조적으로도 이미 주어져 있다는 것을 전제하고 있는데, 다

---

25) 이에 관해 상세한 것은 졸저 *Leibniz' System in seinen wissenschaftlichen Grundlagen*, 105쪽 이하, 487쪽 이하; Couturat, 앞의 책, 특히 3-5장을 참조.

른 한편으로 이러한 기호법은 우리들이 그것에 의해서 비로소 그 지식의 구조를 참으로 파악하고 이해하게 되는 것이라는 순환논리는 라이프니츠에 의해서 다음과 같이 해소된다. 즉 그는 먼저 하나를 해결한 후에 다른 것에 착수할 수 있다는 두 개의 분리된 과제가 존재하는 것으로 보지 않고 양자가 순수한 사태적인 **상관관계**를 갖는다고 사유한다. 분석의 전진과 기호법의 전진이 서로를 요구하고 서로를 조건 짓고 있다. 왜냐하면 사유가 수행하는 모든 논리적인 통일의 정립과 논리적 구별은 그것이 일정한 기호 안에 **고정되었을** 경우에야 비로소 사유에 대해서 참으로 명석판명하게 **존립하기** 때문이다. 따라서 라이프니츠는 데카르트와 마찬가지로 인식을 표현하는 진정한 보편언어는 인식 자체에, 즉 '참된 철학'에 의존한다고 생각한다. 그러나 그는 이것에 덧붙여서 그럼에도 불구하고 보편언어는 이러한 참된 철학의 완성을 기다릴 필요가 없으며 오히려 관념의 분석과 기호의 부여라는 두 가지 일은 나란히 함께 발전할 것이라고 말한다.[26] 여기에서 표명되고 있는 것은 극히 일반적인 방법론적 근본확신과 그가 이미 무한에 대한 해석법의 발견에 의해서 그 가치를 인정했던 이른바 방법론적 근본경험뿐이다. 무한에

---

26) 메르센느 경에게 데카르트가 보낸 편지에 관한 라이프니츠의 소견을 참조할 것. *Opuscules et fragments inédits*, ed. Couturat, Paris 1903, 27쪽 이하를 볼 것.

대한 해석법에서 미분법의 계산식(Algorithmus)은 단순히 발견된 것을 표시하기 위한 편리한 수단에 그치지 않고 수학적 연구의 진정한 기관(Organon)이라는 것이 입증되었던 것처럼, 일반적으로 언어는 사고에 대해서 이러한 역할을 한다는 것이다. 언어는 단순히 사고가 걸었던 길을 뒤따르는 것이 아니라 이러한 길을 준비하는 동시에 앞서 나아가면서 그 길을 닦아야만 한다는 것이다.

이렇게 해서 라이프니츠의 합리주의는 언어를 순수하게 인식수단으로서, 즉 논리적 분석의 도구로서 파악하는 고찰에서 비로소 최종적으로 확증되고 완성된다. 그러나 동시에 이러한 합리주의는 데카르트에 비해서 어느 정도 구체적인 형태를 얻는다. 왜냐하면 사유와 언어 사이에 존재한다고 주장되는 상관관계가 사유와 감성의 관계에도 새로운 빛을 던지기 때문이다. 감성이 지성의 판명한 관념들로 서서히 해소될 필요가 있을지도 모르지만, 다른 한편으로 유한한 정신이 처해 있는 관점으로부터 보면 항상 그 역의 결합방식(Bindung)도 성립한다. 즉 우리의 '가장 추상적인' 사상조차도 항상 상상력의 첨가물을 포함하고 있고 우리가 그 첨가물을 계속해서 분해해가는 것은 물론 가능하지만, 그러한 분석은 최종적인 한계에까지는 결코 도달하지 못하며 오히려 그것은 무한히 나아갈 수 있고 무한히 나아갈 수밖에 없다는 것이다.[27] 여기에서 우리는 라이프니츠 논리학의 근본사상이 그의 **형이상학**의 근본사상과 만나게 되고 전자가 직접 후자로 이행해가는 지점에 서 있게 된다. 그의 형이상학에서 존재의 계층구조는 인식의 계층구조에 의해서 규정되어 있다. 유일하게 참된 실체적인 존재인 단자들에게는 그 표상내용이 어느 정도로 명석판명한가에 따른 구별 이외에는 상호간에 어떠한 차이도 존재하지 않는다. 최고의 신적 존재에게만 완전한 인식이 갖추어져 있는 것이며 그러한 인식은 어떠한 의미에서도 '표현적'[재현적]이 아니라 순수하게 직관적이다. 즉 그 인식은 대상들을 기호를 매개로 해서 간접적으로 고찰하지 않고 직접적으로 그것들의 순수한 본질에서 직관한다. 이것에 비하면 유한한 정신의 지식이 올라갈 수 있는 최고의 단계조차도 도형과 수에 대한 판명한 인식조차도 단지 불충분한 지식으로 나타난다. 왜냐하면 이러한 인식들은 정신적 내용 자체를 파악하지 않고 대부

---

27) Les plus abstraites pensées ont besoin de quelque imagination: et quand on considére ce que c'est que les pensées confuses (qui ne manquent jamais d'accompagner les plus distinctes que nous pouissons avoir) comme sont celles des couleurs, odeurs, saveurs, de la chaleur, du froid etc. on reconnoist qu'elles enveloppent toujours l'infini[가장 추상적인 사유도 어느 정도의 상상력을 필요로 한다. 혼란한 생각(이것은 우리가 가질 수 있는 가장 판명한 생각에도 필연적으로 수반되는데)—예를 들어 색, 향기, 맛, 열, 차가움 등이 무엇인지를 생각할 때 그것들은 항상 무한을 포함한다는 사실이 이해될 것이다.] *Réponse aux reflexions de Bayle*, Philos. Schriften (Gerhardt), IV, 563쪽.

분의 경우 그러한 내용에 대한 기호에 만족해야만 하기 때문이다. 상당히 긴 수학적 증명을 할 경우에 우리는 이러한 대리 작용을 끌어들일 수밖에 없다. 예를 들면 정천각형(正千角形)을 사유하는 경우, 그것을 사유하는 사람은 반드시 변의 성질, 동일성, 천이라는 수를 의식하는 것은 아니며, 그 의미들이 그에게 단지 애매하고 불완전하게밖에는 떠올려지지 않는 이러한 단어들을 관념 자체 대신에 사용하고 있는 것이다. 왜냐하면 그는 자신이 이러한 단어들의 의미를 알고는 있지만 우선은 그것들에 대한 상세한 설명이 필요하다고 생각하지는 않기 때문이다. 따라서 우리는 여기에서 순수하게 직관적인 인식이 아니라 '맹목적인' 인식 내지는 상징에 의한 인식을 수행하고 있는 것이며, 이러한 종류의 인식이 대수와 산술과 마찬가지로 우리들의 그 외의 지식 전체를 지배하고 있다.[28] 이와 같이 우리는 보편적 기호법의 구상이라는 형태로 언어가 인식 전체를 갈수록 더 포괄하려고 함으로써 동시에 이러한 전체를 제한하기도 하고 언어 자신의 피제약성 안으로 끌어들이기도 한다는 사실을 보게 된다. 그러나 이러한 피제약성은 단순히 부정적인 성격만을 가지고 있는 것은 아니고 극히 적극적인 계기도 포함하고 있다. 아무

---

28) *Meditationes de cognitione, veritate et ideis* (1684). Philos. Schrr. IV, 422쪽 이하.

리 애매하고 혼란스러운 감성적 표상에도 참된 이성적인 인식내용이 포함되어 있고 단지 그것이 전개되고 '풀어내어지기'만 하면 되는 것처럼 모든 감성적인 상징은 순수하게 정신적인 의미의 담지자이다. 물론 그러한 의미는 그것에게는 '잠세적'이고 잠재적으로만 주어져 있을 뿐이다. '계몽주의'의 진정한 이상은 이러한 감성의 외피를 단번에 벗겨내고 이러한 상징을 폐기하는 것이 아니라 그것들을 그 자체로 더욱더 깊이 이해하면서 이와 함께 그것들을 정신이 지배하고 침투해가는 것에 있다.

그런데 라이프니츠가 여기에서 언어를 편입시키고 있는 이러한 논리적·형이상학적 견해의 전체가 극히 광대하고 보편적인 만큼, 이러한 보편성 안에 언어 특유의 내용이 소멸할 위험이 있다는 것은 분명하다. 보편적인 기호법의 구상은 개별 영역에 한정되지 않고 단순한 음운기호와 문자기호에서 대수학의 수 기호 내지는 수학적·논리학적 해석의 상징에 이르는 모든 종류, 모든 그룹의 기호를 포함한다. 이러한 구상은 자연적이고 무의식적으로 발동하는 '본능'에서 유래하는 것으로 보이는 표현형식에도, 정신의 자유롭고 자각적인 창조에 기원을 갖는 표현형식에도 관계한다. 그러나 이것이 음운기호와 문자기호로서의 언어의 특수한 고유성을 평가하고 해명하기보다는 오히려 결국 배제하고 마는 것처럼 보인다. 보편적 기호법이라는 목표를 달성하고 모든 단순관념을 단순한 감성적 기호로 또한 모든 복합적인 표상이 그것에 대응하는 단순한 기호들의 조합으로 표현한다면, 개개의 언어체계가 갖는 모든 특수성과 우연성도 단 하나의 보편적인 기초언어 안으로 해소되고 말 것이다. 라이프니츠는 이러한 기초언어에서, 즉 신비주의자와 야코프 뵈메의 오랜 표현에 따라서 그가 *lingua Adamica*〔아담의 말〕라고[29] 부르는 인류의 태곳적 낙원상태에서 언어의 기원을 찾고 있는 것은 아니다. 그는 그러한 기초언어를 오히려 우리들의 인식이 객관성과 보편타당성이라는 목표에 도달하기 위해서 점진적으로 접근해가야만 하나의 순수한 이상이라고 생각하고 있다. 그에 따르면, 이렇게 궁극적이고 최고의 형태에서, 즉 그것의 최종적인 형태에서 비로소 언어는 자신의 본질적인 모습을 드러내게 된다. 그러한 형태에서 단어는 더 이상 의미의 단순한 외피가 아니라 어떤 특수한 정신적 존재를 철학적으로 파악하려고 하는 모든 시도의 근저에 불가결한 요청으로서 존재하는 **이성의 통일**에 대한 참된 증인으로 나타나게 될 것이다.

---

29) 'Lingua Adamica'라는 이념에 대해서는 Philos. Schriften VII. 198, 204쪽; *Nouveaux Essais* III, 2 (Gerh. V, 260) 등을 참조할 것.

II. 경험론의 체계들에서 언어 문제가 갖는 위치
   (베이컨, 홉스, 로크, 버클리)

철학적 경험론은 언어를 고찰하는 또 하나의 다른 길을 개척하고 있는 것 같다. 경험론은 그것의 근본적 경향에 따라서 언어라는 사실을 논리적 이상에 결부시키는 것이 아니라 그것의 단순하고 건조한 사실성과, 경험적 기원과 경험적 목적에 관련하여 파악하려고 한다. 언어를 논리적이든 형이상학적이든 어떤 이상적인 상태로 환원하려고 하는 것이 아니라, 오직 그것과 관련된 심리상태로부터 인식하고 심리적 활동에 의해서 평가하려고 하는 것이다. 자신의 과제를 이렇게 파악하면서도 물론 우선 언어를 오로지 인식의 수단으로서 고찰한다는 점에서 경험론은 자신과 대립되는 합리주의의 체계들로부터 하나의 본질적인 전제를 받아들이고 있다. 로크는 자신의 지성비판의 구상에, 자기 나름의 언어비판을 행한다는 생각을 원래는 포함하지 않았다고 분명히 말한다. 나중에서야 서서히, 개념의 의미와 기원에 대한 물음이 명명의 기원에 대한 물음과 분리될 수 없다는 사실이 그에게 분명하게 되었다.[30] 그러나 일단 이러한 연관이 인식되자마자, 이제 그에게 언어는 경험론의 근본적 견해가 옳다는 것을

---

30) Locke, *Essay*, III, 9, sect. 21

증명하는 가장 중요한 증인들 중의 하나가 된다. 일찍이 라이프니츠는 자연은 어딘가에서 자신의 궁극적 비밀을 공공연하게 보여주고 그 비밀을 이를테면 눈으로 볼 수 있는 견본의 형태로 우리 눈앞에 직접 제시하는 것을 좋아한다고 말했다. 로크는 정신적 현실에 대한 자신의 견해 전체에 대한 그러한 견본이 언어라고 보았다. 그는 자신의 언어분석을 다음과 같이 시작한다. "우리가 만약 우리의 언어가 어느 정도로 감각적 관념에 의존하고 있는지 그리고 전적으로 비감성적인 사태와 개념을 표현하려고 하는 언어조차도 감각에 기원을 두고 있으며 그것이 명백하게 감각적인 관념들로부터 일층 복잡한 개념으로 전용되는지에 주의를 향한다면, 그것만으로도 우리는 모든 개념의 기원을 약간이나마 보다 깊이 이해할 수 있을 것이다. 예를 들면 '이해하다(erfassen)', '파악하다(begreifen)', '표상하다(vorstellen)' 등은 모두 감각적 사물의 작용에서 취해진 것이면서 정신의 특정한 작용들에 전용된 단어들이다. 정신(spirit)은 근본적인 의미에서는 숨(breath)과 동일하며 천사는 사자(使者)를 의미한다. 그리고 만약 우리가 이러한 표현들의 원천으로까지 소급해갈 수 있다면 모든 언어에서 비감성적인 것을 나타내기 위해서 감성적인 용어들을 사용하고 있다는 사실을 나는 의심하지 않는다. 이러한 사실에서 우리는 언어를 처음으로 형성했던 사람들의 정신을 채웠던 개념들이 어떠한 종류의 것이고, 어떠한 유래를 갖는지 사람들이 깨닫지는 못하지만 자연이 심지어 사물의 명명과 관련해서조차 모든 인식의 기원과 원리를 사람들에게 어떤 식으로 시사하고 있는지를 추론할 수 있다. 왜냐하면 우리들이 갖고 있는 모든 관념들은 우리들 밖에 있는 감각적 대상에서 유래하든가 혹은 우리들 자신이 직접 의식하고 있는 정신의 내적 작용에서 유래하든가, 둘 중의 하나이기 때문이다."[31]

이와 함께 언어 문제에 대한 모든 경험론적인 구명이 직접 간접으로 결부되어 있는 체계적인 근본관념이 제시되고 있다. 여기에서 언어분석은 그 자체가 목적이 아니라 관념의 분석이라는 본래의 주요문제에 대한 수단이자 준비라는 역할을 하는 것으로 간주된다. 왜냐하면 언어에 의한 모든 명명이 사물 자체를 표현하는 역할을 갖는 것이 아니라 단지 정신의 관념들, 말하는 자 자신의 관념, 즉 말하는 자 자신의 표상에 관련되어 있기 때문이다. 이러한 사실이 이미 홉스에 의해서 모든 언어고찰의 가장 보편적인 원칙으로서 정식화되고 있다. 홉스는 이와 함께 언어철학을 형이상학의 영토와 지배권에서 결정적으로 벗어나게 할 수 있었다고 믿었다. 여기에서 명사는 개념의 기호이며 대상 자체의 기호는 아니기 때문에, 명사가 사물의 소재(素材)를 보여주는지 아니면 형식을 보여주는지 아니면 양자가 합성된 것을 보여

---

31) 같은 책, III, 1, sect. 21

주는지에 대한 모든 논쟁은 공허한 형이상학적 물음으로서 무의미한 것으로 간주된다.[32] 로크는 이러한 결정에 입각하고 있고 반복해서 그러한 결정으로 되돌아가면서 또한 그것을 모든 측면에서 부연한다. 그도 강조하고 있는 것처럼 단어라는 통일체에서 나타나는 것은 대상의 본질 자체가 아니라 항상 인간 정신이 자신의 단순한 감각적 관념들을 종합할 때에 취하는 주관적인 양식일 뿐이다. 정신은 이렇게 종합할 때, 어떤 실체적인 모형이라든가 사물의 현실적인 본질에 의해서 구속되지 않는다. 정신은 자유로운 의지에 따라서 어떤 때는 이런 표상내용을 다른 때는 다른 표상내용을 보다 강하게 강조할 수 있으며 어떤 때는 단순한 요소들의 이 그룹을 다른 때는 저 그룹을 종합하여 집합체를 만들 수 있다. 이 경우 요소들을 결합하는 선은 다양하게 그어지고 그것들을 분리하는 점은 다양하게 설정되지만 그에 따라서 언어상의 개념과 의미의 여러 집합이 나뉘기 때문에 이러한 개념과 의미는 항상 결합과 분리의 그러한 주관적인 조작 자체의 반영이며, 실제의 종과 류에 따른 것이든 논리학적·형이상학적인 류개념과 종개념에 따른 것이든 어떤 존재의 객관적 성질과 구조를 반영하는 것일 수는 없다.[33] 이와 함께 정의(定義)에

---

32) Hobbes, *Elementorum philosophiae sectio prima. De corpore.* Pars I, Cap. 2, sect. 5

대한 이론은 합리주의에 대해서 새로운 전환을 취하게 된다. 명목적 정의와 실재적 정의 사이의 대립, 단어의 해명과 사태의 해명 사이의 차이는 사라져버린다. 왜냐하면 모든 정의는 사물의 이름을 바꿔 쓸 것을 요구할 뿐이며 사물의 존재론적 상태와 존재론적 구조를 제시할 것을 요구하지는 않기 때문이다. 그리고 모든 개별적 존재의 본성은 우리에게 알려져 있지 않을 뿐 아니라 어떤 사물이 그 자체로서 무엇인지에 대한 보편적인 개념에 우리는 어떠한 특정한 표상도 결합할 수 없기 때문이다. 우리가 하나의 명확한 의미를 결합시킬 수 있는 사물의 '본성'에 대한 유일한 개념도 결코 절대적인 의미를 갖지 않고 단지 상대적인 의미를 가질 뿐이다. 그것이 포함하고 있는 것은 우리 자신과의 관계, 우리 마음의 조직과 인식능력과의 어떤 관계다. 하나의 사물의 본성을 규정하는 것은 우리에게는 사물 안에 포함되어 있고 사물의 전체표상에 요소들로서 들어가 있는 단순한 관념들을 전개하는 것 이외의 것이 아니다.[34]

따라서 이러한 근본적 견해는 그것의 **표현**에 따르면 분명히 라이프니츠의 분석형식과 라이프니츠의 보편적인 '사고의 알파벳'을 요청하는 것으로 다시 되돌아가는 것처럼 보인다. 그러나

---

33) Locke, 앞의 책, 특히 Book III, 9, Cap. 2 u. 6.
34) 이것에 관해서는 특히 d'Alembert, *Essai sur les éléments de philosophie ou sur les principes des connoissances humaines*, sect. IV.

표현 면에서의 이러한 동일성의 배후에 체계상의 첨예한 대립이 은폐되어 있다. 왜냐하면 언어와 인식에 대한 두 견해들 사이에는 '관념'이라는 용어 자체와 관련해서 일어난 결정적인 정신적 의미의 전환이 존재하기 때문이다. 한편에서는〔라이프니츠에서는〕관념은 논리적·객관적인 의미로 파악되고 있고 다른 한편에서는〔경험론에서는〕주관적·심리적인 의미로 파악되고 있다. 한편에는 관념에 대한 원래의 플라톤적인 개념이 존재하고 다른 한편에는 관념에 대한 근대적-경험론적인 또한 감각주의적인 개념이 존재한다. 전자의 경우에는 인식의 내용 전체를 단순관념과 그것의 기호로 분해하는 것이 인식의 궁극적이고 보편타당한 원리들로 되돌아가는 것을 의미하는 것에 반해서 후자의 경우에는 그것이 외감 내지 내감에 직접 **주어진** 것들에서, 즉 '감각'과 '반성'의 요소들로부터 정신에 의한 모든 복합적인 형성물을 도출하기 위한 보조수단으로 존재한다. 그러나 이와 함께 언어의 **객관성**이 인식 일반의 객관성과 마찬가지로 완전히 새로운 의미에서 문제가 되었다. 라이프니츠와 모든 합리주의에서는 개념들의 관념적인 존재와 사물들의 실재적 존재는 서로 분리될 수 없는 상관관계에 의해서 결합되어 있다. 왜냐하면 '진리'와 '현실'은 그것들의 근거와 궁극적인 뿌리에서는 하나이기 때문이다.[35] 모든 경험적 존재와 경험적 사건은 알려질 수 있는 진리들이 요구하는 방식으로 결합되어 있고 질서 지어져 있다. 그리고 바로 이러한 사실에 그것들의 현실성이 존재하며 가상과 존재, 실재와 꿈을 구별하는 것이 존재한다.[36] 이러한 상호관계, 즉 관념적인 것과 실재적인 것, 보편타당하고 필연적인 진리의 영역과 개별적 · 사실적 존재의 영역 사이의 이러한 '예정조화'는 경험론에서는 폐기되고 만다. 경험론이 언어를 사물의 표현으로서가 아니라 개념의 표현으로서 분명하게 파악하면 할수록, 보다 명확하게 그리고 불가피하게, 여기에서 인정되고 있는 새로운 정신적 매체가 존재의 궁극적이고 '현실적' 요소를 표시하는 것이 아니라 오히려 위조하는 것은 아닌가라는 의문이 일어날 수밖에 없게 되는 것이다. 이러한 문제가 전개되고 갈수록 첨예하게 제기되는 과정을 우리는 베이컨에서 홉스와 로크에 이르기까지 전진적으로 추적해갈 수 있다. 그리고 마지막으로 버클리에서 이 문제를 완전히 명확하게 제기한다. 로크의 경우 그가 아무리 인식을 감각지각과 자기지각(Selbstwahrnehmung)에 주어져 있는 특별한 자료들에 근거 짓더라도 인식에는 본래 '보편성'의 경향이 속한다. 그리고 인식이 보편성으로 향하는 이러한 경향에 언어의 보편성이 부응한다. 추상적인 단어는 '추상적인

---

35) "la vérité étant une même chose avec l'être〔진리는 존재와 동일한 것이다〕(Descartes, *Meditatationes* V).
36) 예를 들어 Leibniz, *Hauptschriften*(Ausg. Cassirer-Buchenau), I, 100, 287, 349쪽, II, 402쪽 이하 등을 볼 것.

보편관념'의 표현이 되지만, 로크에서는 이러한 관념은 개개의 감각과 아울러 독자적인 종류의 그리고 독립적인 의의를 갖는 심리적 현실로 인정된다.[37] 그러나 감각주의적 견해가 진보하고 일관성을 갖추게 될 경우, 필연적으로 그것은 '보편적인 것'을 이렇게 어느 정도 인정하고 최소한 간접적으로 인정하는 것도 용인할 수 없게 된다. 보편적인 것은 관념의 영역에서도 사물의 영역에서도 근거 있고 참된 존립을 가질 수 없다. 그러나 이와 함께 단어와 언어 일반은 이를테면 전적으로 허공 속에 존재한다. 그것들에서 말해지는 것에 대해서는 어떠한 범형이나 '원형'도 물리적 존재 내에서든 심리적 존재 내에서든 사물 안에서든 관념 안에서든 발견되지 않는다. 모든 현실은—정신적인 것이든 물리적인 것이든—그것의 본질상 개별적으로 한정된 구

---

[37] "모든 개별적인 사물에 대해서 각각 다른 이름을 붙이는 것은 지식이 진보하는 데 큰 도움이 되지 않을 것이다. 지식은 개별적인 사물들에 기초하지만 일반적 견해에 의해서 확대되며, 그 때문에 일반적인 명사로 환원된 사물들이 지식이 진보하는 데 크게 도움이 된다. …… 단어들은 일반 관념들의 기호가 되는 것에 의해서 일반적이 되며, 관념들은 그것들로부터 시간과 장소의 상황을 분리시키는 것에 의해서 일반적이 된다. 또한 그러한 관념들을 이러저러한 특수한 존재로 규정하는 다른 관념들을 분리시키는 것에 의해서 일반적이 된다. 이러한 추상에 의해서 관념들은 하나 이상의 개체들을 대표할 수 있게 되며 그러한 개체들 각각은 자신 안에 그러한 추상적 관념과의 일치를 포함하고 있으며 (우리가 그렇게 부르는 것처럼) 그런 종류에 속하는 것이 된다." Locke, 앞의 책, III, 1, sect. 4-6.

체적 현실이다. 따라서 이러한 현실을 직관하기 위해서는 무엇보다도 우리는 언어의 거짓되고 기만적이며 '추상적인' 보편성에서 해방되어야 한다. 이러한 결론은 버클리에 의해서 극히 결연하게 내려졌다. 철학의 모든 개혁은 무엇보다도 먼저 언어비판을 기초로 해서 수행되어야 하며, 철학이 이전부터 인간의 정신을 가두어놓았던 망상을 사물에서 제거해야 한다. "모든 시대, 모든 민족의 탐구자들이 협력해 노력한 결과 획득된 지식들의 모든 집적을 각 개인의 시야 안으로 끌어들이고 그것을 소유하도록 하는 데 언어가 탁월한 역할을 하고 있다는 사실은 부정할 수 없다. 그러나 동시에 단어들과 일반적인 표현방식의 남용에 의해서 지식의 대부분이 놀랄 정도로 혼란스럽고 애매하게 되었다는 사실도 인정하지 않을 수 없다. 이 때문에 각 개인이 최선의 노력을 다해서 자신이 고찰하려고 하는 관념들로부터 판단을 흐리고 주의를 분산시키는 언어에 의한 모든 은폐와 성가신 부속물을 제거함으로써 그러한 관념들에 대한 명석한 통찰을 갖는 것이 바람직하다. 우리들의 시선을 하늘의 공간으로 넓히고 지구의 내부를 탐지하려고 하는 것은 헛된 것이다. 학자들의 책들을 원용하고 고대의 애매한 흔적을 추적하는 것도 헛되다. 언어의 커튼을 제거하기만 한다면 우리는 인식의 나무를 명확하고 순수하게 볼 수 있으며 나무의 열매는 훌륭하게 우리의 손이 닿을 수 있는 곳에 있게 될 것이다."[38]

그러나 자세히 들여다보면 이러한 철저한 언어비판에는 동시에 그 지주가 되는 감각주의적인 **인식이상**에 대한 비판도 간접적으로 포함되어 있다. 로크에서 버클리에 이르는 사이에 언어 문제에 대한 경험론적인 입장의 독특한 전회가 행해졌던 것이다. 로크는 언어에서 인식에 대한 그의 근본적 견해가 실증되고 인정되었다고 생각한 것이며 감각 안에 미리 없었던 것은 그 어떤 것도 지성 안에 있을 수 없다는 그의 일반적 명제의 증인으로서 언어를 소환했던 것이지만, 지금은 〔버클리에서는〕 오히려 감각주의적 체계 내에서는 언어의 참된 본질적인 **기능**이 존재할 수 있는 어떤 여지도 없다는 사실이 분명하게 된다. 이러한 체계가 유지되려면 언어의 기능을 부인하고 배제할 수밖에 없다. 언어의 구조는 이제 인식의 구조를 해명하기 위해서 사용되기는커녕 오히려 그것의 적대자가 된다. 언어는 단지 한정되고 상대적인 진리내용이라도 그것을 자신 안에 포함하는 것조차 할 수 없으며 오히려 우리에게 존재의 참된 형식을 단지 특유한 방식으로 위조하고 왜곡하면서 인식하게 하는 마법의 거울에 지나지 않는다. 경험주의 자체의 내부에서 하나의 변증법적인 전개와 변증법적인 전회가 수행되었던 것은 전적으로 이 점과 관련해서

---

38) Berkeley, *A treatise concerning the principle of human knowledge*, Introd., § 21-24.

이다. 이러한 전개와 전회는 경험주의적인 언어철학의 역사적인 양극단을 대조해보면 극히 분명하면서도 인상적으로 드러난다. 버클리가 언어의 진리내용과 인식내용을 부정하려고 하면서 언어를 인간정신의 모든 오류와 자기기만의 근거로 보고 있는 것에 반해서, 홉스는 언어에 진리를 귀속시킬 뿐 아니라 **모든 진리**를 언어에 귀속시켰다. 홉스의 진리개념은 진리는 사물 안에 있는 것이 아니라 오직 언어와 그것의 사용 안에 있다(veritas in dictio, non in re consistit)라는[39] 명제에서 정점에 달하고 있다. 사물들은 현실적인 개체로서 존재하고 존립한다. 우리가 그것들에 대해서 알게 되는 것은 구체적인 감성적 · 개별적 감각에 의해서이다. 그러나 개별적인 사물도 개별적인 감각도 결코 지식의 참된 대상이 될 수는 없다. 지식이라고 불릴 만한 모든 지식은 특수한 것에 대한 단순한 역사적 지식이 아니라 오히려 보편적인 것에 대한 철학적인, 즉 필연적인 인식을 지향하기 때문이다. 따라서 감성과 기억이 **사실적인 것**에 국한되어 있는 것에 반해서 모든 학문은 보편적인 관계와 추론, **연역적인 결합**을 지향한다.[40] 이 경우 학문이 사용하는 기관과 도구는 언어 이외의 것일 수는 없다. 왜냐하면 우리의 정신은 사물과 감성적 감각처럼 외

---

39) Hobbes, *De Corpore*, P. I.: Computatio sive Logica, Cap. III, §7.
40) Hobbes, *Leviathan*, P. I.: De homini, Cap. V, §6.

부로부터 주어지는 것이 아니라 정신 자신이 **창출하고** 자유롭게 스스로 산출하는 내용으로부터만 연역적 통찰을 획득할 수 있기 때문이다. 그러나 정신에 고유한 이러한 자유는 자연의 현실적 대상에 대한 자유가 아니라 그것의 관념적 대리물, 즉 기호와 명칭에 대한 자유일 뿐이다. 따라서 명칭들의 체계를 창출하는 것은 모든 지식의 체계를 위한 예비조건만은 아니다. 모든 참된 지식은 이처럼 명칭들을 창출하고 이것을 결합하여 문장과 판단으로 결합하는 것에 몰두한다. 따라서 진리와 허위는 사물의 속성이 아니라 '언어'의 속성이며, 언어를 결여하는 정신은 이러한 속성도 가질 수 없고, '참'과 '거짓'을 전체적으로 구별하고 그것들을 대립적으로 파악하는 것도 행할 수 없다.[41] 따라서 홉스에게 언어는 그의 유명론적인 근본견해에 따라 동시에 개념적 인식일반의 조건이 되며, 이와 함께 그것이 모든 보편타당성과 진리의 원천인 한에서 오류의 원천도 된다.

이에 반해 버클리의 언어비판과 인식비판에서는 이제 보편적인 것으로부터 이러한 최후의 지주가 제거되고, 이와 함께 홉스에서는 부인할 수 없을 정도로 아직 도처에서 지속적으로 영향

---

41) 같은 책, De homini, Cap. IV: *Verum et Falsum* attributa sunt non rerum, sed Orationis; ubi autem Oratio non est, ibi neque *Verum* est neque *Falsum*〔참과 거짓은 사물의 속성이 아니라 언어의 속성이다. 따라서 언어가 없는 곳에는 참도 거짓도 없다.〕

을 미치고 있는 합리주의의 방법론이 비로소 결정적으로 반박되고 근절되는 것 같다. 그러나 이제 버클리의 체계가 최초의 출발점으로부터 전진하면서 계속해서 자신을 형성해나감으로써 다시 한 번 독특한 역행과 전회가 수행된다. 이제 처음에 부인되고 강압적으로 억눌렸던 언어에서 생동하는 '로고스'의 힘이 점차 해방되면서, 버클리가 모든 언어와 사고를 그 안에 폐쇄해두려고 했던 감각주의적 도식의 속박에 반발하는 것처럼 보인다. 버클리는 **기호**의 기능에 대한 고찰과 분석에 의해서 또한 기호에 대한 그의 새로운 적극적 가치평가에 의해서 부지불식간에 인식에 대한 자신의 근본견해를 서서히 바꾸게 된다. 그 자신 이제 특히 그의 최후의 작품인 『시리스(Siris)』에서 결정적인 전회를 수행하게 된다. 그는 '관념(Idee)'을 모든 감각주의적·심리학적 연루에서 해방시키면서 그것에 대한 플라톤적인 근본의미로 소급시키는 것이다. 그의 체계의 이 마지막 단계에서는 언어도 다시 지배적인 위치, 참으로 중심적인 위치를 획득하게 된다. 언어의 가치는 그전에는 버클리의 심리학과 형이상학의 일반적 근거로부터 부인되었지만, 바로 이 형이상학의 최종형태에서는 모든 현실, 즉 정신적 현실과 감성적인 현실 모두가 오히려 언어로 **변화된다**는 기묘한 드라마를 우리는 보게 된다. 왜냐하면 이제 감성적 세계상 자체가 상징적 세계상으로 변화되었기 때문이다. 우리가 지각의 현실, 신체의 현실이라고 부르는 것이 보다 깊이 파악되고 이해될 경우 그것은 모든 것을 포괄하는 무한한 정신이 우리의 유한한 정신에 자신을 전달할 경우에 사용하는 감성적 기호언어 이외의 것이 아니기 때문이다.[42] 이 때문에 형이상학과 언어의 투쟁에서 최종적으로는 후자가 승리를 거두게 된다. 처음에는 형이상학의 문 앞에서 내쫓겼던 언어가 궁극적으로는 형이상학의 영역 안으로 들어올 뿐 아니라 바로 이러한 형이상학의 형식을 결정적·본질적으로 규정하는 것이 된다.

III. 프랑스 계몽주의의 철학(콩디야크, 몽페르튀이, 디드로)

그러나 경험주의의 역사에서 버클리 체계의 최종단계는 단지 하나의 삽화일 뿐이다. 그것의 전체적인 전개는 다른 방향에서 행해졌다. 언어와 사유의 관계는 이제까지 주로 논리학적·형이상학적 시점하에서 고찰되어왔지만, 경험주의의 전개는 갈수록 분명하게 그러한 시점을 순수하게 심리학적 시점으로 대체하려고 한다. 이러한 사태는 언어에 대한 구체적인 고찰과 관련해서 우선 직접적이고 의심할 여지없이 이익이 긍정적 작용을 하게 된다. 왜냐하면 이제 정신의 **전체적 형식**으로서의 언어에 대한

---

42) 보다 상세한 논의와 전거에 대해서는 졸저 *Erkenntnisproblem*, II, 315쪽 이하를 참조할 것.

고찰과 아울러, 개별적인 언어들이 갖는 개성, 즉 그것들의 정신적 특성에 대한 관심이 갈수록 분명하게 나타나게 되기 때문이다. 논리학적 근본견해가 어떤 방법적인 구속에 의한 것처럼 거듭해서 보편언어의 문제로 귀착된다면, 심리학적 분석은 오히려 이것과 대립되는 길을 취한다. 베이컨도 그의 저서 『과학의 존엄과 진보에 대해서(de dignitate et augmentis scientiarum)』에서 통상적인 경험적 언어학, 즉 'Grammatica literaria〔문학적 문법학〕'과 아울러 '철학적 문법학'의 보편적인 형식을 건립할 것을 주창하고 있다. 그러나 후자는 언어와 언어가 명명하는 대상 사이의 어떤 필연적 연관을 분명히 드러내는 것을 목표하는 것은 아니다. 왜냐하면 그러한 기도가 아무리 매력적인 것으로 보일지라도 언어의 애매함 때문에 또한 순수하게 어원학적인 모든 연구가 갖는 불확실성 때문에 그것은 위험하고 행해지기 힘들다는 사실도 분명하기 때문이다. 가장 고귀한 문법학의 형식은 오히려 많은 언어, 즉 여러 민중언어뿐 아니라 학술어에도 정통한 사람이 그것들의 여러 특질을 논하면서, 각각의 언어의 장점과 단점이 어디에 있는지를 보여주는 것이다. 이러한 방식으로 개개의 언어들을 비교함으로써 하나의 완전한 언어의 이상적 형태가 고안될 수 있을 뿐 아니라 동시에 이러한 고찰방법으로부터 개개의 국민의 정신과 풍습에 대해서도 보다 의미 있는 해명이 이루어질 수 있다. 베이컨은 이러한 생각을 상세하게 서술하고 이러한 관점 아래서 그리스어와 라틴어와 히브리어의 특성에 대해서 간결하게 묘사하고 있지만 그렇게 함으로써 그는 나중에 빌헬름 훔볼트가 비로소 진정으로 실현했던 하나의 요구를 선취한 셈이다.[43] 그러나 철학적 경험주의의 내부에서는 그의 제안도, 각각의 개별언어에서 개념이 각각 특수한 방식으로 형성되고 구별된다는 사실이 갈수록 강렬하고 분명하게 의식된다는 의미에서만 계승되었다. 언어개념이 단지 객관적 대상과 객관적 사건의 기호가 아니고 그것들에 대해서 우리가 형성하는 표상에 대한 기호라고 한다면 이러한 개념들에 반영되는 것은 사물의 성질이 아니라 오히려 사물을 **파악하는** 개별적인 방식과 방향이다. 이렇게 파악하는 방식과 방향이 특별히 강력한 힘을 발휘하는 것은 단순히 감성적 인상을 음운에 의해서 고정하는 것이 문제가 되는 경우가 아니라, 단어가 복합적인 전체표상에 대한 표현으로 사용되는 경우일 것이다. 왜냐하면 이러한 모든 표상과 그것에 상응하는 '혼합양상'(로크가 말하는 mixed models)에게 주어지는 모든 이름은 궁극적으로는 정신의 자유로운 활동에서 비롯되기 때문이다. 정신은 단순인상에 관해서는 전적으로 수동적

---

43) 다음을 볼 것. Bacon, *De dignitale et augmentis scintarum*, Lib. VI, Cap. I: Innumera sunt ejusmodi, quae justum volumen complere possint. Non abs re igitur fuerit grammatica philosophantem a simplici et litteraria distinguere, *et desideratum ponere*.

이며 그러한 인상을 외부에서 주어지는 그대로의 형태로 받아들일 수밖에 없지만, 이러한 단순관념들을 결합하는 것에는 외부에 있는 어떤 대상의 성질보다도 정신 자신의 본성이 훨씬 더 많이 나타나기 때문이다. 이러한 결합이 향하는 실재적인 원형이 무엇인지를 탐구할 필요는 없다. 오히려 '혼합양상'의 류와 종 그리고 우리가 이것에 부여하는 명칭 등은 범형 없이, 즉 현실적으로 존재하는 사물들과의 직접적인 연관 없이 지성이 창출한다. 아담이 자기 자신의 생각 이외의 어떠한 범형에 따르지 않고 복합표상에 처음으로 이름을 부여했을 때 소유했던 것과 같은 동일한 자유가 모든 인간들에게 존재했을 뿐 아니라 지금도 계속해서 존재한다.[44]

보다시피 여기에서 우리는 경험주의의 체계에서, 우선은 조건 지어지고 간접적인 것에 지나지 않을 뿐이라도 정신의 **자발성**이 인정되는 지점에 서 있다. 그리고 인식에 대한 **모사설**에 이렇게 본질적인 점에서 제약을 가하는 것은 언어에 대한 전체적인 견해에도 즉시 영향을 미칠 수밖에 없게 된다. 만약 그러한 복합적 개념을 표현하는 언어가 감각적 **존재**의 반영이라기보다는 오히려 정신적 **조작**의 반영일 경우에 이러한 반영은 무한하게 다채

---

44) Locke, 앞의 책, B. II, ch. 22, sec. 1 이하; B. III, ch. 5, sect. 1–3; ch. 6, sect. 51 등을 볼 것.

롭고 다양한 방식으로 행해질 수 있을 것이며 행해질 것임에 틀림없다. 개념의 내용과 표현이 개개의 감성적 표상의 소재에 의존하는 것이 아니라 그것의 결합의 형식에 의존한다면, 결국 모든 새로운 언어적 개념은 하나의 새로운 정신적 창조를 표현하는 것이 된다. 따라서 어떤 언어의 개념은 다른 언어의 개념으로 결코 '번역될' 수 없다. 이미 로크가 이러한 결론을 제기하고 있으며, 그는 여러 언어들을 정확하게 비교할 경우 서로 완전히 대응하고 의미의 범위 전체가 완전히 부합되는 단어들은 거의 발견되지 못할 것이라는 사실을 강조하고 있다.[45] 그러나 이와 함께 하나의 새로운 측면으로부터, '보편적인' 문법이라는 문제는 환영에 불과한 것으로서 증명된다. 그러한 보편문법 대신에 오히려 모든 개별언어의 특수한 **문체론**을 연구하고 그것의 독자성을 파악해야 한다는 요구가 갈수록 분명하게 제기된다. 이와 함께 언어고찰의 중심은 논리학에서 심리학 쪽으로 옮겨지는 것이 아니라 **미학** 쪽으로 옮겨진다. 이러한 경향은 경험주의의 내부의 어떤 사상가에서도 볼 수 없을 정도로 논리적 분석의 엄밀함과 명석함, 아울러 개성적인 것과 미적 현상의 섬세한 음영과 뉘앙스에 대해 극히 생생한 감각을 가졌던 한 사상가에서 특히 분명하게 나타난다. 디드로는 그의 『귀먹은 자들에 대한 서한』에

---

45) 같은 책, B. II, ch. 22, sec. 6; B. III, ch. 5, sect. 8

서 로크의 고찰을 채택하고 있다. 그러나 로크에서는 단편적인 견해에 지나지 않았던 것이 디드로의 경우에는 언어적인 표현, 특히 언어예술상의 표현의 영역에서 채택된 많은 구체적인 예들에 의해서 입증되고 있으며, 참으로 독창적인 모든 정신은 자신에게 적합한 언어형식을 창출한다는 사실을 그 자신이 직접적으로 입증하는 문체로 서술되고 있다. 문체에 관해서 전적으로 한정된 개별문제, 즉 언어의 '도치'라는 문제에서 출발하면서 디드로는 방법적으로 자신의 사유를 전개하면서도 가장 자유롭게 자신의 사유를 전개하면서 언어형식의 개성이라는 문제로 돌진한다. 시적 천재가 갖는 비교 불가능한 특성을 보여주기 위해서 레싱은 호머와 셰익스피어에서 단 하나의 시구를 없애기보다는 헤라클레스에서 곤봉을 빼앗는 쪽이 더 쉬울 것이라는 말을 상기시키고 있지만, 디드로도 이 말에서 출발하고 있다. 진정한 시인의 작품은 번역될 수 없다. 사상은 재현할 수 있을지도 모르고 여기저기에서 다행스럽게 등가적인 표현을 발견할 수 있을지도 모르지만, 전체적 표현, 전체가 갖는 음조와 음향은 항상 미묘하고 번역될 수 없는 독자적인 '수수께끼의 문자(Hieroglyphe)'로 남는다.[46] 그리고 그러한 수수께끼의 문자, 즉 그러한 형식의 법

---

46) Diderot, *Lettre sur les sourds et muets*, Oeuvres, ed. Maigeon, Paris 1798, II, 322쪽 이하.

칙과 문체의 법칙은 모든 특수한 예술, 음악, 회화, 조형예술에서 실현될 뿐 아니라 모든 개별적인 언어를 지배하고 있으며 그것에 정신의 각인을, 즉 사상과 감정의 각인을 찍는다.

여기에서 언어에 대한 고찰은 17세기와 18세기의 정신사 전체를 지배하는 중심문제에 직접적으로 접촉하게 된다. 〔언어에 대한 이론과〕 동시에 예술과 예술적 창조에 대한 이론에서 우리가 직면하고 있는 전회와 동일한 특징적인 전회가 이제 **주관성**이라는 개념 자체에서도 수행된다. 주관성에 대한 경험주의적·심리학적 협소한 파악에 대항하면서 깊고 보다 포괄적인 견해가 갈수록 분명하게 부상해오며, 이것에 의해서 주관성은 한갓 우연적인 존재와 자의적인 행위라는 영역에서 벗어나게 되고 정신에 특유한 '형식', 즉 특수한 필연성을 갖는 것으로 인정된다. 17세기와 18세기의 미학이론에서 이러한 운동의 전체가 갈수록 보다 분명하고 자각적으로 하나의 중심점에 통합된다. **천재**라는 개념이 경험주의적·심리학적인, 즉 단순한 반성적 고찰의 한계를 타파하는 새로운 정신관의 언어적이고 사상적인 담지자가 된다. 디드로의 『귀먹은 자들에 대한 서한』에서 분명히 나타나는 것은 아니지만 이 개념이 언어이론과 예술이론의 모든 개별적인 설명에 생명을 부여하는 원리가 되며, 그러한 이론들이 목표하는 이념적인 통일점이 되고 있다. 이러한 개별적인 예에 그치지 않고, 천재라는 개념이 얼마나 다양한 측면에서 언어고찰로 침투하고 있는지가 추적될 수 있다. 17세기 말에서 18세기에 걸쳐 영국에서도 이미 정신과정을 경험주의적·심리학적으로 기술하고 설명하면서, 그것을 감각적이고 소재적인 요소들로 분해하는 방식만이 유일하게 지배한 것은 아니며 그것에 대립하는 다른 방식도 존재하는 바 이것은 정신과정의 '형식'에 주목하며 이러한 형식을 그것의 근원적이고 분해 불가능한 **전체성**(Ganzheit)과 관련해서 파악하려고 한다. 이러한 견해의 체계적·철학적 중심은 영국의 플라톤주의에 있었으며, 그것은 커드워스(Cudworth)와 케임브리지 학파의 사상가들에 의해서 형성되었고 그것의 완성된 문학적 서술은 섀프츠베리(Shaftesbury)에 의해서 달성되었다. 감각적 존재의 모든 외적 형성의 근저에는 어떤 특정한 내적 척도(interior numbers)가 있어야 한다. 왜냐하면 형식은 결코 소재에서 생겨나는 것일 수 없고 생성소멸하지 않는 통일성으로서, 즉 다양한 것에 자신의 각인을 찍음으로써 비로소 다양성에 자신의 일정한 형태를 부여하는 순수하게 이념적인 통일성으로서 존재하고 존립하기 때문이다. 경험적인 **사물들**의 우연한 존재나 성질이 아니라 이러한 내적인 정신적 **척도**야말로 진정한 예술가가 자신의 작품에서 표현하는 것이다. 그러한 예술가는 사실은 제2의 창조자이며 주피터 밑에서 일하는 참된 프로메테우스다. "저 최고의 예술가인 자연, 저 모든 것을 형성하는 자연처럼, 그는 그 자체 내에서 연관되어 있고 조화되어 있으며 질서 있는 구성부분들을 갖춘 하나의 전체를 형성한다. …… 그렇게 창조주를 모방할 수 있고 자신과 같은 피조물들의 내적 형식과 구조를 잘 알고 있는 정신적 예술가는 자기 자신과 정신의 조화를 형성하는 저 수와 척도도 오인하지 않을 것이다." 모든 자연적인 유기체를 고찰하는 것만으로도 우리에게 개시되는 것은, 우리가 자신의 자아와 자신의 의식의 통일로 눈을 향한다면 반박될 수 없을 정도로 확실한 것이 된다. 즉 그 자체로 존립하고 있는 참된 모든 존재는 자신의 형태를 부분들로부터 받아들이는 것이 아니라 형식을 갖춘 전체로서 모든 분할에 앞서서 존재하며 작용한다. 우리 모두는 자신의 자아에서 직접 개성적인 형식 원리를 파악하고 그것의 독자적인 '천재(Genius)'를 파악할 수 있다. 그리고 그것을 파악할 수 있다면 우리는 이러한 천재를 개체에서도 전체에서도 항상 다양하지만 자기 동일적인 것으로 머물면서 형식을 부여하는 힘으로서, 즉 '우주의 천재'로서 다시 발견하게 된다. 두 사상은 서로 대응하고 서로를 조건 지우며, 경험적 주관성은 그것이 참으로 이해되고 해석된다면 필연적으로 자신을 넘어서는 '보편적인 정신'이라는 개념으로 귀착하게 된다.[47]

---

47) Shaftesbury, *Soliloquy or Advice to an Author*(*Charakteristiks*, ed Robertson, 1900, I, 135쪽 이하)를 볼 것. 특히 *The Moralists*, sec. V를 참조할 것.

'내적 형식'이라는 이러한 미학적·형이상학적 개념이 언어관에 어느 정도 공헌을 했는지는, 영국의 신플라톤주의에서 직접 생겨났고 그것의 일반적 세계관을 분명히 반영하고 있는 한 저작에서 분명하게 나타난다. 해리스(Harris)의 『헤르메스 또는 보편문법에 관한 철학적 고찰(*Hermes or a philosophical inquiry concerning universal grammar*)』(1751)은 이 저작의 전체적 구상을 고찰할 경우 우선은 전적으로 합리주의적인 언어이론의 궤도 내에서 움직이는 것처럼 보이며 예를 들어 포르 루아얄(Port Royal)의 '보편적·합리적 문법(Grammaire générqle)'과 동일한 이상을 추구하는 것처럼 보인다. 이 저작에서도 개별언어들의 다양한 관용어법 등은 고려하지 않고 모든 언어에 동일한 일반적 원리에만 주목하는 문법을 창출해내야 한다고 주장되고 있다. 보편적 논리학과 보편적 심리학이 언어라는 소재를 분절하는 기초로서의 역할을 해야 하며 이러한 분절을 필연적인 것으로서 보여주어야 한다는 것이다. 예를 들면 마음의 능력이 근원적으로 두 부분으로 구성되어 있고 욕구능력과 표상능력이 대립해 있는 것처럼, 언어로 형성된 모든 문장은 서술문이든가 의지의 표명(a sentence of assertion or a sentence of volition)이든가 해야 한다. 그리고 이것에 기초해서 일반적으로 왜 언어가 하필이면 이 품사를 가지면서 다른 품사는 가지고 있지 않은지, 왜 이러한 형태와 수를 가지고 있고 다른 형태와 수를 갖는 것은 아닌지라는 물음에 명료하면서도 원리적으로 답할 수 있어야만 한다는 사실도 분명하게 된다. 특히 주목할 만하고 흥미롭게 생각되는 것은 해리스가 시간 표상을 논리적이고 심리학적으로 분석하는 것에 의해서 동사의 시제 구성을 도표화하기 위한 일반적 도식을 획득하려고 시도하고 있다는 것이다.[48] 그러나 그의 연구가 진전될수록 그가 자신의 언어형식의 고찰과 분류를 위한 기초로 삼고 있는 심리학이 감각주의의 요소심리학과는 가장 첨예하게 대립되는 순수한 '구조심리학'이라는 사실이 갈수록 명료하게 된다. 해리스는 경험주의의 입장에 서 있는 비평가들에 반해서 '일반적 관념'을 옹호하면서 케임브리지 학파에 직접적으로 가담하고 있다.[49] "나에 관해서 말하자면, 내가 감각과 반성에 대한 상세한 연구를 읽고 사람들이 나의 관념이 생기는 과정에 대해서 나에게 전체적으로 가르쳐줄 때, 나에게는 항상, 인간의 마음을 일종의 논리적 화학에 의해서 여러 진리가 산출되는 용해 도가니와 같은 것으로 고찰해야만 하는 것처럼 생각된다. 따라서 그러한 진리들은 어떤 종류의 환약이라든가 선약(仙藥)과 마찬가지로 우리들 자신이 만들어낸 것으로 보인다."[50] '소재'로부터 '형

---

[48] Harris, Hermes 3판, London, 1771, B. I, chap. 6, 97쪽 이하. 위의 문제에 대해서는 특히 B. I, chap. 2, 17쪽 이하, 3장 24쪽 이하를 참조할 것.
[49] 같은 책, Book III, ch. 4, 350쪽 이하. Cudworth, *The true Intellectual System of the Universe*, London 1678, B. I, ch. 4.

식'을 산출한다는 이러한 견해에 대해서 해리스는 그 자신의 견해를 대립시키고 있지만, 그것은 플라톤과 아리스토텔레스에 의거하면서 형식의 철저한 우위성을 주장하는 것이다. 모든 감성적 형식의 근저에는 그러한 감성적 형식에 '앞서는' 순수하게 지적인 형식이 존재하고 있음에 틀림없다.[51] 그리고 이런 맥락에서 해리스는 섀프츠베리의 조카로서 개인적으로도 일찍부터 그의 사상권에 근접해 있었던바, 섀프츠베리의 중심개념인 '천재'라는 개념을 다시 채택하고 있다. 모든 국어에는 독자적인 언어정신이 존재한다. 모든 언어는 형식을 부여하는 독자적인 원리를 가지고 있다는 것이다. "우리는 민족이 개인과 마찬가지로 각각 **특수한** 관념들을 가지고 있다는 것, 그리고 이러한 특수한 관념들이 그 언어의 수호령(Genius)이 된다는 것, 이는 상징은 그러한 수호령의 원형에 상응하는 것에 틀림없기 때문이라는 것, 가장 현명한 민족은 또한 가장 완전하고 가장 풍부한 언어를 가지고 있다는 사실에 주목할 수밖에 없다." 따라서 로마 민족, 그리스 민족, 영국 민족의 본성, 즉 정신이 존재하는 것처럼, 라틴어, 그리스어 그리고 영어의 정신(Genius)도 존재한다.[52] 여기

---

50) 같은 책, B. III. ch. 5, 404쪽 이하.
51) 같은 책, B. III, ch. 4, 380쪽 이하.
52) 같은 책, B III, ch. 5, 409쪽 이하. 〔역주: 여기서 Genie는 일차적으로 천재를 의미하지만 문맥에 따라서는 수호령이나 정신으로 번역했다.〕

에서 '언어정신'이라는 개념에 대한 새로운 파악방식이—이렇게 명확한 형태로는 아마도 처음으로—등장하며 이러한 파악방식은 이후에 철학적 고찰 전체를 지배하게 된다. 이러한 개념이 독일정신사에 어떻게 침투하게 되고 여기에서 정신적, 언어적 시민권을 서서히 획득하게 되는가는 그림의 『독일어사전』의 Geist(정신)와 Genie(천재)라는 두 항목에 대한 루돌프 힐데브란트(Rudolf Hildebrand)의 거장다운 서술에 입각하여 소상하게 추적될 수 있다.[53] 이 문제와 관련해서 새프츠베리와 해리스에서 하만과 헤르더에 이르기까지는 하나의 직통로가 존재한다. 하만은 1768년에 이미 리가의 헤르더 경에게, 헤르더를 위해서 자신의 출판사에게 『헤르메스』를 주문했다고 편지를 쓰면서 "이 책은 당신의 연구계획(최근의 독일문학에 대한 단편적 고찰에서 언어에 대해서 논하는 것)에 불가결한 것으로 생각되는 책이다"[54]고 말한다. 그리고 헤르더 자신, 그의 『비판적 논총(Kritisches Wäldchen)』에서도 라오콘(Laokoon)과 관련하여 레싱에 반대하면서 해리스의 **미학이론**을 원용하며 그의 언어이론도 끊임없이 참조하고 있다. 언어의 기원과 발달에 대한 몬보도(Monboddo)의 저작 독일

---

53) 특히 Grimm, *Deutsch. Wörterbuch* IV, I, 2, Sp. 2727쪽 이하, 3401쪽 이하를 참조할 것.
54) Hamman이 1768년 9월 7일에 Herder에게 보낸 편지, *Schriften*(Roth) III, 386쪽.

어 번역본 서문에서 헤르더는 해리스와 마찬가지로 몬보도가 언어연구의 새로운 확실한 길을 제시했다고 분명히 말하고 있다. "이것으로 충분히 …… 길은 열렸다. 이 책의 저자와 그의 친구 해리스가 제시하는 원리들이 나에게는 단 하나의 진정하고 확실한 것으로 여겨질 뿐 아니라 다양한 문화 단계들에 존재하는 여러 민족의 많은 언어를 서로 비교하려고 하는 그의 최초의 시도는 항상 거장의 개척적인 작업으로 남게 될 것이다. 그리고 언젠가(분명히 그렇게 빨리는 아니지만) **인간 지성에 대한 철학**이라고도 불릴 만한 것이 인간 지성의 가장 독자적인 작품인 지상의 다양한 언어들로부터 생길 수 있을 것이다."[55]

해리스의 언어연구에서 특별히 헤르더의 관심을 끈 것은 아마도 그가 해리스의 미학이론을 평가할 때 무엇보다도 중시했던 것과 동일한 특성이었다. 아리스토텔레스의 에르곤과 에네르게이아의 구별은 해리스의 『예술에 대한 대화』에 의해서 다시 예술이론의 중심을 차지하게 되었지만, 헤르더는 이미 그가 『비판적 논총』에서 수행하고 있는 미학적인 문제들에 대한 가장 초기

---

55) Vorrede zur Übers. des Monboddo(1784), Suphan XV, 183. Herder의 *Metakritik*(1799), Suphan XXI, 57에서도 해리스에 대해서 동일한 평가를 하고 있다. 『헤르메스』에서 독일어역으로 발췌하고 싶다는 바람을 헤르더는 이미 1772년에 Allg. Deutsch. Bibliothek에서 표명했다. Suphan V, 315.

의 구명에서 해리스의 『예술에 대한 대화』를 분명하게 원용하고 있다. 여기서부터 그러한 구별〔아리스토텔레스의 에르곤과 에네르게이아의 구별〕은 언어이론에도 영향을 미치게 되고 결국 이러한 구별은 빌헬름 폰 훔볼트에 의해서 가장 명확한 정식화와 엄밀하게 체계적인 표현을 부여받게 된다. 언어도 예술과 마찬가지로 정신의 단순한 작품〔에르곤〕으로 사유될 수는 없고 정신의 독자적인 형식과 '에너지'〔에네르게이아, 활동〕로 사유되어야만 한다. '에네르게이아적'인 언어이론과 에네르게이아적 예술론이라는 두 개의 모티브는 **천재**라는 개념과 17세기와 18세기에 이 개념에게 일어났던 특징적인 전개에서 자신들의 이념적인 통일을 발견하게 되었다. 왜냐하면 이러한 천재개념의 전개에서 결정적인 것은 모든 정신적 존재를 그것이 뿌리내리고 있는 근원적인 창조의 과정으로 소급하는 것, 즉 모든 '형성체'를 '형성작용'의 근본형식들과 근본방향들로까지 소급하는 일관된 경향이기 때문이다.[56] 언어에 대해서 말하자면, 이러한 경향은 언뜻 보면 언어의 기원에 대한 경험주의적 이론과 합리주의적 이론에서도 이미 작용하고 있는 것으로 보인다. 이는 양자 어느 것도 언어를 어떤 신적이고 단번에 완성된 작품으로 생각하는 것이 아

---

[56] 이 점에 대해서는 졸저 *Freiheit und Form, Studien zur deutschen Geistesgeschichte*, 특히 Cap. 2와 4를 참조할 것.

니라 인간이성의 자유로운 창작활동으로 파악하고 있기 때문이다. 그러나 이러한 이론에서는 이성 자체가 일관해서 주관적·자의적 반성이라는 성격을 가지고 있는 것이며 언어의 '형성'이라는 문제가 곧 다시 언어의 '고안'이라는 문제로 해소되고 만다. 인간은 의식적-합목적적 절차에 따라서 최초의 언어기호를 고안하고 그것을 단어와 문장으로 형성한다는 것이다. 프랑스 계몽주의의 언어이론은 언어의 이러한 점진적 발전을 정신이 과학에서, 특히 수학에서 수행하는 방법적 구축과 직접적으로 비교하는 것을 좋아하며 서로를 병행관계에 두려고 한다. 콩디야크에서는 인간정신이 달성한 모든 개별과학은 인간의 언어형성과 함께 시작되었던 관념분석 과정의 연장(延長)에 지나지 않는다. 음운기호에 의한 초기의 언어와 나란히 일반적인 상징, 특히 산술적·대수적 상징을 사용하는 언어가 나타난다. 단어들로 이루어진 언어와 나란히 '계산의 언어(Sprache des Calculs)'가 나타나지만 이 어느 것에서도 표상의 분절화와 결합과 배열이라는 동일한 원리가 지배하고 있다는 것이다. 과학이 전체로서 잘 질서 지어진 언어(Langues bien faites) 이외의 것이 아닌 것처럼 다른 한편으로 우리의 문자언어와 음운언어도 존재자에 대한 최초의 과학 이외의 것이 아니며 합성된 것에서 단순한 것으로, 특수한 것에서 보편적인 것으로 향하려고 하는 인식의 저 근원적 충동의 표현 이외의 것이 아니다.[57] 모페르튀이(Mopertuis)는 그의

『언어의 기원에 대한 철학적 고찰』에서, 언어의 발전과정을 상세하게 추적하면서 언어가 최초의 원시적인 출발점에서는 단지 복합적 감각표상들을 지시하는 소수의 기호밖에 갖지 못했지만 그러한 표상의 부분들에 대한 의식적인 비교와 구별을 계속해서 추진하면서 명사와 어형(語形, Wortform)과 품사라는 재보(財寶)를 서서히 풍부하게 만들어가는 과정을 보여주고 있다.[58] 이렇게 언어를 추상적 이해의 영역에 가두어두는 언어관에 대해서 헤르더는 '언어이성'이라는 새로운 견해를 대립시키고 있다. 여기에서 다시 정신의 근본문제들 사이의 깊은 연관이 놀랄 정도로 선명하게 드러난다. 여기에서 시작되는 투쟁은 예술의 영역에서 레싱이 고트쉐드(Gottsched)와 프랑스 고전주의를 상대로 행한 투쟁과 일대일로 대응하고 있기 때문이다. 언어적인 형성물도 최고의 의미에서 '규칙적'이지만, 그럼에도 불구하고 그것들은 어떤 객관적·개념적 규칙에서 도출된 것도 아니며 그것을 기준으로 하여 조직된 것일 수도 없다. 언어적인 형성물 또한 모든 부분이 서로 합치하여 하나의 전체가 됨으로써 철저하게 합목적적으로 형성되어 있다. 그러나 거기에서 지배하고 있는 것은 단순한 자의와 주관적 '의도'를 모두 배제하는 '목적 없는 합

---

57) Condillac, *La Langue des calculs*, Oeuvr., Paris 1798, 23권.
58) *Réflexions philosophiques sur l'origine des langues et la signification des mots*, Oeuvres, Lyon 1756, I, 259쪽 이하.

목적성'이다.[59] 따라서 예술작품의 창조에서와 마찬가지로 언어에서도 단순한 지성적인 반성에서는 서로 배치되는 것으로 나타나는 계기들이 서로 침투하여 하나의 새로운 통일을 형성하는 것이다. 이러한 통일은 우선은 물론 우리들에게 단지 하나의 문제를, 즉 단지 하나의 새로운 **과제**를 제시하는 것에 불과하지만 말이다. 자유와 필연성, 개성과 보편성, '주관성'과 '객관성', 자발성과 구속이라는 대립은 '예술작품의 근원'과 '언어의 근원'을 설명하기 위한 철학적 범주로 사용되기 전에 그것 자체가 먼저 보다 깊이 규정되고 그것의 원리가 새롭게 해명되어야만 한다.

IV. 정동의 표현으로서의 언어 — '언어의 기원' 문제
(잠바티스타 비코, 하만, 헤르더, 낭만주의)

언어에 대한 경험주의적 이론이나 합리주의적 이론, 심리학적 이론이나 논리학적 이론은 그것들 간의 내적인 대립에도 불구하고 그것들이 우리에게 이제까지 나타났던 틀에서는 다음과 같은 근본적인 특징에서 일치한다. 즉 그것들은 언어를 본질적으로 그것의 **이론적** 내용과 관련해서 고찰하고 있다는 것이다. 바꿔

---

59) 〔역주〕 의식적으로 목적을 추구하지 않으면서도 목적을 지향하여 형성된 것처럼 그 구성부분들이 전체적인 조화를 이루고 있는 현상의 특성을 가리키는 것으로서 칸트가 특히 미의 현상을 규정할 때 사용한 말이다.

말해서 인식의 전체 안에서 언어가 차지하는 위치와 인식의 구성에서 언어가 행하는 역할과 관련해서 언어를 고찰하고 있다. 언어가 이성의 직접적인 작품이라든가 이성의 불가결의 기관으로 파악되든, 혹은 우리에게 인식의 근본내용, 정신의 참된 '근원적 지각'을 은폐하는 단순한 외피로 간주되든, 그 어느 경우에도 언어의 목표로 간주되는 것은 이론적 앎과 이러한 앎의 표현이며 이러한 목표에 비추어 언어의 가치 여부가 결정된다. 관념(Ideen)이 객관적이고 필연적인 인식내용으로 파악되든가 혹은 주관적 '표상'으로 파악되든가의 차이는 있어도 결국 언어는 관념의 기호이다. 그러나 근대철학이 점진적으로 천착해 들어가는 '주관성'이라는 개념이 확장되고 심화될수록, 즉 이러한 주관성의 개념에서 인식의 자발성과 동일한 정도로 감정과 의지의 자발성이기도 한 정신의 **자발성**에 대한 새롭고 참으로 보편적인 파악이 보다 뚜렷하게 자라나올수록 그만큼 결정적으로 언어의 작용에서도 어떤 다른 계기가 강조될 수밖에 없다. 우리가 언어를 그것의 최초의 발단으로까지 소급해서 추적해본다면 언어는 단지 표상을 대신하는 기호가 아니라 정동과 감성적 충동을 표현하는 감정적인 기호인 것 같다. 고대의 이론은 이미 정동(情動)에서, 즉 감각과 쾌·불쾌의 파토스에서 언어의 기원을 찾는다. 에피쿠로스에 의하면 언어의 기원을 파악하기 위해서 우리는 인간과 동물에 공통되어 있고 그 때문에 참으로 '자연적인'

원근거(Urgrund)로까지 소급해가지 않으면 안 된다. 언어는 단순한 관습의 산물, 자의적인 규약과 협정의 산물이 아니고 직접적인 감각 자체와 동일한 정도로 필연적이고 자연적이다. 인간에게 시각, 청각, 쾌감, 고통 등이 처음부터 갖추어져 있는 것과 마찬가지로 감성적인 감각과 감정에 결부된 표현작용도 처음부터 갖추어져 있다. 따라서 인간의 감각이 다양하고 생리적 조직의 차이와 정신적·인종적 차이에 따라서 감각에 차이가 있는 것과 마찬가지로 여러 가지 음운이 생기며, 이것이 단순화와 서로 간의 의사소통이라는 목적을 위해서 보다 일반적인 단어유형과 언어유형으로 통합되었다.[60] 동일한 방식으로 루크레티우스는 이

---

60) Diogenes Laertius, Lib. X, sect. 24 § 75를 참조할 것. Ὅθεν καὶ τὰ ὀνόματα ἐξ ἀρχῆς μὴ θέσει γενέσθαι, ἀλλ' αὐτὰς τὰς φύσεις τῶν ἀνθρώπων, καθ' ἕκαστα ἔθνη ἴδια πάσχουσας πάθη καὶ ἴδια λαμβανούσας φαντάσματα, ἰδίως τὸν ἀέρα ἐκπέμπειν, στελλόμενον ὑφ' ἑκάστων τῶν παθῶν καὶ τῶν φαντασμάτων, ὡς ἄν ποτε καὶ ἡ παρὰ τοὺς τόπους τῶν ἐθνῶν διαφορὰ εἴη· ὕστερον δὲ κοινῶς καθ' ἕκαστα ἔθνη τὰ ἴδια τεθῆναι, πρὸς τὸ τὰς δηλώσεις ἧττον ἀμφιβόλους γενέσθαι ἀλλ ἤλοις καὶ συντομωτέρως δηλουμένας.〔그러므로 이름들도 처음부터 규약에 의해서 생겨난 것이 아니다. 사람들의 본성 자체는 각각의 종족에 따라서 고유한 느낌을 갖고 고유한 감각인상을 갖는바, 원래 이름들은 종족들의 지역에 따른 차이도 반영하면서 각각의 느낌과 감각인상이 형성한 공기가 고유한 방식으로 내뿜어진 것이다. 그리고 나중에 각각의 종족들에 따라서 고유한 이름들이 공통적으로 규약에 의해서 만들어졌다. 그 나타내는 바(의미)가 서로에게 덜 애매하고 간결하게 나타내 보이도록 말이다.〕

른바 언어의 탄생이라는 기적을 인간 본성의 보편적이고 특별한 법칙들에까지 소급하여 파악하고 있다. 언어는 일반적 충동에서 벗어나 감성적·모방적 표현으로 발전하면서 하나의 특수한 영역이 된다. 이러한 표현은 인간이 타고나는 것으로서 사려의 결과로 생기는 것이 아니라 의식과 의지와는 상관없이 인간에게 속해 있는 것이다.[61]

근대철학은 자연철학과 인식이론에서와 마찬가지로 언어철학에서도 에피쿠로스를 다시 원용하고 있다. 오래 된 '자연음운이론'에서 형식과 근거지음 면에서 독창적이면서도 극히 주목할 만한 혁신이 17세기에 일어나지만 그러한 혁신은 특히 정신과학의 포괄적인 체계적 구상을 처음으로 시도했던 사상가에 의해서 행해진다. 잠바티스타 비코는 『민족들의 공통된 본성을 연구하는 새로운 과학의 원리』에서 정신에 관한 하나의 보편적 형이상학의 영역 안에 언어 문제를 설정하고 있다. 시의 기원과 신화적 사고의 기원을 드러내려고 하는 '시의 형이상학'에서 시작하면서 그는 비유와 직유의 생성을 설명하려고 하는 '시의 논리'라는 중간항을 거쳐서 언어의 기원에 대한 물음으로 나아간다. 그에게는 언어의 기원을 묻는 것이 '문학'의 기원, 학문 일반의 기원을 묻는 것과 동일하다. 그 또한 언어의 근원적인 단어들

---

61) Lucretius, De rerum natura, lib. V, 1026쪽 이하.

(Urworte)이 단지 관습적인 약정에서 비롯된다는 이론을 물리치면서 원초적인 단어들과 그것들의 의미 사이에 '자연적인' 연관이 존재한다고 주장한다. 언어 발달의 현단계에서, 즉 우리의 Lingua volgare〔일상어〕에서는 이러한 연관이 더 이상 인식될 수 없다면 이는 언어가 그것의 참된 원천으로부터, 즉 신들과 영웅들의 언어에서 갈수록 멀어지게 되었기 때문이다. 그러나 오늘날에는 애매하게 되고 분열되었다고 해도, 참된 철학적인 안목에는 단어들과 그것들이 의미하는 것 사이의 근원적인 결합과 근친성이 드러난다. 거의 모든 언어가 사물의 자연적 특성과 감성적 인상과 감정에서 취해진 것이기 때문에 다양하고 분절된 모든 언어에서 단어들의 의미를 드러내면서 그것들 모두를 하나의 근원적인 통일체로 소급하려고 하는 정신의 '보편어 사전'을 만들려는 생각도 결코 무리한 생각이라고는 할 수 없다. 비코가 이러한 방향에서 행하고 있는 독자적인 시도는 물론 아직은 비판적 내지 역사적 고려에 의해서 어떠한 방식으로도 구속되지 않는 전적으로 사변적인 '어원학'을 자의적으로 구성하는 양상을 보이고 있다.[62] 비코에 따르면 모든 근원적인 단어들이 모두

---

62) '어원학'의 의의와 과제에 대한 이러한 소박한 견해가 18세기의 언어학 자체에 얼마나 퍼져 있었는지는, 예를 들면 네덜란드 언어학파의 Hemsterhuis와 Ruhnken이 시도한 근원적 언어(Ursprache)의 재구성에서 드러나고 있다. 이에 대해 상세한 것은 Benfey, *Geschichte der*

단음절의 어근으로 이루어져 있으며 이러한 어근은 어떤 객관적인 자연음을 의성어의 형태로 반영하는 것이든가 아니면 순수한 감각음으로 존재하는 어떤 정동의 직접적 표현, 즉 고통이나 쾌감, 기쁨이나 슬픔, 놀람이나 공포의 감탄사라는 것이다.[63] 비코는 모든 근원적인 단어들을 단순하고 단음절의 감탄사적인 음운으로 보는 자신의 이러한 이론을 뒷받침하는 하나의 증거를

Sprachwissenschaft, 255쪽 이하를 참조할 것.

63) 이에 대해서는 Vico, *Scienza nuova* Lib. II: Della Sapienza poetica (edit. Napoli 1811, Vol. II, 70쪽 이하)에 있는 특징적인 예를 참조할 것. "Seguitarono a formarsi le voci umane con *l'interjezione*, che sono voci articolate all'émpito di passoni violente, che'n tutte le lingue sono *monosillabe*. Onde non è fuori del verisimile, che da primi fulmini incominiciata a destarsi negli uomini la *maraviglia*, nascesse la *prima Interjezione* da quella di *Giove*, formate con la voce *pa*, e che poi restò raddoppiata *pape*; interjezione di maraviglia; onde poi nacque a *Giove* il titolo di *padre degli uomini e degli Die* …" etc.(인간의 최초의 단어들은 **감탄사**로서, 즉 격렬한 정열이 폭발할 때 나오는 분절화된 음으로서 생겼다. 그것들은 모든 언어에서 한 음절로 되어 있다. 따라서 사람들이 처음 벼락을 보고서 놀라움을 갖게 되었을 때 최초의 감탄사가 주피터에 대한 놀라움에서 발생했던 것 같다. 그것은 'pa'라는 단어에 의해서 형성되었으며 나중에 이것이 이중화되어 놀람을 의미하는 감탄사인 'pape![아아!]'라는 발음을 갖게 되었다. 이것에서 나중에 주피터에게 '인간과 신들의 아버지[이탈리아어로는 padre]'라는 명칭이 생겼다 …"등.)[역주] ( )의 번역은 비코 책의 독일어 번역인 *Prinzipien einer neuen Wissenschaft über die gemeinsamen Natur der Völker*, Teilband 2, Vittorio Hösle와 Chrisoph Jermann 번역, Felix Meiner Verlag Hamburg, 1990, 224쪽을 참조했다.

독일어에서 발견하고 있다. 후기의 피히테와 마찬가지로 그는 독일어를 진정한 근원적인 언어, Lingua madre〔어머니의 언어=모어〕로 보고 있지만, 그것은 독일인이 외국의 정복자들에게 한 번도 정복된 적이 없으며 자신의 민족성과 언어의 특성을 옛적부터 순수하게 보존해왔기 때문이다. 비코에 따르면 감탄사의 형성에 대명사와 불변화사의[64] 형성이 이어지고 이것들 또한 자신들의 근본 형태에서는 똑같이 단음절의 어근으로 귀착된다는 것이며, 그 다음에는 명사가 생기고 이 명사에서 비로소 언어의 최종적 소산인 동사가 전개되었다는 것이다. 사실 오늘날에도 아직 유아들의 언어와 병적인 언어장애의 예들에서 명사가 동사에 비해 우위에 서며 명사가 동사보다도 더 일찍 생겨난 언어층에 속한다는 사실을 분명하게 인식할 수 있다.[65]

이 이론은 단지 그것의 세부적인 논술만을 살펴보면 너무나 기이하고 기묘하게 생각될지 모르지만 언어에 대한 전체적인 견해로서는 하나의 중대하고 풍요로운 싹을 감추고 있다. 여기에서는 단어의 발음과 의미 사이의 이를테면 정적(靜的)인 관계 대신에 동적인 관계가 들어서고 있다. 즉 언어는 말하는 행위의 동역학(Dynamik)으로 소급되고 있지만 이것이 다시 감정과 정동의

---

64) 〔역주〕 불변화사는 부사, 전치사, 접속사를 총칭하는 말이다.
65) Vico, 앞의 책, Vol. II, 73쪽 이하.

동역학으로 소급되고 있다. 18세기에 감정의 특수한 지위가 분명하게 강조될수록 그리고 사람들이 감정에서 정신의 본래적인 기초와 창조의 근원적 능력을 찾으려는 방향으로 나아갈수록, 언어의 기원에 대한 이론과 관련해서 비코의 학설을 원용하는 경우가 많이 나타났다. 따라서 우선 이 학설을 받아들이고 이것을 세부에 걸쳐서 형성하려고 시도했던 사람이 루소였다는 것은 우연이 아니다.[66] 그러나 이와는 다른 보다 깊은 의미에서 비코의 견해는 18세기의 모든 사상가 중에서, 그의 상징적 형이상학과 상징적 역사관에 가장 가까이에 위치하며 그와 마찬가지로 시를 인류의 모어로 보는 인물에게도 영향을 미쳤다. 이 사상가, 즉 요한 게오르그 하만(Joh. Georg Hamann)은 자신의 근본적 견해의 표현에 대해서 합리적인 형태의 모든 근거 지음을 거부하고 있고 그의 학설은 모든 지성적 체계성을 조소하는 것처럼 보이지만, 다른 한편으로 그의 학설은 거듭해서 그것의 모든 부분들을 언어라는 하나의 근본문제에 관계 지음으로써 이를테면 의도되지 않은 하나의 내적인 체계를 형성하게 되었다. 하만의 사유는 직접적 감정과 순간적인 인상의 움직임에 내맡겨질 위험에, 그리고 이와 함께 특수한 것, 우연한 것, 말초적인 것에 자신

---

66) Rousseau, *Essai sur l'origine des langues*(루소가 죽고 나서 1782년에야 비로소 간행되었다.)

을 상실하고 말 위험에 항상 처해 있지만 자신의 내재적 체계에서는 처음부터 일정한 중심점을 가지고 있다. 그의 사유는 그 중심점을 고정하기보다는 오히려 끊임없이 그 주변을 돌고 있다. 그는 이렇게 역설한다. "나에게는 물리학도 신학도 문제가 아니다. 나에게는 언어야말로 이성과 계시의 어머니이며 그 알파요 오메가이다." "만약 내가 데모스테네스처럼 말을 잘한다고 해도 나는 동일한 말을 세 번 반복하지 않을 수 없다. 이성은 말, λόγος[로고스]라고. 이 골수(骨髓, Markknochen)에 해당하는 사상을 나는 골똘히 사유할 것이며 죽을 때까지 골똘히 사유할 것이다. 나에게 그것은 여전히 이 심연 위에 어둡게 존재한다. 그러나 나는 이 심연을 열 열쇠를 가진 묵시록의 천사를 여전히 기다리고 있다."[67] 하만에게는 언어에서야말로 이성의 참된 본질이 그것의 통일성과 내적인 대립성에서 자신을 개시한다. "데모스테네스가 아름다운 자연의 활동(actio)이라고 부르고 엥겔(Engel)이 그것의 모방이라고 부르고 바토(Batteux)가 그것의 모사라고 부르는 것은 나에게는 언어다. 이것은 영(Young)이 말하는 이성의 기관이며 기준이다. 바로 여기에 순수이성이 존재하며 동시에 그것에 대한 비판이 존재한다."[68] 그러나 신적인 로고스가 직접 우

---

[67] 야코비에게 보낸 하만의 편지, Briefwechsel mit Jacobi, hg. von Gildemeister, Gotha 1868, 122쪽, 헤르더에게 보낸 편지(1784년 8월 6일), Schriften (Roth) VII, 151쪽 이하.

리에게 계시되는 것으로 보이는 이 존재는, 다른 한편으로는 우리의 세계에서 우리가 '이성'이라는 이름으로 부르는 모든 것에 자신을 닫고 있다. 역사에 대해서와 마찬가지로 언어에 대해서도, 그것이 "자연과 동일하게 봉인된 책이며 숨겨진 증거이고 하나의 수수께끼이며 이것을 풀기 위해서는 이성과는 다른 소를 가지고 경작해야만 한다"[69]는 사실이 타당하다. 왜냐하면 언어란 논증적 개념들을 위한 논증적, 규약적 기호들의 집합이 아니고 도처에서 보이면서도 보이지 않고, 비밀스러우면서도 개시된 채로 우리를 둘러싸고 있는 동일한 신적인 생명의 상징이며 그 적대물이기 때문이다. 따라서 헤라클레이토스와 마찬가지로 하만에게도 모든 언어는 표현하는 것이자 동시에 은폐하는 것이며 폭로하는 것이자 덮어씌우는 것이다. 자연이든 역사든 모든 창조는 창조자가 피조물을 통해서 피조물에게로 말을 건네는 것이다. "신의 아들이 종복의 모습을 빌려 몸을 낮췄던 것처럼 신의 **성령**이 신에 의해서 인도된 경건한 사람들의 인간이란 붓(Menschengriffel)을 빌려서 몸을 낮추어 자신의 존엄을 표현하는 것, 그리고 창조 전체가 최고의 겸허의 소산이라는 것, 이것은

---

[68] 셰프너(Scheffner)에게 1785년 2월 11일에 보낸 편지, Schriften (Roth) Ⅶ, 216쪽.
[69] *Sokra. Denkwürdigkeiten*, Schriften Ⅱ, 19쪽.(역주: 이성과는 다른 수단을 사용해야만 한다는 의미이다.)

신의 계시라는 통일체에 속하는 것이다. 자연에서 단 하나의 현명한 신을 단순히 찬미하는 것은 이성적인 한 인간을 민중이 그가 입고 있는 외투로 평가하는 것과 유사한 모욕일 것이다." "철학자들의 견해는 자연을 판독한 것이며 신학자들의 가르침은 성서를 판독한 것이다. 이것들〔자연과 성서〕의 저자〔신〕야말로 자신의 말에 대한 최상의 해석자이다. 그는 피조물에 의해서 사건에 의해서 혹은 피와 불과 연기에 의해서 말할지도 모르며 거기에서 성스러운 것의 언어가 성립한다. …… 원작자의 통일성은 그의 작품들의 **방언**에까지 반영되고 있으며 모든 곳에서 한없이 높고 깊은 음조가 울린다."[70]

그런데 하만 자신이 자신에게는 항상 어두운 것으로 남았다고 고백하는 이 심연에, 헤르더에게는 새로운 빛이 비춰진다. 언어의 기원에 대한 헤르더의 현상논문은 18세기의 정신사 전체에서 결정적인 것이 되었지만, 그것은 무엇보다도 이 논문에서 이제까지 정신의 존재와 작용을 파악하고 해석할 때 서로 대립했던 가장 대극적인 두 입장에 대해서 전적으로 새로운 **방법적** 매개가 발견되었기 때문이다. 헤르더는 하만에 의거하고 있지만,

---

70) *Kleeblatt hellenistischer Briefe*, Schriften II, 207쪽. Aesthetica in nuce (Schr. II, 274쪽 이하). 하만의 언어이론과 그것이 그의 '상징적 세계관' 전체에서 차지하는 위치에 대해서는 특히 R. Unger, *Hamanns Sprachtheorie im Zusammenhang seines Denkens*, München 1905의 탁월한 서술을 참조할 것.

현상논문 이전의 시기에는 칸트의 제자였고 칸트를 통해서 간접적으로 라이프니츠의 제자였다. 착상과 논지전개방식에서 현상논문과 매우 유사한 그의 「인간 영혼의 인식과 감각에 대해서(vom Erkennen und Empfinden der menschlichen Seele)」라는 논문에 대해서 하임은 이렇게 말하고 있다. 이 논문에는 라이프니츠 철학의 정신이 처음부터 끝까지 침투하고 있을 뿐 아니라 그것은 헤르더의 정신에 반영된 라이프니츠 철학의 총괄 이외에 아무것도 아니라고.[71] 그러나 그렇다고 해도 언어에 대한 그러한 견해에서 어떻게 해서 두 가지 양극단이 결합되고 어떻게 해서 하만과 라이프니츠가 서로 결합될 수 있었는가? 언어를 분석적 사고의 최고의 성과로 보면서 '판명한' 개념을 형성하기 위한 기관(Organ)으로 보는 견해와 언어의 기원을 지성의 모든 반성작용보다도 감정과 그것의 무의식적인 시적 창조력의 어두움에서 찾는 견해가 도대체 어떻게 해서 서로 결합될 수 있었는가? 여기에서 언어 문제에 대한 헤르더의 물음이 시작되고 이러한 물음과 아울러 헤르더의 새로운 해결책도 생긴다. 모든 언어가 감정과 그것의 직접적·충동적 표현에 뿌리박고 있을지라도, 즉 모든 언어가 전달의 필요보다는 부르짖는 소리에서, 억양에서, 분절화된 거친 음운에서 출발한다고 할지라도 그러한 음운의 총

---

71) Haym, *Herder*, I. 665쪽.

체가 언어의 본질을, 즉 언어의 본래적인 정신적 '형식'을 이루는 것은 결코 아니다. 이러한 형식이 생기는 것은 인간을 처음부터 동물과 구별하는 어떤 새로운 '영혼의 근본적인 힘'의 작용이 분명하게 될 때이다. 인간에게 특유한 '내성(Besinnung)'이라는 이 근본적인 힘에 대한 그의 서술에서 또한 이러한 힘에 귀속시키고 있는 역할과 관련해서 헤르더는 라이프니츠의 논리학을 그의 심리학과 결합시키는 저 근본개념을 도처에서 분명하게 받아들이고 있다. 라이프니츠에 의하면 의식의 통일은 정신적 행위의 통일에 의해서만, 즉 결합작용의 통일에 의해서만 가능하고, 바로 이러한 작용의 통일에서 정신은 자기 자신을 지속적이고 동일한 단자로서 파악하며, 더 나아가 정신에게 상이한 시점(時點)들에 나타나는 동일한 내용을 동일한 존재자로서 다시 인식할 수도 있다. 이러한 재인(再認)의 형식이야말로 라이프니츠에서는 '통각(Apperzeption)'으로, 헤르더에서는 '반성(Reflexion)'으로, 칸트에서는 '재인의 종합(Synthesis der Rekognition)'으로 파악된다. "인간의 혼의 힘이 자유롭게 작용하면서, 모든 감각기관을 통해서 흘러들어오는 감각들의 대양에서 이를테면 하나의 파도를 분리해내고 이것을 정지시키고 이것에 주의를 향하고 또한 주의를 향하고 있다는 것을 스스로 의식할 수 있는 경우에 인간은 자신이 반성할 수 있다는 사실을 입증한다. 인간이 자신의 감각기관들을 지나치면서 스치는 여러 이미지들의 부유하는 꿈 전체로부터 각성의 한 순간에 집중하고, 자유로운 의지에 의해서 하나의 이미지에 머무르고 이것에 냉철한 주의를 향하고, 이것이 그 대상이며 그것 이외의 아무것도 아니라는 징표를 추상할 수 있는 경우에 인간은 자신이 반성할 수 있다는 사실을 입증하는 것이다. 따라서 인간이 모든 징표를 생생하게 혹은 명석하게 인식할 뿐 아니라 하나 내지 그 이상의 징표들을 서로 구별되는 징표로서 **인정**할 수 있을 경우에, 인간은 자신이 반성할 수 있다는 사실을 입증한다. 바로 이렇게 인정하는 첫 번째 작용에 의해서 판명한 개념이 주어지며 그것이야말로 영혼이 행하는 첫 번째 판단이다. 그러면 도대체 이러한 인정은 무엇에 의해서 행해지는 것일까? 그것은 인간이 분리할 수밖에 없었던 징표에 의해서, 즉 내성이 포착하는 징표로서 분명히 인간에게 속하는 징표에 의해서 행해진다. 좋다! 유레카〔발견했다〕라고 큰 소리로 외치자! 내성이 포착하는 최초의 징표는 혼의 단어였다! 그것과 함께 인간의 언어는 발명되었다!"[72] 이런 의미에서 헤르더에게 언어는 전적으로 직접적인 감각의 산물로서 파악되는 동시에 반성, 즉 내성의 산물로도 파악된다. 왜냐하면 바로 후자는 감각내용에 추후적으로 부가되는 외적인 것이 아니라 감각내용에 그것의 구성계기로서 들어오는 것이기 때문이다. 신속하게 사라지는

---

72) *Über den Ursprung der Sprache*(1772), Suphan, V, 34쪽 이하.

감관의 흥분을 그 자체로 규정되고 구별된 것으로, 따라서 참으로 정신적인 '내용'으로 만드는 것은 바로 '내성'이다. 따라서 여기에서 지각은 몽페르튀이와 콩디야크에서처럼 그 자체로 완결되어 있는 심적 존재, 즉 개념과 개념어에 의한 표현이 단지 덧붙여질 뿐인 바의 것인 심적 존재가 아니라 단순한 인상들을 '표상'으로 규정하고 그것들에 대한 명명이 수행되는 하나의 동일한 활동이다. 지각들의 자연적 소여에 기호의 인공적 체계가 대립하는 것이 아니라 지각 그 자체가 자신의 정신적 특성에 의해서 이미 특유의 형식계기를 포함하고 있고 이 계기가 완전히 전개되면 단어와 언어의 형식으로 나타난다. 따라서 헤르더는 언어의 '고안'이라는 표현을 계속해서 사용하고 있을지라도 그에게 언어는 결론적으로 단순히 **만들어진** 것이 아니라 내부로부터 필연적으로 **생성된** 것이다. 언어는 의식 자체의 종합적 구축의 한 요인이며 이것이 감성적 감각의 세계를 비로소 **직관**의 세계로 형성한다. 따라서 언어는 산출되는 사물이 아니라 어떤 종류의 특정한 정신적 산출작용, 즉 형성작용이다.

언어가 파악되는 보편적인 형식개념은 이와 함께 하나의 결정적인 변화를 겪었다. 헤르더의 현상논문은 계몽주의의 철학을 지배하는 '반성의 형식'이라는 오랜 합리주의적인 개념이 '유기적 형식'이라는 낭만주의적 개념으로 이행해가는 경계선을 선명하면서도 정확하게 보여주고 있다. 이러한 새로운 형식개념은 프리드리히 슐레겔의 「인도인들의 언어와 지혜에 대해서(Über die Sprache und Weisheit der Inder)」라는 논문에 의해서 처음으로 완전히 규정된 형태로 언어고찰에 도입된다. 그러나 우리가 언어를 유기체라고 지칭하는 데서 단지 하나의 이미지, 하나의 시적 은유밖에 보지 못한다면, 우리는 이러한 견해의 보다 깊은 동기를 정당하게 평가하지 못한다. 그러한 지칭〔유기체라는 지칭〕이 오늘날에는 아무리 빛이 바래고 애매한 것으로 나타날지라도, 프리드리히 슐레겔과 그의 시대에는 정신적 존재 전체에서 이제 언어가 차지하게 된 새로운 위치가 그러한 지칭에서 풍부한 내용과 함께 구체적으로 표현되었다. 왜냐하면 낭만주의가 이해하는 의미의 유기체라는 개념은 자연의 어떤 개별적 **사실**, 즉 대상적 현상들 중의 어떤 한정된 특수한 영역을 가리키는 것으로 사용되는 것은 아니기 때문이다. 언어현상들은 그러한 현상들과는 물론 항상 극히 간접적으로 그리고 부정확하게만 비교될 수 있다. 유기체라는 개념은 여기에서는 어떤 특정한 종류의 **현상들**을 표현하는 것으로서가 아니라 보편적인 사변의 **원리**—낭만주의적 사변의 궁극목표와 체계적 통일점을 가장 잘 표현하는 원리—를 표현하는 것으로 간주된다. 유기체라는 문제야말로 낭만주의가 극히 다양한 문제영역들로부터 거듭해서 의거하고 소급해갈 수밖에 없는 것으로 보았던 정신적 중심점을 형성했다. 괴테의 변태론(Metamorphosenlehre), 칸트의 비판철학, 셸링의 자연철학과 『초월론적 관념론의 체계』의 최초의 구상들은 이 한 점에 집중되는 것 같았다. 이 문제〔유기체란 문제〕는 이미 『판단력비판』에서 칸트의 체계의 두 부분 사이의 이원론적 대립이 조정되는 참된 medius terminus〔중간항〕으로서 나타났다. 자연과 자유, 존재와 당위, 이것들은 이전에는 단지 분리된 것으로 나타났을 뿐 아니라 서로 안티노미를 형성하면서 대립하는 세계들로 나타났지만 이제 이 중간항에 의해서 서로 관계 지어지며 이러한 관계에서 서로에게 어떤 새로운 내용이 열리게 되었다. 칸트는 이 내용을 특히 **방법적으로** 파악하고 그 양극을 비판적·초월론적 의미에서, 즉 근본적으로는 현상계 전체의 고찰과 해석을 위한 '시점(視點)'으로서 규정했지만, 셸링에서는 유기체라는 근본개념은 모든 것을 포괄하는 사변적인 세계해석을 위한 수단이 된다. 자연과 자유와 마찬가지로 자연과 예술도 유기체라는 이념에서 통일된다. 여기에서 자연의 무의식적 생성을 정신의 의식적인 창조작용으로부터 분리시키는 것으로 보이는 균열이 봉합되며 따라서 여기서 처음으로 인간에게 자기 자신의 본성의 참된 통일—그 안에서 직관과 개념, 형식과 대상, 이상적인 것과 실재적인 것이 근원적으로 동일한 것으로 존재하는 통일—에 대한 예감이 생긴다. "이러한 문제들을 둘러싸고 있는 특유한 빛도 그것으로부터 비롯된다. 이 빛은 단지 분리하는 것만을 목표하는 단순한 반성철학은 전개할 수 없다. 반면에 순수직관

또는 저 창조적 상상력은 일찍이 상징적 언어를 발명했으며, 우리가 자연에 대해서 가능한 적게 반성적으로 사유할수록 자연이 그만큼 이해하기 쉬운 형태로 말을 걸어온다는 사실을 우리는 그러한 상징적 언어를 단지 해석하는 것만으로도 발견하게 된다."[73]

유기체라는 이념이 낭만주의철학에 대해서 가지고 있었던 이러한 체계적인 전체 의미로부터 비로소, 이러한 이념이 언어고찰과 관련해서 어떤 의미에서 생산적인 것으로 입증될 수밖에 없었는지를 추측할 수 있다. 여기에서 다시 한 번 저 중요한 대립개념들, 즉 언어고찰이 그것을 중심으로 이제까지 행해졌던 개념들이 첨예하게 서로 대립하게 되었다. 그러나 그러한 대립항, 즉 '의식'과 '무의식', '주관'과 '객관', '개체'와 '보편' 사이에 이제 새로운 매개가 제시되는 것처럼 보였다. 유기적 생명을 해명하기 위해서 라이프니츠가 이미 '개체적 형식'이라는 개념을 만들었다. 그 후 헤르더가 이 개념을 정신적 존재자의 영역 전체로 확장하고, 자연으로부터 역사로, 역사로부터 예술과 예술의 종류와 양식들에 대한 구체적 고찰로 전용했다. 도처에서 어떤 '보편적인 것'이 추구되고 있지만, 이 보편적인 것은 그 자체로 존재하는 것으로서, 즉 개별적인 사례들에 대립해 있는 어

---

73) Schelling, *Ideen zu einer Philosophie der Natur*(1797); S. W. II, 47쪽.

떤 류의 추상적인 통일체로서 파악되는 것이 아니라 특수한 것의 전체 안에서만 나타나는 통일체로서 파악되고 있다. 이 전체와 법칙, 즉 전체 안에 나타나는 내적 연관, 이제 그것이 참으로 보편적인 것으로서 나타난다. 이것은 언어철학에서는, 개개의 언어의 역사적 우연성과 개성적 다양성의 배후에서 근본적·근원적 언어의 보편적 구조를 발견하려는 노력을 완전히 단념하는 것을 배우게 된다는 것을 의미하며, 언어의 '본질'의 참된 보편성을 개개의 것으로부터의 추상에서가 아니라 이러한 개개의 것의 **전체** 안에서 찾아야 한다는 것을 의미한다. 유기적 형식이라는 이념과 전체성의 이념 사이의 이러한 결합에서, 빌헬름 폰 훔볼트가 자신의 철학적 세계관을 획득하게 되는 길을 제시하고 있다. 이러한 철학적 세계관이야말로 동시에 언어철학의 새로운 정초를 자신 안에 포함하는 것이다.[74]

V. 빌헬름 폰 훔볼트

빌헬름 폰 훔볼트에게 언어에 대한 고찰과 연구는 이미 일찍

---

74) 훔볼트의 언어철학에 대해서 다음에서 행해질 서술은 부분적으로는 파울 헨젤(Paul Hensel) 60세 기념논문집에 발표된 "Die Kantischen Elemente in Wilh. v. Humboldts Sprachphilosophie"[훔볼트의 언어철학에 나타나는 칸트적 요소들]라는 이전의 논문에 기초해 있다.

부터 정신적 관심과 노력의 중심이 되었다. 그는 1805년에 볼프(Wolf)에게 보내는 한 편지에서 이렇게 썼다. "내가 하는 모든 것은 근본적으로는 언어연구입니다. 나는 세계 전체에서 아무리 높고 깊은 곳이라도 찾아가고 어떠한 곳이라도 가기 위한 운송수단으로서 언어를 이용하는 기법을 발견했다고 믿습니다." 훔볼트는 언어학과 언어사를 다룬 수많은 개별 논문들 중에서 이러한 기법을 구사하면서, 마침내는 카비(Kawi)어 연구에 대한 상당한 분량의 포괄적인 서문에서 언어연구의 궁극적이고 가장 빛나는 실례를 제시했다. 물론 훔볼트에서도 그의 언어철학적이고 언어학적인 저작의 모든 부분들에서 이러한 기법의 독창적인 사용이 그가 의식하고 있었던 그대로 수행된 것은 아니다. 그의 저작은 정신적 창조물로서, 그 자신이 명확하고 선명한 개념을 사용하면서 말하고 있는 것을 넘어서는 경우도 드물지 않다. 그러나 사람들이 훔볼트의 많은 개념들이 애매하다고 자주 한탄해왔을지라도 그러한 애매한 개념들은 항상 어떤 생산적인 내용을 포함하고 있다. 그 내용은 물론 대부분의 경우 어떤 단순한 공식과 추상적인 정의에 의해서는 파악될 수 없고 훔볼트의 구체적인 언어관의 전체 안에서 비로소 그 유효성과 풍요로움이 입증된다.

  훔볼트의 근본사상을 어떻게 서술하든 간에 그의 사상의 전체를 특정한 몇 개의 체계적인 중심점의 주위에 정리하는 것이 정당하고 필연적인 이유도 여기에 있다. 물론 그가 그러한 중심점을 중심점이라고 말하고 강조한 것은 아니지만, 훔볼트가 근본적으로 철저한 체계적 정신의 소유자였다는 것은 분명하다. 그러나 그는 단순히 외면적으로 체계화하는 기교에 대해서는 부정적인 태도를 보인다. 따라서 그는 모든 연구의 어떠한 개별적인 논점에 대해서도, 항상 동시에 자신의 언어관의 **전체**를 우리 앞에 제시하려고 노력하며 이러한 전체를 예리하고 명료하게 **나누**는 것에 대해서는 반대한다. 그가 사용하는 개념들은 결코 논리적 분석에 의해서 분리된 순수한 생산물이 아니며, 그것들에서는 항상 어떤 미학적인 정서적 음조, 즉 서술에 생명을 불어 넣는 예술적인 기분이 함께 약동하고 있지만 동시에 그것이 사유의 분절과 구조를 은폐한다. 이러한 구조를 드러내려고 할 경우, 우리는 무엇보다도 훔볼트의 사유를 규정하고 있는 세 개의 원리적인 대립들 그리고 언어에 대한 고찰에서 그가 그것들 사이의 비판적인 균형과 사변적인 화해를 발견하기를 희망하는 대립들로 소급할 수밖에 없다.

훔볼트에게 언어라는 형상에서 직접적으로 표현되고 있는 것은 무엇보다도 먼저 개인의 정신과 '객관적' 정신의 분리이며 이러한 분리의 재지양(再止揚)이다. 모든 개인은 자신의 고유한 언어를 말하지만 언어를 그렇게 자유롭게 사용하는 가운데 개인은 어떤 내적인 정신적 속박을 의식한다. 따라서 언어는 어디에서

나 일차적으로 무한한 자연과 유한한 자연 사이의 매개자이며 다음으로는 어떤 개인과 다른 개인 사이의 매개자이다. 동시에 그리고 동일한 작용에 의해서 언어는 양자의 통합을 가능하게 하며 이러한 통합에서 생기는 것이다. "우리는 예를 들어 인간의 이름이 그것이 가리키는 사람과 분리될 수 있는 것처럼 언어는 그것이 지칭하는 것에서 분리될 수 있으며, 약속된 암호처럼 반성과 협정의 소산 혹은 일반적으로(통상적인 경험적인 의미에서의) 인간의 작품 혹은 한 개인의 작품이라는 생각에서 완전히 벗어나야만 한다. 언어는 설명하기 어려운 참된 기적으로서 어떤 민족의 입에서 터져 나오며, 우리들 사이에서 매일 반복되고 무관심하게 간과되는 것일지라도 〔위의 기적〕 못지않게 놀라운 기적으로서 모든 유아의 웅얼거림에서 터져 나온다. 언어는, 인간이 그 자체로 분리되어서 존재하는 독립된 개체성을 갖는 것은 아니라는 것, 또한 나와 너는 단순히 서로를 요구하는 개념일 뿐 아니라 그것들이 서로 분화되는 점으로까지 소급해서 보면 정녕 동일한 개념들이라는 것, 그리고 이러한 의미에서 다른 사람들의 도움을 필요로 하는 약한 개인에서 인류의 태곳적 종족에까지 이르는 개체군들이 존재한다는 사실에 대한 가장 명백한 표시이며 가장 확실한 증거다. 왜냐하면 만약 그렇지 않다면 모든 이해는 영원히 불가능할 것이기 때문이다." 이러한 의미에서 한 **민족**도 어떤 일정한 언어에 의해서 특징지어진 하나의 정신적 형식이며 이상적인 전체성과 연관되어 있으면서 개별화되어 있다. "개체들은 분열된다. 그러나 그것들은 바로 그러한 분리를 통해서 통일감을 환기시키는 놀라운 방식으로 분열된다. 그뿐 아니라 개체는 이러한 통일성을 적어도 이념 안에서 산출하는 수단으로서 나타난다. …… 왜냐하면 인간은 깊은 내면에서 그러한 통일성과 전체성을 획득하려고 고투하면서 개체를 분리시키는 경계를 넘어서려고 하고, 어머니인 대지에 접촉함으로써만 힘을 얻게 되는 거인처럼 저 통일성과 전체성 안에서만 힘을 갖기 때문에 인간은 통일성과 전체성을 획득하려는 보다 높은 투쟁에서 자신의 개체성을 고양시켜야만 한다. 따라서 인간은 그 자체로 불가능한 노력을 하는 가운데 갈수록 진보해간다. 여기에서 참으로 놀라운 방식으로 언어가 인간을 돕게 된다. 언어는 개별화함으로써 결합하며 가장 개인적인 표현이라는 외피 안에 보편적인 이해의 가능성을 포함한다. 어디에, 언제 그리고 어떻게 살든지 간에 개인은 자신이 속하는 종족 전체에서 분리된 단편이며, 언어는 개인의 운명과 세계의 역사를 주도하는 이 영원한 연관을 증명하며 지탱한다."[75]

훔볼트의 언어철학의 이 최초의 형이상학적 단초에서는 주목

---

75) *Über die Verschiedenheiten des menschlichen Sprachbaues*(Vorstudie zur Einleitung zum Kawiwerk); Gesammelte Schriften(Akademie-Ausgabe), Bd. VI, 1, 125쪽 이하.

할 정도로 칸트와 셸링적인 요소들이 서로 침투하고 있다. 훔볼트는 인식능력에 대한 비판적 분석을 기반으로 하면서, 주관성과 객관성, 개체성과 보편성의 대립이 순수한 무차별성으로 지양되는 곳으로까지 돌진하려고 한다. 그러나 그가 이 궁극적 통일을 제시하기 위해서 취하는 길은 〔셸링에서 보는 것처럼〕 우리를 '유한한' 분석적·논증적 개념의 모든 한계를 넘어서도록 고양시키는 지적 직관은 아니다.[76] 인식 비판자인 칸트와 마찬가지로 언어의 비판자인 훔볼트도 '경험의 두터운 저지대'에 서 있다. 그가 끊임없이 강조하는 것은, 언어의 고찰은 인간성을 궁극적인 깊이로까지 이끌도록 정해져 있을지라도 그것이 공상으로 끝나지 않으려면 언어에서 물체적인 것(das Körperliche)에 대한 전적으로 무미건조하면서도 심지어 기계적인 분석에서 출발해야 한다는 사실이다. 왜냐하면 모든 진리 인식의 가능성의 기초가 되고 있고 따라서 우리가 개별적 대상을 탐구할 때에는 보편적인 요청으로서 전제할 수밖에 없는 세계와 인간의 저 근원적

---

76) 〔역주〕 셸링은 객관성(자연)과 주관성(정신)이 객관성과 주관성이 아직 구별되지 않은 절대적인 동일자에서 출현한다고 보았으며 이러한 절대적인 동일자는 감각에 의존하는 직관이나 지성에 의해서 파악될 수 없고 지적인 직관에 의해서 파악될 수 있다고 보았다. 절대자가 이렇게 주관성과 객관성의 무차별적인 통일이라는 셸링의 견해에 대해 헤겔은 『정신현상학』에서 그러한 절대자란 '모든 황소가 검게 보이는 밤'과 유사한 것이라고 비판했다.

인 일치는 우리에게는 **현상**의 길 위에서 조금씩 전진하면서 획득될 수 있기 때문이다. 이러한 의미에서 객관적인 것은 주어진 것이 아니라 항상 본래적으로 쟁취되어야 할 것으로 남는다.[77] 이렇게 규정하는 것에 의해서 훔볼트는 칸트의 비판철학에서 언어철학적 귀결을 끌어낸다. 주관성과 객관성의 형이상학적 대립 대신에 양자의 순수하게 초월론적인 상관관계가 등장한다. 칸트에서 대상은 '현상 속에 있는 대상(Gegenstand in der Erscheinung)'이기 때문에 인식에 대해서 외적, 피안적인 것으로서 마주해 있는 것이 아니라 인식 자체의 범주에 의해서 비로소 '가능하게 되는' 것처럼, 즉 비로소 조건 지어지고 구성되는 것처럼, 이제 언어의 주관성도 우리가 대상적인 존재를 파악하는 것을 방해하는 단순한 장벽이 아니라 감각적 인상들에 형식을 부여하고 '객관화'하기 위한 하나의 수단으로 나타난다. 인식과 마찬가지로 언어도 주어진 것으로서의 대상에서 생기면서 그 대상을 자신에게 '각인하는' 것만이 아니라 객관적인 것에 대한 우리의 모든 **표상**에 결정적인 계기로서 개입하는 정신적인 파악방식을 자신 안에 포함하고 있다. 물론 소박-실재론적인 견해는 그 자체가 항상 객체들 안에서 살고 있고 활동하고 행동하고 있기 때문에

---

77) *Über das vergleichende Sprachstudium in Beziehung auf die verschiedenen Epochen der Sprachentwicklung*(1820), Werke IV, 27쪽 이하.

이러한 주관성을 거의 고려하지 않는다. 이러한 주관성은 객관적인 것을 우연히 기분에 따라서 혹은 자의적으로 변형하지 않고 내적인 법칙들에 따라서 변형하며, 따라서 외관상으로는 객관 자체로 보이는 것은 실은 주관적이지만 충분한 권리를 가지고 보편타당성을 요구할 수 있는 파악방식일 뿐이다. 그러나 이러한 주관성의 개념에 도달하는 것은 소박-실재론에게는 극히 어렵다. 따라서 소박실재론에서는 언어의 차이는 단지 음의 차이에 지나지 않으며 항상 사물로 향해 있는 소박실재론은 이 음을 사물에 도달하기 위한 단순한 수단으로만 볼 뿐이다. 그러나 바로 이러한 사물적 · 실재론적인 견해야말로 언어에 대한 인식의 확장을 방해하고 현실적으로 존재하는 언어에 대한 인식을 죽어 있는 불모의 것으로 만드는 것이다.[78] 언어의 본래적인 **이념성**은 그것의 **주관성**에 근거한다. 따라서 사람들이 상이한 언어들의 단어들을 수학에서 선과 숫자, 대수에서의 문자기호와 같은 보편타당한 기호로 대체하려고 해도 그것은 헛된 시도였고 앞으로도 그러한 사정에는 변함이 없을 것이다. 왜냐하면 그러한 보편타당한 기호로 대체될 수 있는 것은 항상 사유 가능한 것 중의 일부에 지나지 않으며 그러한 기호로 표시되는 것은 순수

---

78) *Über die Verschiedenheiten des menschlichen Sprachbaues*, W. VI, 1, 119쪽.

하게 합리적인 구성에 의해서 형성되는 개념뿐이기 때문이다. 그러나 내적인 지각과 감각이라는 소재가 각인되어서 개념이 될 때 문제가 되는 것은 자신의 언어와 불가분의 관계에 있는 인간의 개인적 표상능력이다. "단어야말로 개념을 비로소 사유세계의 한 개체로 만드는 것이지만, 단어는 그 개념에 자기 자신의 것을 적지 않게 덧붙인다. 그리고 관념은 단어에 의해서 명확성을 얻게 되지만 그와 동시에 일정한 한계 안에 갇히게 된다. …… 사상과 단어의 상호의존관계를 통해서 언어가 본래 이미 인식된 진리를 기술하기 위한 수단이 아니라 오히려 알려져 있지 않은 진리를 발견하는 수단이라는 사실이 분명하게 된다. 언어들의 차이는 음과 기호의 차이가 아니라 세계관 자체의 차이다." 여기에서, 훔볼트가 모든 언어연구를 행하는 근거와 궁극적 목적이 서술되고 있다. 여기에서, 참으로 풍요로운 철학적 근본사상이 그것의 최초의 창시자에 의해서 주어진 직접적인 틀을 넘어서 어떻게 해서 지속적으로 영향을 미치게 되는가를 새롭게 알려주는 주목할 만한 하나의 과정이 역사적으로 분명히 나타나고 있다. 왜냐하면 훔볼트는 여기에서 칸트와 헤르더를 매개로 하여, 언어에 대한 라이프니츠의 협소한 논리적 견해로부터 라이프니츠 학설의 일반적 원칙들에 뿌리박고 있는 보다 깊고 포괄적인 보편적·관념론적 견해로 되돌아가게 되었기 때문이다. 라이프니츠에게 우주는 단자들에 의해 반영되는 식으로만 주어지고 그러한 단자는 각각 현상들의 전체를 독자적인 '관점'으로부터 제시한다. —그러나 다른 한편으로 이렇게 관점적인 견해의 전체와 그러한 견해들 상호간의 조화야말로 우리가 현상들의 객관성이라든가 현상계의 현실성이라고 부르는 것을 형성한다. —이와 마찬가지로 훔볼트에서는 모든 개별적인 언어조차 그러한 독자적인 세계관이 되며 이러한 세계관들의 총체가 비로소 우리가 지각할 수 있는 객관성이라는 개념을 형성한다. 따라서 언어는 인식할 수 있는 자에게는 주관적인 것으로서 나타나면서도, 다른 한편으로 경험적·심리학적 주관으로서의 인간에 대해서는 객관적인 것으로서 나타난다는 사실도 이해된다. 왜냐하면 모든 언어는 인간의 **보편적** 본성의 반향이기 때문이다. "인류 전체의 주관성이 그 자체로 다시 객관적인 것이 된다."[79]

그런데 객관성이 단순히 주어져 있는 것이 아니고 모사될 수 있는 것도 아니며 정신적인 형식부여(Formung) 과정을 통해서 쟁취되어야만 하는 것이라는 이러한 견해와 함께 훔볼트의 언어 고찰의 두 **번째** 근본계기조차 요구되고 정립된 셈이다. 즉 언어에 대한 모든 고찰은 '발생론적으로(genetisch)' 수행되어야만 한다는 것이다. 이것은 언어의 시간적인 성립과정을 추적하고 그

---

79) *Über das vergleichende Sprachstudium*, W. IV, 21쪽 이하. 특히 *Grundzüge des allgemeinen Sprachtypus*, W. V, 386쪽 이하; *Einleitung zum Kawiwerk* W. VII, 1, 59쪽 이하.

것의 생성을 특정한 경험적·심리학적 '원인'에 의해서 해명한다는 의미가 아니라 언어라는 형성체의 완결된 구조를 파생적이고 매개된 것으로 보면서, 그것을 여러 가지 요인들로부터 조립하고 이러한 요인들의 종류와 방향을 규정하는 것이 우리에게 성공할 경우에야 비로소 그것이 이해되는 것으로 본다는 의미이다. 왜냐하면 언어가 단어들과 규칙들로 분해될 경우 그것은 항상 과학적인 분석이 만들어내는 죽어 있는 인공물(Machwerk)이 될 뿐이기 때문이다. 이는 언어의 본질은 추상과 분석에 의해서 우리가 언어에서 드러낼 수 있는 이러한 요소들에 있는 것이 아니라, 오로지 분절된 음운으로 하여금 사고를 표현하게 할 수 있는 끝없이 반복되는 정신의 노동에 존재하기 때문이다. 이러한 노동은 각각의 개별적인 언어에서 각각에 특수한 몇 개의 중심점들에서 시작되며 그러한 중심점들에서 출발하면서 다양한 방향들로 확대된다. 그러나 결국 이렇게 다양한 산출활동들은 하나의 산출물의 사물적인 통일체로 결집되는 것이 아니라 그 자체로 법칙적인 하나의 작용이라는 이념적인 통일체로 결집된다. 정신의 존재는 일반적으로 활동 내에서만 그리고 그러한 활동으로서만 사유될 수 있지만 이러한 사실은 정신에 의해서만 파악될 수 있고 가능하게 되는 개별적인 존재에 대해서도 타당하다. 따라서 우리가 언어의 본질이라든가 형식이라고 부르는 것은 사물에서가 아니라 아마도 분절된 음운을 사고의 표현으로 고양시키는 정신의 노동에서 찾을 수 있는 항상적이고 동형적인 것일 뿐이다.[80] 따라서 언어에서 참으로 실체적인 구성부분으로 나타날 수 있는 것조차, 즉 문맥으로부터 분리된 단어조차도 하나의 실체처럼 이미 산출되어 있는 어떤 것을 전달하거나 이미 완결된 개념을 전달하는 것도 아니고 이러한 개념을 독자적인 힘으로 그리고 일정한 방식으로 형성하도록 자극하는 것일 뿐이다. "사람들이 서로를 이해하는 것은 사물들의 기호에 자신을 내맡기는 것에 의해서도 아니며 완전히 동일한 개념을 산출하도록 서로 결심하는 것에 의해서도 아니다. 그것은 사람들이 인간의 감성적 표상들과 내적인 개념생산물의 연쇄 내에서의 동일한 고리에 서로 접촉하는 것, 즉 인간의 정신적인 악기의 동일한 건반을 두드리는 것에 의해서 가능하다. …… 이러한 방식으로 연쇄의 고리, 악기의 건반이 만져지면 전체가 울리며, 영혼으로부터 개념으로서 출현하는 것은 가장 멀리 떨어져 있는 연쇄의 고리에 이르기까지 개개의 고리를 둘러싸는 모든 것과 조화를 이루게 된다."[81] 따라서 객관성의 확고한 기반과 보증을 제공하는 것은 여기에서도 언어에 모사된 존재의 단일성이 아니라 언어의 단어와 개념어 하나하나를 낳는 무한히 다양한 산출활동에서 보

---

80) *Einleitung zum Kawiwerk*, W. VII, 1, 46쪽 이하.
81) 같은 책, W. VII, 1, 169쪽 이하.

이는 조화이다. 이렇게 볼 때 언어의 의미의 담지자가 되는 것은 근본적으로는 개별적인 단어가 아니라 문장이다. 왜냐하면 모든 발화와 모든 이해가 결국 의거하는 **종합**이라는 근원적인 힘은 문장에서 비로소 드러나기 때문이다. 이러한 전체적인 견해는, 언어는 작품(에르곤)이 아니라 활동(에네르게이아)이며 따라서 언어에 대한 참된 정의는 항상 발생론적인 것일 수밖에 없다는 유명한 훔볼트의 말에서 가장 간결하면서도 엄밀하게 표현되고 있다. 이 말을 그대로 엄밀하게 받아들이자면 그것은 물론 그때마다의 발화(Sprechen)에 대한 정의이다. 그러나 참된 본질적인 의미에서는 이러한 발화의 전체만을 '언어'로 볼 수 있으며 그 기능과, 일정한 법칙들이 지배하는 그것의 전면적인 수행만을 언어의 실체성과 이념적인 존립을 형성하는 것으로 볼 수 있다는 것이다.[82]

종합이라는 개념에는 동시에, 훔볼트가 언어를 고찰할 때 의거하는 중대한 대립쌍들 중에서 세 번째가 포함되어 있다. 훔볼트의 견해 전체를 지배하고 있는 이러한 대립, 즉 소재와 형식이라는 구별 또한 칸트의 사상권에 뿌리박고 있다. 칸트에게 형식은 단순한 관계표현이지만, 현상에 대한 우리의 모든 인식은 궁극적으로는 시간·공간관계에 대한 지식으로 해소되기 때문에

---

82) 같은 책, W. VII, 1, 46쪽.

형식이야말로 인식이 수행하는 객관화작용의 참된 원리를 형성한다. 형식의 통일은 결합의 통일로서 대상의 통일을 기초 짓는다. 다양한 것의 **결합**은 감관들을 통해서 우리 안에 생기는 것이 결코 아니며 그것은 항상 '표상능력의 자발적인 작용'이다. 따라서 우리는 어떤 것을 그전에 스스로 결합하지 않았다면 아무 것도 객관에서 결합된 것으로서 표상할 수 없다. 모든 표상들 중에서 이러한 표상, 즉 결합이야말로 객관에 의해서 주어진 것이 아니라 주관들 자체가 수행할 수 있는 유일한 것이다.[83] 초월론적 주관과 그것의 자발성에 근거하면서도 필연적이고 보편타당하기 때문에 엄밀하게 '객관적'인 이러한 결합의 형식을 특징짓기 위해서 칸트 자신은 판단의 통일성에 의거했으며 그와 함께 **명제**의 통일성에 의거했다. 칸트에서 판단이란 주어진 인식들을 통각이 객관적으로 통일시키는 방식 이외의 것이 아니다. 그러나 언어적으로는 이러한 통일은 판단의 계사, 즉 주어와 술어를 결합하는 관계어인 '이다(ist)'에서 표현된다. '이다'에 의해서 비로소 판단의 확고하고 지양될 수 없는 **존립**이 주장되며 여기에서 문제되는 것이 표상들의 어떤 관계이며 우연한 심리적 연상에 의한 단순한 연관이 아니라는 사실이 표현된다.[84] 훔볼트의

---

83) *Kritik der reinen Vernunft*, Transzendentale Deduktionen der reinen Verstandesbegriff, §15, 2판, 129쪽 이하.
84) 같은 책, §19, 141쪽 이하.

형식개념은 여기에서 하나의 개별적인 언어적 규정에 대해서 언표된 것을 언어 전체로 확장하고 있다. 완전히 형성된 모든 언어에서는 특정한 실질적 징표들에 의해서 어떤 개념을 표시하는 작용에 다시 작업과 어떤 독자적인 형식적 규정을 덧붙여야 하며, 그것에 의해서 그 개념은 **사유**의 어떤 **범주** 안으로 투입되며 이에 따라 예를 들어 실체나 속성 혹은 활동으로 불리게 된다. 이렇게 개념을 사유의 어떤 특정한 범주 안으로 투입하는 것은 "언어적인 자기의식의 새로운 활동이며, 이 활동에 의해서 개개의 경우, 즉 개별적인 단어는 언어나 구체적인 발화에서 가능한 모든 경우들의 전체와 관련지어진다. 이러한 조작〔개념을 사유의 범주 안에 투입하는 것〕이 가능한 한 순수하면서도 깊이 있게 완성되고 언어 자체에 확고하게 체화(體化)되어 있을 때에야 비로소, 사유 자체로부터 생기는 자발적인 활동과 외면적인 인상들에 따라서 행해지는 순수하게 수용적인 활동이 서로 융합되고 어느 한쪽이 우위를 점하면서 언어 안에서 결합된다."[85] 그런데 여기에서도 소재와 형식, 수용성과 자발성은 앞에서 거론된 '개별적인 것'과 '보편적인 것', '주관적인 것'과 '객관적인 것'의 대립과 마찬가지로, 언어의 과정을 구성하는 분리된 단편들이 아니라 바로 이러한 발생적인 과정 자체에 필연적으로 공속하는 계기들

---

85) *Vorwort zum Kawi-Werk* W. VII, 1, 109쪽.

이며 우리의 분석에서만 서로 분리될 수 있는 것이다. 따라서 훔볼트가 칸트와 함께 주장하면서 굴절어들에서 가장 순수하면서도 선명하게 나타난다고 생각했던 소재에 대한 형식의 우위는, 그에 의해서도 타당성(Geltung) 면에서의 우위로 파악되며 경험적·시간적 존재 면에서의 우위로서 파악되는 것은 아니다. 왜냐하면 **현실적으로 존재하는** 모든 언어에서는, 즉 이른바 '고립' 언어에서조차도 형식적인 것과 소재적인 것이라는 두 가지 규정들은 서로에게 불가결하며 서로 간에 선후관계 없이 필연적으로 함께 정립되어 있기 때문이다.[86] 물론 이상에서 서술한 것만으로는 훔볼트의 언어관의 외면적인 윤곽만이, 이를테면 그것의 지적인 틀만이 제시된 것에 지나지 않는다. 그러나 이러한 견해가 중요하고 풍요로운 것이 될 수 있었던 것은 훔볼트의 언어연구가 이러한 틀에 내용을 채웠던 그 방식에 의해서였으며 그가 끊임없이 현상으로부터 이념으로, 이념으로부터 현상으로 이행했던 이중의 방향에서였다. 초월론적 방법의 근본사상, 즉 칸트가 수학과 수학적 물리학을 염두에 두면서 수행했던 철학을 과학에 철저하게 관계 짓는 것이 이제 전적으로 새로운 영역에서 확

---

86) 이것에 관해서는 특히 **중국어**에 관한 훔볼트의 소견(所見)을 참조할 것. *Lettre à M. Abel Rémusat sur la nature des formes grammaticales en général et sur le génie de la langue Chinoise en particulier*, W. V, 254쪽 이하. 중국어의 문법적 구조에 관해서는 W. V., 309쪽 이하를 참조할 것.

증되는 것으로 나타났다. 언어에 대한 새로운 철학적 근본견해가 언어학의 새로운 형성을 요구하고 가능하게 했던 것이다. 보프(Bopp)는 언어에 대한 그의 전체적인 견해 도처에서 훔볼트를 원용하고 있다. 1833년에 출간된 그의 『비교문법(*Vergleichende Grammatik*)』의 첫 번째 문장들부터 이미 '언어유기체'라는 훔볼트의 개념에서 출발하고 있으며 이러한 개념에 의해서 그는 언어비교학이라는 새로운 학문의 과제를 일반적으로 규정하고 있다.[87]

VI. 아우구스트 슐라이허와 '자연과학적' 언어관으로의 진전

그런데 '유기체'라는 개념이 사변적인 언어고찰의 영역에서 경험적 탐구의 영역으로 이행해가면서 그 개념의 의미가 넓어서 어떤 종류의 무규정성과 다의성을 갖게 되므로 그것은 구체적인 개개의 과제를 취급하는 데는 쓸모가 없을 수 있다는 위험이 새롭게 느껴지게 된다. 철학적 사변이 유기체라는 이 개념을 주로 서로 대립하는 양극을 매개하는 것으로 간주했다고 하더라도,

---

87) "내가 이 책에서 의도하는 것은, 제목에서 거명된 언어들의 유기적 구조를 비교하고, 친족관계에 있는 모든 언어들을 총괄하면서 기술하는 것, 그것들의 물리적·기계적 법칙들을 탐구하고 문법적 관계들을 보여주는 형식들의 기원을 탐구하는 것이다." Bopp, *Vergleichende Grammatik des Sanskrit, Zend, Griechischen usw.*, Berlin 1833, 1쪽.

이 개념이 바로 그러한 역할을 행함으로써 이러한 양극들 각각의 성질을 어느 정도 갖게 된 것 같다. 그러나 언어에 대한 일반적인 **형이상학**이 아니라 그것의 특수한 **방법론**을 근거 짓는 것이 문제가 될 경우에도, 이를테면 그 색깔이 여러 가지로 변하는 그러한 개념이 사용될 수 있는가? 언어의 법칙들을 방법론적인 근본성격 면에서 자연과학적 법칙으로 간주해야 하는지 아니면 역사적 법칙으로 간주해야 하는지를 결정해야 할 경우에, 언어형성에서 물리적 요인과 정신적 요인이 관계하는 정도와 그것들의 상호관계를 확정해야 할 경우에, 그리고 언어형성에서 의식적인 과정과 무의식적인 과정이 어느 정도로 함께 작용하는지를 결정해야 할 경우에 '언어유기체'라는 단순한 개념만으로는 이 모든 물음들에 답할 수 없는 것 같다. 왜냐하면 바로 이 개념이 '자연'과 '정신' 사이에, 무의식적인 작용과 의식적인 창조 사이에서 차지하고 있는 중간적이고 이른바 유동적인 지위로 인해서, 어떤 때는 고찰의 이쪽으로 어떤 때는 저쪽으로 그 개념을 끌어올 수 있는 것으로 여겨지기 때문이다. 강조점만을 약간 바꾸어도, 이 개념을 그것이 처해 있는 불안정한 균형 상태로부터 벗어나게 하면서 그 강조점이 그때마다 이동하는 방향에 따라서 그것에 다른 내용과 다른 방법론적인 의미, 심지어 정반대의 방법적인 의미조차도 부여할 수 있는 것이다.

  우리가 여기에서 일반적이고 도식적으로 시사하려고 했던 이러한 과정을 19세기의 언어학의 역사가 구체적이면서도 분명하게 보여주고 있다. 이 시대에 언어학은 당시의 역사학과 정신과학들의 체계 일반에서 수행되던 동일한 이행을 수행하고 있다. '유기체'라는 개념은 [여전히] 중심적인 지위를 유지하고 있지만, 낭만주의철학의 발전개념에 반(反)해서 근대자연과학의 생물학적 발전[진화]개념이 등장한 이래로 유기체라는 개념의 의미와 경향에는 철저한 변화가 일어나게 된다. 생명현상들 자체에 대한 고찰에서 유기적 형식이라는 사변적 개념은 순수하게 자연과학적인 개념에 의해 격퇴되면서, 이러한 자연과학적 개념이 직접적으로 언어현상들에 대한 고찰에도 영향을 미친다. 무엇보다도 아우구스트 슐라이허(August Schleicher)의 학문적 발전에서 이러한 정신적 변화과정이 전형적으로 분명하게 보인다. 왜냐하면 슐라이허는 언어와 언어의 역사를 파악하면서 단지 일반적인 방식으로 헤겔에서 다윈에 이르는 길을 밟았을 뿐 아니라 두 견해들 사이에 존재하는 모든 중간단계들도 통과했기 때문이다. 따라서 우리는 슐라이허에서 사변적인 언어고찰이 순수하게 경험적인 고찰로 이행되고 언어**법칙**이라는 개념도 점차 자신의 전적으로 선명한 내용을 획득하게 되는 저 운동의 출발점과 종점뿐 아니라 그것의 각 단계들도 개관할 수 있다.

슐라이허는 그의 최초의 대저라 할 수 있는 『비교언어학연구(*Sprachvergleichende Untersuchungen*)』(1848)에서 정신생활을 음운에 의해서 분절하는 방식으로 표현하는 언어의 참된 본질은 의미의 표현과 관계의 표현 사이에 존재하는 상호관계에서 찾아야 한다는 사실에서 출발한다. 각각의 언어는 의미와 관계를 표현하는 방식에 의해서 특징지어진다. 이 두 가지 계기 이외에 언어의 본질을 형성하는 세 번째 계기는 생각될 수 없다. 이러한 전제에 근거하여 언어는 세 가지의 커다란 주요유형인 고립어(단음절언어), 교착어(膠着語, die agglutinierende Sprache), 굴절어로 구분된다. 의미는 소재적인 것이며 뿌리에 해당한다. 관계는 형식적인 것이며 뿌리(의미)에서 일어나는 변화이다. 이 두 가지 계기는 불가결한 구성요소로서 언어에 포함되어야만 한다. 그러나 그것들 중의 어떤 것도 그 자체로는 전적으로 결여될 수 없을지라도 그것들이 서로 맺는 관계는 매우 다양할 수 있으며 단순히 함축적인 관계일 수 있거나 다소간 명확한 관계일 수도 있다. 고립어는 음(音)으로는 단지 의미만을 표현하며 관계는 음운화되는 단어(Lautworte)의 위치와 악센트로 표현한다. 교착어는 의미를 표현하는 음 외에 관계를 표현하는 음을 가지고 있지만 양자는 외적으로 결합되어 있을 뿐이다. 왜냐하면 관계를 표시하는 음은 어떠한 내적 변화도 겪지 않는 뿌리에 순전히 소재적으로 그리고 분명히 보이는 형태로 덧붙여졌을 뿐이기 때문이다. 굴절어에서야 비로소 두 근본요소가 서로 이어져 존재할 뿐 아니라 참으로 결합되고 서로를 관통하는 방식으로 나타난다. 고립어는 관계와 의미의 무차별적 동일성, 순수한 관계 자체이며, 교착어는 관계를 나타내는 음과 의미를 나타내는 음의 분화(Differenzierung)이므로 관계가 별개의 독립적인 음으로 출현하게 되는 언어이지만, 굴절어는 이러한 차이의 지양이며 그러한 차이의 융합이다. 이것은 통일로의 귀환이지만 무한히 보다 높은 통일로의 귀환이다. 왜냐하면 그것은 차이에서 생긴 통일이고 차이를 전제로 가지면서 그것을 지양된 것으로서 자신 안에 보존하고 있기 때문이다.[88] 슐라이허의 고찰은 여기까지는 엄밀하게 헤겔식의 변증법적 도식에 따르고 있으며 이러한 도식이

---

88) [역주] 교착어에는 중국어나 타이어, 베트남어가 속하는데 중국어에서 볼 수 있는 것처럼 단어에 어형 변화나 접두사나 접미사 등이 없고 문장에서 단어가 차지하는 위치에 따라서 단어가 문장 속에서 행하는 문법적 기능을 표현한다. 굴절어는 단어가 문장 속에 행하는 문법적 기능에 따라 단어의 형태가 변화하는 언어를 가리키는데 라틴어와 영어를 비롯한 인도유럽어족과 셈(Sem)어족에 속하는 많은 언어가 굴절어에 속한다. 영어의 I my me mine처럼 '나'와 관련된 단어라도 그것이 문장 속에서 행하는 기능에 따라서 단어형태가 바뀐다. 교착어는 고립어와 굴절어의 중간적 성격을 띠는 것으로 어간에 접두사나 접미사 등을 덧붙임으로써 문장 내에서 단어가 행하는 문법적 기능을 표현한다. 교착어의 '교착'이라는 말은 본래 '아교로 붙인다'는 뜻인데, 이는 단어의 중심이 되는 어간에 접두사와 접미사 등이 붙어서 단어가 구성된다는 것을 가리킨다. 한국어가 속하는 우랄알타이어가 교착어이다. 굴절어에서는 어간과 어미의 구분이 어렵고 단어의 형태를 변화시킴으로써 문법적 기능을 표현하는 것에 반해서 교착어의 경우에는 어간과 어미의 구분이 상대적으로 분명하다.

언어를 전체로서 본질적으로 규정하는 것뿐 아니라 그것의 내적인 조직에 대한 파악도 지배하고 있지만, 다른 한편으로는 『비교언어학연구』 그 자체에서 이미 이러한 변증법적 분류 시도에 대해서 **자연과학적** 분류 시도를 직접적으로 행하고 있다. 거기에서는 언어연구의 체계적인 부분은 자연과학과 부인할 수 없는 유사성을 가지고 있다는 사실을 분명히 강조하고 있다. 어떤 어족(Sparchenfamilie)이 가지고 있는 전체적인 특질은 식물과 동물이 갖는 전체적인 특질과 동일한 어떤 시점하에서 파악되고 있다. "식물학에서 몇 개의 특징 — 떡잎, 꽃의 상태 — 은 그것들이 다른 특징들과 통상적으로 일치한다는 바로 그 이유 때문에 다른 것들보다도 〔꽃들을〕 분류하는 근거로서 유용하다는 사실이 증명되고 있지만, 그것과 마찬가지로 어떤 어족들, 예를 들면 셈족, 인도게르만어족과 같은 어족들 내에서 언어를 분류할 때는 **음운법칙**이 그러한 역할을 떠맡게 되는 것 같다." 그러나 여기에서도 물론 고찰은 우선은 경험적인 길로 나아가는 것이 아니라 순수하게 사변적인 방향을 취하게 된다. 단음절의 언어는 단어의 어떠한 분절구조도 알지 못하기 때문에, 분절구조를 갖는 고등의 유기체에 비하면 엄밀한 의미의 단일체로 나타나는 단순한 결정체(結晶體)와 유사하다. 부분들로의 분절이 행해지고 있지만 이러한 부분이 하나의 진정한 전체로 아직 융합되지 않은 교착어에는 유기체의 영역에서는 식물이 대응한다. 이에 반해서 단어에서 다양한 부분들이 통일되는 굴절어는 동물적 유기체에 대응하는 것이 된다.[89] 이 경우 슐라이허에게 문제가 되는 것은 단순한 비유가 아니고 언어의 본질 자체에서 비롯되는 것인바 그것은 언어학의 **방법론**까지도 결정하는 가장 중요한 객관적 규정이다. 만약 언어가 자연적인 존재(Naturwesen)라면 언어의 발전이 따르는 법칙도 역사적 법칙이 아니고 자연과학적 법칙임이 틀림없다. 사실상 역사의 과정과 언어형성의 과정은 내용적으로도 시간적으로도 완전히 다른 것이다. 역사와 언어형성은 서로 나란히 진행되는 인간 정신의 능력들이 아니고 서로 교체하면서 진행되는 능력들이다. 왜냐하면 역사는 자각적 의지의 소산인 반면에, 언어는 무의식적인 필연성의 소산이기 때문이다. 역사에서 자유가 자신을 표현하며 자신에게 참된 현실성을 부여하는 반면에, 언어는 인간의 부자유스럽고 자연스러운 측면에 속한다. "물론 언어 또한 넓은 의미에서는 역사라고 불러도 좋은 어떤 **생성**을 보여주고는 있다. 즉 그것에서는 여러 계기들이 연속적으로 출현한다. 그러나 이러한 생성은 자유로운 정신영역의 특징이 아니며 그것이 가장 분명하게 나타나는 것은 바로 자연에서이다." 역사가 시작되고 정신이 음을 더 이상 산출하지 않

---

[89] 특히 August Schleicher, *Sprachvergleichende Untersuchungen* I, Bonn 1848, 7쪽 이하; 같은 책 II, Bonn, 1850, 5쪽 이하를 참조할 것.

고 그것을 마주대하면서 그것을 수단으로 사용하게 되면 언어는 더 이상 발전할 수 없고 오히려 그와 반대로 갈수록 닳아진다. 따라서 언어의 형성은 역사 이전에 속하는 반면에, 언어의 퇴락은 역사시대에 속한다.[90]

따라서 언어가 인간정신에 대해서 갖는 관계는 자연이 세계정신에 대해서 갖는 관계와 같다. 즉 그것은 정신이 자신의 타자로 존재하는(Anderssein) 상태이다. "언어와 역사의 일치는 언어의 정신화와 함께 시작한다. 즉 그것은 언어가 자신의 물체성, 즉 자신의 형식을 점차로 상실하게 되는 시점부터 시작된다. 따라서 언어학의 자연과학적 부분은 역사적인 부분이 아니라 체계적인 부분이다." 언어를 통해서 민족들의 정신적 본질과 정신생활을 파악하기 위해서 언어를 단지 하나의 수단으로만 사용하는 **문헌학자**가 역사를 다루는 것에 반해서, **언어학**의 대상은 언어이다. 언어의 성질은 개개인이 자유롭게 결정할 수 있는 영역 밖에 존재하며 이는 예를 들면 나이팅게일이 자신의 소리를 종달새의 소리로 바꾸는 것이 불가능한 것과 마찬가지이다. "인간의 자유의지가 자신의 신체적인 성질과 마찬가지로 유기적인 방식으로 변화시킬 수 없는 것은 자유로운 정신의 영역에 속하는 것이 아니라 자연의 영역에 속한다. 따라서 언어학의 방법도 역사학의 방법

---

90) 같은 책 II, 10쪽 이하를 참조할 것. 특히 I, 16쪽 이하를 참조할 것.

과는 전적으로 다르며 본질적으로 여타의 자연과학들의 방법에 속한다. …… 자연과학과 마찬가지로 언어학도, 인간의 의지와 자의에 의해서는 아무것도 변화시킬 수 없는 불변적인 자연법칙의 지배가 인식될 수 있는 영역의 탐구를 과제로 갖고 있다."[91]

이상에서 우리는 언어고찰을 자연고찰로 해소하고 언어법칙을 순수한 자연법칙으로 해소하기 위해서는 단지 한 걸음만 나가면 된다는 사실을 알 수 있다. 그리고 슐라이허는 25년 후에 자신의 저서인 『다윈이론과 언어학』에서 이렇게 한 걸음 더 나아갔다. '에른스트 헤켈에 대한 공개서한'이라는 형태를 취하고 있는 이 저서에서는 이제까지 언어와 학문체계 안에서 언어가 차지하는 위치에 대한 슐라이허의 견해를 지배했던 '자연'과 '정신'의 대립은 시대에 뒤떨어진 것으로서 포기되었다. 슐라이허는 새로운 시대의 사고경향이 '부인할 수 없을 정도로 일원론으로 향하고 있다.'는 사실을 확인한다. 정신과 자연의 대립이든 내용과 형식의 대립이든 혹은 본질과 현상의 대립이든, 이원론은 자연과학적 견해에서는 완전히 극복된 입장이다. 자연과학에서는 정신 없이 물질은 없으며 물질 없이는 정신도 없다. 아니, 통상적인 의미의 정신도 물질도 없으며 존재하는 것은 단지 정신이기도 하면서 동시에 물질이기도 한 것뿐이다. 언어학은 이

---

91) 같은 책 II, 2쪽 이하 21쪽 이하와 I, 24쪽 이하를 참조할 것.

러한 사실로부터 자신의 법칙들에 특별한 지위를 인정하는 것은 단념해야 한다는 단순한 결론을 이끌어낼 수밖에 없다. 다윈이 동물과 식물의 종들과 관련해서 주장했던 진화론은 언어라는 유기체에 대해서도 똑같이 타당할 것임에 틀림없다. 어떤 류 내에서의 종들에 해당하는 것은 어떤 어족에 속하는 언어들이며, 하위 종들에 해당하는 것은 어떤 언어의 사투리들이나 방언들이며, 변종들이나 별종들에 해당하는 것은 하위 사투리들이나 하위 방언들이다. 그리고 마지막으로 개체에 해당하는 것이 언어를 사용하는 개개의 인간들의 말하는 방식이다. 이와 같이 언어라는 영역에서도 점진적 분화에 의해서 종들이 생성하고 생존경쟁에 의해서 보다 고도로 진화한 유기체가 보존된다는 것과 같은 사실이 타당하게 되며, 이것에 의해서 다윈의 사상이 그것이 적용되었던 근원적인 영역을 훨씬 넘은 영역에서도 확증되며 자연과학과 정신과학의 통일적 기초로서 입증되는 것 같다.[92]

이와 함께 우리는 방법론적으로는 슐라이허의 원래의 출발점과는 정반대의 극에 서게 된다. 아 프리오리하게 구성된 모든 것은 기껏해야 기지에 가득 찬 유희에 지나지 않으며 과학에게는 무가치한 허접 쓰레기에 지나지 않는다고 이제 그는 분명히 천

---

92) Schleicher, *Die Darwinsche Theorie und die Sprachwissenschaft*, Weimar 1873을 볼 것.

명한다. "관찰이 오늘날의 지식의 기초"라는 사실이 일단 인정되면서 경험이 무제한하게 자신의 권리를 행사하도록 허락된다면 그 결과로 모든 변증법적 자연철학이 해소되는 것과 마찬가지로 이제까지의 언어철학도 해소된다. 이러한 언어철학은 과거의 사유단계에 속하며 그 해답뿐 아니라 문제설정도 결정적으로 과거의 것이 되고 말았다.

물론 슐라이허 자신은 언어 문제에 대한 그의 마지막 견해에서도 여기에서 자신이 제기하고 있는 요구에 단지 조금밖에 부응하지 못했다. 그는 헤겔에서 헤켈로 전향하지만 그러한 전향은 형이상학의 어떤 형식을 다른 형식으로 대체한 것에 지나지 않는다는 사실을 쉽게 알 수 있다. 실증주의라는 약속의 땅을 실제로 밟는 것은 새로운 세대의 연구자들에게 맡겨졌다. 새로운 연구자들은 현실에 대한 일원론적 혹은 진화론적 전체적 해명을 목표하는 것이 아니라 언어학의 방법론적 문제를 그것에 고유한 특수성에서, 즉 그것을 다른 것에서 예리하고 명확하게 분리하면서 파악하고 그러한 문제를 이렇게 분리함으로써 해결하려고 시도했던 것이다.

VII. 현대 언어학의 정초와 '음운법칙'의 문제

물론 그러한 제한은 그것에 의해서 언어 문제가 한편으로는 역사과학의 방법문제와, 다른 한편으로는 자연과학의 방법문제와 맺고 있었던 모든 연관과 연루에서 단번에 벗어나는 것으로 보인다는 의미에서 가능하지는 않았다. 왜냐하면 이제 이러한 문제의 해결이 전적으로 맡겨진 것으로 보이는 실증주의도 그것이 형이상학의 가능성을 부정할 경우에는 바로 그렇게 부정한다는 점 자체에서 여전히 철학으로 존재하기 때문이다. 그렇게 철학으로서 존재하는 이상, 실증주의도 결코 단순히 다양한 개별적인 사실들이나 그러한 사실들에 관한 다양한 개별적인 법칙에 그칠 수는 없으며 이러한 다양에 대해서 하나의 통일을 찾지 않으면 안 되고 그러한 통일은 법칙의 **개념** 자체 이외에서는 발견될 수 없다. 지식의 여러 영역들에서 이러한 개념에 불변적이고 통일적인 **의미**가 주어져 있다는 것은 우선 단순히 전제되어 있다. 그러나 방법적인 자기규정이 진행될수록 이러한 전제 자체가 문제될 수밖에 없다. 우리는 언어 '법칙', 역사 '법칙', 자연과학적 '법칙'에 대해서 말하지만 이 경우 당연히 이러한 법칙들 모두에 어떤 논리적 구조의 공통성이 존재한다고 가정된다. 그러나 방법론의 입장에서 볼 때 이러한 공통성보다도 법칙개념이 개개의 영역에서 갖는 특수한 각인과 뉘앙스가 더 중요하다. 과학들의 전체를 참으로 체계적인 전체로서 파악하려면, 한편으로는 모든 과학에서 인식이라는 하나의 보편적 과제를 강조해야 하며, 다른 한편으로는 이러한 과제가 각각의 과학에서 일정한 특수조건하에서 개별적으로 어떤 식으로 해결되는지를 보아야만 한다. 이 두 가지를 고려하는 것에 의해서 근대의 언어학은 법칙개념의 발전을 규정하고 있다. 만약 일반적인 과학사와 인식비판이라는 관점에서 이 개념의 변천과정을 추적해본다면, 개개의 지식 영역이 비록 한 쪽이 다른 쪽에 직접적으로 영향을 준다고 말할 수 없을 경우에도 서로를 어떻게 이념적으로 조건짓는지가 매우 주목할 만하고 특징적인 방식으로 분명하게 된다. **자연법칙**이라는 개념이 통과하는 여러 국면들에는 거의 빠지는 것이 없을 정도로 완벽하게 **언어법칙**에 대한 동일한 수의 견해들이 대응한다. 그리고 여기에서는 단지 외면적인 전용(轉用)이 아니라〔자연법칙이 언어법칙에 단순히 외적으로 적용되는 것이 아니라〕 보다 깊은 공통성이 문제가 되고 있으며, 시대의 특정한 지적 근본경향들이 전적으로 상이한 문제영역들에서 작용하고 있다.

19세기 중엽을 지배했던 정밀한 자연과학의 원리론(Prinzipienlehre)은 헬름홀츠가 그의 저서 『힘의 보존에 대해서』 서문에서 쓴 유명한 문장에서 가장 간명하게 표현되었다. 헬름홀츠는 이 책의 과제는 자연계에서 모든 작용은 인력과 척력으로 환원될 수 있으며 그러한 힘의 강도는 서로 작용하는 점들 사이의 거리에 의존한다는 사실을 증명하는 데에 있다고 썼다. 그러나 그는 이 명제를 하나의 단순한 사실로서 주장하려는 것이 아니라 자연파악의 형식 자체로부터 그것의 타당성과 필연성을 도출하려고 한다. 헬름홀츠에 의하면 자연에서 일어나는 모든 변화에는 충분한 원인이 있음에 틀림없다는 원칙은 일어나는 모든 사건을 궁극적인 원인 — 절대적으로 **불변적인** 법칙에 따라서 작용하므로 외적인 상황이 동일하다면 항상 **동일한** 결과를 초래하는 궁극적인 원인 — 으로 환원할 수 있을 경우에만 참으로 관철된다. 어떠한 경우에도, 이러한 궁극적이고 불변적인 원인을 발견하는 것이 이론적인 자연과학의 본래 목표라는 것이다. "과연 모든 사건들이 그러한 원인으로 환원될 수 있는지에 따라서 자연을 완전히 파악할 수 있는지, 또한 필연적인 인과율에서 벗어나서 자발성이나 자유의 영역에 속하는 변화가 자연에 존재하는지는 여기에서 결정될 수 없다. 그러나 자연을 이해하는 것을 목표로 하는 과학은 자연이 파악될 수 있다는 전제에서 출발해야 하며, 반박하기 어려운 사실에 의해서 자신의 한계를 인정할 수밖에 없을 때까지는 이러한 전제에 기초해서 추론하고 탐구해야 한다는 것만은 아무튼 분명하다."[93] 자연이 이해될 수 있다는 것은 기계론적인 원리로 자연이 모두 설명될 수 있다는 것을 의미하는 이러한 전제가 '무기적인' 존재의 영역에서부터 **유기체적인** 사건의 영역에까지 침투했으며, 기술(記述)하는 성격을 갖는 자연과학조차도 그러한 전제에 의해서 구속되고 완전히 지배

---

93) Helmholtz, *Über die Erhaltumg der Kraft*, 1847, 2쪽 이하.

되었다는 것은 잘 알려져 있다. '자연인식의 한계'는 이제 기계론적인 세계상의 한계와 일치한다. 무기적인 자연이나 유기적인 자연의 사건을 인식하는 것은 이러한 사건을 개개의 요소적인 사건들(Elemetarvorgänge)로 해소하고 최종적으로는 원자들의 역학으로 해소하는 것이 된다. 이렇게 해소되지 않은 것은 인간정신과 인간의 모든 과학에게는 전적으로 초월적인 문제로 남을 수밖에 없는 것으로 나타난다.

자연과학에서 이러한 근본적 견해를 가장 첨예하게 대변했던 것은 듀 보아-레이몽드(du Bois-Reymond)의 유명한 강연 〈자연인식의 한계에 대해서〉(1872)이지만 그러한 견해를 언어에 대한 고찰에 적용해본다면, 우리가 언어의 복합적인 현상들을 궁극적 요소들의 단순한 변화로 환원하고 이러한 변화를 설명하는 보편타당한 규칙을 확립할 수 있을 때에만 언어를 이해했다고 말할 수 있다. 이러한 추론은 언어를 유기체로 파악하는 오래전의 사변적 파악방식에게는 받아들이기 힘든 것이다. 왜냐하면 그러한 파악방식에게 유기적인 사건은 자연과 자유 **사이에** 존재하는바, 어떠한 절대적인 필연성에 의해서도 지배될 수 없고 여러 가능성들 사이에 항상 일정한 유희공간을 열어두고 있다고 생각되었기 때문이다. 보프(Bopp)는 기회가 있을 때마다 언어에는 하천과 바다의 해안보다도 더 확고한 저항을 하는 어떠한 법칙도 존재할 수 없다고 분명하게 역설했다.[94] 여기에는 괴테의 유기체개념이 지배하고 있다. 즉 언어는 괴테의 표현에 따르면 확고하고 영원하지만 동시에 생동하는 규칙에 따른다. 그러나 자연과학 자체에서 유기체라는 관념이 기계장치(Mechanismus)의 개념으로 완전히 해소된 후인 지금은 그러한 견해는 더 이상 설 자리가 없다. 언어의 모든 생성을 지배하고 있는 예외 없는 법칙성은 복합적인 현상들에서는 아주 흐릿하게만 나타날지도 모른다. 그러나 언어의 참된 요소적인 사건들, 즉 음운변화라는 현상들에서는 이러한 법칙성이 은폐되지 않고 나타날 것임에 틀림없다. 그리고 이제, "만약 우리가 임의적이고 우연적이며 서로 어떠한 연관도 갖지 않는 여러 예외들을 인정하게 된다면 그와 함께 결국 우리는 연구대상인 언어가 과학적으로는 인식될 수 없다고 천명하게 되는 셈이다."고[95] 역설되는 것이다. 그러나 보다시피, 일정한 형태의 언어법칙을 요구하는 것은 여기에서도 이해와 이해 가능성 일반에 대한 어떤 보편적인 전제이며 어떤 특정한 인식이상(理想)이다. 근본법칙에는 예외가 있을 수 없다는 이러한 요청은 브루크만(Brugmann)과 오스트호프(Osthoff)의 『형태학적 연구(Morphologische Untersuchungen)』에서 가장 첨예하게 표현된다. "모든 음운변화는 그것이 기계적으로 진행되는 한,

---

94) B. Delbrück, *Einleitung in das Sprachstudium*, 21쪽을 참조할 것.
95) Leskien, *Die Deklination im Slawisch-Litauischen und Germanischen*, 1876.

예외를 허용하지 않는 법칙에 따라서 수행된다. 즉 음운추이(Lautbewegung)의 방향은 동일언어 공동체에 속하는 모든 구성원들에게는 항상 동일하며, 음운추이의 지배 아래 존재하는 음운이 동일한 조건들 아래서 나타나는 모든 단어들은 예외 없이 그러한 변화를 하게 된다."[96]

이러한 '청년문법학파적인 방향(junggrammatische Richtung)'의 견해가 이제 갈수록 확고한 기초를 부여받고 이것이 19세기 후반의 과학적 언어고찰 전체를 강력하게 각인하는 것이 되었지만, 그 경우 음운법칙(Lautgesetze)이라는 개념은 자연법칙이라는 **일반적** 개념의 파악방식에서 당시에 인식될 수 있는 것과 동일한 변화를 점차로 겪게 되었다. 순수하게 실증주의적인 이상이 과학에서 엄밀하게 적용될수록 자연현상을 기계론의 일반법칙으로 **설명해야** 한다는 요구는 갈수록 억압되고 그 대신에 자연현상을 그러한 법칙들로 **기술한다**는 보다 겸허한 과제가 들어서게 된다. 역학 자체는 이제—키르히호프의 유명한 정의에 따르면—자연 안에서 진행되는 운동현상을 완전히 일의적(一義的)으로 기술하는 것일 뿐이다.[97] 역학이 제시하는 것은 일어나는

---

96) Osthoff und Brugmann, *Morphologische Untersuchungen*, I, Leipzig 1878, XIII쪽; Leskien, 앞의 책, Leipzig 1876, XXVIII쪽.
97) Kirchhoff, *Vorlesung über mathmatische Physik*; Bd. I, Mechanik, 1. 쪽, Berlin 1876.

사건의 궁극적이고 절대적인 근거가 아니라 이러한 사건이 일어나는 **형식들**에 지나지 않는다. 따라서 언어학과 자연과학 사이에 유비적인 관계가 존재한다고 주장되더라도, 경험적으로 관찰된 규칙들에 대한 총괄적인 표현 이상의 것은 언어법칙에 대해서 기대할 수도 요구할 수도 없다. 언어학에서도 만약 우리가 엄격히 사실적으로 주어진 것의 영역 안에 머물 경우에는, 언어형성의 궁극적인 **힘**들을 드러내는 것이 아니라 단지 언어형성에서 나타나는 **동일한 형식들**을 관찰과 비교에 의해서 확인하는 것이 문제가 될 수 있다. 그러나 그와 함께 음운법칙의 이른바 '자연필연성'도 다른 성격을 갖게 된다. "방법론적으로 보다 엄밀하게 된 오늘날의 연구가 비로소 밝혀낸 모든 것에 따르면" — 이렇게 1878년에 오스트호프(Osthoff)는 음운법칙의 무예외성의 원칙을 정식화하고 있다 — "언어의 음운법칙은 전적으로 맹목적으로 작용한다는 것, 즉 맹목적인 자연필연성에 따라서 움직이고 있다는 것, 거기에는 어떠한 예외도 전혀 존재하지 않으며 어떠한 예외에 의한 면제도 전혀 존재하지 않는다는 사실이 갈수록 분명하게 드러나고 있다."[98] 그런데 헤르만 파울과 같은 연구자는 음운법칙들이 갖는 타당성의 성격을 보다 냉정하고 비판적으로

---

98) Osthoff, *Das Verbum in der Nominalkomposition im Deutschen, Griechischen, Slavischen und Romanischen*, Jena 1878, 326쪽.

규정한다. 그는 이렇게 분명하게 주장한다. "음운법칙은 무엇이 어떤 일반적인 조건 아래 거듭해서 나타나지 않을 수 없는가를 말해주는 것이 아니라, 단지 어떤 일군의 특정한 역사적 현상들에서 보이는 규칙성을 확인할 뿐이다."[99] 이처럼 법칙이란 개념을 언어사의 특정한 **사실들**을 표현하는 것으로만 간주하고 모든 언어형성의 궁극적 요인들을 표현하는 것으로 간주하지 않는 파악방식에서는 관찰된 동일한 형식들을 전적으로 상이한 힘들(물리적 힘이나 심리적 힘)로 환원할 수 있다. 음운을 산출하는 물리적인 근본적 과정과 아울러 이제 발화의 복잡한 심리적 조건들에 대해서도 더욱 분명하게 그 권리가 인정되어야만 한다. 이제 음운변화의 불변적인 동일한 형식들은 일반적으로 전자로 환원되며 이러한 불변적인 규칙들에 대한 외관상의 위반은 후자로 환원된다.

음운변화를 규제하는 생리학적인 법칙의 엄격하면서도 예외 없는 전면적인 지배에 대해서, 언어에서 형식적으로 공속하는 단어들을 **음의 면**에서 결합하고 그것들을 서로에게 동화시키려

---

[99] H. Paul, *Prinzipien der Sprachgeschichte*(초판 1886), 3판, Halle 1898, 61쪽. B. Delbrück에서는 동일한 사상이 경우에 따라서 역설적으로 표현되고 있다. 즉 실로 '음운법칙 자체'에는 예외가 없지만 '경험적 음운법칙'에는 예외가 없는 것은 아니라고.(*Das Wesen der Lautgesetze* in Ostwalds '*Ananalen der Naturphilosophie*' I, 1902, 294쪽)

고 하는 언어적인 **유비형성**의 충동이 대립하고 있다. 그러나 물론 이러한 언어형성의 심리적, '정신적' 요인들은 우선은 비교적 좁은 범위에서만 인정된다. 왜냐하면 정신이라는 개념이 여기에서는 훔볼트와 관념론적인 철학에서 가졌던 의미와 동일한 의미를 갖고 있지 않기 때문이다. 그것은 분명히 자연주의적으로 각인되어 있으며 기계론의 개념에 의해서 관철되고 규정되고 있다. 따라서 이제 '표상의 메커니즘'을 지배하는 심리학적 법칙이 정신의 근본법칙으로 나타나고 있다. 이 경우 이러한 법칙이 분트 심리학의 방향에서 정식화되는지 아니면 헤르만 파울(H. Paul)의 경우처럼 헤르바르트의 심리학의 방향에서 정식화되는지는 순수하게 원리적인 입장에서 보면 동일하다. 그 어떤 경우든 간에, 사람들은 결국은 '연상법칙들'의 유형으로 언어법칙들을 환원하려고 하며 그러한 유형으로부터 언어법칙들을 파악하려고 한다.[100]

그러나 이와 함께 언어형성에 작용하는 내용적으로 상이한 요인들은 방법적으로 동일한 선상에 존재하며 이를테면 동일한 고찰의 차원에 속하게 된다. 음운을 산출하는 여러 생리적인 메커니즘과 연상이라는 심리적 메커니즘의 협력에 의해서 개개인의

---

100) 연합개념과 연합법칙이 갖는 이러한 지배적인 위치에 관해서는 분트의 저작 외에 예를 들면, H. Paul, 같은 책, 23쪽 이하, 96쪽 이하 등을 참조할 것.

영혼에서 언어가 형성된다. 언어는 하나의 전체가 되지만, 이러한 전체는 우리가 그것을 물리적 근본과정들과 심리적 근본과정들로 점차 분해해가는 것에 의해서만 이해될 수 있다.[101]

따라서 여기에서 언어는 자연현상의 영역에 속하는 것으로 간주된다. 그러나 역학적인 자연개념 대신에 인간에 대한 보다 넓은 '심리-물리적'인 자연개념이 등장한다. 근대 심리학의 입장에서 언어현상에 대해서 행해진 가장 포괄적이고 일관된 서술에서 이러한 전환이 분명히 드러난다. 분트가 역설하는 바에 따르면, 음운법칙과 유비형성이 끊임없이 서로 협력하는 방식은 이 양자를 서로 분리되고 상반되는 힘으로서가 아니라 결국은 어떤 방식으로든 인간의 통일적인 심리-물리적인 유기조직에 근거하는 조건으로 파악한다면 분명히 훨씬 더 잘 이해될 수 있다. "따라서 우리는 음운법칙의 형식들을 기억에 의해 재생하기 때문에, 한편으로는 우리가 유비형성을 설명하기 위해서 끌어들이는 동일한 연상작용들이 음운법칙의 형식들에서 필연적으로 함께 작용한다고 전제하지 않으면 안 된다. 그리고 다른 한편으로 이러한 연상작용은 모든 심리적 과정과 마찬가지로 훈련에 의해서 자동적인 결합으로 이행하게 되며, 따라서 원래 심리적 계기

---

101) 예를 들면 Osthoff, *Das physiologische und psychologische Moment in der sprachlichen Formenbildung*, Berlin 1879.

들 쪽에 두어졌던 현상이 점차로 물리적인 계기들 쪽으로 옮겨진다. 그러나 우리가 현저한 몇 개의 특징들을 토대로 하여 물리적인 것이라고 부르는 것이 이러한 방식으로 단순히 계기(繼起)적으로 심리적인 것으로 전화하고 그 반대로 심리적인 것이 물리적인 것으로 전화할 뿐 아니라 양자는 처음부터 자주 너무나 밀접히 교차하고 있어서 서로 분리될 수 없다. 왜냐하면 어느 한 쪽의 계기가 사라지면 그것이 어떤 것이든 다른 한 쪽의 계기도 사라질 것임에 틀림이 없기 때문이다."[102] 여기에서 '전체성'이라는 관념론적 요구—즉 언어를 여러 분리된 요소들로 합성하는 것이 아니라 그것에서 항상 '전체적인' 인간의 표현, 그의 정신적·자연적 존재의 표현을 보려고 하는 요구—가 새로운 형태로 복귀하고 있는 것처럼 보인다. 그러나 물론 동시에 그러한 요구는 여기에서 인간의 '심리-물리적 본성'의 통일성이라고 불리는 것에서는 우선 단지 막연하게 제시되고 있을 뿐이며 그것에 의해서는 불충분하게만 달성된다는 사실도 분명하다. 이제 우리가 훔볼트에서 '청년문법학파'에 이르기까지, 슐라이허에서 분트에 이르기까지 언어철학이 거친 전개과정의 전체를 되돌아보면, 개별적인 지식과 인식은 확대되고 있음에도 불구하고 순수하게 방법 면에서만 볼 때는 원환 속에서 움직여왔다는 사

---

102) Wundt, *Völkerpsychologie* 2쇄 I, 369쪽.

실을 보게 된다. 언어학은 자연과학과 동일한 확실성을 자신에게서 발견하고 정밀하고 깨질 수 없는 법칙들을 획득하기 위해 자연과학에 관련되어야만 했으며 그것의 구조를 모범으로 삼아야만 했다. 그러나 사람들이 언어학에서 의거하려고 했던 자연이라는 개념은 외관상의 통일체에 지나지 않는다는 사실이 갈수록 분명하게 되었다. 자연이란 개념이 엄격하게 분석될수록 거기에는 극히 다양한 의미와 유래를 갖는 계기들이 아직 숨어 있다는 사실이 더욱 분명하게 되었던 것이다. 이러한 계기들 사이의 관계가 구명되고 일의적으로 규정되지 않는 한, 자연주의적인 색채의 언어개념들은 항상 변증법적으로 자신의 대립물로 전환될 수 있는 위험에 처해 있다. 이러한 전화는 음운법칙의 개념에 입각하여 추적될 수 있다. 왜냐하면 이러한 음운법칙이라는 개념은 처음에는 모든 언어의 변화를 지배하는 엄밀하면서도 예외 없는 **필연성**을 보여주는 것으로 규정되었지만, 궁극적으로는 이러한 규정에서 갈수록 벗어나게 된다. 음운의 교체, 음운변화는 '맹목적인' 필연성의 표현이라기보다는 오히려 한갓 '통계적인 확률 법칙'이라고 해석된다. 이른바 자연법칙은 어떤 개인적인 자의에 의해서 고안되고 관습에 의해서 정착되고 모방에 의해서 전파되는 유행 법칙이 되는 것이다.[103] 따라서 언어학에 확고한 통

---

103) 이것은 본질적으로는 B. Delbrück이 앞의 논문에서 표방하고 있는 음운법칙에 대한 견해이다. *Annalen der Naturphilosophie* I, 277쪽 이

일적 기반을 제공해야만 했던 저 개념은 여전히 도처에서 직접적인 대립들을 포함하며 이러한 대립들에 의해서 언어에 대한 철학적 고찰은 새로운 과제에 직면하게 된다.

이를 통해서 실증주의적인 고찰도식이 점차 느슨하게 되었을 뿐 아니라 마침내는 완전히 붕괴되었는지는 카를 포슬러(Karl Vossler)의 저술들에서 특히 명료하게 나타난다. 포슬러는 그의 두 저작 『언어학에서 실증주의와 관념론』(1904)과 『창조와 발전으로서의 언어』(1905)에서 헤겔을 계승하고 있다. 그러나 [헤겔과의] 이러한 연관 못지않게 명료한 것은 포슬러를 빌헬름 폰 훔볼트와 결합시키는 선이다. 언어를 결코 단순한 작품(ergon)으로서가 아니라 활동(Energeiae)으로서 파악해야 하며, 언어에서 '사실(Tatsache)'은 모두 그것의 기원인 정신의 '사행(事行, Tathandlung)'으로까지 소급될 경우에야 비로소 이해될 수 있다는 훔볼트의 사상은 역사적으로 변화된 조건들 아래서 되살려지게 된다. 이미 훔볼트에서 이러한 원리가 가리키는 것은 언어의 심리학적 '기원'이 아니라 오히려 정신에 의한 언어 구축의 모든 단계들을 **관통하면서 작용하는** 지속적인 형식이다. 이러한 정신적 구축은 주어진 자연적 싹이 단순히 전개되는 것이 아니라 정신적 자발성이라는

하, 특히 297쪽 이하를 볼 것. 음운법칙을 '유행의 법칙'으로 파악하는 것에 대해서는 Fr. Müller, *Sind die Lautgesetze Naturgesetze?* in Techmers Zeitschrift I, 1884, 211쪽 이하를 볼 것.

일관된 성격을 띠고 있으며 이러한 정신적 자발성은 새로운 단계에서 새로운 방식으로 표현된다. 동일한 의미에서 포슬러 또한 언어의 '발전'이라는 그 자체로는 다의적인 개념에 대해서 **창조로서의 언어**라는 개념을 내세우면서 그것에 대립시키고 있다. 언어에서 어떤 특정한 상태의 주어진 법칙성이라는 의미에서 규칙이라는 형태로 확정될 수 있는 것은 단순한 화석에 지나지 않는다. 그러나 이렇게 한갓 이미 생성되어 있는 것(das Gewordene)의 배후에는 생성이라는 참된 구성적 활동, 즉 끊임없이 자신을 갱신하는 정신적인 산출활동이 숨어 있다. 그리고 언어 전체가 본질적으로 의거하고 있는 바로 이러한 활동으로부터 개개의 언어현상들이 참되게 설명될 수 있다. 따라서 요소들에서 전체로, 음운에서 단어와 문장으로, 그리고 이것들에서 언어의 특유한 '의미'로 나아가려고 하는 실증주의적 고찰방향은 이제 그것의 대립물로 전환된다. '의미'의 우위, 의미결합의 보편성이라는 것에서 출발하여 언어의 발전과 역사의 개별적인 현상들을 이해하는 것이 중요하다. 인간의 말에서는 살아 있는 정신이 문장, 문장의 절, 단어와 음운을 구성한다. 이러한 '관념론적인 인과율'을 전적으로 진지하게 수용한다면, 음운론, 어형변화론(Flexionslehre), 단어형성론, 구문론과 같은 하위 분야들에서 기술되는 모든 현상은 최고의 분야인 **문체론**에서 궁극적이고 참되게 설명될 수 있을 것임에 틀림없다. 모든 언어구성에서 지배하는 '문체'로부터 그 언어의 문법규칙과 어형(語形)형성론(Formenbildung), 그리고 구문론상의 '법칙'과 '예외'가 설명되어야만 한다. 관습, 즉 이미 응고된 규칙인 한에서의 언어사용을 기술하는 것이 구문론이며 생생한 창조과정이자 형성작용인 한에서의 언어사용을 고찰하는 것이 문체론이다. 따라서 문체론에서 구문론으로 나아가야만 하며 그 역은 안 된다. 왜냐하면 모든 정신적인 것에서는 생성의 형식에 의거할 때야 비로소 우리는 이미 생성되어 있는 것의 형식을 이해할 수 있기 때문이다.[104]

언어사(言語史)의 사실들을 단지 조사하고 주어진 사실을 아는 것이 문제인 한에서는 물론 실증주의도 연구원리로서는, 즉 '방법론적 실증주의'로서는 전적으로 인정될 수 있다. 배격되어야 할 것은 다만, 사실을 조사하는 것과 함께 이미 그것들을 정신적으로 해석한다는 과제도 해결했다고 믿는 실증주의적 형이상학일 뿐이다. 그것 대신에 등장하는 것이 관념론의 형이상학이며 그것에서는 **미학**이 중심이 된다. 포슬러는 이렇게 결론을 내리고 있다. "언어란 정신적 표현이라는 관념론의 정의가 옳다면, 언어 발달의 역사는 정신 표현의 역사, 즉 가장 넓은 의미에서 **예술사** 이외의 것일 수는 없다."[105] 그러나 베네데토 크로체

---

104) 특히 Vossler, *Positivismus und Idealismus in der Sprachwissenschaft*, Heidelberg 1904, 8쪽 이하.
105) 같은 책, 10쪽 이하, 특히 24쪽 이하 등을 참조할 것.

를 계승하는 이러한 포슬러의 결론과 함께 물론 언어 고찰에서 새로운 문제와 새로운 위험이 나타난다. 이제 언어고찰은 다시 하나의 철학적 체계의 전체 안으로 수용되었다. 그러나 이러한 수용은 동시에 언어가 이러한 체계의 일부분과 동일시된다는 조건도 포함하는 것 같다. 보편적·합리적 문법이라는 사상에서 언어의 고유한 성격이 결국은 보편적인 논리학 안으로 해소되었던 것처럼 이제 그것은 표현에 대한 보편적인 학문인 미학 안으로 해소될 위험이 존재한다. 그러나 포슬러가 크로체와 함께 가정하는 것처럼 미학은 정말로 표현에 대한 학문 자체인가 아니면 표현에 대한 학문 중의 하나에 지나지 않으며, 그것과 동등한 권리를 갖는 다른 형식들과 나란히 존재하는 하나의 '상징적 형식'인가? 언어형식과 예술형식 사이에 존재하는 것과 동일한 관계가 언어형식과 그 외의 다른 형식들—예를 들면 신화처럼 독자적인 형상세계(Bildwelt)를 매개로 하여 독자적인 정신적 의미세계를 구성하고 있는 형식들—사이에도 성립하는 것은 아닐까? 이러한 물음과 함께 우리가 원래 출발했던 체계적 근본문제에 다시 직면하게 된다. 언어는 정신적 존재의 한 초점으로서 존재하며, 전적으로 상이한 기원들을 갖는 광선들이 그 초점에서 통일되고 그것으로부터 정신의 모든 영역들을 향해서 광선들을 발한다. 그러나 이러한 사실로부터 귀결되는 것은 우리가 미학을 미리 예술표현에 대한 모든 특수한 관계로부터 해방할 때, 바꿔 말하면 우리가 미학의 과제를 여기에서 어떤 보편적인 '상징형식의 철학'의 과제로서 규정하려고 했던 것으로까지 확장하는 방식으로 보편적으로 파악할 때에만 언어철학은 미학의 특수한 경우로서 불릴 수 있다는 것이다. 만약 언어가 정신의 참으로 자립적이고 근원적인 에너지라는 사실을 입증하려면, 언어는 이러한 상징형식 전체 안에 진입해 들어가야 하며 이미 존재하는 그중의 한 부분과만 일치해서는 안 된다. 즉 언어가 논리학 그리고 미학에 대해서 맺게 되는 모든 체계적인 **결합**에도 불구하고, 언어에게는 이러한 전체에서 그것에게 **특유한** 위치가 할당되어야만 하며 그것에 의해서 언어의 '자율성'이 확보되어야만 한다.

제2장 감각적 표현 단계에서의 언어

I. **표현운동으로서의 언어** ─ 신체언어와 어휘언어

 어떤 정신적 형식의 독특함을 확실하게 규정하기 위해서 무엇보다도 필요한 것은 그것을 그것에 고유한 척도로 평가하는 것이다. 이러한 형식을 판정하고 그것의 성과를 평가하기 위한 관점은 외부로부터 주어져서는 안 되고 그 형식을 형성하는 활동 자체에 고유한 근본법칙성에서 취해져야 한다. 아무리 확고한 '형이상학적' 범주도, 다른 곳으로부터 주어진 존재에 대한 규정도 분류도, 그것이 아무리 확실하고 확고하게 근거지어진 것으로 보일지라도 우리를 이렇게 순수하게 내재적인 출발점에서 시작해야만 한다는 필연성에서 벗어나게 할 수는 없다. 그러한 범주를 적용할 권리는, 우리가 그것을 확고하게 주어진 것으로

서 보면서 독특한 형식원리에 우선하는 것으로 간주하지 않는 것이 아니라 그러한 범주를 이러한 원리 자체로부터 **도출하고** 이해할 수 있는 경우에만 비로소 확보된다. 이러한 의미에서 모든 새로운 형식 각각은 새로운 세계 '구성'을 표현한다. 그리고 이러한 세계 '구성'은 오직 그것에게만 타당한 특수한 규준에 의해서 행해진다. 물론 주어진 확고한 통일점으로서의 세계의 존재로부터 출발하는 독단론적 고찰은 정신의 **자발성**이 갖는 모든 이러한 내적인 구별들을 세계의 '본질'에 대한 보편적 개념으로 해소하고 그렇게 함으로써 그러한 구별들을 사라지게 하는 경향이 있다. 그러한 독단론적 고찰은 존재를 확고하게 분할한다. 즉 그것은 예를 들어 '내적인' 영역과 '외적인' 영역을 나누고 '심리적인' 현실과 '물리적인' 현실을 나누며 '사물들'의 세계와 '표상들'의 세계로 나누고 그리고 이러한 방식으로 서로 구분된 개개의 영역 내부에서도 동일한 분할이 반복해서 행해진다. 의식조차도, '혼'의 존재조차도 다시 분리되고 서로 독립된 일련의 '능력들'로 다시 분해된다. 인식비판이 진전됨에 따라서 사람들은 이러한 구분과 분리를 사물들 자체에 확실하게 내재하는 절대적인 규정들로 생각해서는 안 되고 인식 자체에 의해서 **매개된** 것으로서 이해해야 한다는 것을 배우게 된다. 인식비판에 의해서, 특히 '주관'과 '객관', '자아'와 '세계'라는 대립이 인식에게 단순히 수용되어서는 안 되고 오히려 인식의 전제들로부터 근거지어지고 그러한 대립의 의미가 비로소 규정되어야만 한다는 것이 드러난다. 그리고 지식 세계의 구성에서와 마찬가지로 동일한 사실은 진정으로 자립적인 모든 정신적 기능들에 대해서도 일정한 의미에서 타당하다. 예술적 표현과 신화적 표현, 언어적 표현에 대한 고찰도, 만약 그것이 개별적인 표현형식들과 표현법칙들 자체를 선입견에 사로잡히지 않고 깊이 파악하는 것 대신에 처음부터 '근원적인 상'과 '모상', '현실'과 '가상', '내적' 세계와 '외적' 세계의 관계에 대한 독단론적 전제로부터 출발한다면 자신의 목표를 그르칠 위험이 있다. 물음은 오히려 다음과 같은 방식으로 제기되어야만 한다. 즉 이 모든 분리방식들은 바로 예술에 의해서, 언어에 의해서, 또한 신화에 의해서 함께 조건 지어지는 것이 아닌지, 그리고 이러한 형식들의 각각이 구별들을 정립할 때 상이한 관점에 서 있고 따라서 경계선도 각각 다르게 그을 수밖에 없는 것은 아닌지라고. 고정적이고 실체론적인 분단, '내적' 세계와 '외적' 세계의 엄격한 이원론이라는 사고방식은 이러한 방식으로 갈수록 억제된다. 정신은 자기 자신 안에 존재하는 일정한 구별을 고찰상의 구별로서 현상에 적용하며, 그것을 이를테면 현상 안에 투입하는 것에 의해서만 자기 자신을 파악하고 자기 자신과 아울러 '객관적' 세계에 대한 자신의 대립을 파악하는 것이다.

따라서 언어도 우선은 세계를 분명하게 구별된 두 영역들,

'외적인' 존재와 '내적인' 존재로 구분하는 것에 대해서는 일반적으로, 기묘할 정도로 무관심할 뿐만 아니라 이러한 무관심이 바로 그것의 본질에 필연적으로 속하는 것처럼 보인다. 여기에서는 심적인 내용과 그것의 감각적 표현이 하나가 되어 있기 때문에, 전자가 후자에 대해서 자립적·자족적인 것으로 존립하는 것은 아니고 오히려 전자가 후자에서 비로소, 그리고 후자와 함께 비로소 완성된다. 내용과 표현 양자는 상호침투에 의해서 비로소 그 자신이 된다. 그것들이 서로의 상호관계에서 수용하는 의미는 각각의 존재에 단순히 외부로부터 덧붙여지는 것이 아니라 오히려 그 의미가 양자의 존재를 비로소 구성하는 것이다. 여기에 존재하는 것은 어떠한 매개에 의해서 생긴 결과가 아니라 바로 저 기초가 되는 종합, 즉 언어 전체가 그것으로부터 비롯되고 그것에 의해서 가장 근본적인 감각적 표현에서 최고의 정신적 표현에 이르는 모든 부분들이 서로 결합되는 저 종합이다. 그리고 형성된 분절화된 음운언어뿐 아니라 어떤 내면적 생기를 표현하는 가장 단순한 모방적 표현조차도 이미 양자의 이 불가분한 얽힘을 보여준다. 즉 이러한 내적인 사건은 그것 자체로 완성되고 완결된 영역을 형성하면서 그것으로부터 의식이 단지 이른바 우연하게, 즉 다른 사람들에게로의 관습적인 전달을 위해서 밖으로 나오는 것이 아니라 바로 이렇게 내적인 사건이 자신을 외화하는 것이 그것 자신의 고유한 형성과 형태화작용의 본질적 요소를 이루고 있다. 그런 한 근대의 언어심리학이 언어의 문제를 **일반적인 표현운동의 심리학**의 문제로 편입시킨 것은 옳았다.[1] 순수하게 방법적으로 고찰할 경우, 여기에 다음과 같은 중요한 단서, 즉 이렇게 운동과 운동감(Bewegungsgefühl)에서 출발함으로써 전통적인 **감각주의적** 심리학이 구사하는 개념수단의 권역이 근본적으로 이미 초월되었다는 단서가 포함되어 있다. 감각주의의 입장에서 보면, 의식의 응고되고 고정된 **상태**가 가장 먼저 주어진 것일 뿐 아니라 심지어 어떤 의미에서는 유일하게 주어진 것이다. 즉 의식의 과정들은 일반적으로 그것들의 고유한 양식에서 인정되고 평가되는 한 그러한 상태의 단순한 총합, '결합'으로 환원된다. 이에 반해서 운동과 운동감이 의식 자체의 구조의 한 요소이자 근본적인 하나의 요인으로 간주될 경우,[2] 여기에서도 동역학(Dynamik)이 정역학(Statik)으로 환원될 수 없고 오히려 정역학이 동역학에 근거지어져야만 한다는 사실, 즉 심리적인 것의 '현실성'은 모두 과정과 변화에 존재하는

---

1) 18세기의 심리학적, 미학적 연구를 기반으로 하여 J. J. Engel이 이미 그의 "*Ideen zur Mimik*"(Schriften, Berlin 1801, T. 7과 8)에서 표현운동의 완전한 체계를 수립하려고 시도했다. 언어를 표현운동으로 파악하는 것에 대해서는 특히 Wundt, *Die Sprache* 2판, I, 37쪽 이하를 참조할 것.
2) '운동의 우위'에 대한 이러한 사상은 헤르만 코엔(Hermann Cohen)의 심리학에서 특히 예리하면서도 강력하게 주장되고 있다. 특히 H. Cohen, *Ästhetik des reinen Gefühls*, Bd. I, 143쪽 이하.

것이며 상태로 고정되는 것은 추후적으로 이루어지는 추상과 분석의 작업이라는 사실이 인정되고 있다. 따라서 모방적인 운동도, 그것이 자신의 직접적 감성적 존재에서 자신과는 다르지만 그것 자체 안에 현존하고 있는 것을 의미하고 '언표하는(be-sagen)' 이상, '내적인 것'과 '외적인 것', '정신적인 것'과 '신체적인 것'의 직접적 통일이다. 여기에서 일어나는 것은 모방적 기호가 그것이 지시하는 정동으로 단순히 '이행'하는 것이 아니며 그러한 정동에 멋대로 덧붙여지는 것이 아니다. 정동과 그것의 표현, 내적인 긴장과 그것의 방출이라는 두 가지는 시간적으로 분리될 수 없는 동일한 작용에서 일어난다. 모든 내적인 흥분은 순수하게 생리학적으로 기술되고 해석될 수 있는 어떤 연관에 의해서 우선 최초에는 신체적인 운동으로 표현된다. 그리고 그 이후의 전개는 **특정한** 흥분과 **특정한** 운동이 갈수록 정확하게 결합되는 것에 의해서 이러한 관계가 갈수록 예리하게 분화되어가는 것일 뿐이다. 물론 이러한 표현형식은 우선은 내적인 것이 외적인 것에 단순히 '복사되는 것(Abdruck)'을 넘어서는 것처럼 보이지는 않는다. 즉 어떤 외적인 자극이 감성적인 것으로부터 운동성을 갖는 것으로 이행하는 것이지만, 그 경우 후자는 단순한 기계적 반사의 영역 내에 전적으로 머무른 것처럼 보일 뿐이지, 우선은 그것 안에 보다 고차적인 정신적 '자발성'이 나타나는 것은 아닌 것처럼 보인다. 그러나 이러한 반사도 이미 자아의식과 구체적인 대상의식의 새로운 형식이 구성되기 시작하는 능동성의 첫 번째 징후이다. 다윈은 『감정의 표현(*Ausdruck der Gemütsbewegungen*)』이라는 저서에서 표현운동을 원래는 의도적 행동의 잔재로서 해석하면서 표현운동에 대한 하나의 생물학적 이론을 창출하려고 시도했다. 따라서 특정한 정동의 표출은 이제까지의 구체적인 의도적 행동이 약화된 것일 뿐이다. 예를 들어서 분노의 표출은 이제까지의 공격운동이 약화되고 퇴색한 모습이며, 경악의 표출은 방어운동의 모습이다. 이러한 견해는 다윈의 생물학적 문제설정이라는 좁은 범위를 넘어서, 문제를 보다 일반적인 연관 안에 포함시키는 해석을 수용할 수 있다. 사실 아무리 근본적인 표현운동도 아직 완전히 직접적인 감각적 생활 안에 존재하면서도 다른 한편으로는 이미 그것을 넘어서기 때문에 정신발달의 최초의 경계선을 형성한다. 즉 이러한 표현운동에서 감각적 충동은 직접 자신의 대상에 육박하면서 그것에서 자신을 만족시키고 자신을 상실하는 것이 아니라 일종의 억제와 반전(Rückwendung)을 경험하며 그러한 억제와 반전에서 충동 자체에 대한 새로운 의식이 일깨워지는 것이다. 이러한 의미에서 표현운동에 포함되어 있는 반작용이야말로 보다 높은 정신적 단계의 활동을 준비한다. 활동이, 이를테면 단지 작용한다는 식의 직접적 형식에서 몸을 빼는 것에 의해서 자기 자신을 위해서 어떤 새로운 활동영역과 자유를 획득하는 것이 된다. 이와 함께 이미 그것은 단지 '실용적인 것'에서 '이론적인 것'으로, 신체적인 행위로부터 관념적인 행위로의 이행점에 서 있게 된다.

신체언어에 대한 심리학적 이론에서는 신체언어의 두 가지 주요형식을 구별하는 경향이 있다. 즉 한편으로는 지시하는 몸짓과 다른 한편으로는 모방하는 몸짓이 존재하며, 양자는 내용적으로도 심리학적인 발생과정으로부터 보아도 서로 명확히 구별되는 두 개의 군으로 간주된다. 이 경우 지시하는 몸짓은 생물학적으로도 그리고 발달사적으로도 붙잡는 운동에서 유래한다. 분트는 이렇게 말하고 있다. "팔과 손은 인간의 가장 초기의 발달 단계에서부터 대상물을 붙잡고 자유롭게 다루는 기관으로 쓰인다. 인간의 붙잡는 기관은 인간에 가까운 동물들의 유사한 행동과 비교할 때 본질적으로는 아니고 다만 상대적으로 우월한 것에 지나지 않는다. 그러나 이렇게 분명히 근원적인 사용방식으로부터, 우선은 본래 퇴행적인 성격을 갖지만 그것의 영향 면에서 보면 전진적인 발달의 중요한 구성부분들 중의 하나를 이루는 단계적인 변화들의 하나가 일어나고, 이러한 변화가 몸짓흉내(pantomimisch) 운동이 갖는 가장 원초적인 최초의 형식으로 이끄는 것이다. 그것은 발생이라는 점에서 고찰할 때 암시로까지 약화된 붙잡는 운동일 뿐이다. 어린이들에게서 우리는 이렇게 약화된 붙잡는 운동의 근원적인 형식에서 나중의 형식에 이르기까지의 가능한 모든 이행형태들을 볼 수 있다. 그러나 이와 함께 붙잡는 운동은 지시운동으로 직접적으로 이행한다. 대상들을 붙잡으려는 시도를 자주 반복한 이후에야 비로소 지시운동이 그 자체로 독립하게 된다."[3] 그런데 이렇게 단순한 것으로 보이는 독립으로의 행보가 동물적인 발달에서 특수하게 인간적인 발달로 향하는 도상에서 가장 중요한 단계들 중의 하나를 형성한다. 왜냐하면 어떠한 동물도 붙잡는 운동을 지시운동으로 이렇게 특징적으로 전환하는 것까지는 나아가지 않기 때문이다. 손으로 무엇인가를 가리키는 것은 〔독일어로는〕'먼 곳을 붙잡는 것(Greifen in die Ferne)'이라고 말하지만, 이것은 최고로 발달한 동물들에서도 최초의 불완전한 맹아의 수준을 넘어서지 못한다. 발달사의 이러한 사실 자체가 이렇게 '먼 곳을 붙잡음' 안에 어떤 전형적이고 일반적 정신적 의의를 갖는 성향이 숨겨져 있다는 것을 시사한다. 최초의 이러한 일보에 의해서, 감각하고 욕구하는 자아는 표상되고 욕구된 내용을 자기 자신으로부터 분리시키고 이와 함께 비로소 그것을 '대상', 즉 '객관적' 내용으로 형성한다. 정동과 충동의 가장 원시적인 단계에서 대상에 대한 '모든 파악(Erfassen)'은 대상을 직접 감각적으로 붙잡는다는 것이며 소유한다는 것일 뿐이다. 낯선 존재를 자기 존재의 지배 아래 둔다는 것, 순수하게 물질적으로 또한 그것의 소재성 면에서

---

3) Wundt, *Völkerpsychologie* 2판 I, 129쪽 이하.

나의 권역 안으로 끌어들인다는 것이어야 한다. 감성적 인식의 최초의 출발점들도 아직은 이러한 징후 안에 전적으로 존재한다. 그것들은 플라톤의 함축적이고 특징적인 말을 빌리면 대상을 직접 손으로(ἀπρὶξ ταῖν χεοῖν) 붙잡을 수 있다고 믿는다.[4] 그러나 개념과 순수한 '이론'의 모든 진보는 이러한 최초의 감성적 직접성을 점차 극복해가는 데에서 비로소 이루어진다. 객체, 즉 인식의 대상은 갈수록 멀어져가며, 자기 자신을 비판적으로 성찰하는 인식에게 객체는 항상 '무한히 먼 점'으로서, 즉 인식의 무한한 과제로 나타날 수 있게 된다. 그러나 동시에 그 객체는 이렇게 멀어져가는 것으로 보임으로써 비로소 자신의 참된 이상적 규정성을 획득하게 된다. 논리적 개념과 판단 그리고 추론에서 '이성'의 본래적인 특성을 형성하는 저 간접적인 파악이 형성된다. 따라서 발생적으로도 사태적으로도 '붙잡는 것'에서 '개념적으로 파악하는 것'으로의 지속적인 이행이 실제로 일어나는 것으로 보인다. 감성적 물리적으로 붙잡는 것이 감성적 지시작용이 된다. 그러나 후자에는 이미 언어와 사유에서 보이는 것과 같은 보다 높은 의미기능의 맹아가 숨겨져 있다. 이러한 양극 사이에 존재하는 최대의 폭을 헤아리기 위해서 우리는 이렇게 말할 수 있다. 즉 단순한 '지시'라는 감성적인 극에는 '증명

---

4) Platon, *Theaetetus*, 155 E를 참조할 것.

한다'는 논리적인 극이 마주 서 있으며, 단적으로 개별적인 것(아리스토텔레스가 말하는 τόδε τι〔이것〕)을 가리키는 단순한 지시에서 시작하는 길은 갈수록 일반성의 정도를 높여가는 규정작용으로 이끌며, 처음에는 단순히 지시적인 기능이었던 것이 '필연적인 입증(Apodeixis)'의 기능이 된다. 이러한 연관은 언어 자체에서도 보이는바, 발화함(Sprechen)과 말함(Sagen)에 대한 표현들과 지시함(Zeigen)과 가리킴(Weisen)에 대한 표현들은 서로 결합되어 있다. 즉 인도게르만어에서는 '말하다'를 의미하는 동사들은 대부분의 경우 지시한다는 동사들에 기원을 갖는다. 예를 들면 라틴어 'Dicere〔말하다〕'는 그리스어 δείκνυμι〔고트(got)어의 *teihan, ga-teihan, 고대 고지 독일어 zeigôn〕에 포함되어 있는 것과 동일한 어근에서 유래한다. 그리스어 Φημί Φάσκω〔말하다〕가 원래는 비추다와 빛나다 그리고 나타나게 하다를 가리키는 어근 Φα(산스크리트어 bhâ)에 기원을 갖는 것과 동일하다.(Φαέθω, Φῶ ζ, Φαίνω, 라틴어 fari, fateri 등 참조)[5]

그런데 만약 지시적인 몸짓이 아니라 또 하나의 주요한 근본적인 군을 이루는 **모방의 몸짓**에서 고찰을 시작한다면, 신체언어에 대한 평가는 물론 다르게 될 것임에 틀림없다. 왜냐하면 모

---

[5] 이 점에 대해서는 Kluge, *Etymologisches Wörterbuch der deutschen Sprache* 5판, Straßburg 1894, 415쪽(색인어 zeigen); Curtius, *Grundzüge der griechischen Etymologie* 5판, 1878, 115, 134, 296쪽을 참조할 것.

방은 그 자체로 이미 모든 자유로운 형식의 정신적 활동과 반대되는 것이기 때문이다. 모방의 경우 자아는 외적 인상과 이것의 성질에 사로잡혀 있다. 자아가 자신의 모든 자발성을 차단하고 외적 인상을 보다 정확하게 반복할수록 모방은 자신의 목표를 더욱더 완전하게 달성한 것이 된다. 가장 내용이 풍부하고 분화된 신체언어, 자연민족의 몸짓 언어는 그것이 외적 인상에 이렇게 구속되어 있다는 것을 가장 강력하게 보여준다. 문명화된 민족들의 신체언어는 직접적이고 감성적인 모방 기호 외에, 표현해야 할 대상과 활동을 직접적으로 모사하지 않고 단지 간접적으로 표시하는 이른바 '상징적 몸짓'을 풍부하게 포함하는 것이 보통이다. 그러나 그러한 신체언어에서 분명히 나타나는 것은 ─예를 들면 시트회 수도사들(Zistermönche)의 언어와, 조리오(Jorio)가 상세하게 서술했던 나폴리인들의 신체언어에서 볼 수 있는 것처럼[6]─ 원시적인 형식들이 아니라 음운언어의 형식이 이미 지속적으로 그리고 명확하게 영향을 미친 극히 복잡한 형성물들이다. 이에 반해서 신체언어 본래의 자립적인 내용으로까지 소급해갈수록 단지 '개념기호'에 지나지 않는 것은 모두 사라지고 단순한 '사물기호'로 대체되는 것 같다. 따라서 바로 그것

---

6) Andrea de Jorio, *La Mimica degli antichi investigata nel Gestire Napolitano*, Napoli 1832; 시트회 수도사들의 언어에 대해서는 Wundt, 앞의 책, I, 151쪽 이하.

에서 일체의 의도적인 협정이 배제된 순수하게 '자연적인' 언어라는 이상이 달성되는 것 같다. 예를 들어 북아메리카 인디언들의 신체언어에는 자신의 기원을 '협약'에 둔 제스처들은 거의 없고 대부분은 명백한 자연현상들의 단순한 재현이라는 사실이 보고되고 있다.[7] 감각적이고 지각될 수 있는 주어진 객체들을 판토마임처럼 모방한다는 이러한 경향만을 고려한다면, 그러한 언어는 정신의 자유로운 독창적 활동으로서의 언어로 가는 도상에는 아직 전혀 있지 않은 것으로 보인다. 그런데 '모방'도 '지시'도—'모방적' 기능도 '지시적' 기능도—전적으로 단순하면서도 항상 동일한 형식을 갖는 의식수행을 표현하는 것이 아니라 양자 모두에 상이한 정신적 기원과 의의를 갖는 요소들이 혼재되어 있다는 점을 주목해야 한다. 아리스토텔레스도 언어의 어휘들을 '모방'이라고 말하며 인간의 목소리는 모방하는 데 가장 적합하고 모방하기 위해서 형성된 기관이라고 말한다.[8] 그러나 그에게는 어휘가 갖는 이러한 모방적 성격은 그것의 순수한 상징적 성격과 대립하는 것이 아니다. 오히려 이미 동물세계에서

---

7) Mallery, *Sign languages among North American Indians*, Reports of the Bureau of Ethnology in Washington, I, 334쪽을 참조할 것.

8) Aristoteles, *Rhetorik* III, 1, 1404 a 20: τὰ γὰρ ὀνόματα μιμήματά ἐστίν, ὑπῆρξε δὲ καὶ ἡ φωνὴ πάντων μιμητικώτατον τῶν μορίων ἡμῖν [이름들은 모방한 것들이고, 모방하는 데 가장 유용한 부분인 목소리도 우리에게 있었기 때문이다].

보이는 분절화되지 않은 감각음운(Empfindungslaut)은 상징으로서 사용되는 것에 의해서만 언어음운이 된다고 주장되기 때문에 이 상징적 성격도 똑같이 강력하게 역설되고 있다.[9] 여기에서는 '모방'이라는 말이 보다 넓으면서도 깊은 의미로 사용됨으로써 위의 두 가지 규정〔어휘가 갖는 모방적 성격과 상징적 성격〕은 서로 결합하게 되는데, 그러한 의미에 따르면 아리스토텔레스에서 모방은 언어의 기원일 뿐 아니라 예술적 활동의 근원이기도 하다. 이러한 방식으로 이해된 미메시스(μίμησις, 모방)는 그 자체로 이미 포이에시스(ποίησις), 즉 창조하고 조형하는 활동의 영역에 속한다. 미메시스에서는 외적으로 주어져 있는 것을 단순히 반복하는 것이 아니라 정신의 자유로운 기획이 행해지고 있다. 외관상으로는 '모방(Nachbilden)'으로 보이는 것이 사실은 내적인 '선행적인 형성(Vorbilden)'을 전제로 갖는 것이다. 그리고 보다 예리하게 관찰해보면 예술적인 형성의 형태로 순수하게 자립적

---

[9] 다음 문장을 참조할 것. περὶ ἑρμηνείας cap. 2, 16a 27: φύσει τῶν ὀνομάτων οὐδέν ἐστιν ἀλλ᾽ ὅταν γένεται σύμβολον ἐπεὶ δηλοῦσί γέ τι καὶ οἱ ἀγράμματοι ψόφοι οἷον θηρίων ὧν οὐδέν ἐστιν ὄνομα 〔명제론 2권 16a27 참조: 어떠한 이름도 자연적으로 이름이 되는 것이 아니라 상징물이 될 때 이름이 된다. 예컨대 짐승들이 내는 비분절적인 소리들도 뭔가를 나타내지만 이들 중 어떤 것도 이름은 아니다〕. '모방'과 '상징'(ὁμοίωμα과 σύμβολο) 사이의 분명한 구별은 예를 들면 암모니우스의 아리스토텔레스 주해에서도 보인다. Ammonius, *De interpretat.* f. 15b.(Scholia in Aristot. ed. Ac. reg. Borus. 100쪽)

인 것으로 나타나는 이러한 계기〔선행적인 형성이라는 계기〕가 외관상으로는 순수하게 수동적으로 보이는 모든 모방활동의 원초적인 단계에서도 나타나고 있다는 것이 실제로 분명하게 된다. 왜냐하면 이러한 모방도 특정한 현실내용을 하나씩 하나씩 단순히 묘사함으로써 성립되는 것이 아니라 그 내용에서 어떤 중요한 계기를 강조하는 것과 함께 그 형태의 특징적인 '윤곽'을 획득하는 것에 의해서 성립하기 때문이다. 그러나 이와 함께 모방 자체가 이미 **표현**의 도상에 존재하는 것이며 이러한 표현에서 객체들은 이미 완성되어 있는 형상의 형태로 단순히 수용되는 것이 아니라 의식에 의해서 그 구성적인 근본특성들에 따라서 구성되는 것이다. 하나의 대상을 이러한 의미에서 모방한다는 것은 그 대상을 단순히 그것의 개개의 감각적 특징들로부터 합성하는 것이 아니라, 의식이 구성적으로 산출하는 것에 의해서만 참으로 이해될 수 있는 구조적인 관계들에 입각하여 파악하는 것이다. 발달된 형태의 신체언어가 어디에서나 단순한 모방적 몸짓으로부터 **표현하는** 몸짓으로의 이행을 보여준다면 신체언어는 보다 높은 형식의 모방을 위한 단서를 제공하는 것이다. 표현하는 몸짓이 갖는 특성을 분트는 다음과 같이 서술하고 있다. 그러한 몸짓에서는 "조형예술이 단순히 모방하는 기술에 비해 보다 자유롭게 형성하는 것과 유사하게 대상의 상이〔단순한 모방적 몸짓에 비해서〕보다 자유롭게 형성된다."[10]

그러나 표현이라는 이러한 기능은 몸짓 대신에 음운을 수단으로서, 즉 감각적 기체로서 사용함으로써 전적으로 새로운 자유와 깊이, 다시 말해 어떤 새로운 정신적 현실성을 갖게 되는 것으로 나타난다. 언어 발달의 역사에서 이러한 교체 과정이 아무런 매개 없이 행해지는 것은 아니다. 자연민족의 언어에서는 신체언어가 음운언어와 나란히 존재할 뿐 아니라 신체언어가 음운언어 자체의 형성을 여전히 결정적으로 규정하고 있다는 사실이 오늘날에도 명백하게 인식될 수 있다. 자연민족의 언어에서는 양자의 특징적인 상호침투가 도처에서 보이며, 이에 따라서 이 언어의 '어휘개념(Wortbegriff)'은 사람들이 그것을 모방적인 (mimisch) 개념으로서 그리고 손짓개념(Handbegriffe, manual concepts)으로서 이해할 경우에야 비로소 파악되고 이해될 수 있다. 몸짓과 두 손은 각각 진실로 말과 지성의 일부를 형성하는 것으로 보일 정도로 몸짓은 말, 두 손은 지성과 긴밀히 결합되어 있다.[11] 유아어의 발달에서도 음운은 모방운동의 전체로부터 극히

---

10) Wundt, 앞의 책, I, 156쪽.
11) 주니-인디언들(Zun iindianer)의 '손짓개념들(manual concepts)'에 관해서는 Cushing, Manual concepts(*The American Anthropologist* V, 291쪽 이하)를 참조. 또한 자연민족들에서 신체언어와 어휘언어 (Wortsprache)의 연관에 대해서는 특히 Levy-Bruhl, *les fonctions mentales dans les soiétés inférieurs*, Paris 1910.(독일어판, Wien 1921, 133쪽 이하)

점진적으로 분리된다. 유아어 발달의 상대적으로 높은 단계들에서도 음운은 이러한 모방의 전체 안에 아직은 완전히 사로잡혀 있는 것으로 드러난다.[12] 그러나 이러한 분리가 행해지자마자 언어는 이후 자신이 그 안에서 움직이는 요소(Element, 〔음운〕)와 함께 자신을 구성하는 새로운 근본원리도 획득하게 되었다. 음운이라는 물리적 매체 안에서 비로소 언어 본래의 정신적 자발성이 전개된다. 양자는 이제 서로를 제약한다. 음운의 분절화는 사유의 분절화를 위한 수단이 되며 사유의 분절화가 음운들을 형성하고 형식화함에 따라서 갈수록 분화되어가고 정치하게 되어가는 기관을 만들어낸다. 다른 모든 모방적인 표현수단에 비하여 음운은 훨씬 높은 정도로 '분절화'가 가능하다는 장점을 가지고 있다. 몸짓이 갖는 감각적·직관적 규정성과 현저한 대조를 이루는 음운의 유동성이야말로 음운에게 전적으로 새로운 형성능력을 부여하는 것이며 이러한 음운은 표상내용의 고정된 규정성뿐 아니라 표상과정의 가장 미묘한 부유와 동요도 표현하는 것을 가능하게 한다. 몸짓이 음운이라는 무형의 요소보다도 그것의 구상적·모사적인 성질 때문에 '사물들'이 갖는 특성에 보다 적합할 것 같지만, 음운에는 이러한 관계가 전적으로 결여되

---

12) Clara und William Stern, *Die Kindersprache* 2판, Leipzig 1920, 144쪽 이하 참조.

어 있고 대상의 존재를 직접적으로 재현할 수 없는 단순한 생성이라는 바로 그러한 이유 때문에 음운은 자신의 내적인 자유를 획득하게 된다. 객관적인 측면에서 보아도 음운은 이제 단순히 내용적인 성질들을 표현하는 것으로서뿐 아니라 무엇보다도 관계들과 형식적인 관계규정들을 표현하는 것으로서 기능할 수 있다. 그리고 주관적인 측면에서 보면 음운에서는 감정의 동태(動態, Dynamik)와 사유의 동태가 분명히 각인된다. 신체언어는 단지 공간이라는 매체 안에서만 행해지며 그 때문에 운동도 그것을 개개의 분리된 공간적인 형태들로 분할하는 방식으로만 표현할 수 있기 때문에, 감정과 사유의 동태를 표현하기 위해서 충분한 기관을 소유하고 있지는 않다. 이에 반해 음운언어에서는 개별적인 분리된 요소가 음운의 산출 전체에 대해서 전적으로 새로운 관계를 맺게 된다. 음운언어에서 개별적인 분리된 요소는 항상 새롭게 생기는 것에 의해서만 존립하며 그 내용은 그것을 산출하는 활동에 흡수된다. 그러나 이러한 음운산출의 활동 자체가 이제 서로 구별되는 특수한 규정들로 갈수록 정치하게 분화되어간다. 음운들의 질적인 분리와 뉘앙스에 특별히 악센트에 의한 동적인 뉘앙스와 리듬에 의한 뉘앙스가 덧붙여진다. 특히 원시적인 노동요(勞動謠)들에 나타나는 것과 같은 리듬 구조에 예술과 언어의 발달의 본질적 계기가 존재한다는 것을 입증하려고 하는 시도가 행해져왔다.[13] 원시적인 노동요들에서 음운은 순전히 감성적인 영역에 직접적으로 뿌리박고 있지만, 음운이 비롯되는 것이면서 그것이 표현하려고 하는 것은 고통의 느낌이 아니라 단순한 감성적인 행위이기 때문에, 음운은 다른 한편으로는 이미 이러한 [감성적인] 영역을 넘어서려고 한다. 단순한 감탄사, 즉 어떤 강렬한 순간적 인상에서 비롯되는 개별적인 정동과 흥분의 음운이, 이제 행위의 연관과 질서를 반영하는 서로 연관되어 있고 어떤 질서를 갖는 음계열로 이행해간다. 야콥 그림의 『언어의 기원에 대하여』라는 논문에는 이렇게 쓰여 있다. "음운의 조직적인 발전이 우리에게 분화하고 분절화할 것을 명하며 인간의 언어는 하나의 분절된 언어가 된다. 호메로스가 인간에게 부여한 칭호 $οἱ\ μέροπες,\ μέροπες\ ἄνθρωποι$ 혹은 $βροτοί$[자신의 소리를 나누는 자, 분절화하는 자]가 이러한 사태와 부합된다. ─그러한 칭호는 자신의 소리를 나누고 분절하는 자라는 의미를 갖는 $μείρομαι$ 또는 $μερίζω$에서 유래한다."[14]

---

13) Karl Bücher, *Arbeit und Rhythmus*를 참조할 것. 노동과 '노동의 리듬' 이 언어의 생성에 미치는 영향에 대해서는, L. Noiré, *Der Ursprung der Sprache*, Mainz 1877, *Logos-Ursprung und Wesen der Begriffe*, Leipzig 1885를 참조할 것.

14) Jakob Grimm, *Über den Ursprung der Sprache*(1851), J. Grimm의 *Kleine Schriften*, 255쪽 이하를 볼 것. 그림이 여기서 가정하는 어원학적인 연관은 의문스러우며 이론의 여지가 있다. 상세한 것은 Georg Curtius, *Grundz. der griech. Etymologie* 5판, 110, 330쪽을 볼 것.

이제야 비로소 언어의 소재가 그것에 새로운 형식이 각인될 수 있는 상태가 된다. 감성적으로 흥분된 상태는 그대로 모방적인 표현으로 전환될 경우에는 이러한 표현에 이를테면 몰입해버린다. 그것은 이러한 표현에서 자신을 방출하며 그것에서 자신의 종언을 발견한다. 전진적으로 발전해가면서 이러한 직접성이 억압됨으로써 그와 동시에 내용이 비로소 그 자체 안에 고정되고 그 자체 안에서 형태가 주어진다. 이러한 내용이 밖으로 자신을 개시하고 분절화된 음운이라는 매체에 의해서 명확하면서도 판명하게 자신을 나타내려면, 이제 보다 높은 의식성과 그 내용의 내적인 차이들에 대한 보다 예리한 파악이 필요하다. 몸짓과 분절화되지 않은 흥분의 소리로 직접 분출하는 것을 저지함으로써 감성적인 욕망과 표상 자체의 내부에 존재하는 내적인 척도, 어떤 운동이 생긴다. 단순한 반사로부터 '반성'의 상이한 단계들로 갈수록 명확하게 상승하게 된다. 분절된 음운이 발생한다는 것에서, 즉 괴테의 말을 빌리면 '소음이 음조로 완성된다'는 사실에서 정신의 극히 다양한 영역에서 항상 새로운 형식을 취하면서 나타나는 가장 일반적인 현상을 볼 수 있다. 언어기능의 특수성을 통한 것이지만, 예술과 신화적-종교적 의식에서, 언어와 인식에서 각각의 내재적 법칙성에 따라서 전개되는 것과 같은 보편적인 **상징기능**이 여기에서 다시 나타나고 있다.

II. 모방적, 유비적, 상징적 표현

예술이론과 인식이론과 마찬가지로 언어이론도 모방개념과 모사설의 속박으로부터 점차적으로만 벗어날 수 있었다. 고대 언어철학의 중심에 있었던 것은 $\kappa \upsilon \rho \iota \acute{o} \tau \eta \varsigma\ \tau \hat{\omega} \nu\ \acute{o} \nu o \mu \acute{\alpha} \tau \omega \nu$ [명사의 지배력]에 대한 물음이었다. 언어를 $\Phi \acute{u} \sigma \epsilon \iota\ \check{o} \nu$ [자연에 의해서 존재하는 것]으로 보아야 하는지 아니면 $\nu \acute{o} \mu \omega \iota\ \check{o} \nu$ [결정에 의해서 존재하는 것]으로 보아야 하는지라는 문제도 일차적으로는 언어의 **생성**에 관한 것이 아니라 그것의 진리내용과 현실내용에 관련된 것이다.[15] 언어와 어휘는 주관적인 표상과 사념의 권역에 전적으로 속하는 것인가 아니면 명칭의 영역과 현실존재의 영역 사이에는 보다 깊은 연관이 존재하는 것인가? 명칭 자체의 내적인 '객관적인' 진리와 올바름이 존재하는가? 언어가 갖는 그러한 객관성을 소피스트들은 부정하며 스토아 학파는 긍정했다. 그러나 부정하는 경우도 긍정하는 경우도 **문제설정 자체**의 형식은 동일한 것으로 남는다. 인식은 사물의 본질을 그리고 언어는 인식의 본질을 반영하고 모사하는 것이 과제라는 것, 이것이 언

---

15) φύσει [자연에 의한]와 νόμῳ [관습이나 법에 의한] 사이의 대립은 알렉산드리아시대가 되면 φύσει [자연에 의한]와 θέσει [결정에 의한]의 대립에 의해서 대체되지만, φύσει 와 νόμῳ 사이의 대립의 근원적 의미에 대한 상세한 것은 Steinthal, *Geschichte der Sprachwissenschaft bei den Griechen und Römern* I, 76쪽 이하, 114쪽 이하, 319쪽 이하를 볼 것.

어의 가치를 옹호하는 입장이든 부인하는 입장이든 항상 출발점으로 삼는 근본전제다. 소피스트들은 그러한 과제가 성취될 수 없다는 것을 보여주려고 했다. 고르기아스는 이렇게 말한다. 비록 어떤 존재가 있더라도 그것은 인간에게는 파악될 수도 인식될 수도 없다고. 비록 인식될 수 있더라도 그것은 말해질 수도 전달될 수도 없다. 시각과 청각이 그 본성상 각각 어떤 특정한 성질의 권역에 한정되어 있는 것처럼, 즉 시각은 밝음과 색만 지각하고 청각은 음만 지각하는 것처럼 말도 그것이 향하는 '타자'인 '존재'와 진리를 파악하기 위해서 자기 자신을 결코 초월할 수 없다.[16] 스토아 학파는 이러한 결론을 피하기 위해서 존재와 인식 사이의 자연적인 근친성과 마찬가지로 어휘와 의미 사이의 자연적 연관, $κατὰ\ μίμησιν$〔모방에 의한〕 일치를 주장했지만 도로에 그쳤다. 언어가 존재를 전체적으로 혹은 부분적으로 반영한다든가 언어는 존재의 참된 $ἔτυμον$〔실상〕을 형상화한다

---

16) Sextus adv. Mathematicos VII, 83쪽 이하(Diels, *Fragmente der Vorsokratiker*, 76B, 554쪽)를 참조. ὧι γὰρ μηνύομεν, ἔστι λόγος, λόγος δὲ οὐχ ἔστι τὰ ὑποκείμενα καὶ ὄντα· οὐκ ἄρα τὰ ὄντα μηνύομεν τοῖς πέλας ἀλλὰ λόγον, ὃς ἕτερός ἐστι τῶν ὑποκιμένων〔우리가 (어떤 것을) 표현하는 수단은 말이다. 그런데 말은 (속성들의 바탕에 놓여 있는) 기체(基體)나 존재하는 사물이 아니다. 따라서 우리가 이웃들에게 말로 표현하는 것은 존재하는 사물들이 아니라 기체들과는 다른 것인 말을 표현할 뿐이다.〕
〔 〕 안의 ( )의 말은 역자가 독자들의 이해를 돕기 위해 삽입한 것이다.

는 견해는 그것이 계속해서 발전하면서 정반대의 것으로 전화됨으로써 자신의 불합리함을 논증하는 셈이 된다. 즉 '유사성'이라는 관계뿐 아니라 이제 그 역의 관계조차도 어원적인 설명의 근거로서 인정을 받게 된다. $\dot{\alpha}\nu\alpha\lambda o\gamma\acute{\iota}\alpha$[아날로기아, 유사] $\acute{o}\mu o\iota \acute{o}\tau\eta\varsigma$[동일]뿐 아니라, $\dot{\varepsilon}\nu\alpha\nu\tau\acute{\iota}\omega\iota\varsigma$[대립]과 $\dot{\alpha}\nu\tau\acute{\iota}\varphi\rho\alpha\sigma\iota\varsigma$[반대]도 언어형성의 원리로 간주된다. similitudo[유사]는 contrarium[반대]가 되며, '유비(Analogie)'는 변칙(Anomalie)이 된다. 이렇게 악명 높은 '대립물에 의한 설명'이 어원학의 전개에서 얼마나 파괴적으로 영향을 끼쳤는지는 잘 알려져 있다.[17] 그러나 전체적으로 볼 때, 유사성의 요청에 입각하여 언어를 설명하려는 모든 시도는 궁극적으로는 그 자신의 반대극에 필연적으로 도달하게 되며 이와 함께 자기 자신을 부정할 수밖에 없게 된다는 사실만은 그러한 설명에서 가장 분명하게 나타난다.

단어가 사물을 모방하는 것이 아니라 주관적인 감정상태를 모방하는 것으로 파악되는 경우에조차, 즉 에피쿠로스의 예에서 볼 수 있는 것처럼 단어가 대상의 성질보다도 오히려 말하는 사람의 $\acute{\iota}\delta\iota\alpha\ \pi\acute{\alpha}\theta\eta$[개인적인 감정]을 재현하는 것으로 간주될 경우에조차,[18] 그러한 언어고찰은 그것이 중심으로 삼는 것이 바뀌

---

17) 개개의 특징적인 예들에 대해서는 Georg Curtius, *Grundz. der griech. Etymologie* 5판, 5쪽 이하; Steinthal, 앞의 책, I, 355쪽 이하; Lersch, *Sprachphilosophie der Alten*, III, 47쪽 이하.

었을지라도 본질적으로는 동일한 원리에 의해서 지배되고 있다. 〔언어가 사물 혹은 주관적인 감정상태를〕 모사해야 한다는 요구 자체가 견지될 경우에는 모사되는 것이 '내적인 것'이든 '외적인 것'이든 사물의 복합체든 감정과 표상의 복합체든 결국은 동일한 것이다. 아니 후자의 전제에 설 경우에도 언어에 대한 회의는 다시 대두될 뿐 아니라 오히려 그야말로 가장 첨예해질 것임에 틀림없다. 왜냐하면 언어는 사물보다도 생을 직접적으로 파악하는 것이 훨씬 더 어려울 수 있기 때문이다. 생을 이렇게 직접적으로 표현하려고 하는 모든 시도만으로도 언어는 자기 자신을 폐기하고 만다. "혼이 말할 경우, 아아 혼은 이미 더 이상 말하고 있지 않다." 따라서 언어는 다시 그것의 순수한 형식 면에서 이미 감각과 감정세계의 구체성과 풍부함의 적대자가 된다. "말하고 있는 것은 말하는 사람이지 색이나 사물이 아니다."는 고르기아스의 이의는 우리가 '객관적' 현실을 '주관적' 현실로 대체할 경우에 더욱더 타당하다.[19] 주관적인 현실에서는 철저한 개

---

18) 같은 책, 90쪽 참조.
19) De Melisso, *Xenophane et Gorgia*, Cap. 6, 980 a 20: ὃ γὰρ εἶδε, πῶς ἄν τις, φησί, τοῦτο εἴποι λόγῳ; ἢ πῶς ἄν ἐκείνῳ δῆλον ἀκούσαντι γίγνοιτο, μὴ ἰδόντι; ὥσπερ γὰρ οὐδὲ ἡ ὄψις τοὺς φθόγγους γιγνώσκει, οὔτ᾽ ὡς οὐδὲ ἡ ἀκοὴ τὰ χρώματα ἀκούει, ἀλλὰ φθόγγους· καὶ λέγει ὁ λέγων ἀλλ᾽ οὐ χρῶμα οὐδὲ πρᾶγμα 〔그는 말한다. 자신이 보는 것을 누가 말로 이야기할 수 있겠는가? 혹은 보지 않고 들을 뿐인 자에게 누가 자신이 본 것을 어떻게 분명

체성과 최고의 규정성이 지배하는 데 반해, 언어의 세계에서는 일반성이, 즉 단순히 도식적인 기호들의 불명확함과 다의성이 지배한다. 언어의 '일반적인' 의미가 현실의 심리적 사건을 특징짓는 모든 차이를 없애버리기 때문에 언어의 길은 우리를 정신적으로 보편적인 것(das geistig Allgemeine)으로 높이 이끄는 것이 아니라 오히려 공통적인 비속한 것(das Gemeine)으로 끌어내리는 것으로 나타난다. 왜냐하면 언어가 파악하는 것은 단지 이것뿐, 즉 어떤 개별적인 직관과 감각에 고유한 것이 아니라 그것이 다른 것들과 공유하는 것뿐이기 때문이다. 따라서 언어는 지폐상의 가치에 지나지 않고 게임의 룰에 지나지 않는다. 즉 그것은 따르는 사람들이 많을수록 보다 큰 강제성을 갖게 되지만 그것이 자기 자신을 비판적으로 이해하자마자 자신이 어떤 현실을 —그 현실이 '내적' 세계에 속하든 '외적' 세계에 속하든 간에—표현한다거나 인식하고 파악한다는 어떠한 주장도 할 수 없게 된다.[20]

그러나 물론 근본적으로는 인식비판의 경우와 마찬가지로 언

하게 전달할 수 있겠는가? 시각이 소리를 알지 못하는 것처럼 청각도 색깔을 듣지 못하고 소리를 들을 뿐이다. 그리고 말하는 자는 말을 할 뿐이지 색깔을 말하지도 않고 사물을 말하지도 않는다.]
20) Fr. Mauthner, *Beiträge zu einer Kritik der Sprache*, 특히 I, 25쪽 이하, 70, 175, 193 u. ö를 참조할 것.

어비판의 경우에도 바로 이러한 철저한 형태의 회의론에는 이미 회의론의 극복이 포함되어 있다. 회의론은 인식과 언어의 무가치함을 드러내려고 한다. 그러나 그것이 궁극적으로 증명하는 것은 오히려 그 양자〔인식과 언어〕가 여기서 측정되고 있는 기준이 되는 **척도**의 무가치함이다. 회의론이 전개되는 과정에서 방법적으로 수미일관되게 수행되는 것은 '모사설'의 근본전제의 내적인 해소이며 자기해체이다. 따라서 이 점에서 부정이〔즉 모사의 가능성에 대한 부정이〕 철저하게 행해질수록 보다 판명하고 확실하게 그것으로부터 새로운 적극적 견해가 생긴다. 현실과 상징 사이의 직접적이든 간접적이든 어떤 종류의 **동일성**이라는 마지막 가상이 제거되고, 양자 사이의 **긴장**이 극도로 높아져야 바로 이러한 긴장 내에서 상징적 표현의 독특한 수행방식과 모든 개별적인 상징적 형식의 내용이 분명하게 드러날 수 있다. 왜냐하면 우리가 사물들의 전체든 단순한 감각들의 전체든 하나의 전체로서의 '현실'을 모든 정신적인 형성작용에 앞서서 소유한다는 신념을 고집하는 한, 그러한 〔상징적 형식의〕 내용은 사실상 드러날 수 없기 때문이다. 이러한 전제가 올바르다면, 형식 자체에는 단순한 재생산이라는 과제만 남아 있게 되며 그러한 재생은 그것이 재생하는 원상(Original)에는 필연적으로 못 미칠 수밖에 없을 것이라는 것은 말할 나위가 없다. 그러나 사실은 각각의 〔상징적〕 형식이 갖는 의미는 그것이 **무엇을** 표현하는지에서가 아니라 표현의 방식과 양상 그리고 내적인 법칙성 자체에서만 찾을 수 있다. 형성작용의 이러한 법칙성에, 따라서 직접적으로 주어진 것에 대한 가까움에서가 아니라 그것으로부터의 거리의 증대에 예술적 형성의 가치와 독특함과 마찬가지로 언어적인 형성의 가치와 독특함도 존재한다. 직접적 존재, 직접적 체험으로부터의 이러한 거리가 그러한 것들을 볼 수 있게 하고 정신에 의해서 의식되기 위한 조건이다. 따라서 언어도 감성적 인상과 감성적 정동에 대한 직접적 관계가 **사라지는** 곳에서 비로소 **시작된**다. 음운은 그것이 순전히 〔현실의〕 반복으로서 존재하는 한, 즉 그것에 '의미'를 향한 의지와 함께 특수한 의미의 계기가 결여되어 있는 한은 아직 언어음(Sprachlaut)이 아니다. 반복이 목표하는 것은 동일성에 존재하는 반면에, 언어적인 표현이 목표하는 것은 차이에 있다. 언어적인 표현에서 수행되는 종합은 **상이한** 것의 종합으로서만 수행될 수 있으며 어떠한 점에서든 동일하거나 유사한 것의 종합으로서는 수행될 수 없다. 음운이 그것이 표현하려고 하는 타자와 동일할수록 이러한 타자 자체로 '존재하면' 할수록, 그것이 이 타자를 '의미할 수 있는' 힘은 그만큼 적게 된다. 정신적인 내용의 측면에서뿐 아니라 생물학적·발생적으로 보아도 여기에 분명한 경계선이 그어져 있다. 하등동물에서도 이미 원초적인 감정과 감각을 표현하는 풍부한 음운이 존재한다는 사실이 인정되지만, 이것은 보다 고등한 종으로 나아감에 따라서 보다 풍부하게 분화해가며, 일정하게 분절화되고 서로 구별되는 '언어표현'으로, 즉 불안과 경고의 울음소리, 유혹 혹은 교미의 울음소리로 전개된다. 그러나 이러한 울음소리와 인간적인 언어의 표시하고 의미하는 음운 사이에는 여전히 어떤 '분리', 즉 어떤 '간극'이 존재한다. 그리고 이러한 간극은 현대 동물심리학의 보다 예리한 관찰방법에 의해서 새롭게 확증된 것이다.[21] 인간적인 언어로의 행보는—아리스토텔레스가 처음으로 강조한 것처럼—정동과 흥분의 음운에 대해서 순수한 의미음운이 결정적인 우위를 갖게 되었을 때에야 비로소 행해진다. 이러한 우위는 언어사적으로는 다음과 같은 사실에서도 나타난다. 즉 발달된 언어들의 많은 단어가 언뜻 보기에는 감탄사처럼 보이지만 정확하게 분석해보면 보다 복잡한 언어적인 형성

---

21) 고등의 원숭이들의 언어에 대해서는 예를 들면 W. Köhler, *Zur Psychologie des Schimpansen*, Psychologische Forschung, Bd. I '1921' 27쪽. "동물이 어떤 식으로 서로를 이해하는지를 상세히 기술하는 것은 쉽지 않다. 그것들의 음운적 표현이 예외 없이 '주관적인' 상태들과 노력들을 표현하며 따라서 이른바 정동을 표현하는 음이고 대상적인 것을 지시하거나 표시하려고 하는 것은 아니라는 사실은 분명히 확실하다. 그 경우 침팬지들의 음운기제에는 인간 언어의 '음운적 요소'가 다수 나타나기 때문에, 그들에게는 언어가 없지만 그러한 요소가 우리의 기억에 남아 있는 것은 주변적인 이유 때문은 아니라는 것은 확실하다. 동물의 표정이라든가 제스처에 대해서도 유사한 것을 말할 수 있다. 그것들 중의 어떤 것도 객관적인 것을 가리키지 않으며 '묘사기능'을 갖고 있지도 않다.

체들로부터의, 즉 일정한 개념적 의미를 가진 단어들이나 문장들로부터의 퇴행이라는 것이 증명된다.[22]

이렇게 언어가 자신의 독특한 형식을 향해 성숙해가고 이러한 독특한 형식이 내적인 자기해방을 수행해가는 과정에서 일반적으로 세 단계가 인정될 수 있다. 우리는 이러한 세 단계들을 모방적 표현의 단계, 유비적인 표현의 단계, 본래적인 상징적 표현의 단계로 지칭하지만, 이 3분법은 우선은 추상적인 도식 이상의 것은 아니다. 그러나 이러한 도식은 주어진 언어현상들을 분류하기 위한 원리로서 기능할 수 있을 뿐 아니라 그러한 도식에서 언어**구성**에서 작용하는 어떤 기능적인 합법칙성―예술과 인식의 영역과 같은 다른 영역들을 자신의 전적으로 명확하고 특징적인 대응물로 갖고 있는 합법칙성―이 나타나고 있다는 사실이 분명하게 됨에 따라서 이러한 도식은 구체적인 내용으로 채워질 것이다. 우리가 음운언어의 본래의 출발점으로 가까이 갈수록 아직은 모방에 의한 표현과 묘사의 권역에, 즉 신체언어도 그곳에 뿌리를 내리고 있는 권역에 전적으로 사로잡혀 있는 것으로 보인다. 〔그러한 단계에서〕음운이 추구하는 것은 감각적

---

22) 이와 관련된 예들에 대해서는 Sayce, *Introduction to the science of language*, London 1880, I, 109쪽 이하, 인도게르만어족에 대해서는 특히 K. Brugmann, *Verschiedenheit der Satzgestaltung nach Maßgabe der seelischen Grundfuktionen in den indg. Sprachen*, Leipzig 1918, 24쪽 이하.

인상에 직접적으로 근접해 있는 것이며 이러한 인상의 다양성을 가능한 한 충실하게 재생하는 것이다. 이러한 노력은 유아언어의 발달과정을 오랜 기간에 걸쳐서 지배할 뿐 아니라 '원시인들'의 언어 도처에서도 극히 강력하게 나타난다. 이 단계에서 언어는 구체적인 개별적 사상(事象)과 그것의 감각적인 상에 매우 크게 의거하고 있으며, 이를테면 그 사상을 음을 가지고 다 길어내려고 시도하면서, 그것을 일반적으로 표시하는 것에 만족하지 않고 그 사상의 모든 특수한 뉘앙스 각각을 각각의 경우를 위해서 규정되어 있는 특수한 뉘앙스의 음으로 나타낸다. 이와 같이 예를 들면 에베어와 몇 개의 동족어들에는 단 **하나의 활동**, 단 **하나의 상태**, 단 **하나의 성질**을 기술하고 그에 따라 단 **하나의 동사**만 결합되는 부사들이 존재한다. 많은 동사들이 그러한 동사들에만 속하는 그런 종류의 풍부한 수식부사들을 소유하며 그러한 부사들 중 대부분은 감성적인 인상들에 대한 음운상(音聲像), 즉 음에 의한 모사이다. 베스터만은 에베어 문법에 관한 그의 책에서 '가다(Gehen)'는 유일한 동사에 대해 33개의 음운상들을 열거하고 있다. 그것들 중의 각각은 '가다'는 동작의 특수한 방식과 특징, 예를 들면 몸을 떨면서 가는 것, 느릿느릿 가는 것, 절뚝거리면서 가는 것, 다리를 질질 끌면서 가는 것, 몸을 비틀거리면서 가는 것, 힘차게 가는 것, 힘없이 몸을 흔들면서 가는 것과 같은 것을 묘사하고 있다. 그러나 그가 덧붙인 것처럼 이것들로 가는 동작을 묘사하는 모든 부사들을 다 열거한 것은 아니다. 왜냐하면 주어가 큰지 작은지에 따라서 그 부사들 중 많은 것들은 두 배가 될 수 있으며 통상적인 형태로 혹은 축소된 형태로 사용될 수 있기 때문이다.[23] 언어의 발달이 계속 진행됨에 따라서 이런 종류의 음운에 의한 직접적인 회화적 소묘는 큰 역할을 못하게 되지만 어느 정도 고도로 발달된 문화적 언어에서 이러한 음운적 묘사의 다양한 사례들을 보존하지 않는 경우는 없다. 특정한 의성어적 표현들이 놀랄 정도로 동일한 형태로 지구상의 모든 언어들에서 발견된다. 그것들은 일단 형성되면 음의 변화와 보편타당한 음운법칙들에 의해 일어나는 변화에 저항한다는 점에서 그 힘을 보여줄 뿐 아니라 언어사의 밝은 빛 아래서 직접적으로 새롭게 창조되기도 한다.[24] 이러한 사실을 고려해볼 때,

---

[23] Westermann, *Grammatik der Ewe-Sprache*, Berlin 1907, 83쪽 이하. 여기에서 보고되는 것과 전적으로 동일한 현상이 아메리카 원주민의 언어들에서도 발견된다. 예를 들면 보아스(Boas)가 치누크어(Chinook)에서 인용하고 있는, 순수한 의성음에서 일반적인 동사적 표현 혹은 부사적 표현으로의 이행을 참조할 것. *Handbook of American Indian Languages*, P. I, Washington 1911(Smithson Inst. Bullet. 40), 575, 655쪽 이하.

[24] 독일어와 관련하여 이러한 비교적 새로운 의성어들의 일람표에 대해서는 예를 들면 H. Paul, *Prinzip der Sprachgeschichte* 3판, 160쪽 이하, 로망어(die romanische Sprache)계 언어권에서의 예들에 대해서는 예를 들면 Meyer-Lübke, *Einf. in das Stud. der romanischen Sprachswissenschf* 2판, 91쪽 이하.

다른 사람들이 아닌 경험적인 언어학자들이 언어철학에서 그렇게 자주 혹독하게 비난 받는 의성어의 원리를 수용하면서 최소한 어떤 한도 내에서는 그러한 원리의 명예를 회복하려고 자주 시도하고 싶어 했던 것도 충분히 이해할 수 있다.[25] 16세기와 17세기의 언어철학은 의성어에서 인류의 근본적이고 근원적인 언어, 즉 lingua adamica〔아담의 언어〕를 해명할 수 있는 열쇠를 직접 입수할 수 있다고 자주 믿었다. 물론 언어학적 고찰의 비판적 진보에 의해서 오늘날에는 이러한 근원적 언어에 대한 꿈은 갈수록 사라지게 되었다. 그러나 언어형성의 최초의 단계에서 의미의 여러 군들과 음운의 여러 군들이 서로 대응했다는 것 — 즉 근원적인 단어들의 전체가 특정한 몇 개의 군들로 나뉘어 있고 그러한 군들 중 각각이 특정한 음운적 소재들과 결부되어 있고 그러한 소재들로 구성되었다는 것 — 을 입증하려는 시도들은 여전히 가끔 발견될 수 있다.[26] 그리고 이러한 길에 의해서 근원

---

[25] 예를 들면 Scherer, *Zur Geschichte der deutschen Sprache*, Berlin 1868, 38쪽을 참조.

[26] Täuber, *Die Ursprache u. ihre Entwicklung*(Globus, Bd. 97〔1910〕, 277쪽 이하)에서는 유동식품, 고형식품, 대기(大氣)와 같은 유동체, 목재와 숲, 사육장과 음료장, 동물계라는 6개의 주요 그룹을 구별하면서 그것들이 전적으로 상이한 언어, 예를 들면 산스크리트어와 헤브라이어에서 원래는 동일한 종류의 음(m + 모음, p 음 + 모음, n + 모음, t음 + 모음, l 혹은 r, k음 + 모음)으로 표시되었다는 것을 입증하려고 하고 있다.

적인 언어를 참으로 재구성하려는 희망을 사람들이 포기했을 때조차 의성어의 원리는 언어형성의 비교적 가장 오랜 층에 대한 간접적인 표상을 가장 잘 제공하는 것으로 인정되는 것이 보통이다. 예를 들어 G. 쿠르티우스는 인도게르만어에 대해서 이렇게 말한다. "모든 변화에도 불구하고 언어에는 지속하려는 충동이 존재한다는 사실이 인식될 수 있다. 갠지스 강에서 대서양에 이르는 우리 어족에 속하는 모든 민족들은 sta라는 동일한 음운군을 가지고 '서 있음(Stehen)'이라는 표상을 표시하고 있다. 그리고 비본질적인 변화이기는 하지만 음운군 plu에는 모든 민족에서 '흐르다(Fließen)'라는 표상이 결부되어 있다. 이러한 사실은 우연일 수 없다. 동일한 표상이 동일한 음운과 수천 년 동안 결합되어 있었던 것은 이러한 민족들이 양자가 내적으로 결합되어 있다고 느꼈기 때문이다. 즉 그들에게는 이러한 표상을 음운으로 표현하고 싶어 하는 충동이 존재했기 때문이다. 가장 오랜 단어들이 표시되고 있는 표상과 음운 사이에 어떠한 관계가 존재한다고 전제하고 있다는 주장은 자주 조소되고 경멸을 받아왔다. 그러나 이러한 가정 없이 언어의 발생을 설명하기는 어렵다. 어떠한 경우든 상당히 발달된 시기의 언어들에도 이러한 표상은 '영혼'처럼 깃들어 있다."[27] 개개의 음운들과 음운군들의 '이러

---

27) G. Curtius, *Grundz. der griech. Etymologie* 5판, 96쪽.

한 영혼'을 파악하려는 시도는 거듭해서 언어철학자와 언어학자를 매혹시켰다. 스토아 학파만이 이 길을 걸었던 것은 아니다. 라이프니츠도 이러한 개개의 음운들과 음운군들의 근원적 의미를 상세하게 추적하려고 시도했다.[28] 그리고 그 이후에도 가장 섬세하고 깊이 있는 언어학자들이 특정한 음의 상징적 가치를 개별적인 개념들의 소재적 표현에서뿐 아니라 어떤 종류의 문법적인 **관계들**의 형식적 표현에서도 명확하게 드러낼 수 있다고 믿었다. 예를 들어 훔볼트는 이러한 관계가 특정한 감정적 가치를 표현하기 위한 일정한 음운의 선택에서 확인될 뿐 아니라—예를 들어서 st라는 음운군은 영속적이고 고정적인 것의 인상을, l이라는 음운은 융해되고 흐르는 것의 인상을, w라는 음운은 흔들리고 변하기 쉬운 운동의 인상을 표시하는 것처럼—이러한 연관을 언어형성의 모든 수단들에서 볼 수 있다고 믿었으며 이러한 '문법적인 음이 갖고 있는 상징성'에 특별히 주목했다.[29] 야콥 그림도 예를 들면 인도게르만어들에서 물음과 답변의 언어를 형성하는 것에 사용되는 음이 물음과 답변의 정신적 **의미**와 밀접한 연관에 있다는 것을 보여주려고 했다.[30] 모음의 특정한

---

28) *Nouveaux Essais sur l'etendendement humain* III, 3쪽을 볼 것.
29) Humboldt, *Einleitung zum Kawi-Werk*, W. VII, 1, 76쪽 이하; *Über die Kawi-Sprache auf der Insel Java*, Berlin 1838, II, 111, 153쪽 등을 참조할 것.

차이들과 단계적인 변화는 특정한 객관적 정도변화의 표현으로서 특히 대상과 말하는 사람의 **거리**의 크고 작음을 표시하는 데 사용된다는 현상은 여러 언어들과 언어권들에서 똑같이 볼 수 있다. 시간적인 거리의 차이도 이러한 방식으로 모음의 차이 내지 모음의 높이의 차이에 의해서 암시된다.[31] 이 경우 거의 일관해서 a, o, u는 거리가 크다는 것을, e, i는 거리가 작다는 것을 표시한다.[32] 동일한 방식으로 어떤 자음들과 자음군이 '자연적인 음운에 의한 비유들'로서 사용되고 있으며 이것들에는 거의 모든 언어권에서 동일한 종류의 혹은 유사한 의미기능이 귀속되고 있다. 예를 들면 놀랄 정도로 규칙적으로, 순음(脣音)의 반향

---

30) Jakob Grimm, *Deutsche Grammatik* III, 1쪽을 볼 것. "인간의 목소리가 내는 모든 음운 중에서 목구멍이 낼 수 있는 가장 완전한 자음 K만큼 물음―단어의 처음에 곧 감지되는 물음―의 본질을 잘 표현하는 것은 없다. 단순한 모음은 너무 불분명하게 울리는 것 같으며 구순기관은 강함이라는 면에서는 인후기관에 미치지 못한다. 분명히 T는 K와 동일한 정도의 힘으로 발음될 수 있을지라도 밖으로 내뱉어지기보다는 언표되는 것이며 보다 고정적인 성격을 갖고 있다. 따라서 T는 조용하고 변하지 않으며 혼자 지시하는 대답에 적합하다. K가 탐구하고 탐색하고 부르는 것에 반해서, T는 보여주고 의미하고 응답한다."
31) 이 점과 관련된 여러 언어권들의 실례에 대해서는 예를 들면 Fr. Müller, *Grundriß der Sprachwissenschaft*, Wien 1876 ff, I, 2, 94쪽 이하, III, 1, 194쪽 등, Humboldt, *Kawi-Werk* II, 153쪽을 볼 것. 그 외에 이 책의 제3장을 볼 것.
32) 예를 들면 Fr. Müller, 같은 책, I, 2, 94쪽. Steinthal, *Die Mande Neger Sprachen*, Berlin 1867, 117쪽을 참조할 것.

음(die labialen Resonanzlaute)은 말하는 사람을 향한 방향을 표시하며 파열설음(破裂舌音, die explosiven Zungenlaute)은 말하는 사람에서 멀어지는 방향을 표시한다. 따라서 전자는 '나'의 '자연적' 표현으로서, 후자는 '너'의 자연적 표현으로서 사용된다.[33]

그러나 이러한 현상들은 그것들이 아무리 직접적이고 감각적인 표현의 색채를 띤다고 하더라도, 단순히 모방적이고 흉내를 내는 언어수단이라는 단계는 이미 근본적으로 넘어서 있다. 왜냐하면 여기에서 문제가 되는 것은 개개의 감각적 대상 내지 감각적 인상을 더 이상 그것을 모방하는 어떤 음운 안에 붙잡아두는 것이 아니라 질적으로 단계지어진 음운의 계열 전체가 순수한 관계를 표현하는 데 사용되기 때문이다. 이러한 관계의 형식과 특성과 이것이 표현되는 음운 사이에는 직접적·소재적 유사성이라는 관계는 더 이상 존재하지 않는다. 왜냐하면 일반적으로 음운이라는 단순한 소재 자체로는 순수한 관계규정을 모사할 수 없기 때문이다. 그러한 관계는 오히려 음운들의 관계라는 한쪽과 표시되는 관계라는 다른 한쪽 사이에 형식의 어떤 유사성

---

[33] 예를 들어서 우랄알타이어들에서 *ma, mi, mo* 내지는 *ta, to, ti, si*가 두 가지의 인칭대명사의 근본요소가 되고 있다는 것은 인도게르만어들의 경우와 놀랄 정도로 일치한다. H. Winkler, *Das Ural-altaische und seine Gruppen*, Berlin 1885, 26쪽을 참조할 것. 다른 언어권들에 대해서는 분트가 (앞의 책, I, 345쪽) Fr. Müller의 *Grundriß der Sprachwissenschaft*에 있는 자료에 기초해서 제시하는 총괄을 볼 것.

이 포착되는 것에 의해 매개되며, 이러한 유사성에 의해서 내용상 전적으로 다른 계열들 사이에 특정한 **대응관계**가 수립되는 것이다. 이와 함께 우리는 단순한 모방적 표현에 대해서 **유비적 표현**의 단계라고 부를 수 있는 두 번째 단계에 도달하게 된다. 첫 번째 단계에서 두 번째 단계로의 이행은 음절의 음악적 톤을 단어의 의미를 구별하고 형식적·문법적 규정을 표현하기 위해서 사용하는 언어들에서 가장 명료하게 나타난다. 순수한 의미 기능이 아직은 감성적인 음색 자체에 전적으로 밀착해 있어서 그것으로부터 분리될 수 없는 한 우리는 아직 모방의 영역에 극히 가깝게 있는 것 같다. 훔볼트는 인도차이나의 언어들에서는 각 음절의 음의 높이들이 서로 차이를 갖고 있고 악센트가 서로 다르기 때문에 말이 일종의 노래나 영가(詠歌)가 되며 예를 들어 샴어의 음계는 전적으로 음악상의 음계와 비교될 수 있을 것이라고 말한다.[34] 그 외에 특히 수단어들은 음절의 다양한 음조에 의해서, 즉 고음·중음·저음 혹은 결합된 음조들—예를 들면 저-고의 상승음조 혹은 고-저의 하강음조와 같은—에 의해서 극히 다양한 의미의 뉘앙스를 표현할 수 있다. 이와 같은 방식으로 표시되는 것은 부분적으로는 어원상의 구별이다. 즉 동일한 음절이 그 음조에 따라서 전적으로 상이한 사물들이나 사건들을

---

34) Humboldt, *Einleitung zum Kawi-Werk*, W. VII, 1, 300쪽.

보여주는 데에 사용된다. 그리고 부분적으로는 음절의 음조의 차이에서 일정한 공간적·질적인 구별이 표현된다. 예를 들면 높은 음조의 단어는 보다 큰 거리를 표현하며 낮은 음조의 단어는 가까움을 표현하는 데 사용되고, 전자는 빠름을 표현하고 후자는 느림을 표현하는 데 사용된다.[35] 그러나 그 외에도 순수하게 형식적인 규정과 대립이 이와 같은 방식으로 언어에 의해서 표현될 수 있다. 예를 들면 단순히 음조를 변화시키는 것만으로 동사의 긍정형이 부정형으로 변화될 수 있으며,[36] 혹은 동일한 음운을 갖는 음절이 발음의 방식에 의해서 명사 혹은 동사가 됨으로써 하나의 단어가 속하는 문법적 범주에 대한 규정이 이러한 원리에 의해서 일어날 수 있다.[37] 다시 한 걸음 더 나아가면 우리는 **모음조화**(Vokalharmonie)의 현상으로 이끌린다. 그러한 현상은 주지하는 것처럼 어떤 언어와 언어군의 구성 전체, 특히 우랄알타이어들의 구성을 지배하는 현상이다. 여기에서는 모음

---

35) 이 점에 관해 상세한 것은 Westermann, *Die Sudansprachen*, Hamburg 1921, 19쪽 이하.
36) Westermann, *Golasprache*, 66쪽 이하를 참조할 것.
37) 이와 같이 예를 들면 이디오피아어에서는(Dillmann, *Grammat. der äthiop. Sprache*, Leipzig 1857, 115쪽 이하) 동사와 명사의 구별은 모두 우선은 단지 모음의 발음에 의해서 행해지고 있다. 순수한 행위가 아니라 상태를 나타내고 수동적인 행위를 나타내는 자동사와 보다 좁은 의미에서 '능동적인' 동사적 표현의 구별도 수단어에서는 동일한 방법으로 행해진다.

들의 전체가 분명히 나누어져 있는 두 개의 군, 즉 경모음(硬母音)과 연모음(軟母音)으로 구별된다. 그 경우에는 어떤 어간에 접미사가 붙을 경우에 접미사의 모음의 하나는 항상 어간의 음절의 모음과 동일한 군에 속하며 어간의 음절의 모음에 상응해야만 한다.[38] 여기에서는 하나의 단어의 개개의 구성부분들의 음향적 대응물, 즉 순수하게 감성적인 수단이 이러한 부분들을 형식상으로도 결합하고, 그러한 부분들이 비교적 느슨하게 '유착되어 있는 상태'에서 하나의 언어적인 전체로, 즉 자기완결적인 단어라든가 문장이라는 형성물로 변화하는 데 사용된다. 단어라든가 단어 문장(Satzwort)은 모음조화의 원리에 의해서 음운적 통일체로서 구성될 때 비로소 의미의 참된 통일도 획득하게 된다.

---

38) 우랄알타이어어들의 모음조화의 원칙에 대해서 보다 상세한 것은 예를 들면 Boethlingk, *Die Sprache der Jakuten*, Petersb. 1851, XXVI쪽, 103쪽; H. Winkler, *Das Ural-altaische und seine Gruppen*, 77쪽 이하. 그룬젤(Grunzel)은 모음조화가 규칙으로까지 전개된 것은 우랄알타이어들의 경우뿐이지만 모음조화의 소질 자체는 모든 언어들에 공통되어 있다고 강조한다. 더 나아가 우랄알타이어들에서는 모음조화가 어떤 의미에서는 '자음조화'를 귀결로 낳았다.(보다 상세한 것은 Grunzel, *Entwicklung einer vergleichenden Grammatik der altaischen Sprachen*, Leipzig 1895, 20쪽 이하, 28쪽 이하를 볼 것) 다른 언어권들에서 보이는 모음조화의 실례들은, 아메리카 원주민의 언어들에 관해서는 Boas, *Handbook of American Indian Languages* I, 569(Chinook). 아프리카 언어들에 관해서는 예를 들면 Meinhof, *Lehrbuch der Nama-Sprache*, Berlin 1909, 114쪽 이하.

즉 우선은 순전히 개개의 음운들의 질과 그것들의 생리적 산출에 관계되는 하나의 연관이 그러한 음운들을 하나의 정신적 전체의 통일성, 하나의 의미의 통일성으로 통합하기 위한 수단이 된다.

  음운과 의미 사이의 이러한 '유비적' 대응은 언어형성을 위해서 사용되고 광범하게 인정되는 전형적인 근본수단들의 역할에서 보다 명료하면서도 현저하게 나타난다. 예를 들면 **중복**(Reduplikation)이라는[39] 음운 수단들을 단어와 변화형의 형성을 위해서 또한 구문을 위해서 이용하는 것이 바로 그와 같은 것이다. 중복은 언뜻 보기에는 아직은 모방의 원리에 전적으로 지배되는 것 같다. 즉 음 또는 음절을 반복하는 것은 표시되는 사물 또는 사건의 어떤 객관적 성질을 가능한 한 충실하게 재생하기 위해서만 행해지는 것처럼 보인다. 음의 반복은 감성적인 존재 혹은 인상에 주어지는 반복에 직접적으로 대응하는 것이다. 어떤 사물이 감관에 반복적으로 동일한 성질을 갖는 것으로 보일 때, 또한 시간적인 사건이 일련의 동일한 종류의 혹은 유사한 국면들을 보여주면서 일어날 때야말로 음의 반복이 본래적으로 일어날 때이다. 그러나 이러한 전적으로 초보적인 기초 위에서 놀랄 만한 다양성과 극히 미묘한 의미의 뉘앙스들을 갖는 하나의

---

39) 〔역주〕 중복(Reduplikation)은 동일한 철자·자모를 겹치는 것이다.

체계가 세워진다. '다수 자체'라는 감성적 인상이 우선은 개념적으로 '집합적' 다수의 표현과 '분배적' 다수의 표현으로 나뉜다. 우리가 말하는 의미의 다수를 표시하는 말이 결여되어 있는 언어에서는 그 대신에 분배적 다수의 이념이 극도로 선명하면서도 분명하게 발달했으며, 어떤 일정한 행위가 불가분의 전체로서 나타나는지 아니면 많은 여러 개별적 행위들로 분해되는지를 극히 세심하게 구별하고 있다. 만약 그것이 후자인 경우에는, 즉 그 행위에 동시에 여러 주체들이 관여하고 있거나 그 행위가 동일한 주체에 의해서 시간을 달리하면서, 다시 말해 여러 '단계들'로 수행되는 경우에는, 음의 중복이 이러한 분배적인 분화(分化)를 표현하는 것이 된다. 가체트는 클라마스어(Klamath-Sprache)에 대해서 서술하면서 이러한 근본적 구별이 언어의 지배적인 범주가 되었으며 그것의 모든 부분들에 침투하여 언어의 전체적 '형식'을 규정하고 있다는 것을 가르치고 있다.[40] 다른 언어권들에서도 언어의 역사의 처음에는 단순히 양이 많은 것을 표시하는 데 사용되었던 동일어의 반복이 점차로, 완결된 전체로서 주어지는 것이 아니라 개개의 그룹 내지는 개체로 나뉘는

---

40) Gatschet, *Grammar of the klamath language*(Contributions to North American Ethnology, Vol. II, P. 1, Washington 1890, 259쪽 이하). 가체트가 거론하고 있는 'idea of severality or distribution[다수 혹은 분배의 관념]'이 갖는 의미에 대해서는 이 책의 제3장을 볼 것.

양이 많은 것에 대한 직관적 표현으로 사용되는 과정이 추적될 수 있다.[41] 그러나 이러한 언어적 수단의 사고상의 기능은 절대로 그것에 그치는 것만이 아니다. 중복은 다수성과 반복을 표시하는 데 사용되는 것과 마찬가지로 다른 많은 관계, 특히 공간적 관계와 대소의 관계를 표시하는 데도 사용될 수 있다. 셰러는 그것을 본질적으로 3개의 근본적 직관─힘, 공간, 시간에 대한 직관─의 표현에 사용되는 문법상의 하나의 근원적 형식이라고 부르고 있다.[42] 반복의 의미가 순수하게 강도(强度)를 나타내는 의미로 이행하게 되는데 이러한 이행과정은 분명히 파악될 수 있다. 예를 들면 그것은 형용사에서는 비교급의 형성, 동사의 경우는 강도를 나타내는 형식들의 형성으로 나타나며, 강도를 나타내는 형식들은 다시 사역동사로 자주 이행한다.[43] 어떤 행위와 사건의 극히 미묘한 **양상적인** 차이들도 음의 반복이라는 단순한 수단에 의해서 암시될 수 있다. 예를 들어 아메리카 원주민

---

41) 이 점에 관해서는 특히 Brokelmann, *Grundriß der vergleichenden Grammatik der semitischen Sprachen*, II, Berlin 1908-13, 457쪽 이하에 나오는 셈어권으로부터의 실례들을 참조할 것.
42) Scherer, *Zur Geschichte der deutschen Sprache*, 354쪽 이하.
43) 이 점에 관한 예증들은 특히 F. A. Pott, *Doppelung(Reduplikation, Gemination) als eines der wichtigsten Bildungsmittel der Sprache*, 1862에서 발견된다. 또한 Brandstetter, *Die Reduplikation in den indianischen, indonesischen und indogermanischen Sprachen*, Luzern 1917에 있는 풍부한 자료를 볼 것.

의 여러 언어들에서는 동사의 반복된 형이 행위가 갖는 일종의 '비현실적 성격'을 표시하며, 그 행위가 단지 의도나 '생각'으로만 존재하고 실제로는 달성되지 않은 것을 표현하는 데 사용된다.[44] 그 모든 경우들에서 이 중복이 어떤 대상적 존재를 감성적 차원에서 단순히 묘사한다든가 암시한다든가 하는 단계를 훨씬 넘어섰다는 것은 분명하다. 이 점은 특히 그 사용법에 독특한 양극성에서도 나타나고 있다. 그러한 양극성에 의해서 중복은 여러 의미양상의 표현이자 담지자가 될 수 있을 뿐 아니라 정반대의 관계에 있는 의미양상들의 표현이자 담지자가 될 수 있다. 중복에는 강화하는 의미 외에 때로는 정확히 그것과는 정반대로 약화시키는 의미도 주어지며, 따라서 형용사의 경우에는 축소형들의 형성을 위해서 그리고 동사의 경우에는 한정형의 형성을 위해서 사용된다.[45] 또한 어떤 행위의 시간적 단계들을 규정할 경우에도 중복은 현재 혹은 미래의 표현으로서 사용될 수 있는

---

44) "중복은 또한 명사의 축소형, 어떤 활동을 즐겁게 수행한다는 관념, 어떤 행위를 수행하려는 노력을 표현하는 데에도 사용된다. 이 모든 형식들에 존재하는 근본관념은 어떤 생각이 실현되지 않더라도 그것에 접근하는 것으로 생각된다."(Fr. Boas, Kwakiutl, *Handbook of American Indian Languages*, I, 444쪽 이하, 특히 526쪽 이하)

45) 이 점에 대한 남태평양언어권으로부터의 예증은 Codrington, *The Melanesian languages*, Oxford 1885, 147쪽; Ray, 앞의 책, 356, 446쪽을 볼 것. 아메리카 원주민어들에 대해서는 예를 들면 Fr. Boas, Kwakiutl, *Handbook*, I, 526쪽 등을 볼 것.

것과 마찬가지로 과거의 표현으로도 사용될 수 있다.[46] 이 점에서 가장 명료하게 드러나는 사실은 중복이 어떤 고정된 국한된 표상내용의 재현이라기보다는 오히려 그것에는 파악과 고찰의 특정한 **방향** 이를테면 일정한 표상**운동**이 각인되어 있다는 것이다. 중복이 양화하는 표현의 영역에서 순수한 관계규정의 영역으로 이행할 때, 이러한 반복의 순수하게 형식적인 수행이 훨씬 선명하게 나타난다. 이 경우 중복에 의해서 규정되는 것은 단어의 내용적인 의미보다는 오히려 그 단어의 일반적인 문법적 범주이다. 단어의 형식만으로는 이러한 문법적 범주가 알려질 수 없는 언어들에서는 자주 음 또는 음절의 반복에 의해서 어떤 단어가 문법상의 어떤 군으로부터 다른 군으로 이행하게 된다. 즉 예를 들어 명사에서 동사로 변화되는 것이다.[47] 이러한 현상들에는 동일한 종류의 다른 현상들이 덧붙여질 수 있지만 이러한 모든 현상들에서 분명히 나타나는 것은, 언어가 순수하게 모방적인 혹은 '유비적'인 표현에서 출발한 경우에도 언어는 이 범위를 끊임없이 확대하려고 하며 결국에는 돌파하려고 한다는 것이다. 언어는 음운기호의 다의성이라는 결점을 자신의 본래적인 장점으로 만든다. 왜냐하면 바로 이 다의성으로 인해서 기호는

---

46) 예를 들면 타가로그어 동사의 시제형성이 그러하다. Humboldt, *Kawi-Werk*, II, 125쪽 이하.
47) Humboldt, 같은 책, II, 86쪽 이하에 있는 **자바어**의 예들을 볼 것.

단순히 개체를 가리키는 기호로 머물 수 없게 되기 때문이다. 바로 이 다의성에 의해서 정신은 개체를 '표시한다'는 구체적인 기능으로부터 '의미한다'는 보편적이고 보편타당한 기능으로의 결정적인 행보를 수행할 수밖에 없기 때문이다. 이러한 기능에서 언어는 이제까지 자신을 표현해온 감각적 외피에서 벗어나게 되며, 모방적 내지 유비적인 표현이 순수하게 상징적인 표현에 자리를 내놓게 되고, 이러한 상징적 표현은 바로 [사물들에 대해서] 이질적이라는 점에서 그리고 그러한 이질성의 힘으로 새롭고 보다 깊은 정신적 내용의 담지자가 되는 것이다.

제3장 직관적 표현 단계에서의 언어

I. 공간과 공간적 관계들의 표현

인식론에서와 마찬가지로 언어에 대한 고찰에서도 감성적인 것의 영역과 지성적인 것의 영역 각각을 자족적이고 독자적인 종류의 '현실성'을 갖는 서로 분리된 영역으로 간주하면서 양자 사이에 분명한 경계선을 긋기는 어렵다. 인식에 대한 비판이 가르쳐주는 바에 의하면 단지 어떤 감각적인 질에 대한 규정만 행해지고 어떠한 형태의 것이든 질서가 전적으로 배제되어 있는 단순한 감각이란 결코 직접적 경험의 '사실'이 아니라 오히려 추상의 산물에 지나지 않는다. 감각의 질료는 모든 형식부여에 '앞서서' 순수하게 그것만으로 주어지는 것이 아니며 그것이 최초로 발동할 때부터 이미 공간-시간형식에 대한 어떤 관계를 포함하고 있다. 그러나 이러한 최초의 단순히 무규정적인 암시는 인식작용이 부단히 진행되면서 발전적인 규정을 받게 된다. 단순한 '함께 있음(Beisammen)의 가능성'과 '잇달아 일어남(Nacheinander)의 가능성'이 전체로서의 공간과 시간으로, 즉 구체적이면서도 동시에 보편적인 좌표계로 전개되는 것이다. 정신의 거울인 언어가 이러한 근본적인 과정도 어떠한 방식으로든 반영하고 있다는 것은 기대해도 좋을 것이다. 그리고 사실 직관 없는 개념은 공허하다는 칸트의 말은 개념의 논리적 규정에 대해서와 마찬가지로 언어에 의한 개념의 표시에 대해서도 타당하다. 언어의 가장 추상적인 형성물도 그것이 원래 뿌리박고 있는 일차적인 직관의 기반과 연관을 분명히 보여주고 있다. 여기에서도 '의미'의 영역은 '감성'의 영역과 단적으로 분리되어 있는 것이 아니며 양자는 극히 밀접하게 서로 얽혀 있다. 따라서 인식비판은 감각의 세계로부터 '순수직관'의 세계로 나아가는 것이 인식의 구성에서 하나의 필수적인 계기라는 사실, 즉 순수한 자아개념과 순수한 대상개념의 하나의 조건이라는 사실을 증시하고 있지만 그와 같은 것은 언어에도 정확하게 반영되어 있다. 언어에서도 언어를 지배하고 있는 정신적 종합의 존재방식과 방향이 분명히 드러나는 것은 우선 '직관 형식들'의 구성에서이며 이러한 형식들을 매개로 해서만, 즉 공간, 시간과 수에 대한 직관을 매개로 해서만, 언어는 자신의 본질적으로 논리적인 작업을, 즉 인상을 표상으로 형성하는 일을 할 수 있다.

언어에서 감성적 표현과 정신적 표현의 이러한 혼합은 무엇보다도 공간적 직관에서 철저하게 증시된다. 언어가 정신적 과정을 표시하기 위해서 창조하는 가장 보편적인 표현에서조차 공간적 표상이 결정적인 방식으로 함께 작용한다는 사실이 극히 명료하게 드러난다. 최고도로 발달한 언어에서조차 정신적인 규정들이 공간적인 규정들에 의해서 '은유적으로' 모사되는 경우가 있다. 독일어의 경우 표상(Vorstellen, 앞에 세우다), 이해(Verstehen),[1] 파악하다(Begreifen, 붙잡다), 논증하다(Begründen, 토대를 세우다), 구명하다(Erörtern, 한계를 정하다) 등의 표현들 내에서 이러한 연관이 증시되고 있지만, 그러한 연관은 또한 독일어와 친족관계에 있는 인도게르만어권의 언어들에서뿐 아니라 전혀 무관하고 멀리 떨어진 언어영역들에서도 거의 똑같이 보인다.[2] 특히 자연민족의 언어는 모두 사건과 행위의 모든 공간적 규정과 차이를 직접 묘사하거나 모방하는 방식으로 정확하게 표현하는 특징을

---

1) [역주] Verstehen에서 stehen은 '서 있다.'를 의미한다.
2) "파악하다(begreifen)라는 말은 단순한 붙잡다(das einfache greifen)란 말과 마찬가지로, 원래는 손과 발, 손가락과 발가락 등으로 만지는 것에 관련되어 있다."(Grimm, *Dtsch. Wörterbuch I*, Sp. 1307) — 구명하다(erörtern)라는 표현이 갖는 공간적인 근본의미에 관해서는 Leibniz, *Unvorgreifliche Gedanken betr. die Ausübung u. Verbesserung der teutschen Sprache* § 54; *Nouv. Essais* III, Kap. 1쪽을 볼 것.

가지고 있다. 예를 들면 아메리카 원주민의 언어들에는 간다는 것을 표현하는 일반적인 말은 거의 존재하지 않으며, 그 대신에 위쪽으로 간다든가 아래쪽으로 간다든가 그 외의 그러한 다양한 운동의 뉘앙스를 표현하는 특수한 표현들이 존재한다. 그리고 정지상태에 대한 표현과 관련해서도 어떤 특정한 지역의 밑에 서 있다, 위에 서 있다, 안에 서 있다, 밖에 서 있다, 혹은 어떤 것 주위에 서 있다, 물 속에 서 있다, 숲 안에 서 있다 등을 엄격히 구별하고 구분해서 표시한다. 그러한 언어는 우리가 동사에서 표현하는 수많은 구별들을 전혀 표시하지 않든가 거의 중시하지 않는 반면에, 장소와 위치 그리고 거리에 관한 규정은 모두, 원래는 장소적인 의미를 갖는 불변화사들에 의해서 항상 극히 신중하게 표시하고 있다. 이러한 표시에 수반되는 엄격함과 정확성이야말로 이러한 언어들에 대한 전문가들이 자주 이러한 언어들의 근본적인 원리이자 참된 성격을 이루는 근본특징으로 간주한다.[3] 크로퍼드는 말라이·폴리네시아계 언어들에서는 인간의 신체가 취하는 다양한 자태가 극히 정밀하게 구별되고 있어서 해부학자와 화가 그리고 조각가들이 그것을 그대로 사용할

---

[3] 예를 들어 Boas는 Kwakiutl에 대해서 이렇게 말하고 있다. "명사에서도 동사에서도 말하는 자와 관련해서 그의 위치가 표현되는 엄격함은 이 언어의 근본적인 특징 중의 하나이다."(*Handb. of Amer. Ind. Lang*, I, 445쪽). Gatschet도 전적으로 동일하게 판단하고 있다. *Gramm. of the Klamath language*, 특히 396쪽 이하, 433쪽 이하, 460쪽을 참조할 것.

수 있을 정도라고 말한다. 예를 들어 자바어에서는 10가지의 서 있는 방식과 20가지의 앉아 있는 방식 각각을 서로 다른 특수한 단어로 표현한다.[4] 하나의 문장, 예를 들면 '그 사람은 병이 들었다.'라는 우리의 문장은, 아메리카 원주민의 여러 언어들에서는 그 문장의 주어에 해당하는 사람이 그 문장을 말하는 사람으로부터 혹은 말을 건네는 상대방으로부터 멀리 떨어져 있는지 아니면 가까이에 있는지, 이 양자에게 보이는지 아니면 보이지 않는지를 함께 표시하는 방식으로만 언표될 수 있다. 이와 마찬가지로 병들어 있는 사람이 있는 장소, 위치, 자세 등도 문장어(Satzwort)의[5] 형식에 의해서 암시되는 경우가 많다.[6] 다른 모든 규정들은 공간적인 특성기술이 갖는 이러한 정밀함을 따라 오지 못한다. 즉 그것들은 위치에 대한 규정들을 매개로 해서만 간접적으로 표현된다. 이러한 사실은 **시간적인** 차이들에 대해서도, **질적·양상적** 차이들에 대해서도 똑같이 타당하다. 예를 들어 어떤 행위의 목적은 구체적인 직관에서는 그러한 행위가 향하는

---

4) Crawfurd, *History of the Indian Archipelago*, II, 9쪽. Codrington, *Melanesian languages*, 164쪽 이하에서도 이렇게 말하고 있다. "언급되고 있는 사물이나 사람은 모두, 오고 있는 자로서 혹은 가고 있는 자로서 혹은 어떤 위치적인 관계에 있는 자로서 제시된다. 이러한 방식은 유럽인에게는 결코 익숙한 것이 아니며 자연스러운 것도 아니다."
5) 〔역주〕 문장이 그대로 단어로 전화(轉化)된 것을 가리킨다. 물망초를 의미하는 영어 'forget-me-not'과 같은 것이 예가 될 수 있다.
6) Boas, *Handbook*, 43쪽 이하, 446쪽을 참조할 것.

공간적인 목표지점과 그러한 목표가 추구되는 방향에 항상 극히 밀접하게 관계하고 있다. 따라서 동사의 '목적태(Finalis)'나 '지향태(Intentionalis)'는 본래는 장소를 표시하는 데 사용되는 불변화사를 부가하는 것에 의해서 형성되는 경우가 많다.[7]

이 모든 사례들에서 언어에 의한 사고에 공통되면서도 인식비판적으로도 가장 중요한 하나의 특성이 나타난다. 칸트는 순수 지성개념들이 감성적 직관에 적용되는 것을 가능하게 하기 위해서, 이 양자[순수지성개념과 감성적 직관]가 그 자체로서는 전혀 동일한 종류의 것이 아님에도 불구하고 그것들이 서로 일치하는 곳인 제3의 중간항을 요구하고 있다. 그리고 그는 이러한 매개를 한편으로는 지성적이면서도 다른 한편으로는 감성적인 '초월론적 도식'에서 발견하고 있다. 칸트에 의하면 이러한 관점에서 도식은 단순한 형상(Bild)과는 다르다. "형상은 생산적 구상력의 경험적 능력의 소산인 것에 반해서, (공간도형으로서의) 감성적 개념의 도식은 아 프리오리한 순수한 구상력의 소산이며 이를테면 그것에 의해서 또한 그것에 입각해서 비로소 형상이 가능하게 되는 약도(Monogramm)이다. 형상이 개념과 결합되기 위해서는 항상 형상의 특징을 보여주는 이러한 도식을 매개로 해

---

7) 이러한 사실에 대한 예들은 Westermann, *Die Sudansprachen*, 72쪽; *Die Gola-Sprache in Liberia*, Hamburg 1921, 62쪽 등을 참조.

야만 하며, 형상 그 자체가 개념에 완전히 부합될 수는 없다.[8] 그러한 '도식'—언어가 모든 지성적 표상들을 감성적으로 포착할 수 있고 표현할 수 있는 것으로 만들기 위해서 그러한 표상들을 관계시켜야 하는 도식—을 언어는 공간적인 내용들과 관계들을 명명하는 방식으로 소유하고 있다. 언어의식에서 모든 사상적·관념적 관계들은 그것들을 공간에 투영하고 공간 속에 유비적으로 '모사하는' 방식에 의해서 비로소 포착될 수 있게 되는 것 같다. 언어의식은 '함께 있음(Beisammen)', '나란히 있음(Nebeneinander)', '서로 떨어져 있음(Auseinander)'이라는 공간적인 관계들에서 비로소 수많은 상이한 질적 연관들, 질적인 종속관계들, 질적인 대립관계들을 표현하기 위한 수단을 획득하게 된다.

언어가 갖고 있는 공간에 관한 가장 근원적인 단어들의 형성에서조차 이미 이러한 관계가 인식되고 밝혀질 수 있다. 그러한 단어들은 아직은 직접적이고 감성적인 인상의 영역에 전적으로 뿌리내리고 있다. 그러나 그것들은 다른 한편으로는 순수한 관계표현들이 자라나오는 최초의 맹아를 포함한다. 따라서 그것들은 '감성적인 것'에도 '지성적인 것'에도 똑같이 향해 있는 것이다. 왜냐하면 그러한 단어들은 처음에는 아직 전적으로 소재적

---

[8] Kant, *Kritik der reinen Vernunft*, 2판, 177쪽 이하.

이어도 다른 한편으로 그것들에는 언어에 특유한 형식세계가 처음으로 본격적으로 개시되기 때문이다. 이러한 첫 번째 계기에 관해서 말하자면, 그것은 이미 공간을 표현하는 단어들의 음운적인 형태화과정에서 나타나고 있다. 감탄사(間投詞)는 그것만으로는 무엇인가를 '의미하는' 것은 아니고 아직 어떠한 객관적인 의미내용도 포함하고 있지 않기 때문에 이러한 단순한 감탄사를 예외로 하면 어떠한 종류의 단어군들도 여기라든가 저기, 가까이라든가 멀리를 표현하는 단어들만큼 강하게 '자연음운'의 성격을 띠는 것은 없다. 이러한 공간적 구별을 표시하는 데 사용되는 지시적 불변화사들은 대다수의 언어에서 겪게 되는 이러한 형태화과정에서 거의 예외 없이, 직접적인 '음운에 의한 메타퍼'의 잔향으로 간주될 수 있다. 음운 자체는 여러 종류의 지시와 지적에서 단지 몸짓을 강화하는 것에 기여하지만 이와 마찬가지로 그것의 전체적 성질에 따라서 음운은 아직 음운적인 **몸짓**의 영역을 넘어서지 않는다. 따라서 가장 상이한 언어들에서도 어떤 장소적인 규정을 표시하기 위해서는 거의 항상 동일한 음운이 사용된다는 사실도 이해할 수 있다. 여러 가지 질과 밝음을 갖는 모음(母音)들이 공간적인 거리의 표현에서 단계지음을 위해서 사용된다는 사실을 제외해도, 어떤 특정한 감성적 경향이 내재하는 일정한 자음들과 자음군들이 존재한다. 유아어의 최초의 혀 짧은 소리들에서 이미 본질적으로 '구심적'인 경향을 갖는 음운군과 '원심적'인 경향을 갖는 음운군이 선명하게 구별된다. m과 n이 분명히 안쪽으로의 방향을 갖고 있는 것처럼 p, b, t, d와 같은 외부로 향해서 발사되는 파열음은 분명히 그 역방향의 성향을 보여준다. 전자에서 음운은 주체로 되돌아 지시하려고 하는 성향을 보여주고, 후자에서 음운은 '외계'로의 관계, 즉 지시하는 것, 내쫓는 것, 거부하는 것을 포함한다. 전자의 음운이 붙잡으려고 하고, 움켜쥐려고 하며, 자신 쪽으로 끌어당기려고 하는 등의 몸짓에 상응한다면, 후자의 음운은 가리키고, 밀쳐내는 몸짓에 대응한다. 이러한 근원적인 구별에 의해서 유아어의 최초의 '단어들'이 전 세계에 걸쳐서 현저한 동질성을 보인다는 것도 설명된다.[9] 그리고 만약 사람들이 여러 언어들에서 지시적인 불변화사들과 대명사들을 그것들의 기원과 최초의 음운형태로까지 소급해서 추구해본다면, 동일한 음운군이 본질적으로는 일치하거나 유사한 기능들을 갖고 있음을 발견하게 될 것이다. 인도게르만어들의 초기상태에 관해서 브루크만(Brugmann)은 세 가지의 지시형식을 구별한다. 1인칭 지시(Ich-Deixis)에는 내용적으로 또는 언어적으로 2인칭 지시사(Du-Deixis)가 대립해 있으며 후자 자체가 3인칭 지시사(Der-

---

9) 상세한 것은 Wundt, *Völkerpsychologie*, I, 2판, 333쪽 이하; Clara und William Stern, *Die Kindersprache*, 300쪽 이하.

Deixis)의 일반적인 형태로 이행한다. 이 경우 2인칭 지시사는 그 방향과 이러한 방향에 대응하는 특징적인 음운—이것은 인도 게르만 원시어의 지시어근 *to에서 나타난다—에 의해서 보이고 있고, 가까이와 멂에 대한 고려는 우선은 아직 어떠한 역할도 하지 않는다. 거기에는 단지 일인칭의 나에 대한 '대립'만이, 즉 대상으로서의 객체에 대한 일반적인 관계만이 나타나며, 자신의 신체 외부의 영역만이 처음으로 드러나 있고 한계지어져 있다. 그 이후의 발달이 다음에 이러한 영역 전체의 내부에서 개개의 구역들을 보다 명료하게 드러내는 것으로 이끌게 된다.[10] 즉 이 것과 저것, 여기와 저기, 보다 가까운 것과 보다 먼 것이 구분된다. 이와 함께 생각할 수 있는 한에서 가장 단순한 언어수단에 의해서 공간적인 직관세계가 분절되며 이러한 분절은 그것의 정신적 귀결에서 헤아릴 수 없는 중요성을 갖는다. 여기에서 이 이후에 행해지는 모든 구별들이 투입되는 최초의 틀이 창출된다. 이러한 기능이 일군의 단순한 '자연적 음운'에 주어진다는 것, 이러한 사실을 완전히 이해하기 위해서는 우선 이러한 음운에서 나타나는 지시행위 자체가 감성적 측면과 아울러 어떤 순수하게

---

10) Brugmann, *Die Demostrativpronomina der indogermanischen Sprachen*(Abh. der Kgl. Sächs. Gesellsch. der Wissensch. Philol.-histor. Klasse XXII). Lpz. 1904를 볼 것. 또한 Brugmann, *Grundriß*, II, 2, 302쪽 이하도 참조.

정신적인 측면도 갖고 있다는 것, 즉 그러한 지시행위 중에 이미 동물에게도 가능한 단순한 감각의 영역을 넘어서는 의식의 새로운 자립적 에너지가 나타난다는 것을 깨달아야만 할 것이다.[11]

따라서 지시대명사의 형성이야말로 가장 상이한 언어권들에서도 동일한 방식으로 나타나면서, 언어형성의 근원에 존재하는 '근본적인 사상'에 속한다는 사실을 이해할 수 있을 것이다. 지시되는 대상의 위치와 거리의 특정한 구별이 모음과 자음의 단순한 변화에 의해서 표현된다는 관례가 도처에서 보인다. 이 경우 보다 둔한 모음은 대부분의 경우 말이 건네지는 사람의 장소, 즉 '거기'를 표현하며, 말하는 사람의 장소는 보다 예리한 모음에 의해서 표시된다.[12] 자음에 의한 지시대명사의 형성에 관해서 말하자면, 먼 곳을 지시하는 역할을 수행하는 것은 거의 항상 d와 t, 또는 k와 g, b와 p라는 자음군이다. 인도게르만계의 언어들, 셈계 언어들, 우랄알타이어계의 언어들은 이러한 관례에서 분명한 일치를 보이고 있다.[13] 개개의 언어들에서 어떤 지시대

---

11) 이 책의 제2장 제1절을 볼 것.
12) 타이티어의 경우에도 동일하다. Humboldt, *Kawi-Werk*, II, 153쪽을 참조할 것. 또한 아프리카어들에 관해서는 예를 들면 나마어와 만데 흑인어를 참조할 것. Meinhof, *Lehrbuch der Nama-Sprache*, 61쪽을 보라. 아메리카 원주민들에 대해서는 클라마스어를 참조.(Gatsche, *Klamath-Language*, 538쪽)
13) 이러한 일치는 인도게르만계의 언어들에 관한 Brugmann의 기술(앞의 주 10번 참조)과 셈계 언어들에 대한 Brockelmann과 Dillmann의 기술

명사는 말하는 사람의 지각영역 안에 있는 것을 표시하기 위해서 사용되고, 다른 지시대명사는 듣는 사람의 지각영역 안에 있는 것을 표시하기 위해서 사용된다. 또한 어떤 형태는 말하는 사람에게 가까운 대상, 다른 형태는 말하는 사람과 듣는 사람 양자로부터 동일한 거리에 존재하는 대상, 그리고 제3의 다른 형태는 존재하지 않는 대상을 가리키기 위해서 사용된다.[14]

따라서 언어에서도 공간적인 **장소들**과 **거리들**의 정확한 구별은 언어가 객관적인 현실을 구성하고 대상을 규정하는 데까지 나아가는 최초의 출발점이 된다. 위치들의 구별이 내용들, 즉 한

(Brockelmann, *Grundriß* I, 316쪽 이하; Dillmann, *Äthiop. Gramm.* 94쪽 이하)을 대비해보면 극히 명료하게 드러난다. 우랄알타이계의 언어들에 관해서는 특히 H. Winckler, *Das Uralaltaische und seine Gruppen*, 26쪽 이하를 참조할 것.

14) 볼 수 있는 대상과 볼 수 없는 대상을 다르게 표시하는 것은 많은 아메리카 원주민의 언어들에서는 특히 명확하게 행해지고 있다.(특히 Boas, *Handbooks*, 41쪽 이하, 445쪽 이하, 945쪽 이하; Gatschet, *Klamath-Language*, 538쪽에서 Kwakiutl, Ponca 및 에스키모어에 대한 기술을 참조할 것). 반투어는 세 개의 상이한 형태의 지시대명사를 가지고 있다. 첫 번째 형태는 지시되는 것이 말하는 사람에게 밀착해 있다는 것을 의미하며, 두 번째 형태는 그것이 기지의 것, 즉 말하는 사람의 시야 또는 사고영역 안에 이미 들어와 있다는 것을 의미한다. 그리고 세 번째 형태는 지시되는 것이 말하는 사람으로부터 극히 멀리 떨어져 있든가, 또는 전혀 볼 수 없는 것을 의미한다.(Meinhof, *Bantugrammtik*, 39쪽 이하) 남태평양의 언어들에 관해서는 예를 들면 훔볼트의 타갈리어에 관한 기술을 참조할 것.(W. VI, 1, 312쪽 이하)

편으로는 나, 너, 그의 구별, 다른 한편으로는 물리적인 대상영역의 구별의 기초가 된다. 일반적인 **인식비판**은 공간적인 위치를 정립하고 공간적인 구별을 행하는 작용이 객관화 작용일반, 즉 '표상을 대상에게로 관계지우기' 위한 불가결의 전제조건이라는 사실을 가르쳐준다. 그것은 그것으로부터 출발하면서 칸트가 경험적·심리학적 관념론으로서의 '관념론에 대한 논박'을 행했던 핵심사상이다. 공간적 직관의 단순한 **형식**이 이미 그 자신 안에, 어떤 객관적인 **존재**에 대한, 즉 공간 '안'에 있는 어떤 현실에 대한 필연적인 지시를 포함하고 있다. 경험적인 자아의 표상이 근거하는 '내부'와 '외부'의 대립 그 자체는 그러한 경험적인 자아와 동시에 어떤 경험적인 대상이 정립되는 것에 의해서만 가능하다. 왜냐하면 자아가 자기 자신의 상태의 변화를 자각하는 것은 그러한 변화를 지속적인 것, 즉 공간과 공간 안에서 지속적으로 존재하는 것에 관계시키는 것에 의해서만 가능하기 때문이다. "우리는 모든 시간규정을 공간상의 고정불변적인 것에 대한 외적 관계들에서의 바뀜(운동, 예를 들면 지상의 대상들과 관련해서 볼 때의 태양의 운동)을 통해서만 선취[15]할 수 있다. 그뿐

---

15) 〔역주〕 '선취한다'의 원어는 'vornehmen'인데, 이에 대해서 『순수이성비판』의 번역자인 백종현 교수는 이렇게 말한다. "원문: 'vornehmen'. 문맥상 말이 맞지 않기 때문에 이것을 'vernehmen', 곧 지각[하다]으로 고쳐 읽자고 제안하는 이들이 있다." I. Kant, 『순수이성비판』, 백종현 옮김, 아카넷, 2006, 460쪽.

아니라 그와 같이 우리는 실체의 개념에 직관으로서 바탕에 둘 수 있는 것으로는 한갓 물질만을 가지고 있다. …… 자아라는 표상에 포함되어 있는 나 자신의 의식은 결코 직관이 아니라, 사고하는 주체의 자발적인 활동에 대한 한갓 **지성적인** 표상이다. 따라서 이러한 자아는 직관으로부터 얻어지는 최소한의 술어, 즉 **고정불변적인** 것으로서 내감에서 시간규정의 상관자 역할을 할 수 있는 술어를 전혀 가지고 있지 않다."[16] 칸트의 증명의 근본 원리는, 여기에서는 공간의 특수한 기능이야말로 실체의 일반적인 기능과 그것의 경험적·대상적 적용을 위한 필수적인 수단이자 도구라는 사실이 파악되어야만 한다는 데에 있다. 이러한 두 기능이 서로 협력하는 것에 의해서 비로소 우리에게 하나의 '자연'이라는, 즉 대상의 어떤 자립적인 총체라는 직관이 형성된다. 어떤 내용은 공간적으로 규정됨으로써, 즉 확고한 한계 정립을 통해서 공간의 무차별적인 총체로부터 부각됨으로써 비로소 하나의 독자적인 존재형태를 갖게 된다. '드러내고(Herausstellen)' '분리시키는' 작용, 즉 '**외부에 서 있다**(ex-sistere)'라는 작용이, 그러한 내용에 비로소 자립적인 '실존(Existenz)'이라는 형식을 부여한다. 언어의 구조에서도 이러한 논리적 사태는, 언어에서

---

16) Kant, *Kritik der reinen Vernunft*, 2판, 277쪽 이하. 번역은 같은 책, 460쪽 이하를 참조했다.

장소표시와 공간표시의 구체화가 '대상'이라는 범주를 언어적으로 갈수록 선명하게 드러내기 위한 수단으로 되고 있다는 점에서 분명히 나타난다. 언어발달의 여러 방향들에서 이러한 과정은 확인될 수 있다. 인도게르만계의 언어들에서 남성과 중성의 주격 어미가 특정한 지시적 불변화사로부터 출현했다는 가정이 옳다면,[17] 거기에서는 장소를 표시하는 수단이 주격(Nominativ)의 특징을 이루는 기능, 즉 '주어격(Subjektskasus)'으로서의 그것의 위상을 표현하기 위해서 사용된 것이다. 주어는 그것에 특정한 장소표시, 공간한정이 부가되는 것에 의해서 비로소 행위의 '담지자(Träger)'가 될 수 있었다. 이러한 두 가지 계기들의 협력, 즉 공간이라는 범주와 실체라는 범주의 정신적 상호작용은 이러한 상호규정으로부터 생겨난 것 같은 독특한 언어형성체에서 본질적으로 한층 더 선명하게 나타난다. 언어가 정**관사**를 사용하기 시작하던 곳에서는 어디에서든 이러한 관사의 **기원**이 공간적인 표상의 영역에 속한다는 사실은 부인할 수 없는 반면에, 이러한 관사의 목표가 실체표상을 보다 명확히 형성하는 데에 있다는 사실이 드러난다. 언어의 발달에서 정관사는 비교적 뒤늦게 형성된 것이기 때문에 이러한 이행은 정관사에

---

[17] Brugmann, *Grundriß* 2판 II, 2, 475쪽을 참조할 것. 이에 따르면 주격 s는 지시대명사 *so(ai: sa)와 동일하며 중성의 m은 아마도 똑같이 멀리 있는 것을 지시하는 불변화사로 소급된다.

입각하여 많은 실례들에 의해서 아직 직접적으로 분명히 밝혀질 수 있다. 인도게르만계의 언어들에서 관사의 성립과 전파는 역사적으로 아직 상세하게 추적될 수 있다. 인도게르만계의 언어들에서도 고대 인도어, 고대 이란어, 라틴어뿐 아니라 더 오래전의 그리스어, 특히 호머의 언어에는 관사가 결여되어 있다. 아티카의 산문이 비로소 규칙적으로 관사를 사용하게 된다. 게르만계 언어들의 경우에도 정관사를 사용하는 것이 중세 고지 독일어에서 비로소 규칙으로 확립되었다. 슬라브계의 언어들은 철저하게 일관된 용법을 갖는 추상적인 관사를 전혀 발전시키지 않았다.[18] 유사한 사태는 셈계 어권에서도 보이며 거기에서 관사는 일반적으로는 사용되지만, 비교적 오래전의 단계에 머물러 있던 에디오피아어 같은 몇 개의 언어들은 관사를 사용하지 않는다.[19] 그러나 관사가 사용되는 곳에서는 어디에서든 그것은 지시대명사권으로부터 단순히 분리된 것이라는 사실을 분명히 인식할 수 있다. '3인칭의 지시대명사(Der-Dexis)' 형태로부터 정관사가 비롯되며, 이러한 정관사를 붙이는 대상은 정관사에

---

18) 이에 관해서는 특히 Grimm, *Deutscher Grammtik*의 「관사에 대하여」의 장(I, 366쪽 이하)을 참조할 것. 슬라브계의 언어들에 대해서는 Miklosch, *Grammt. der slawischen Sprachen*, 2판 IV, 125쪽을 참조할 것.
19) Dillmann, *Grammtik der äthiop. Sprache*, 333쪽 이하; Brockelmann, *Grundriß* I, 2, 315쪽을 볼 것.

의해서 '밖에' 혹은 '거기에' 존재하는 것으로서, 즉 '우리' 그리고 '여기'와는 장소상 분리된 것으로서 특징지어진다.[20]

관사의 이러한 생성과정으로부터 우리는 관사가 실체표상을 표현한다는 자신의 가장 일반적인 기능을 결코 직접적으로가 아니라 일련의 매개를 통해서 비로소 갖게 되었다는 사실을 이해할 수 있다. 관사에 고유한 '실체화'의 힘은 점진적으로 형성된 것이다. 자연민족의 언어들에서는 전적으로 정관사의 의미로 사용되는 일정한 지시대명사들이 존재한다. 그러나 이러한 용법은 항상 '명사적인' 단어들에만 관련된 것은 아니다. 에베어에서는 자신이 지시하는 단어 뒤에 붙이는 관사가 있지만 그것은 명사 뒤뿐 아니라 불변화대명사와 부사 그리고 접속사 뒤에도 붙인다.[21] 그리고 그것이 사물을 표시하는 것에, 즉 참으로 '대상적인' 표상의 권역 내에서 사용되는 것에 그칠 때에도, 그것이 내포하는 '객관화'의 일반적인 표상이 보다 특수한 의미로부터 비로소 점진적으로 전개된다는 사실을 분명히 밝힐 수 있다. 우리가 관사의 용법을 시대 순으로 거슬러서 고찰할수록 그 용법은 갈수록 '구체성을 갖게 되는' 것 같다. 여기에서는 관사의 보편적인 형식 대신에 특수한 대상과 대상영역의 질에 따라서 변화

---

20) Brugmann, 앞의 책 II, 2, 315쪽.
21) 보다 자세한 것에 대해서는 Westermann, *Grammt. der Ewe-Sprache*, 61쪽을 참조할 것.

하는 여러 종류의 관사가 발견된다. 여기서는 관사가 언어와 사고에서 맡게 되는 일반적인 기능이 그것이 적용되는 내용들의 특수성으로부터 아직 분리되지 않고 있다. 인도네시아계의 언어들에는 사물에 붙이는 관사와 아울러 개인이나 부족 혹은 심지어 친족명 앞에 붙이는 인간에게만 고유한 관사가 있지만, 이것은 그것들을 어떠한 방식으로든 보다 자세히 특징짓기 위해서가 아니라 단지 인명, 즉 고유명사라는 것을 보여주기 위해서이다.[22] 퐁카(Ponca) 인디언들의 언어는 생명이 없는 대상에 사용되는 관사와 생명이 있는 대상에 사용되는 관사를 엄격하게 구분한다. 더 나아가 전자의 것들에서 예를 들면 수평으로 존재하는 둥근 대상들, 여러 군데 흩어져 있는 대상들, 집합명사는 각각 특수한 관사를 갖는다. 다른 한편으로는 생명 있는 것들에 붙이는 관사도 그것들이 앉아 있는가, 서 있는가, 움직이는가 등에 따라 정밀하게 구분한다.[23] 그런데 관사에 근원적으로 속해 있는 구체적이고 직관적인 의미를 특히 주목할 만하고 계발적인 방식으로 보여주는 것은 소말리(Somali)어의 어떤 현상들이다. 소말리어에는 최후의 모음(-a, -i 그리고 -o〔또는 u〕)에 따라 구별되는 세 가

---

22) Codrington, *Melanes. languages*, 108쪽 이하. 특히 Brandstetter, *Der Artikel des Indonesischen verglichen mit dem des Indogermanischen*,〔인도게르만어의 관사와 비교해본 인도네시아어의 관사〕Leipzig 1973.
23) Boas와 Swanton, *Siouan*(*Hand. of Americ. Ind. lang.* I, 939쪽 이하).

지 형태의 관사가 있다. 그중의 어떤 형태를 적용할 것인지를 규정하는 것은 화제가 되는 사람이나 사물이 말하는 사람에 대해서 갖는 공간적 관계이다. a로 끝나는 관사는 말하는 사람인 주어로부터 가까이에 있고 말하는 사람이 볼 수 있으며 말하는 사람에 의해서 실제로 보이는 사람과 사물을 가리킨다. o로 끝나는 관사는 말하는 사람으로부터 어느 정도 떨어져 있지만 대부분의 경우 a로 끝나는 관사의 경우와 마찬가지로 말하는 사람의 시야에 있는 사람이나 사물에 관련되어 있으며, i로 끝나는 관사는 말하는 사람에게 어떤 식으로든 잘 알려져 있지만 그에게 볼 수 있게 존재하는 것은 아닌 내용을 가리킨다.[24] 여기에서는 관사에 의해서 표현되는 '명사화', 즉 '사물'로 형성하는 일반적 형식이 공간적인 지시의 기능으로부터 유래하는 것과 함께 우선은 아직 그러한 기능에 구속되어 있다는 사실을 분명하게 잘 이해할 수 있다. 즉 그러한 명사화의 형식은 여러 지시 방식들과 그것들의 변양들에 극히 밀착해 있으며, 비교적 뒤늦은 단계에서야 공간적인 직관의 특수한 형식들로부터 순수한 실체의 범주의 분리가 행해진다는 사실을 잘 이해할 수 있다.

더 나아가 우리가 최초의 선명하게 형성된 장소적인 구별들로

---

[24] 이것에 대해서 보다 상세한 것은 Maria v. Tiling, *Die Vokale des bestimmten Artikels im Somali*, Zeitschr. für Kolonialsprachen IX, 132쪽 이하를 참조할 것.

부터 일반적인 공간규정 내지 공간표시에 도달하기 위해서 언어가 개척하는 길을 따라가 본다면, 여기에서도 그 과정은 내부로부터 외부라는 방향을 취한다는 사실이 입증되는 것 같다. '공간 내에서 구역들의 구별'은 말하는 사람이 있는 지점으로부터 출발하면서, 동일한 중심을 둘러싸고 넓혀지는 원의 형태로 객관적 세계 전체의, 즉 위치규정의 체계와 총계의 분절화로 나아간다. 장소의 구별은 처음에는 특정한 물질적 구별과 극히 밀접하게 결부되어 있다. 그리고 이러한 구별 중에서도 특히 자신의 신체의 사지의 구별이 그 후의 모든 장소 규정의 출발점이 된다. 인간의 신체의 상이 명확히 형성된다면, 즉 인간의 신체가 자기 완결적이고 자체 내에 분절된 구조를 갖는 유기체로서 파악된다면, 이러한 신체는 이를테면 인간이 그것에 따라서 세계의 전체를 구축하는 모델이 된다. 인간은 여기에서, 그가 계속 진보해가면서도 항상 거듭해서 되돌아가고 참조하는 근원적인 좌표계—따라서 인간은 이러한 진보를 언어로 표시하기 위해서 사용하는 명칭들을 그러한 좌표계에서 취하게 된다—를 갖고 있는 것이다.

실제로 공간적 **관계들의** 표현이 **특정한 소재어들**(Stoffworte)에[25] 긴밀히 결부되어 있고 그것들 중에서도 특히 인간의 신체 각 부

---

25) [역주] 소재어란 소재를 가리키는 용어다.

분을 표시하는 단어가 첫 번째 자리를 차지하고 있다는 것은 거의 모든 곳에서 관찰할 수 있다. 안과 밖, 앞과 뒤, 위와 아래라는 명칭은 그것들 각각이 인간의 신체 전체에서 특정한 감각적 기체에 결부되어 있다는 데서 유래한다. 고도로 발달된 언어가 보통 공간적 **관계들을** 표현하기 위해서 전치사와 후치사를 사용하는 것에 반해서, 자연민족의 언어에서는 거의 일관해서 그 대신에 신체 부분들의 명칭이라든가 혹은 그것들에서 유래한 것이 분명한 명사적인 표현을 사용한다. 슈타인탈에 의하면 만데(Mande)-흑인어는 우리가 갖는 전치사적 개념을 '극히 물질적으로' 표현한다. 예를 들면 '뒤에'는 등 혹은 엉덩이를 의미하는 독립적인 명사를 사용하며, '앞에'는 눈을 의미하는 단어를 사용하는 반면에, '위에'는 목과 같은 단어, '안에'는 배 등에 의해서 표현된다.[26] 다른 아프리카 언어들과 남태평양제도의 언어들에서도, 눈과 등, 머리와 입, 허리와 엉덩이 같은 단어들이 동일한 방식으로 사용되고 있다.[27] 그리고 이것은 언뜻 보기에는 특

---

26) Steinthal, *Mande-Negersprachen*, 245쪽 이하.
27) Westermann, *Sudansprachen*, 53쪽 이하; *Gola-Sprache*, 36쪽 이하를 참조할 것. Reinisch, *Die Nuba-Sprache*, Wien 1879, 123쪽 이하를 참조. Südsee언어에 대해서는 H. C. v. d. Gabelentz, *Die melanes. Sprachen*, 158쪽, 230쪽 이하; Sidney H. Ray, *The Melanesian Possessives and a Study in Method*(Americ. Anthropologist XXI, 352쪽 이하)를 참조할 것.

히 '원시적인' 표현방식처럼 보일지도 모르지만, 언어형성이 훨씬 진보한 단계에서도 그것에 정확히 대응하는 유사물과 대조물이 발견된다.[28] 다른 한편으로 언어는 인간신체의 사지와 기관을 이러한 '공간명사'로 사용하는 단계에 머무는 것이 아님은 물론이다. 언어는 이러한 표시 원칙[공간적인 관계를 구체적인 공간적 대상에 의해서 표시하는 것]을 고수하면서도 그것을 일반적으로 적용하는 방향으로 나아간다. '뒤에'가 '등'이라는 말 대신에 '흔적'과 같은 단어로도, '아래'가 '지면'과 '대지'라는 단어로도, '위에'가 공기라는 단어로도 표시되는 것이다.[29] 따라서 이제 그러한 표시는 더 이상 자신의 신체 범위에서만 취해지는 것이 아니다. 그러나 언어가 장소적 관계를 표현하면서 따르는 원칙은 동일한 것으로 남았다. 즉 구체적인 공간적 대상에 대한 표상이

---

[28] 본래의 의미에서의 전치사를 발전시킨 이집트어에서도 그러한 전치사들이 원래는 명사적인 성격을 가졌었다는 사실이, 그것들이 소유격의 접미사와 결합되어 있다는 사실에서도 분명히 드러난다. 이러한 '전치사들'을 분석해보면 여기에서도 그것들은 많은 경우 신체 부분의 명칭으로 직접적으로 소급된다. Erman, *Ägypt. Grammat.* 3판, Berlin 1911, 231쪽, 238쪽 이하; Steindorff, *Koptische Grammatik* 2판, Berlin 1904, 173쪽 이하. 셈계 언어의 전치사가 원래는 명사적인 성격을 갖는다는 것에 대해서는 무엇보다도 Brockelmann, 앞의 책, 494쪽 이하를 참조할 것.

[29] 예를 들어 에베어는 부분적으로는 특수하면서도 부분적으로는 일반적인 많은 '장소명사'를 발전시켰다. Westermann, *EweGrammatik*, 52쪽 이하.

공간적인 관계들에 대한 표현을 지배한다. 이러한 사실은 대다수의 우랄알타이계 언어들에서 공간적 관계들을 표현하는 단어들의 형성과정에 분명히 드러난다. 이러한 언어들에서도 '위에'와 '아래에', '앞에'와 '뒤에', '주위에' 등을 표시하기 위해서 사용하는 단어들은 일관해서 상부 혹은 꼭대기, 하부, 흔적, 중심, 주변과 같은 명사적인 표현들이다.[30]

그리고 언어가 순전히 사고상의 관계를 상당히 자유로우면서도 추상적으로 명확하게 표현하게 된 곳에서도, 그러한 표현이 원래 출발했던 오래전의 공간적인, 따라서 간접적으로 감성적·물질적인 근본의미가 많은 경우에서 극히 명료하게 드러난다. 인도게르만계의 언어들에서도 '전치사'가 처음에는 독립적인 단어들이었음에 틀림 없다는 사실은 특히 다음과 같은 사실에 의해 입증된다. 즉 전치사는 동사의 어근과 매우 느슨하게 결합되어 있을 뿐이며 예를 들면 가음(加音, Augment)과 중복(Replikation)은 이러한 합성어들에서는 전치사와 동사형 사이에 나타난다는 것이다.[31] 또한 개별적인 인도게르만계의 언어들,

---

30) 야쿠트(Jakut)어로부터의 예들에 대해서는 Boethlingk, 앞의 책, 391쪽. 일본어로부터의 예들에 대해서는 Hoffmann, *Japanische Sprachlehre*, Leiden 1877, 188쪽 이하, 197쪽 이하를 볼 것. 그리고 Heinrich Winkler, *Der ural-altaische Sprachstamm*, Berlin 1909, 147쪽 이하를 볼 것.
31) 이것에 관해서는 G. Curtius, *Das Verbum in der slaw. Sprache* 2판, I, 136쪽.

예를 들면 슬라브계 언어들의 발달은 비교적 새로운 '진정하지 않은' 전치사가 서서히 성립되고 있다는 사실을 보여준다. 그러한 전치사들에서는 물질적인 의미가 언어의식 자체 안에 아직 살아 있든가 아니면 언어사적 고찰에 의해 직접 증시될 수 있다.[32] 일반적으로 인도게르만계의 언어들에서는 격(Kasus)의 형식들이 옛날부터 외적인 장소적 · 시간적 혹은 그 외의 직관적인 규정들을 표현하는 데 사용되었다는 것, 또한 여기에서부터 출발해서 점차 보다 후대의 '추상적인' 의미를 획득하게 되었다는 사실이 분명하다. 따라서 구격(具格, Instrumentalis)은 원래는 공격(共格, Mit-Kasus)이며, 공간적인 수반(隨伴)에 대한 직관이 수반하고 변용하는 사태에 대한 직관으로 이행함으로써, 이러한 공격이 어떤 행위의 수단 내지 근거를 진술하는 것이 된다. 공간적인 의미의 '어디로부터'에서 원인을 의미하는 '무엇에 의해서'가, 또한 '어디로'로부터 목적과 목표라는 일반적인 관념이 전개되어 나온다.[33] 물론 **장소론적인 격이론**(lokalistische

---

32) 보다 상세한 것은 Miklosich, *Vergleichende Grammatik der slawischen Sprachen* 2판, IV, 196쪽을 볼 것. 다른 활용언어들, 예를 들어 셈계어들에서도 이러한 새로운 형성은 자주 일어난다. 예를 들어 Brockelmann, 앞의 책, 421쪽 이하에 나와 있는 셈계어들에서 **신체부분**의 이름에서 발전한 '새로운 전치사'의 일람표를 참조할 것.

33) 이 점에 대해 상세한 것은 Brugmann, 앞의 책, 464쪽 이하, 473쪽, 518쪽; B. Delbrück, *Vergleichende Syntax der indogermanischen Sparche*, I, 188쪽.

Kasustheorie)은 언어사적인 근거들로부터뿐 아니라 일반인식론적 고찰의 입장으로부터도 자주 논박되어왔지만, 그에 못지않게 그러한 종류의 고찰에 의해서 그러한 이론을 기초지우고 뒷받침하려는 시도도 자주 행해져왔다. 장소론적인 견해에 근거하여 언어의 발달도, 사고일반의 발달도 모두 직관적인 것, 즉 '구체적이고 생동하는 것'으로부터 개념적인 것으로 나아간다는 것이 틀림없다는 것, 그리고 이러한 사실에 의해서 모든 격규정이 원래 가지고 있었던 장소적인 성격이 어떤 의미에서 아 프리오리하게 증시된다는 사실을 지적했지만,[34] 이러한 논증에 대해서는, 그것에서는 직관이라는 개념이 부당하게도 어떤 특정한 개별영역, 즉 '공간적인 직관의 영역'에 국한되고 만다는 반론이 제기되었다. [이러한 반론에 따르면] 공간 내에서의 운동뿐 아니라 그 외의 다양한 역동적 관계들, 예를 들면 승리와 패배, 작용을 가하는 것과 작용을 당하는 것이라는 관계도 직접 직관에 주어지며 눈으로 볼 수 있는 것이라고 한다.[35] 그러나 델브뤽(B. Delbrück)이 제기한 이러한 이의는 — 적어도 여기에서 제기되는

---

[34] 이것에 대해서는 Whitney, *General considerations on the European case-system*, Transact. of the American Philosophical Association. XIII, 1888, 88쪽 이하.

[35] B. Delbrück, *Grundfragen der Sprachforschung*, Straßburg, 1901, 130쪽 이하.

형태로는—물론 지지될 수 없다. 왜냐하면 흄에 의한 인과개념의 분석 이래로, 우리가 '작용'의 과정이라고 부르는 것에 대한 직접적인 감각인상도 직접적인 직관도 존재하지 않는다는 사실은 의심할 수 없기 때문이다. 원인과 결과의 관계에서 우리에게 그때마다 '주어져 있는' 것은 특정한 장소적 시간적 관계, 병렬과 계기(繼起)의 관계의 확인에 그치는 것이다. 분트(Wundt)조차도 이러한 장소론적인 견해에 대해서, 공간적인 것만으로 대상의 모든 감각적·직관적 성질이 다 길어내어지는 것은 아니라고 반박하지만 그는 이러한 이의제기에 바로 이어서 이러한 이의의 예봉(銳鋒)을 스스로 꺾고 만다. 즉 그는 공간적인 성질들은 다른 모든 성질에 대해 어떤 특유의 우월성을 갖는다는 사실을 인정한다. 이는 모든 다른 관계들은 항상 동시에 공간적인 성질을 갖고 있는 반면에, 공간적 관계만이 독립적으로 하나의 직관의 내용을 구성하고 있기 때문이라는 것이다.[36] 이와 함께 언어도 순수하게 '지성적인' 관계들을 공간적인 관계들과 결부되어 있는 상태에서 벗어나게 하고 후자로부터 '격리시킴'으로써 비로소 지성적인 관계를 표현하는 단계로 나아갈 수 있다고 우리는 처음부터 추측할 수 있다. 물론 독일어와 같은 굴절어의 이미 완성된 구조에서는 주요한 격 형식들의 각각에서 그 격이 본질적

---

36) Wundt, 앞의 책, II, 79쪽 이하.

으로 수행하는 특정한 논리적-문법적 기능도 항상 인식될 수 있다. 주격에 의해서는 행위의 수행자가, 목적격과 소유격에 의해서는 그것의 대상이—그 대상이 행위에 의해서 전면적으로 혹은 부분적으로 영향을 받는 한—표시된다. 그리고 좁은 의미에서의 장소에 관한 격도, 이러한 격들에 의해서 특수한 장소적인 의미와 아울러 동사개념에 대한 명사개념의 일반적 관계를 동시에 표현하는 한, 이러한 도식에 포함될 수 있다.[37] 그러나 이러한 사실에 입각해서 고려할 때, 논리적·문법적인 의미가 공간적·직관적 의미에 대해서 πρότερον τῇ Φίσει[본성상 앞서는 것]이라고 보이기 쉬운 경우에도, 다른 한편으로 인식비판적 또는 언어사적 고찰에 의해서는 필연적으로, 공간적·직관적인 의미가 본래적으로 πρότερον πρὸς ἡμᾶς[우리의 입장에서 볼 때 앞서는 것]이라고 인식될 수 있다. 실제로 공간적 의미가 문법적·논리적 의미에 대해서 우월성을 갖는다는 사실은 '격 형식들'을 가장 풍부하게 발전시킨 언어들을 고려할수록 더욱더 큰 타당성을 갖게 된다. 아메리카 원주민의 언어들[38] 외에도 특히 우랄알

---

37) 이 점에 대해서는 B. Delbrück, 앞의 책, 181쪽 이하에서 인도게르만어들에서의 격이론에 대한 서술을 참조할 것.
38) 아메리카 원주민어들의 '격형성'에 대해서는 예를 들면 Thalbitzer(in Boas, Handbook I, 1017쪽 이하)의 에스키모어 편찬을 참조할 것. 여기에서는 특히 향격, 위치격, 탈격, 범위격이 구별된다. Gatschet, *Grammatik der Klamath-Sparche*는 내격, 소격, 방위격, 범위격과 아

타이어권의 언어들이 이 점에서는 다른 언어들을 능가한다. 그러나 바로 이러한 언어들이야말로 '참으로 문법적인' 세 가지 격을 형성하는 데까지는 이르지 못했던 언어이며, 인도게르만계의 언어들에서는 주격, 소유격, 목적격에 의해서 표현되는 관계가 이러한 언어들에서는 전후관계에 의해서 암시되는 것에 그치고 있다. 이러한 언어들에는 주어격으로서의 본래의 주격이 결여되어 있으며, 소유격도 전혀 형식적인 표현을 갖지 않든가 장소적인 현존을 보여줄 뿐인 단순한 '접격형(接格形, Adessivform)'이 대신하고 있다. 그러나 그만큼, 그러한 언어들에서는 순수하게 공간적인 규정들을 나타내는 표현들이 갈수록 풍부하게 늘어난다. 장소 자체에 대한 표시 외에도, 어떤 사물이 있는 장소라든가 어떤 운동의 방향에 관한 특수한 표시들이 최대의 다양성과 정확성을 갖게 되는 것이다. 이러한 방식으로 향격(向格, allativ), 소격(接格, adessiv), 내격(內格, inessiv), 입격(入格, illativ), 변격(變格, translativ), 강격(降格, delative), 고격(高格, sublativ)이 생기며, 이것들에 의해서 대상의 내부에 정지한 채로 있음, 대상 옆에 있음, 대상 안으로 들어감, 대상으로부터 나옴 등이 표현된다.[39]

울러 각각이 특수한 장소적 격어미로 표현되는 다른 많은 규정들을 구별하고 있다.(앞의 책, 479쪽 이하, 489쪽)

39) 이 점에 대해서는 특히 H. Winkler, *Das Uralaltaische und seine Gruppen*(특히 10쪽 이하)에 있는 풍부한 자료와 *Ural-altaische Völker und Sprachen*, Berlin 1884, 171쪽 이하에 있는 '인도게르만어와 우랄

Fr. 뮐러는 여기서 근저에 놓여 있는 정신적 조작(Verfahren)을 다음과 같이 기술하고 있다. "이러한 언어들은 단순히 대상 옆에 서 있는 것이 아니라 이를테면 대상의 내부로 들어가고 그것의 내적인 것을 외적인 것에 대해서 또한 위에 있는 것을 아래에 있는 것에 대해서 형식적으로 대립시킨다. 정지, 대상에 향하는 운동, 대상에서 벗어나려는 운동이라는 세 가지 관계와 안과 밖이라는 범주,—그리고 몇 가지 언어들에서는—위와 아래라는 범주를 조합하는 것에 의해서 일군의 격의 형태들이 생기지만, 우리의 언어에는 그것들에 대한 어감이 전적으로 결여되어 있으며 따라서 우리는 또한 그것을 적절히 표현할 수 없는 것이다."[40] 그 경우 격관계의 이렇게 순수하게 **직관적인** 표현이 아직은 한갓 **감성적인** 표현에 가깝다는 점은, 여기에서는 공간적인 **관계들**이 극히 섬세하게 구별되지만 이러한 관계들 자체가 아직은 전적으로 명사적인 **소재어**(Stoffworte)에 의해서 표현된다는 사실에서 잘 나타나 있다.

물론 **방향**과 방향의 차이에 대한 표현은 그것이 그 언어에서 아무리 감성적으로 형성되어 있을지라도, 단순한 존재에 대한 표현과 하나의 장소에 고착되어 있음에 대한 표현과 비교하면

알타이어의 격'에 대한 장을 볼 것. 또한 Grunzel, *Vergleichende Grammatik der altaischen Sprachen*, 49쪽 이하.
40) Fr. Müller, *Grundriß* II, 2, 204쪽

항상 어떤 새로운 정신적인 계기를 자체 내에 포함하고 있다. 많은 언어에서는 공간명사와 마찬가지로 **공간동사**도 통상적으로 우리가 전치사에 의해서 재현하는 관계들을 표시하는 데 사용된다. 훔볼트는 이러한 공간동사의 용법을 카비어 연구(Kawi-Werk)에서 자바어로부터의 예들을 통해서 분명히 하고 있지만, 그것에 덧붙여서 하나의 행위의 표현은 단순히 사물에 대한 단어(Dingwort)에 의해서 표시하는 경우보다도 소재적(stofflich)인 것이 혼합된 상태로부터 보다 자유롭기 때문에, 공간동사의 사용에는 공간명사의 사용에 비해서 보다 더 섬세한 언어감각이 보이는 것 같다고 말한다.[41] 실제로 명사적인 표현에는 항상 무엇인가 고정적인 것이 속하는 것에 반해서, 공간동사에 의한 표현에서는 공간적 관계가 이를테면 유동적으로 되기 시작한다. 순수한 활동에 대한 그 자체로는 아직 전적으로 직관적인 표현이 순수한 관계에 대한 미래의 지적인 표현을 준비하는 것이다. 관계에 대한 이러한 지적인 표현에서도 그 규정은 대부분의 경우 자신의 신체에 결부되어 있다. 그러나 여기에서 언어가 의거하는 것은 이제 더 이상 신체의 개별적인 부분들이 아니고 그것의 움직임이며, 신체의 단순한 물질적인 존재가 아니라 그것의 행위이다. 언어사적 근거들에 입각해 보아도 공간동사가 공간명

---

41) Humbolt, *Kawi-Werk* II, 164쪽 이하, 341쪽 등.

사와 나란히 나타나는 개별적인 언어들에서 후자가 보다 일찍 형성되고 전자가 비교적 뒤늦게 형성된다는 사실이 입증된다.[42] 그 경우 운동의 '의미(Sinn)'의 차이, 즉 어떤 장소로부터 시작된 운동인지 아니면 이러한 장소로 향하는 운동인지의 차이는 우선 동사의 선택과 그것의 내용적인 의미에 의해서 표시된다. 그러고 나서 이러한 동사들이 보다 약화된 형태로 접미사로서 등장하고 그것이 운동의 종류와 방향을 표시하게 된다. 아메리카 원주민의 언어들은 그러한 접미사로 운동이 어떤 특정한 공간 안에서 일어나는지 아니면 외부에서 일어나는지, 특히 집 안에서인지 혹은 집 밖에서인지, 또한 바다 위에서인지 아니면 확고한 대지의 어떤 지대 위에서인지, 공중에서인지 물속에서인지, 내륙으로부터 해안 쪽으로 향하는지 아니면 해안으로부터 내륙으로 향하는지, 불이 난 곳에서 집 쪽으로 향하는지 아니면 그 반대 방향인지 등을 표현한다.[43] 그러나 운동의 출발점과 목표점, 그것이 행해지는 방식과 수단에 의해서 생기는 이렇게 실로 많은 차이들로부터 특히 하나의 특정한 대립이 두드러지며, 이것

---

42) 멜라네시아어에 대해서는 Codrington, *Melanes. languages*, 158쪽.
43) 이 점에 대해서는 특히 Goddard에 의한 아타파스크(Athapaskisch)어로부터의 예들, Swanton에 의한 하이다(Haida)어로부터의 예, Boas에 의한 침시안(Tsimshian)어로부터의 예를 볼 것. (*Handbook of Americ. Ind. lang.* I, 112쪽 이하, 244쪽 이하, 300쪽 이하)

이 갈수록 표시의 중심점이 되어간다. 운동에 대한 모든 표현을 위한 자연적이고 어떤 의미에서는 '절대적'인 좌표계가 언어에서는 말하는 사람의 장소와 말이 건네지는 사람의 장소에 있다는 것은 분명하다. 어떤 특수한 운동이 말하는 사람으로부터 말이 건네지는 사람에게로 향하는지, 아니면 그것이 말이 건네지는 사람으로부터 말하는 사람에게 향하는지, 혹은 말하는 사람으로부터 말이 건네지는 사람이 아닌 제3자 혹은 사물에게로 향하는지가 그러한 방식으로 아주 정확하고 선명하게 구별된다.[44] 언어는 어떤 감각적인 사물이나 '나'와 '너'에 대한 결부에 의해서 주어지는 구체적인 구별들에 입각해 있으며 그것들로부터 보다 보편적이고 '보다 추상적'인 표시의 방식을 발전시켜나간다. 이렇게 해서 이제 가능한 운동들의 전체를 공간의 어떤 주요한 점들에 따라서, 특히 동서남북이라는 방위에 따라서 분류하는 방향표시 접미사의 특정군과 도식들이 성립할 수 있게 된다.[45] 상이한 언어들은 정지의 표현과 운동의 표현을 서로 구별하는

---

44) 이것에 대한 예들은 특히 훔볼트에게서 찾아볼 수 있다. 그는 이러한 표현형식들이 갖는 차이를 처음으로 지적했다.(*Über die Verwandtschaft der Ortsadverbien mit dem Pronomen* W. VI, 1, 311쪽 이하) 또한 Fr. Müller, *Reise der ösrer. Fregatte Novara* III, 312쪽.

45) 예를 들어 P. W. Schmidt, *Die Mon-Khmer-Völker, ein Bindeglied zwischen Völker Zentralasien und Austronesiens*, Braunschweig 1906, 57쪽에 나오는 니코바(Nikobar)어에서의 그러한 접미사들의 일람표를 볼 것.

방식에서 매우 다른 길을 채택할 수 있다는 것이 일반적인 것 같다. 악센트는 두 가지 방식 사이에서 극히 다양한 방식으로 주어질 수 있다. 즉 '대상을 중시하는' 유형의 분명히 명사적인 형태의 언어는 운동의 표시보다도 장소의 표시를 우선하고 방향의 표시보다도 정지의 표현을 우선하는 것에 반해서, 동사적인 유형의 언어에서는 일반적으로 그 반대의 관계가 지배할 것이다. 이 점에서 중간적인 위치를 차지하는 것은 방향의 표현에 대한 정지의 표현의 우위에 고집하면서도 정지의 표현도 동사적으로 형성하는 언어들일 것이다. 예를 들면 수단어는 위와 아래, 안과 밖이라는 공간관계를 표현하기 위해서 전적으로 공간명사를 사용하지만, 이러한 공간명사 자체가 다시 어떤 장소에 체류하고 있음을 표시하는 하나의 동사를 포함한다. 이렇게 '장소에 관한 동사'는 어떤 특정한 장소에서 일어나는 활동을 표현하는 데 항상 사용된다.[46] 그것은 **활동**에 대한 직관 자체가 단순한 장소적인 **현존**에 대한 직관에 아직 사로잡힌 채로 있는 것처럼 보이고 그것으로부터 떨어질 수 없는 것처럼 보이지만,[47] 다른 한편으

---

[46] 따라서 '그는 밭에서 일하고 있다.'는 문장은 이러한 언어들에서는 '어떤 장소에 있음'을 표현하는 '장소·정지동사'의 사용에 의해서 다음과 같은 형식을 취한다. 즉 '그는 일하고 있고 밭의 내부에 있다.' '아이들은 거리에서 놀고 있다.'는 문자 그대로 번역하면 '어린이들이 놀고 있다. 그들은 거리의 표면에 있다.'는 것이 된다. Westermann, *Die Sudansprachen*, 51쪽 이하.

로는 이러한 현존, 즉 어떤 장소에 단순히 실재하고 있음도 그 장소에 있는 주체의 일종의 활동적 행위인 것처럼 나타난다. 여기에서도 언어의 근원적 직관이 얼마나 깊이 공간의 '소여성' 안에 뿌리내리고 있는가, 그리고 그럼에도 불구하고 언어가 운동과 순수한 활동을 표현하는 것으로 이행하자마자 어떤 식으로 그러한 공간의 소여성을 넘어서도록 추동되는지가 드러난다. 이러한 운동과 활동에 보다 정력적으로 고찰의 눈이 향할수록, 그리고 이러한 운동과 활동의 고유성이 보다 선명하게 포착될수록, 결국은 그만큼 더욱 순수하게 공간의 대상적 · 실체적인 통일이 역동적 · 기능적인 통일로 변형될 수밖에 없으며, 공간 자체가 이를테면 행동 방향들의 전체, 운동의 방향선 · 힘의 선들(Kraftlinien)의 전체로서 구축될 수밖에 없다. 이와 함께 여기에서, 우리가 이제까지 본질적으로 객관적인 측면에 따라서 추적해온 표상세계의 구조 안으로 어떤 새로운 요인이 들어오게 된다. 이제 이러한 언어형성이라는 개별적인 영역에서 모든 정신의 형식이 갖는 일반적인 법칙이 증명된다. 이러한 법칙에 따르

---

47) 수단어와 반투어(Bantusprachen) 그리고 함계 언어들(die hamitischen Sprachen)의 대부분에서는 우리가 목표와 결과에 따라서 표현하는 운동이 그것의 처음과 장소적 출발점에 따라서 표시되고 있다. Meinhof, *Die Sprachen der Hamiten*, 20쪽에 나오는 예들을 참조할 것. 남태평양제도의 언어들에서 보이는 유사한 현상들에 대해서는 Codrington, *Melanes. languages*, 159쪽 이하.

면 정신의 형식의 내용과 수행은 대상적으로 현존하는 것을 단순히 모사하는 것으로 성립하는 것이 아니라 '자아'와 '현실' 사이에, 즉 '주관적' 영역과 '객관적' 영역 사이에 어떤 새로운 관계, 어떤 독특한 상관관계를 창조하는 것으로 성립한다. 언어에서도 이러한 상호작용에 의해서 '외부로 향하는 길'이 동시에 '내부로 향하는 길'이 된다. 언어에서 외적인 직관이 그러한 명확성을 보다 많이 갖게 될수록, 내적 직관도 그것에 따라서 비로소 본격적으로 전개된다. 즉 공간어의 형성이야말로 언어에서 자아를 표시하고 자아를 다른 주체들로부터 구별하기 위한 매개가 된다.

가장 오랜 층에 속하는 공간표시들로부터도 이미 이러한 연관이 분명히 인식될 수 있다. 거의 모든 언어들에서 **인칭대명사**의 표기법의 출발점이 되었던 것은 **공간지시사**(Raumdemonstrativa)였다. 이 두 가지 어군의 결합은 순전히 언어사적으로 볼 때 너무 긴밀해서, 그중의 어느 것이 앞선 것이고 어느 것이 뒤에 오는 것인지, 어느 것이 근본적인 것이고 어느 것이 파생적인 것으로 간주해야 하는지는 결정하기가 어렵다. 훔볼트가 「몇 개의 언어들에서 장소부사와 대명사의 친근성에 대해서」라는 그의 연구의 기초가 되는 논문에서 인칭대명사의 표기는 일반적으로 장소적인 의미와 기원을 갖는 단어들로 소급된다는 것을 증명하려고 했던 것에 반해서, 최근의 언어연구에서는 여러 가지 면에서 그러한 관계를 역전시키려는 경향을 보이고 있다. 즉 최근의 연구에 따르면 대다수의 언어에서 보이는 지시사들에 특징적인 삼분법이 '나', '너', '그'라는 인칭의 근원적·자연적 3분법으로 소급된다. 그러나 발생에 관한 이러한 문제가 어떠한 식으로 결정이 나든 그 어떠한 경우에도 인칭대명사와 지시대명사, 시원적인 인칭표시와 시원적인 공간표시는 그것들의 전체적인 구조에서 보면 극히 가까운 친근성을 가지며 이를테면 언어적 사고의 동일한 층에 속한다는 것은 분명하다. 여기, 거기, 저기라는 대립과 나, 너, 그의 대립은 반은 몸짓에 의하고 반은 언어에 의한 지시행위에서, 즉 '지시(Deixis)'의 동일한 근본적 형식들에서 비롯된다. G. v. d. 가벨렌츠는 이렇게 말한다. "여기라는 것은 항상 자신이 있는 곳이며, 여기에 있다는 것을 나는 거기와 저기에 있는 것과 구별해서 이것이라고 부르는 것이다. 라틴어의 hic(이것), iste(그것), ille(저것) = meus(나의), tuus(너의), ejus(그의)라는 용법도, 중국어에서 2인칭 대명사가 장소적·시간적 근접성과 유사성을 표시하는 접속사와 일치한다는 것도 이러한 사실에 의해서 설명된다."[48] 훔볼트는 위에서 언급한 논문에서 말라이어, 일본어, 아르메니아어에 입각하여 동일한 관계를 지적하고 있다. 더 나아가 인도게르만계 언어들의 발전사 전체를 볼 때

---

48) G. v. d. Gabelentz, *Die Sprachwissenschaft*, 230쪽 이하.

3인칭 대명사가 형식면에서 보면 그것에 대응하는 지시대명사로부터 분리될 수 없다는 사실이 드러난다. 프랑스어의 il〔그〕이 라틴어의 ille로 소급되는 것처럼, 고트(got)어의 is(즉 근세 고지 독일어의 er〔그〕)는 라틴어의 is에 소급된다. 똑같이 인도게르만어의 일인칭, 이인칭의 대명사에서도 지시대명사와의 어원적인 연관은 여러 가지 면에서 부정할 수 없을 정도로 분명히 보인다.[49] 셈어권과 알타이어권에서도 전적으로 동일한 관계가 발견되며,[50] 북아메리카와 오스트레일리아의 원주민어들에서도 마찬가지이다.[51] 그러나 이 후자는 그 이상의 극히 특기할 만한 성격을 보여준다. 남오스트레일리아의 두 셋 원주민어들에서는 그것들이 어떤 행위를 삼인칭으로 말할 때에는 그 행위의 주체뿐 아니라 객체에게도 어떤 공간적인 성질을 규정하는 표지를 부여한다는 사실이 보고되고 있다. 예를 들면 만약 〈어떤 사람이 개를 막대기로 때렸다.〉고 말하려고 할 경우 그 문장은 〈'거기 앞에 있는' 사람이 '저 뒤에 있는' 개를 이러저런 무기를 가지고 때렸

---

[49] 상세한 것은 Brugmann, *Demonstrativpronomen*, 30쪽 이하, 71쪽 이하, 129쪽 이하; *Grundriß* 2판, II, 2, 307쪽 이하, 381쪽 이하.

[50] 셈계어들에 대해서는 Brockelmann, 앞의 책, 296쪽 이하; *Kurzgefaßte vergleichende Grammatik der semitischen Sprache*, Berlin 1908, 142쪽 이하; Dillmann, *Äthiop. Grammat.*, 98쪽. 알타이어들에 관해서는 예를 들면 Grunzel, *Vergleichende Grammatik der altaischen Sprachen*, 55쪽 이하.

[51] Gatschet, *Klamath-Language*, 536쪽 이하; Matthews, 앞의 책, 151쪽.

다.)라는 의미로 파악되어야만 한다.[52] 바꿔 말하면 여기에서는 아직 '그'라든가 '이것'이라는 일반적이고 추상적인 표시가 없고, 그러한 것을 표현하려고 하는 말은 특정한 지시적인 음운에 의한 몸짓과 융합되어 있고 그것과 분리될 수 없다. 몇 개의 언어들에는 화제가 되는 개인을 전적으로 특정한 상태에 있는 것으로서 표시하는 표현들, 즉 앉아 있는가 누워 있는가 서 있는가, 혹은 가고 있는가 오고 있는가를 표시하는 표현들은 있어도 3인칭의 대명사에 대한 통일적인 표현은 결여되어 있지만, 그러한 경우에도 동일한 사태가 근저에 있다. 체로키족의 언어에는 이러한 구별이 특히 잘 발달되어 있지만 3인칭의 대명사가 하나가 아니고 9개가 있다.[53] 다른 언어들은 일인칭, 이인칭, 삼인칭 각각에 대해서 그러한 사람들이 눈에 보이는지 아니면 보이지 않는지를 구별하고, 각각의 경우에 각각 다른 대명사를 사용한다.[54] 상태와 거리의 공간적 구별과 아울러 시간적인 현재와 비(非)현재도 대명사의 특수한 형태에 의해서 자주 표현된다. 또한 장소적 · 시간적 표지들에 대해서도 다른 질적 규정을 부여하는

---

52) Mattews, *Languages of the Bungandity Tribe in South Australia*(J. and Proc. of the Roy. Soc. of N. S. Wales XXXVII [1903], 61쪽)을 볼 것.
53) Humboldt, "Über den Dualis"(W. VI, 1, 23); Fr. Müller, 앞의 책, 1, 224쪽 이하.
54) Boas, *Kwakiutl*(*Handbook* I, 527쪽 이하).

표지들이 부가될 수 있다.[55] 이상에서 보다시피, 이 모든 경우들에서 3개의 인칭들을 순수하게 '정신적'으로 구별하기 위해서 언어가 소유하고 있는 표현에는, 우선은 아직 직접적·감성적인 뉘앙스, 무엇보다도 어떤 공간적인 뉘앙스가 속해 있다. 호프만에 의하면 일본어는 본래 '중심'을 의미하는 어떤 장소부사로부터 자신을 표현하는 단어를, '거기' 또는 '저기'를 의미하는 다른 장소부사로부터 '그'를 표현하는 단어를 만들어냈다고 한다.[56] 이러한 종류의 현상들에서 언어라는 것이 말하는 사람의 주위에 어떤 감각적-정신적인 원환을 그리면서 그러한 원환의 중심에 '나'를 배치하고 주변에는 '너'와 '그'를 배치한다는 사실이 직접적으로 나타난다. 우리가 앞에서 대상세계의 구성에서 보았던 공간의 독특한 '도식화기능'이 여기에서는 정반대 방향에서 입증되고 있다. 그리고 이러한 이중의 기능에서 비로소 공간 표상 자체도 언어의 전체 내에서 자신의 완전한 형성과정을 완료한다.

---

55) Goddard, *Hupa*(*Handb.* I, 117쪽).
56) Hoffmann, *Japanische Sprachlehre*, 85쪽 이하.

II. 시간 표상

 언어는 시간적인 관계를 정확하게 구분하고 표시하기 위해서 공간규정과 공간표시를 형성하는 경우보다도 본질적으로 더욱 곤란하고 복잡한 과제를 수행해내야 한다. 인식론적 고찰에서는 공간형식과 시간형식을 단순하게 서로 동등한 것으로 보려는 시도가 자주 행해져 왔지만, 그러한 시도는 언어의 측면에서 볼 때 아무런 뒷받침도 받지 못한다. 오히려 사고일반, 특히 언어적 사고는 시간 표상의 구축과 시간방향들과 시간단계들의 구분에서 공간 표상의 경우와는 다른 종류의, 이를테면 일층 높은 차원에 속하는 규정작용을 수행해야만 한다는 것이 언어의 경우에는 분명하게 드러난다. 왜냐하면 '여기'나 '저기'는 시간의 개별적인 계기들인 지금이나 이전 혹은 이후의 경우보다도 훨씬 단순하고 직접적인 방식으로 직관적인 통일체로 총괄될 수 있기 때문이다. 객관적으로 직관되는 사물처럼 의식에게 동시에 그리고 '한꺼번에' 결코 주어지지 않는다는 사실이야말로 이러한 계기들을 시간의 계기들로서 특징짓는 것이다. 공간적 직관에서는 저절로 하나의 전체로 결합되는 것으로 보이는 개개의 단위와 부분이 여기[시간적인 직관]에서는 오히려 서로를 배제한다. 하나의 규정의 존재는 다른 규정의 비존재를 의미하며 그 역이기도 하다. 따라서 시간 표상의 내용은 직접적인 직관 안에 포함되어 있지 않다. 오히려 여기에서는 공간 표상의 경우보다도 훨씬 강하게, 결합하고 분리하는 사고, 즉 분석적이고 종합적인 사고가 결정적으로 참여하고 있다는 것이 느껴진다. 시간의 요소들 자체는 의식이 그것들을 통과하면서 서로에 대해서 구별함으로써만 존재하기에 이렇게 통과하는 작용, 즉 이러한 '추론(discursus)'의 작용이 시간개념의 특징적인 형식 자체 안으로 진입하게 된다. 그러나 이와 함께 우리가 계기(繼起, 잇달아 일어남)의 존재, 즉 시간의 존재라고 부르는 '존재'가 단순히 장소적으로 규정된 현존과는 전적으로 다른 이념성이라는 단계로 높여지는 것 같다. 언어는 이러한 단계에 직접 도달할 수는 없으며 여기에서도 언어는 이러한 형성과 진보의 전체를 지배하는 동일한 내적 법칙에 복종한다. 언어는 언어에 열려지는 각각의 새로운 의미 영역을 위해서 새로운 표현수단을 창조하는 것이 아니다. 언어의 힘은 어떤 일정한 주어진 자료를 여러 가지 방식으로 형성하며, 그 내용을 우선은 변화시키지 않고 다른 과제를 위해서 이용하면서 이와 함께 그것에게 새로운 정신적인 형식을 각인시킬 수 있다는 점에 있다.

언어가 근원적인 공간언어를 형성할 때 적용하는 수속을 고찰했을 때, 가장 단순한 수단을 사용한다는 사실이 분명하게 드러났다. 언어에서 감성적인 것의 이념적인 것으로의 변환은 항상 너무나 서서히 일어나기 때문에, 그러한 변환은 처음에는 그러한 변환으로서, 즉 정신의 전체적인 태도의 결정적인 변경으로서 거의 인정되지 않을 정도이다. 좁게 한정된 감성적 소재로부터, 즉 모음의 음색의 차이, 개개의 자음과 자음군의 독특한 음운적인 감정적인 성질 등으로부터 공간 내의 장소적 대립과 방향상의 대립의 표시가 형성된다. 언어가 근원적인 **시간불변화사**(Zeitpartikeln)를 획득하게 되는 양식을 고찰할 때, 동일한 과정이 언어의 발달에서 새로운 측면으로부터 드러난다. 감성적인 자연음운과 감정음운과 가장 단순한 공간어의 경계가 극히 유동적인 것으로 나타났던 것처럼, 장소적 규정을 포함하는 언어영역과 시간적 규정을 포함하는 언어영역 사이에도 동일한 연속적이고 눈에 띠지 않는 이행이 존재한다. 우리의 근대적인 문화영역에서도 양자는 자주 불가분의 통일체를 형성한다. 이 경우에도 아직 동일한 하나의 언어를 공간적 관계의 표현에도 시간적 관계의 표현에도 사용하는 것은 매우 통상적인 현상이다. 자연민족의 언어는 이러한 연관에 대해서 훨씬 더 풍부한 예증을 제공한다. 이러한 언어는 극히 많은 경우 그것 이외에는 시간 표상을 표현하기 위한 형성수단을 가지고 있지 않은 것처럼 보인다. 간단한 장소부사가 무차별하게 시간적인 의미로도 사용된다. 예를 들면 '여기'를 의미하는 단어가 '지금'을 의미하는 단어와, '저기'를 의미하는 단어가 이전이라든가 이후를 의미하는 단어와 용해된다.[57] 사람들은 이러한 현상을 공간적인 원근과 시간적인 원근이 객관적으로 서로를 조건지운다는 것으로 설명하려고 했다. 즉 공간적으로 먼 곳에서 일어난 것은 시간적으로도 그것이 화제가 된 순간에는 보통 과거의 것, 즉 훨씬 이전에 지나간 것인 경우가 많다는 사실을 통해서 설명하려고 했다. 그러나 여기에서 문제는 분명히 그러한 현실적, 사실적 연관보다는 순수하게 이념적인 연관이다. 즉 아직 비교적 미분화 상태에 있고 공간형식과 시간형식 사이의 특수한 차이점들을 그 자체로서 느끼지 못하는 의식의 단계가 문제이다. 발달된 문화언어는 비교적 복잡한 시간적인 관계를 가리키는 독자적인 표현을 만들어낸 반면에, 자연민족의 언어는 그것을 가장 원시적인 공간적 표현수단을 가지고 표시하는 경우가 많다.[58]

그런데 이러한 실질적인 연관이 존재하는 한, 시간형식 자체의 독자성도 순수한 형태로 언어상으로는 나타날 수 없다. 이제

---

57) 이것에 대해서는 Gatschet(앞의 책, 582쪽 이하)에서 클라마스어 (Klamath-Sprache)로부터의 예들, 그리고 Codrington(앞의 책, 164쪽 이하)에서 멜라네시아어로부터의 예들을 참조할 것.
58) 수단어는 어떤 주체가 하나의 행위를 하고 있는[독일어로는 in einer Handlung begriffen ist. 이것에도 포함되어 있다는 의미가 있다] 상황을 일반적으로 그 주체가 이러한 행위의 내부에 존재한다는 것을 의미하는 말의 조합으로 표현한다. 그러나 이러한 '내부'도 대개의 경우 전적으로 물질적으로 표시되기 때문에, '나는 가고 있는 중이다.'라는 의미를 표현하기 위해서 '나는 가고 있음의 내부에 있다.', '나는 가고 있음의 배 (Bauch)이다.'라는 표현방식들을 사용한다. S. Westermann, *Sudansprachen*, 65쪽; *Gola-Sprache*, 37, 43, 61쪽을 참조할 것.

는 시간의 구조관계조차도 부지불식간에 공간의 구조관계로 변화된다. 공간 내의 '여기'와 '저기'에서는 단지 단순한 거리 관계만 존재한다. 공간에서는 단순히 상호외재(相互外在), 공간 내의 두 개의 점의 분리만이 문제이며, 하나의 점으로부터 다른 점으로의 이행에서 일반적으로 어떤 하나의 방향이 우선하지는 않는다. 두 개의 점은 공간의 두 가지 계기로서 '함께 있음(Beisammensein)'의 가능성을 소유하고 있으며 이를테면 양자는 서로에 대해서 길항관계에 있다. '저기'는 어떤 단순한 운동에 의해서 '여기'로 변화될 수 있으며, '여기'는 '여기'라는 것을 그친 후 역방향의 운동을 통해서 다시 원래의 형태로 바뀔 수 있다. 그러나 이에 반해 시간은 개개의 요소들 사이의 상호외재와 상호격리 외에 특정한 유일하고 불가역적인 '의미(Sinn)'를 보여준다. 과거로부터 미래로의, 혹은 미래로부터 과거로의 방향은 각각 대체 불가능한 고유한 것이다. 의식이 아직 주로 공간적인 직관의 영역에 머무르고 시간적 규정을 공간적 유비에 의해서 파악하고 표시할 수 있는 한에서만 그것을 이해할 수 있을 때에는, 시간의 방향이라는 이러한 특성도 필연적으로 어둠 속에 머무를 수밖에 없다. 공간에서와 마찬가지로 여기에서도 단순한 원근의 차이로 다른 모든 것이 환원된다. 여기에서 포착되고 선명하게 표현되는 단 하나의 본질적인 차이는 '지금'과 지금 아닌 것 사이의, 직접적인 현재의 시점과 그것 '밖에' 존재하는 것 사이의 차이이다. 물론 이 경우 그 시점은 엄밀하게 단순한 수학적인 점으로서 사유될 수는 없고 그것에는 어떠한 특정한 폭이 속해 있다. 수학적 추상물로서가 아니라 심리적인 지금으로서의 지금은, 하나의 직접적인 시간적인 통일로 한꺼번에 직관되면서 하나의 근본적인 체험단위로서의 일순간의 전체로 농축될 수 있는 내용들의 전체를 포괄한다. 선행하는 것과 나중에 오는 것을 나누는 것은 단순히 사유되었을 뿐의 한계점이 아니며, 직접적이고 구체적인 기억이 미치는 한에서의 어떤 지속을 자체 안에 포함한다. 이러한 원초적인 시간직관의 형식에서는 의식과 그것의 내용의 총체는 이를테면 두 개의 영역으로 나누어지게 된다. 즉 하나는 '현재'의 빛에 의해서 비추어진 영역이며 다른 하나는 어두운 영역이다. 그러나 이 두 개의 근본적인 단계들 사이에는 아직 어떠한 매개도, 이행도, 뉘앙스의 미묘한 차이도, 음영도 결여되어 있다.

충분히 발전된 의식, 특히 과학적인 인식을 행하는 의식은 이러한 '지금'과 '지금이 아닌 것'의 단순한 대립에 머무르지 않고 그것을 극히 풍부하게 논리적으로 전개한다는 점에서 탁월한 성격을 갖는다. 과학적 인식을 행하는 의식에서는 많은 시간 단계들이 존재하지만 그것들 모두는 하나의 통일적인 질서에 의해서 전체적으로 포괄되어 있으며 각각의 계기에는 그 질서 안에서 전적으로 특정한 위치가 귀속된다. 인식비판적 분석은 이러한 질서가 감각을 통해서 '주어진' 것도 아니고 직접적인 직관으로부터 길어진 것이 아니라는 사실을 보여주고 있다. 그러한 질서는 오히려 지성의 산물이며 특히 인과적 추론과 추리의 산물이다. 원인과 결과라는 범주야말로 잇달아 일어남(繼起, Nacheinander)에 대한 단순한 직관을 사건의 통일적인 시간질서라는 관념으로 변형시킨다. 개개의 시간적 위치의 단순한 차이가 그것들 간의 역동적인 상호의존성의 개념으로 변형되어야만 하며, 순수한 직관형식으로서의 시간에 인과적 판단작용의 기능이 혼합되어야 한다. 이를 통해서 비로소 이러한 관념이 발전되고 고정될 수 있으며 직접적인 시간감각이 인식을 구성하는 하나의 조건과 내용으로서의 체계적인 시간개념으로 이행한다. 전자로부터 후자에 이르는 길이 얼마나 멀고 어느 정도의 곤란과 역설을 거치게 되는가는 근대물리학의 발전이 우리에게 극히 명료하게 보여주었다. 칸트는 『경험의 유비』에서, 즉 실체성, 인과성 그리고 상호작용의 세 가지 종합적 원칙에서, 있을 수 있는 세 가지의 상이한 시간관계의 정립을 위한, 곧 지속과 계기와 동시성을 구성하기 위한 지적인 조건과 기초를 보고 있다. 일반상대성이론으로의 물리학의 진전과 일반상대성이론에서 시간개념에 일어났던 변화는, 뉴턴 물리학의 근본형식을 기준으로 하여 형성되었던 비교적 단순한 도식이 인식비판적으로 보아도 보다 복잡한 규정으로 대체되어야만 한다는 사실을 분명히 보여주었다. 전적으로 일반적으로 이를테면, 시간감각으로부터 시간개념으로의 진보에서는 세 가지의 상이한 단계가 구별될 수 있다. 이 세 단계는 언어에서 발견되는 시간개념의 반영에 대해서도 결정적으로 중요한 의미를 갖는다. 첫 번째 단계에서 의식은 단순히 '지금'과 '지금 아닌 것' 사이의 대립에 의해서 지배되며, 이러한 대립은 그 자체에서는 아직 그 이상의 어떠한 분화도 겪지 않았다. 두 번째 단계에서는 몇 개의 시간 '형식'이 서로 구별되기 시작하며, **완성된** 행위가 아직 **완성되지 않은** 행위로부터, **지속적인** 행위가 **일시적인** 행위로부터 구별되기 시작한다. 이렇게 해서 시간적인 **행동 유형들**의 일정한 구별이 형성된다. 그리고 마지막으로는 추상적인 **질서개념**으로서의 시간이라는 순수한 관계개념이 획득되고, 여러 시간**단계들**이 서로 대립하고 규정하면서 분명히 모습을 드러내게 된다.

시간적인 관계들에 대해서는 공간적인 관계들에 대해서와 마찬가지로 아니 그것 이상으로 곧장 관계로서 의식되지 않고, 순수한 관계라는 성격이 다른 규정들, 특히 사물로서의 성격과 속성으로서의 성격에 의해서 은폐되고 그것들과 융합해서 나타난다는 사실이 타당하다. 사물들이 서로 구별되는 여타의 감각적 성질들에 비해서 장소적인 규정들이 어떤 탁월한 특성을 갖는다고 해도 그것들도 성질인 **이상** 다른 감각적인 성질들과 동일한 층에 위치한다. '여기'라든가 '저기'라든가가 언표되는 대상에 부착되는 방식은 예를 들면 '이것'이라든가 '저것'이라든가 그 대상에 부착되는 방식과 다르지 않다. 따라서 공간형식에 대한 모든 표시는 어떤 특정한 질료적인 표시에서부터 시작되어야만 한다. 이러한 파악이 공간으로부터 시간으로 전용된다면 여기에서도 시간적인 의미차이는 우선은 순수한 속성의 차이로 나타난다. 이 경우 이러한 차이가 동사에서뿐 아니라 명사에서도 나타난다는 것이 특징적이다. 우리의 발달된 문화언어들에 대해서 행해졌던 고찰방법으로부터 보면, 시간규정은 본질적으로 어떤 사건과 행위의 표현을 자신 안에 포함하는 품사에 부착되어 있는 것으로 나타난다. 시간의 의미와 시간이 자신 안에 포함하고 있는 관계의 다양성은 변화라는 현상에 입각해서만 파악될 수도 있으며 확정될 수 있다. 따라서 변화의 출발점이 되는 어떤 특정한 상태의 표현으로서의 또는 이행 작용의 표시로서의 동사야말로 시간적인 규정들의 본래적이고 유일한 담지자로서 나타난다. 즉 그것은 $\kappa\alpha\tau'\ \dot{\varepsilon}\xi o\chi\acute{\eta}\nu$ [진정한 의미에서의] 시간어 [동사, Zeitwort]로 나타난다. 훔볼트도 이러한 연관을 한편으로는 시간표상의 본성과 독자성에서 비롯되고 다른 한편으로는 동사적인 표상의 본성과 독자성에서 비롯되는 필연적인 것으로서 입증하려고 했다. 그에 따르면 동사는 '이다(das Sein)'에 의해서 단순히 질적인 부가어가 아니라 힘에 충만한(energisch) 부가어를 결집한다. 힘에 충만한 부가어에는 행위의 단계들이 포함되어 있고,

'이다'에는 시간의 단계들이 포함되어 있다.[59] 그러나 카비어 연구에 대한 그의 서설에서 보이는 일반적인 고찰 외에 물론 그 저작 자체에서는 이러한 관계가 모든 언어에서 동일한 정도로 명료하게 나타나지는 않는다는 사실을 지적하고 있다.

〔훔볼트에 의하면〕 우리가 시간의 관계를 동사와 결합하면서 동사의 활용(Konjugation)의 일부로만 사유하는 데 익숙해 있는 것에 반해서, 예를 들면 말라이어 등은 시간의 관계를 명사와 결합하고 있다고 볼 수밖에 없는 용법을 발전시키고 있다.[60] 그러한 용법은 이러한 언어가 장소적인 관계들의 구별을 위해서 사용하는 수단을 그대로 시간적인 규정의 구별을 위해서도 사용하고 있는 곳에서 분명히 드러난다. 소말리어는 앞에서 언급했던 것과 같은 정관사에서 모음의 차이를 공간적인 위치와 상태의 차이를 표현하기 위해서뿐 아니라 시간적인 차이를 표현하기 위해서도 이용하고 있다. 시간적인 표상의 발달과 표시가 여기에서는 장소적인 표상의 그것과 정확히 평행하고 있다. 세 개의 정관사 모음(Artikelvokal)에 의해서 우리가 생각하기에는 시간적인 규정을 조금도 포함하고 있지 않은 순수한 **명사**, 예를 들면 '남자'라든가 '전쟁'과 같은 단어들에 어떤 시간적인 **지표(Index)**가

---

59) Humbolt, Einleit. zum Kawi-Werk (W. VII, 1, 223쪽)
60) 같은 책, II, 286쪽.

주어진다. a라는 모음은 시간적으로 현존하는 것을 표시하는 것에 사용되고, 모음 o는 시간적으로 부재하는 것을 표시하지만, 그 경우 미래와 상당히 가까운 과거는 전혀 구별되지 않는다. 그러고 나서 이러한 구분에 기초해서 비로소 간접적으로, **행위의 표현**에 대해서도 그것이 완결된 것인가 아닌가 순간적인 것인가 아니면 다소라도 지속을 포함하고 있는가를 엄밀히 구별한다.[61] 이와 같이 명사에서 순수한 시간적인 성격이 형성된다는 것은 특히 예리하게 연마되고 세련된 시간감각에 대한 증거로 파악되기 쉬울 것이다. 그러나 이는, 다른 한편으로 이 언어에서는 시간의 **방향들**이 갖는 특수성에 대한 의식이 아직 전혀 발달하지 않은 이상 시간감각과 공간감각이 완전히 혼합되어 있다는 사실이 분명히 드러나지 않았을 경우의 이야기이다. 여기와 저기의 내용과 마찬가지로 지금과 지금이 아닌 것의 **내용도** 분명히 구별된다. 그러나 과거와 미래의 대립은 이러한 구별의 배후로 물러나 눈에 띄지 않으며 따라서 순수한 **시간형식**과 그것의 독자성에 대한 의식에 결정적인 계기가 전개되는 것이 방해를 받는다.

---

[61] 상세한 것은 M. v. Tiling, 같은 책, 145쪽 이하, 명사에 존재하는 이러한 시간적인 지표들은 아메리카 원주민의 언어들에서도 자주 발견된다. 예를 들면 Boas, *Handbook of Americ. Ind. Lang.* I, 39쪽; Goddard, *Athapascan*(같은 책, 110쪽) 등을 참조할 것.

유아 언어의 발달과정에서는 한편으로는 시간부사의 형성이 공간부사의 형성보다도 결정적으로 뒤늦고, 다른 한편으로 '오늘', '어제' 그리고 '내일'이라는 표현이 처음에는 분명하게 구분된 시간적인 의미를 전혀 갖지 않는다는 사실이 잘 드러난다. '오늘'은 현재 일반을 가리키며, '내일'과 '어제'는 미래 일반 혹은 과거 일반을 가리키는 표현이다. 따라서 그것에 의해서 일정한 시간적인 질들은 구별되지만, 시간적인 거리라는 양적인 척도에는 아직 도달하지 못한 상태로 있다. 많은 경우 과거와 미래의 질적인 차이조차도 자주 전혀 존재하지 않는 언어들을 고찰할 경우, 우리는 한걸음 더 뒤로 되돌아가는 것처럼 여겨진다. 에베(Ewe)어에서는 동일한 하나의 부사가 '어제'뿐 아니라 '내일'을 표현하는 것에도 사용된다. 샴발라어에서는 동일한 단어가 아득히 먼 과거뿐 아니라 먼 미래를 가리키는 것에 사용된다. 이 언어에 대한 연구자 중의 하나는 다음과 같이 특기하고 있다. "이렇게 우리에게는 매우 기묘하게 여겨지는 현상은 느투(Ntu) 흑인들이 시간을 사물처럼 보기 때문에 그들에게는 오늘과 오늘이 아닌 것만이 존재한다는 사실에 의해 자연스럽게 설명된다. 그들에게는 오늘이 아닌 것이 어제였는지 아니면 내일인지는 아무래도 좋고 그것에 대해서 생각하지 않는다. 왜냐하면 그렇게 하기 위해서는 단지 직관만이 아니라 시간의 본질에 대한 어떤 사유와 개념적인 표상이 필요하기 때문이다. …… '시간'이라는 개념은 샴발라족에게는 낯선 것이며 그들은 시간에 대한 직관밖에 알지 못하기 때문이다. …… 우리 선교사들이 우리의 시간개념으로부터 해방되어 샴발라족의 시간직관을 이해하는 것이 얼마나 어려웠는지는, 우리가 오랜 기간 미래만을 표시하는 형식을 그들의 언어에서 찾아왔다는 사실로부터 분명해질 것이다. 우리는 이러한 형식을 발견했다고 생각하면서 자주 기뻐했지만, 나중에 그리고 때로는 물론 수개월이 지나서야 비로소 기뻐하기에는 일렀다는 사실을 알게 되었다. 왜냐하면 발견된 형식이 [그들에 의해서] 또한 과거에 대해서도 사용된다는 사실이 매번 드러났기 때문이다."[62] 시간을 하나의 **사물**로 보는 이러한 직관은 특히 시간적 관계들이 원래는 어떤 공간적인 의미가 부여되어 있는 **명사**들에 의해서 표현된다는 사실에서도 나타난다.[63] 그리고 시간의 전체로부터 항상, 의식에 현존하는 그때마다의 시간의 **단편**만이 포착되고 그것이 다른 현존하지 않는 다른 부분들과 대립되는 것으로 파악되는 것과 마찬가지로, 행위와 활동의 파악에서도 동일한 사물적인 단편화가 인정된다. 행위의 통일성이 문자 그대로 그러한 사물적인 개개의 단편으로 '해체되는' 것이다. 우리가 현재 문제시하고 있는 이 단계에서는 언어가 행위

---

62) Roehl, *Versuch einer system. Grammatik der Schambalasprache*, Hamburg 1911, 108쪽 이하.
63) Codrington, *Melanesian languages*, 164쪽 이하.

를 그것의 개개의 단편으로 분해하고 분해된 하나하나를 개별적으로 기술하는 것에 의해서만 어떤 하나의 행위를 기술할 수 있다. 그리고 이러한 분해에서도 사고에 의한 분석이 행해지는 것이 아니라—왜냐하면 [사고에 의한] 분석은 전체의 형태의 파악, 즉 종합과 함께 행해지는 것이며 분석은 종합의 상관적 계기를 형성하기 때문이다—, 행위는 그것의 구성부분들로 소재적으로 세분화되며 세분화된 구성부분의 각각이 독립적으로 존재하는 객관적 존재로서 직관되기 때문이다. 따라서 예를 들어 다수의 아프리카 언어들은, 그것들이 모든 사건과 행동을 부분으로 분해하고 각각의 자립적인 부분을 하나의 독립적인 문장으로 표현한다는 것을 하나의 공통된 특성으로 갖는다고 할 수 있다. 행위는 그것의 개별적인 세부에서 서술되며, 이러한 부분적 행위들의 각각이 하나의 특수한 동사에 의해서 표현된다. 예를 들어 우리가 '그는 익사했다.'는 단 하나의 문장으로 서술하는 사건이 여기에서는 '그는 물을 마셨다. 그는 죽었다.'라는 두 개의 문장으로 서술되어야만 한다. 우리가 '절단한다(abschneiden).'고 서술하는 행동은 '끊는다. 떨어진다.'에 의해서, 가져간다라는 행동은 '갖는다. 그쪽으로 간다.'라고 표현된다.[64] 슈타인탈(Steinthal)은 자신

---

64) 이것에 대해서는 Westermann, *Ewe-Grammat.*, 95쪽; *Sudansprachen*, 48쪽 이하에서 에베어와 수단어로부터의 예. 그리고 Reinisch, *Die Nuba-Sprache*, Wien 1879, 52쪽.

이 만데 흑인어의 예들을 가지고 입증하는 이러한 현상을 '표상의 응집력의 결여'로 환원시킴으로써 심리학적으로 설명하려고 했다. 그러나 바로 이러한 '응집력의 결여'야말로 저 언어들이 갖는 시간 표상의 근본적인 특성 하나를 명료하게 보여준다. 여기에서는 지금과 지금 아닌 것의 단순한 구분 외에는 존재하지 않기 때문에, 이러한 지금의 빛에 의해서 직접적으로 비추어지는 의식의 비교적 작은 부분 외에는 아무것도 진정한 의미에서는 의식에게 현존하지 않는다. 따라서 어떤 행위의 전체는 의식이 그것을 그것의 개별적인 단계들에서 문자 그대로의 의미에서 '현재화한다'는 것, 즉 의식이 이러한 단계들을 하나씩 지금의 밝음의 빛 안으로 진입시킨다는 것에 의해서만 파악될 수 있으며 사고상으로도 언어상으로도 파악될 수 없다는 것이다. 이렇게 해서 여기에서는 다수의 서술들이 생기며 그것들이 서로 모자이크처럼 병치된다. 그러나 이렇게 해서 생기는 것은 통일적인 이미지가 아니라 다채로운 이미지일 뿐이다. 왜냐하면 그 하나하나가 독립적으로 파악되고 단지 점처럼 규정될 뿐이기 때문이다. 이렇게 전적으로 단순한 현재점들의 집합으로부터는 진정한 시간적 연속체의 표상은 생겨날 수 없다.

이 때문에 이러한 언어들이 운동과 행위를 표현하기 위해서 소유하고 있는 형식에 대해서는 실로 〔다음과 같은〕 제논의 반론이 타당하다. 즉 여기에서는 날아가는 화살은 날아가는 운동의 모든 순간 각각에서 단지 하나의 고정된 위치만을 점하고 있기 때문에 근본적으로는 정지하고 있다는 것이다. 그러나 발달된 시간의식은 시간적 '전체성'을 파악하기 위한 전적으로 새로운 수단을 창출함으로써 이러한 곤란과 역설에서 벗어나게 된다. 이러한 시간의식은 시간의 전체를 더 이상 실체적인 전체로서 개개의 순간들로부터 합성하는 것이 아니라 기능적이고 역동적인 전체로서, 즉 관계의 통일체, 작용의 통일체로서 파악한다. 행위의 시간적인 통일성의 직관은 한편으로는 그러한 행위 안에 포함되어 있는 주체에서부터 다른 한편으로는 그러한 행위가 향해져 있는 목표에서부터 출발한다. 이 두 가지 계기들은 전적으로 상이한 차원에 존재하지만, 시간개념의 종합적인 힘은 그러한 대립관계를 상호적인 관계성으로 변화시키는 바로 그 점에서 입증된다. 행위의 과정은 이제 더 이상 전적으로 개별적인 국면들로 분해될 수는 없다. 왜냐하면 그러한 과정의 배후에는 처음부터, 행위하는 주체의 통일적인 에너지가 존재하며 그 과정의 전방에는 행위의 통일적인 목적이 있기 때문이다. 행위의 계기들이 이러한 방식으로 인과적이고 목적론적인 전체적인 계열로, 즉 역동적인 결합과 목적론적인 의미의 통일체로 통합됨으로써 비로소 간접적으로 시간 표상의 통일성이 생기게 된다. 충분히 발달된 언어의식에서는, 언어가 어떤 과정이나 행위의 전체를 나타내기 위해서 이제 더 이상 그 **경과**의 개별적인 부분들 모두에 대한 직관이 필요하지 않고 출발점과 종착점, 즉 행위가 발해지는 주체와 그러한 행위가 향하는 객관적인 목표를 확정하는 것에 만족한다는 점에서 새로운 전체적 시각이 분명히 나타난다. 전체적인 시각의 힘은 이제 이러한 대립〔행위가 발하는 주체와 행위가 향하는 객관적 목표 사이의 대립〕의 폭 전체를 단번에 포착하면서 바로 그렇게 함으로써 대립을 가교할 수 있다는 것에 의해서 증시된다. 양극간의 긴장은 첨예화되지만, 동시에 이제, 이러한 양극 사이에 이를테면 정신의 불꽃이 날아다니면서 양자를 화해시킨다.

순수한 시간개념이 가지고 있는 상당히 복잡하고 매개된 성격에 대한 이러한 견해는 물론 '원시적' 언어의 문법에서의 '동사의 시제'에 대한 보고와 언뜻 보기에는 모순되는 것처럼 보인다. 그러한 보고에서는 다름 아닌 '자연민족'의 언어에서야말로 우리에게는 거의 파악될 수 없을 정도로 놀랍게 풍부한 '시제형식들'이 존재한다고 곧잘 찬탄되고 있다. 소토(Sotho)어의 경우 엔데만(Endemann)이 38개의 긍정적 시제형식과 아울러 가능법에는 22개의 형식, 희구법 내지 목적법에는 4개의 형식, 다수의 불변화사형태, 40개의 조건법의 형식 등등을 열거하고 있다. 샴발라어의 경우 로엘(Roehl)의 문법에 의하면 능동직설법만으로도 약 1000개의 동사형태가 구별될 수 있다는 것이다.[65] 그러나 이와 관련해서 생기는 것처럼 보이는 곤란도, 그러한 구별에서 문제가 되는 것이—문법학자들의 보고 자체에 입각해 보아도—본래 의미에서의 시간적 뉘앙스의 규정과는 전혀 다른 것이라는 사실을 고려한다면 해소된다. 샴발라에서는 다름 아닌 시간의 근본적인 뉘앙스, 즉 과거와 미래의 대립이 전혀 전개되지 않는다는 사실을 이미 지적했으며 반투어 동사의 이른바 '시제들'에 대해서는, 이러한 언어에서 고려되는 것은 단지 앞인가 뒤인가의 관계에 지나지 않기 때문에 그러한 시제들은 엄밀한 의미의 시간형식으로 간주될 수 없다는 사실을 분명히 지적해야 할 것이다. 따라서 이렇게 수많은 동사형들이 표현하는 것은 행위의 순수한 시간성격이 아니고 그 행위에 대해서 이루어지는 어떤 종류의 질적·양상적 구별이다. 예를 들어서 **젤러**(Seler)는 아메리카 인디언의 언어들에서의 동사에 대해서 다음과 같은 점을 강조하고 있다. "시간적 차이는 여러 불변화사들이나 다른 동사들과의 결합에 의해서 표현되지만 그것은, 이러한 언어에서는 여러 승려 문법가들(geistliche Grammatiker)이 형성한 상세한 활용도식으로부터 추측되는 것과 같은 역할을 수행하는 것은 아니다. 그리고 시제의 차이는 무엇인가 비본질적이고 부수적인 것이기 때문에 여타의 사항에서는 극히 유사한 언어들 사이에서도

---

65) Roehl, *Schambalagrammt.*, 111쪽 이하; Meinhof, *Grammat. der Bantusprachen*, 68, 75쪽 참조.

다름 아닌 시제형성에서는 극히 커다란 차이를 보인다."[66] 그러나 언어가 시간적 규정을 보다 명확히 형성할 때조차도, 이것은 그 언어에 의해서 상대적인 시간적인 단계들의 선명하고 수미일관된 체계가 구축되는 방식으로 일어나는 것이 아니다. 언어가 형성하는 최초의 구별들은 그러한 상대적인 성격을 갖는 것이 아니라 오히려 어떤 의미에서 절대적인 성격을 갖는다. 우선 파악되는 것은, 심리학적으로 이를테면 어떤 사건이나 행위에서 보이는 어떤 종류의 시간적인 '형태질(Gestaltqualitäten)'이다. 어떤 행위가 '갑자기' 시작되는지 아니면 점진적으로 전개되는지라는 문제, 일거에 수행되는가 아니면 연속적으로 진행되는가라는 문제, 또한 그 행위가 불가분의 유일한 전체를 형성하는가 아니면 리드미컬하게 반복되는 동일한 종류의 국면들로 나뉘는가라는 문제, 이것들은 서로 다른 문제들이다. 그러나 이 모든 구

---

66) Seler, *Das Konjugationssystem der Maya-Sprachen*, Berlin 1887, 30쪽. 똑같이 K. v. d. Steinen은 바카이리어(K. v. d. Steinen, 앞의 책, 371쪽 이하)에 대해서, 이러한 언어는 우리가 말하는 의미의 시제를 완전히 결여하고 있지만 동사활용 대신에 양상적인 표현을 사용하고 있다고 말한다. 그리고 그는 이러한 양상적인 표현들이 갖는 정확한 가치는 현존하는 자료만으로는 결정될 수 없는 것은 물론이고, 유럽인들에게는 아마도 전혀 이해될 수 없을 것이라고 말하고 있다. 이러한 양상적인 뉘앙스의 풍부함에 대해서는 로엘(Roehl, 앞의 책, 111쪽 이하)이 샴발라어의 동사형에 대해서 제시하는 개관으로부터 명확한 상을 획득할 수 있다.

별들은 언어가 따르는 구체적인 파악방식이라는 면에서 볼 때 개념적이라기보다는 직관적이며, 양적이라기보다는 질적인 차이이다. 언어는 본래적인 관계단계들인 '시제들'을 예리하게 구별하는 것으로 이행하기 전에 '동작양태들(Aktionsarten)'의 차이를 분명히 함으로써 위의 직관적이고 질적인 차이들을 표현한다. 여기에서 문제가 되는 것은 시간을 모든 사건을 포섭하는 것과 같은 일반적인 관계형식 및 질서형식으로 보는 파악방식, 즉 시간을 각각의 위치가 서로에 대해서 '전'이라든가 '후', '이전'이든가 '이후'라는 일정한 일의적 관계로 존재하는 위치들의 총체라고 보는 파악방식이 아직은 결코 아닌 것이다. 오히려 여기에서는 일정한 동작양태에 의해서 표현되는 개개의 사건은 이를테면 '그것에 고유한 시간', 즉 어떤 종류의 형식적 특성과 일정한 형성양식과 경과양식이 강조되는 '자신을 위한 시간(eine Zeit für sich)'을 아직 갖고 있는 것이다. 주지하듯이 개개의 언어들은 어떤 때는 상대적인 시제의 구별을 강조하고 어떤 때는 순수한 동작양태의 구별을 강조하는 정도에서 서로 매우 현저하게 다르다. 셈계의 언어는 과거·현재·미래의 3분법에서 출발하지 않고, 단지 완료된 행위와 미완료 행위의 대립만을 고려하는 단순한 2분법으로부터 출발한다. 따라서 완료된 행위의 시제, 즉 '완료형(Perfektum)'은 과거의 표현에 대해서도 현재의 표현에 대해서도 똑같이 사용된다. 즉 이미 과거에 시작했지만 현재까

제3장 직관적 표현 단계에서의 언어

지 계속되고 직접 현재에까지 미치는 행위를 표시할 때에도 완료형이 사용된다. 다른 한편으로 이미 진행 중에 있고 아직 완료되지 않은 행위를 표현하는 '미(未)완료형(Imperfektum)'은 이러한 의미에서 모든 시간단계의 행위, 즉 미래·현재·과거의 시간단계의 행위에 대해서도 사용된다.[67] 그러나 순수한 관계개념과 행위에서 순수한 시간의 구별들에 대한 표현이 상대적인 의미에서 최고도로 형성되어 있는 언어권에서도 그러한 고도의 형성에 도달하기까지는 다양한 매개와 중간단계를 거쳤다. 인도게르만계 언어들의 발달사는 이러한 언어들에서도 동작양태의 구별이 본래의 의미의 '시제'의 구별에 선행했다는 사실을 보여주고 있다. 예를 들면 **슈트라이트베르크**(Streitberg)가 강조하는 바에 의하면 태고(太古)의 인도게르만어들에서는 어떠한 '시제', 즉 상대적인 시간단계들을 표시하는 것을 자신의 근원적인 기능으로 갖는 형식적 범주들은 전혀 존재하지 않았다고 한다. "우리가 보통 '시제'라고 부르는 형식유형은 그 자체로는 상대적인 시간단계와 아무런 관계도 갖지 않는다. 오히려 모든 현재형, 부정

---

67) 셈계 언어들에서 '시제'의 용법에 대해 상세한 것은 Brockelmann, 앞의 책 II, 144쪽 이하를 볼 것. 우랄알타이어들에 대해서도 H. Winkler(*Das Ural-altaische*, 159쪽)는 우랄알타이어들의 '동명사'에서는 그것이 포함하는 수많은 한정적·양상적 규정들에 비하면 '본래의 동사적 영역', 즉 여러 시제의 형성은 전혀 눈에 띄지 않으며 2차적인 것, 곧 거의 부차적인 것으로만 나타난다는 사실을 강조하고 있다.

(不定)과거(Aorist), 완료형은 그 모든 양태에서 무시간적이며 단지 그것들에 의해서 특징지어지는 행위의 종류에 의해서만 서로 구별된다. 동작양태들을 구별하기 위해 사용되는 수많은 형식들에 비하면, 인도게르만계 언어들이 시간단계들을 표시하기 위해서 사용하는 수단들은 많지 않으며 실로 빈약한 것 같다. 현재를 가리키는 특수한 표시는 전혀 존재하지 않으며 이 경우에는 무시간적인 행위로 충분했다. 그러나 과거는 동사형에 덧붙여지는 시간부사, 즉 가음(加音, Augment)에 의해서 표현되었다. ······ 마지막으로 미래는 태곳적 인도게르만계 언어들에서는 통일적인 방식으로 표현되지 않았던 것 같다. 이러한 수단들 중에서 아마도 가장 시원적인 것은 추측컨대 **의지적인** 의미를 갖는 화법형식이었다."[68] 시간단계를 표시하는 것에 대해서 동작양태를 표시하는 것이 이렇게 우위를 가졌던 사실은 개별적인 인도게르만계 언어들의 발달사에서도 그 정도는 상이하지만 분명히 나타난다.[69] 순간적 행위와 지속적 행위의 구분에 대해서 인도게르

---

68) Streitberg, *Perfektive und imperfektive Aktionsart*(Paul-Braune-Beiträge XV〔1891〕, 117쪽 이하)
69) 그리스어에 대해서는 예를 들어 Brugmann, *Griech. Gramm.* 3판, 469쪽을 참조. "고대그리스시대 이래 모든 동사적 개념은 동작양태와는 모종의 관계를 갖지 않을 수 없었지만 시간단계의 범주와는 관계를 가질 필요가 없었다. 태곳적의 인도게르만어 이래로 시간단계를 결여한 동사형태는 극히 많았지만 동작양태를 결여한 동사형태는 전혀 존재하지 않았다." 호머의 그리스어를 고대 아티카어와 비교해보면, 그리스어에서

만계의 많은 언어들이 그것을 표현하는 독자적인 음을 만들어내었다. 즉 순간적 행위의 표현에 사용된 형태는 단순한 근모음(Wurzelvokal)을 갖는 동사어간으로부터 형성되었지만 그에 반해서 지속적인 행위의 표현은 증강된 근모음을 갖는 동사어간으로부터 형성되었다.[70] 일반적으로 쿠르티우스(G. Curtius) 이래 인도게르만어 문법에서는 '순간적' 행동과 '계속적' 행동이 구별되는 것이 관습이며, 그리고 나서는 이러한 구별에 완료적·반복적·긴장된·종결적 행동이라는 그 이상의 차이들을 덧붙이게 된다.[71] 인도게르만어권의 개개의 언어는 이러한 차이들의 형성의 선명함과 그것들에 비해서 순수한 시간적 규정들이 형성되는 정도에서 부분적으로는 현저하게 서로 다르다.[72] 그러나

시간의 관계가 동사 자체에 의해서 일의적으로 표현되는 것이 통례가 된 것은 극히 점진적으로 이루어졌다는 사실이 드러난다.(같은 곳 참조)

70) 그리스어에서는 λαβ, πιθ, φυγ 와 같은 어간들은 제일의 기능에, λαμβ, πειθ, φευγ 은 제2의 기능에서 사용된다. 자세한 것은 G. Curtius, *Zur Chronologie der indogerm. Sprachforschung*, Abh. der Kgl. Sächs. Ges. d. Wiss. Phil.-hist. Klasse V, 1870, 229쪽 이하.

71) G. Curtius, *Die Bildung der Tempora und Modi im Griechischen u. Lateinischen*. Sprachvergl. Beiträge I, 1846, 150쪽 이하를 볼 것.

72) 게르만계 언어들의 활용체계에서는 동작양태들의 구별은—비록 그것이 여기에서도 많은 개별적인 언어현상들에서는 뚜렷하게 인식될 수 있는 형태로 남아 있을지라도(예를 들면, H. Paul, *Die Umschreibung des Perfektums im Deutschen mit **haben** und **sein***, Abh. der K. bayer. Akad. d. Wiss., I. Cl., XXII, 161쪽 이하)—이미 일찍부터 그 중요성을 상실하고 있다. 이에 반해서 발틱-슬라브언어들에서는 그것은 매우 분

그 어떤 경우에도 상대적인 시간단계를 선명하게 표현하게 된 것은 비교적 후기에 가능하게 되었으며, 이에 반해서 어떤 사건과 행위의 일반적인 '시간형태'의 표현이 사고와 언어의 보다 이른 층에 속한다는 것은 분명하다.

결국 시간직관의 초보적인 단계에서 가장 멀리 떨어져 있는 언어표현은, 그것의 형성을 위해서 이미 어떤 형식의 시간측정을 전제로 갖고 있으며, 따라서 시간을 선명하게 규정된 크기의 가치로서 파악하고 있는 언어표현이다. 엄밀하게 말해서 여기에서 우리는 이미 언어의 영역을 넘어서는 과제 앞에 서 있다. 이러한 과제는 의식적 반성으로부터 생겨난 '인공적인' 기호체계에서 비로소 그 해결을 보게 된다. 그러나 언어도 이러한 새로운 일을 위해서 어떤 결정적인 준비를 내포하고 있다. 왜냐하면 모든 정밀한 수학적·천문학적 계측의 기초를 이루는 수기호 체계의 발달은 그것에 앞서서 **수사(數詞, Zahlworte)**가 형성되었다는 사실과 떨어질 수 없기 때문이다. 언어는 서로 다르지만 밀접하게 서로 결부되어 있고 연관되어 있는 세 국면들에서 공간, 시간 그리고 수라는 세 개의 근본적인 직관들을 전개하며, 이를 통해

명하게 보존되어 있고, 특히 '완료된' 동작과 '미완료의' 동작의 대립이 계속해서 형성되고 있으며, 이에 따라서 모든 동사가 두 개로 나눠지고 있다. 상세한 것은 Leskien, *Grammatik der altbulgarischen(altkirchenslawischen) Sprache*, Heidelb. 1909, 215쪽 이하.

서 비로소 현상들을 지적으로 지배하려는 모든 시도와 현상들을 '세계개념'이라는 통일체로 종합하는 작업의 전제가 되는 조건을 창출하게 된다.

III. 수 개념의 언어적 발전

우리가 공간 표상으로부터 시간 표상으로 나아가고 그 양자로부터 다시 수에 대한 표상으로 나아간다면, 직관의 영역은 이 수에 대한 표상에서 비로소 완성되는 것으로 보이지만 동시에 우리는 모든 새로운 일보와 함께 갈수록 이러한 직관의 영역이 초월되어간다는 사실에 접하게 된다. 왜냐하면 이러한 전진의 과정에서 손으로 붙잡을 수 있는 세계는 갈수록 배후로 물러나게 되고 그 대신에 점차 어떤 새로운 세계, 즉 지성적인 원리들의 세계가 형성되기 때문이다. 수의 '존재'는 수를 본래 철학적·수학적으로 발견했던 피타고라스 교단의 사람들이 이미 이러한 의미로 규정했다. 프로크로스는 피타고라스가 처음으로 기하학의 원리들을 연역적으로($\check{\alpha}\nu\omega\theta\varepsilon\nu$) 탐구하고 그것의 정리들을 소재에 의거하지 않고 순수하게 사고에 의해서($\alpha\check{\nu}\lambda\omega\varsigma$ $\kappa\alpha\grave{\iota}$ $\nu o\varepsilon\rho\hat{\omega}$) 표현했다는 사실을 기리고 있다.[73] 이와 함께 학문으로서의 수

---

[73] Proclus in Euclid., 64쪽, 18 Friedl.(Diels, *Fragm. d. Vorsokr.*, 279쪽)

학에 그것의 최초의 창시자들에 의해서 각인된 일반적 경향이 그 이후 갈수록 강화되고 심화되어왔다. 이러한 경향은 플라톤, 데카르트, 라이프니츠를 거치면서 근대수학에까지 전해진다. 근대적인 사고방식은 기하학과 해석학을 하나의 원리로부터 형성하려고 시도함으로써 고대의 수학보다도 훨씬 더 그것의 본래적인 중심인 수 개념으로 향하게 된다. 그리고 이제 사고에 의한 모든 정초작업이 갈수록 더 분명하게 이러한 중심점으로 향하게 된다. 19세기의 수학에서는 수 개념의 논리적·자율적 형성을 달성하려는 노력이 갈수록 더 보편적으로 행해지게 된다. 이러한 목표는 데데킨트(Dedekind), 러셀, 프레게와 힐베르트에 의해서 다양한 방식으로 추구되고 있다. 러셀은 수의 근저를 이루는 모든 근본요소들을 순전히 '논리적인 불변항'으로 환원하려고 시도하고 있다. 프레게는 수를 일종의 '속성'으로 보지만, 이러한 속성은 그 자체가 비감성적인 것으로서 비감성적인 내용에 부속되어 있으며 '사물'의 속성이라기보다는 오히려 순수한 개념의 속성이라고 본다. 프레게 못지않게 데데킨트는 첨예하면서도 분명하게 수 개념의 정초와 도출에 직관적인 사태에 대한 모든 결부와 모든 측정 가능한 양이 개입하는 것을 일체 배격하고 있다. 수의 세계는 공간·시간의 직관에 세워져서는 안 되며 오히려 "순수한 사고법칙에서 직접적으로 유출된 것"인 수 개념에 의해서 우리는 비로소 공간적인 것과 시간적인 것에 대한 참으로 선명하면서도 정확한 개념을 획득할 수 있게 된다는 것이다. 정신이 측정 가능한 양에 대한 어떠한 표상도 없이 단순한 사고조작의 유한한 체계에 의해서 순수하고 연속적인 수의 세계를 창조하는 것으로 비약함으로써 비로소, 정신은 이러한 보조수단을 사용하여 연속적인 공간에 대한 표상을 명확한 표상으로 형성할 수 있게 된다.[74] 비판적 논리학은 수는 주어진 어떠한 사물들과 연관을 갖지 않고 사고의 순수한 합법칙성과 연관을 갖는다는 사실에 대한 통찰이야말로 수의 이해를 위한 제일의 전제조건이라는 사실에서 출발함으로써, 정밀과학 자체에 뿌리를 내리고 있는 이러한 모든 노력들을 총괄하고 있을 뿐이다. 비판적 논리학은 다음과 같이 역설한다. "수를 사물로부터 도출하는 것은, 만약 도출이라는 것을 근거지음이라고 이해한다면, 분명히 하나의 순환이다. 왜냐하면 사물이란 개념은 복합적인 개념이며 수도 그것의 불가결한 구성부분들 중의 하나로서 그것에 포함되기 때문이다. …… 사실 사고에게는 자기 자신, 즉 사고, 달리 말하면 관계의 정립보다 더 근원적인 것은 아무것도 없기 때문이다. 그것 이외의 다른 것이 수의 근거로서 요구된다고 해도, 그것은 바로 그것의 참된 근거인 관계의 이러한 정립을 전제로서

---

74) Dedekind, *Was sind und was wollen die Zahlen*, 1887을 볼 것. 또한 Frege, *Die Grundlagen der Arithmetik*, 1884, Russell, *The Principles of Mathematics* I, 1903을 볼 것.

포함하고 있기 때문에 수의 근거로서 나타날 수 있다."[75]

그러나 '순수한' 사고, 학적 사고가 여기에서 보다 확고하게 자기 자신을 근거로 삼을수록 그리고 이와 함께 감성적 지각이나 직관의 모든 지주와 도움을 의식적으로 포기할수록 그러한 사고는 여전히 언어와 언어적 개념형성의 영역 안에 구속되는 것 같다. 말함과 사고함이 서로를 구속하는 관계는 수 개념의 논리적·언어적인 발전에서 다시 나타난다. 그리고 그것은 여기에서 가장 명료하고 특징적으로 표현된다. 수가 언어기호로 형태화됨으로써만 수의 순수하게 개념적인 본성을 파악할 수 있는 길이 열리게 된다. 이와 같이 언어가 창조하는 수기호는 한편으로는 순수수학이 '수'로서 규정하고 있는 형성물들의 불가결한 전제가 되지만, 다른 한편으로는 언어적 상징과 순수하게 지성적인 상징 사이에 불가피한 긴장과 결코 완전히는 제거될 수 없는 대립이 생기게 되는 것은 물론이다. 언어가 후자를 위해서 비로소 길을 마련해주는 것이지만 언어 자체는 이러한 길을 끝까지 걸을 수는 없다. 순수한 수 개념의 정립을 가능하게 하는 '관계적 사고'의 저 형식은 언어가 발전해가면서 점진적으로 접근해가는 궁극적 목적이기는 하지만, 언어는 그 자신의 고유한 영

---

75) Natorp, *Die logischen Grundlagen der exakten Wissenschaften*, 1910, 98쪽 이하.

역 내부에서는 이러한 목표에 완전히 도달할 수는 없다.[76] 왜냐하면 수학적 사고가 수 개념에게 요구하는 바로 저 결정적인 일보, 즉 직관과 직관적인 사물표상이라는 기초로부터의 특유한 분리와 해방이라는 일보를 언어는 내딛을 수 없기 때문이다. 언어는 구체적인 대상들과 구체적인 과정들을 표시한다는 작업에 구속되어 있으며 언어가 순수한 관계를 간접적으로 표현하는 것으로 자신을 형태화하려고 할 때조차 그것은 구체적인 대상들과 과정들에 구속된 채로 존재한다. 그러나 여기에서도 동일한 변증법적 진보의 원리가 입증된다. 즉 언어가 그것의 전개과정에서 감성적인 것의 표현에 깊이 몰입하는 것으로 보일수록 그만큼 더욱더 언어는 감성적인 것 자체로부터 해방되어가는 과정의 수단이 되기 때문이다. 계산될 수 있는 것의 소재가 되는 것이 우선은 아무리 감성적이고 구체적이며 제한된 것으로 받아들여질지라도 그러한 소재에서 수에 포함되어 있는 새로운 형식과 새로운 사고력이 전개된다.

그러나 이러한 형식은 여기에서는 곧장 하나의 완결된 전체로 출현하는 것은 아니다. 그것은 그것의 개별적인 계기들로부터 순차적으로 구축되어야만 한다. 그러나 바로 이것에, 수 개념의 언어적인 성립과 형성에 대한 고찰이 논리적 분석에 기여할 수

---

[76] 이 점에 대해서는 이 책의 제5장을 참조할 것.

있는 공헌이 근거하고 있다. 수는 그것의 논리적 내용과 기원으로부터 보면 극히 다양한 사고방법들과 사고요구들의 교차에서 비롯된다는 사실이 드러난다. 여기에서는 다양성의 계기가 단일성의 계기로, 분리라는 계기가 결합이라는 계기로, 철저한 구별이라는 계기가 순수한 동질성의 계기로 이행한다. '정밀한' 수의 개념이 형성되기 위해서는 이러한 모든 대립관계들이 동시에 하나의 순수한 정신적 평형상태 안으로 정립되어야만 한다. 이것은 언어에게는 도달 불가능한 목표이다. 그럼에도 불구하고 최종적으로는 수라는 정교한 직물(織物)로 짠 실들 하나하나가 서로 어떤 식으로 결합되는지 또한 하나의 논리적인 전체로 결합되기 전까지 그것들 하나하나가 어떻게 형성되는지를 언어에서 명료하게 추적할 수 있다. 이러한 형성과정은 언어에 따라서 서로 다르다. 수·다수라는 개념이 형성되는 데에는 언어마다 서로 다른 동기가 작용하며 각 언어는 다른 모든 동기들보다 어떤 동기에 우선적이고 높은 의의를 부여한다. 그러나 언어가 수 개념에 대해서 갖게 되는 이렇게 특수하면서도 어떤 점에서 보면 일면적이기도 한 다양한 파악방식들의 총체는 결국 하나의 전체, 하나의 상대적인 통일을 형성하는 것이다. 이와 같이 언어는 수 개념이 존재하는 정신적·지적 권역에 스스로는 완전히 침투할 수도 없고 그것을 채울 수도 없지만 그 권역의 주위를 걸을 수는 있으며 이와 함께 간접적으로 그러한 권역의 내용과 한계를 규정하는 준비를 할 수 있다.

그 경우에도 무엇보다도 우선 우리가 가장 단순한 공간관계에 대한 언어적 파악에서 마주쳤던 동일한 관계가 입증된다. 수의 관계들에 대한 구별은 공간관계의 구별과 마찬가지로 인간의 신체와 사지(四肢)로부터 출발하면서 여기로부터 감성적·직관적 세계의 전체로 서서히 확대되어간다. 모든 언어에서 자기의 신체가 최초의 원시적인 계산의 기본 모델이 된다. 우선 '계산'은 어떠한 외적인 대상들에서 보이는 특정한 구별들을 계산하는 자의 신체에 전이시키면서 그것에 입각하여 드러내는 방식으로 표시하는 것일 뿐이다. 따라서 모든 수 개념은 언어개념으로 되기 이전에 순전히 손으로 모방하는 개념이거나 그 외의 신체개념이다. 수를 계산하는 몸짓은 자립적으로 존재하는 수사(數詞)에 단순히 수반되는 동작에 그치는 것이 아니라 수사의 의미와 실체 안에 이를테면 융합되어 있다. 예를 들면 에베(Eweer)인들은 편친 손가락으로 수를 헤아린다. 왼손의 새끼손가락에서부터 시작하면서 오른손의 둘째손가락으로 헤아려진 손가락을 꺾는 것이다. 왼손으로 다 센 후에는 오른손으로 동일한 방식으로 헤아린다. 그리고 나서는 처음부터 다시 시작하든가 혹은 땅바닥에 쪼그리고 앉아서 발가락으로 헤아린다.[77] 누바(Nuba)어에서 계산

---

77) Westermann, *Ewe-Grammatik*, 80쪽.

에 거의 항상 수반하는 몸짓은 하나에서 시작하면서 오른손으로 왼손의 새끼손가락, 다음에는 넷째 손가락, 가운데손가락, 두 번째 손가락, 마지막으로는 엄지손가락을 꺾어 구부려 잡아서 주먹으로 만들고 그 다음에는 왼손으로 오른손의 손가락을 가지고 동일한 방식으로 구부린다. 20이란 수의 경우에는 두 주먹을 서로 수평으로 눌러 합친다.[78] 똑같이 v. d. 슈타인은 바카이리어족은 계산되는 대상물, 예를 들어 만지는 손에 한 손에 가득 찰 정도의 옥수수알들이 직접 제공되지 않았을 때는 극히 간단한 계산도 할 수 없었다고 보고하고 있다. "오른손으로는 만지고 왼손으로는 계산했다. 오른손의 손가락을 사용하지 않고 옥수수알을 보는 것만으로 왼손의 손가락들로 계산하는 것은 3번(Stück)에 이르렀을 때는 이미 전적으로 불가능하게 되었다."[79] 여기에서 보는 것처럼 '계산하는' 행위가 일어날 수 있기 위해서는 개개의 계산되는 대상이 신체의 부분에 어떤 식으로든 **관계지어지는** 것만으로는 충분하지 않고 그러한 대상이 이를테면 직접적으로 신체의 부분과 신체감각으로 **치환되어야만** 한다. 따라서 수사는 대상이 갖는 어떤 객관적인 규정과 관계를 보여준다기보다는 오히려 헤아린다는 신체의 움직임에 대한 일정한 지시

---

78) Reinisch, *Nuba-Sprache*, 36쪽 이하.
79) v. d. Steinen, *Unter den Naturvölkern Zentral-Brasiliens*, 84쪽.

를 포함하고 있다. 수사는 그때마다의 손 혹은 손가락의 위치의 표현 내지 지시인바, 자주 동사의 명령형이라는 형식을 취한다. 예를 들면 소토(Sotho)어에서 5를 가리키는 말은 '손을 완성하라'는 의미를 가지며, 6에 해당하는 말은 원래는 '건너뛰라', 즉 다른 손으로 건너뛰라는 의미를 갖는다.[80] 이른바 '수사'가 갖는 이러한 능동적 성격은 계산되는 대상들을 분류하고 설치하고 배치하는 방식을 특별히 표시하는 방식으로 수를 표현하는 언어들에서 특히 명료하게 나타난다. 예를 들면 클라마스어에서는 놓다, 즉 눕혀 놓다, 세운다는 동사들로부터 형성되고 계산되어야 할 대상들의 특수성에 따라서 특수한 정렬방식을 표현하는 풍부한 표시들을 수사로 사용한다. 예를 들면 어떤 종류의 대상군은 계산하기 위해서 지면에 펼쳐야만 하고, 다른 대상군은 층을 이루면서 차곡차곡 쌓여야만 하며, 어떤 군은 덩어리로 분류해야 하며 어떤 군은 나란히 줄을 지어서 정리해야만 한다. 그리고 대상들을 놓는 이러한 특정한 배치방식들 각각의 특성에 따라서 그것들에는 서로 다른 동사적인 수사, 다른 '수적 분류사(numeral classifier)'가 대응한다.[81] 이러한 수속에 의해서 대상을 배열할

---

[80] Meinhof, *Bantugrammatik*, 58쪽을 참조. 파푸아어권으로부터의 유사한 예들은 Ray, *Torres-Expedition*, 373쪽 u. ö. 에스키모에서는 20에 해당하는 수사를 '하나의 인간이 완성되었다.'(즉 그의 모든 손가락과 발가락이 다 헤아려졌다.)라는 문장으로 표현한다. W. Thalbitzer, *Eskimo*(in Boas, *Handbook* I, 1047쪽)

때의 운동이 어떤 특정한 순서로 진행된다고 생각되는 신체의 특정한 운동과 조합되는 것이다. 이 경우 후자는 손과 발, 손가락과 발가락 등에 한정될 필요는 없으며 인간 신체의 다른 지체들에도 관련될 수 있다. 영국령 뉴기니에서는 계산하는 순서가 왼손의 손가락에서부터 손목, 팔꿈치, 어깨, 목, 왼쪽 가슴, 흉곽, 오른쪽 가슴, 목의 오른쪽 등으로 옮겨가며, 다른 지역들에서는 동일한 방식으로 겨드랑이, 쇄골의 움푹 들어간 곳, 배꼽, 목, 혹은 코, 눈과 귀가 사용된다.[82]

이러한 원시적인 계산방법이 갖는 정신적 가치는 자주 극히 낮게 평가되었다. 예를 들어 슈타인탈은 만데 흑인의 계산방식에 대해서 이렇게 말하고 있다. "발가락에 도달했을 때 흑인의 정신은 감성적인 지주를 버리면서 자유롭게 창조적으로 발가락의 수를 복제해가면서 짧은 계열을 긴 계열로 늘리지 않고, 자신의 신체에 밀착하여 모든 도구들 중에서도 고귀한 도구이자 정신의 종복인 손으로부터 신체의 노예인 먼지를 일으키는 발로 내려가지만, 이것이 그들의 정신을 짓누르는 부담이 되고 있다.

---

81) Powell, *Evolution of language*(Rep. of the Smithson. Institute of Washington, I), 21쪽; Gatschet, *Klamath-Language*, 532쪽 이하.
82) Ray, *Torres-Straits-Expedit.*, 364쪽을 볼 것. 특히 Levy-Bruhl, *Das Denken der Naturvölker*, 독일어판, Wien 1921, 159쪽 이하에 나오는 풍부한 자료를 참조할 것.

이 때문에 일반적으로 수는 신체에 부착된 채로 존재하게 되고 추상적인 수 표상으로 발전하지 않았던 것이다. 흑인들은 수를 갖는 것이 아니라 단지 몇 개의 손가락과 발가락을 가지고 있을 뿐이다. 그들의 정신은 무한으로 향하는 충동에 의해서 추동되어 모든 특정한 수를 향해서 초월해나가고 자기 자신으로부터 하나씩 덧붙이는 것이 아니다. 현존하는 개별적인 사물들, 즉 자연의 사물들이 그들의 정신을 하나씩, 즉 새끼손가락에서 엄지로, 왼손으로부터 오른손으로, 손으로부터 발로, 어떤 인간에서 다른 인간으로 이끄는 것이다. 그들의 정신은 어느 곳에서도 자유롭게 형성하면서 개입하지 않고 자연에 붙어서 기어 다닌다. …… 이와 같은 것은 우리의 정신이 계산할 때에 행하는 행위와는 다르다."[83] 그러나 이렇게 반쯤은 시적이고 반쯤은 신학적인 격정에 싸인 비난조의 말이 잊고 있는 것은, 이 경우에도 원시적인 계산방식을 우리의 충분히 발전된 수 개념에 입각하여 평가하기보다는 그러한 원시적인 방식이 원시적인 것임에도 불구하고 자체 내에 포함하고 있는 지적인 내용을 아무리 사소한 것이라도 찾아내고 인정하는 것이 보다 올바르고 생산적이라는 사실이다. 이러한 언어들에서는 분명히 수 개념의 어떤 체계구성이라든가 일반적인 연관으로의 편입(Einreihung)이 아직은 행해지

---

83) Steinthl, *Mande-Negersprachen*, 75쪽 이하.

고 있지 않다. 그러나 다음 한 가지는 달성되고 있다. 즉 어떤 다양한 것을 계산하면서 비록 이 다양한 것들이 내용적으로는 전적으로 감성적으로 규정되어 있을지라도 전적으로 특정한 질서, 즉 어떤 부분에서 다른 부분으로 이행하는 순서가 준수된다는 것 말이다. 계산하면서 신체의 어떤 부분에서 다른 부분으로 나아가는 것은 결코 자의적으로 행해지지 않고 왼손 다음에는 오른손이 따르며 손 다음에는 발이, 손과 발 다음에는 목과 가슴과 어깨가 따르는바, 이러한 순서는 분명히 관습에 의해서 선택된 것이지만 이러한 선택에 따라서 고정된 연속적 도식에 따르는 것이다. 이러한 도식은 발달된 사고가 '수'라는 것으로 이해하는 것의 내용을 다 길어내는 것은 불가능하지만 그럼에도 불구하고 이것의 생성을 위해서 불가결한 전제조건이다. 왜냐하면 순수하게 수학적인 수조차도 윌리엄 해밀턴(William Hamlton)이 명명했던 것과 같은 '계열적 순서'—order in progression—라는 개념으로 해소되기 때문이다. 그런데 원시적인 계산법의 결정적인 결함은 분명히, 이러한 순서를 어떤 정신적 원리에 따라서 자유롭게 산출하지 않고 주어져 있는 사물들, 특히 계산하는 사람 자신의 신체의 부위로부터 끌어낸다는 점에 있는 것 같다. 이러한 계산태도는 부인할 수 없을 정도로 수동적이지만 그럼에도 그것에는 어떤 특유의 자발성이 작용하는 것 같다. 물론 그것은 단지 맹아의 상태로만 나타날지라도 말이다. 정신은 감성적 대상들을 그것들이 개별적으로 그리고 직접적으로 무엇으로 존재하는가에 따라서가 아니라 그것들이 어떠한 **질서**를 갖는지에 따라서 파악함으로써 특정한 대상들로부터 특정한 작용들로 나아간다. 그리고 이러한 작용들에서, 즉 정신이 자신의 내부에서 행하는 결합과 분리의 작용에서 수 형성의 본래의 새로운 원리, 즉 '지적인' 원리가 싹트는 것이다.

그런데 우선 하나의 대상으로부터 다른 대상으로 이행할 때, 이행의 계열 속에서 확인하는 능력은 단지 하나의 고립된 계기에 그치고 순수한 수 개념의 형성을 위해서 필요한 계기들과 아직 결합되지 않은 채로 있으며 그것들과 조화를 이루고 있지도 않다. 계산된 대상들과 수의 표현으로 기능하는 인간 신체의 부분들 사이에 실로 어떤 특정한 대응관계는 성립한다. 그러나 이러한 대응관계는 비교되는 계열들 자체를 분절하고 선명하게 규정된 '단위'로 나누는 것에 성공하지 않는 한, 극히 막연한 성격밖에 갖지 못한다. 그러나 이러한 단위형성을 위한 본질적인 전제는, 계산되는 요소들이 엄격하게 동류의 것으로 간주되고 이에 따라서 각 요소는 계산과정에서 그것에 귀속되는 **위치**에 의해서만 다른 요소들로부터 구별되며, 그 외의 다른 어떠한 감성적·물질적 특성과 성질에 의해서 구별되는 것은 아니라는 데에 존재할 것이다. 그러나 [원시적인 계산법은] 그러한 '동질성'의 추상으로부터 아직은 아주 멀리 떨어져 있다. [원시적인 계산법에서는〕 계산되는 사물들은 직접 만져질 수 있을 정도로 전적으로 명확한 규정성을 갖고 현존하고 있어야 할 뿐 아니라 계산행위가 의거하는 단위들조차도 예외 없이 구체적·감성적인 차이를 보여주며 이러한 차이에 의해서만 서로 구별된다. 거기에 존재하는 것은 순수한 사고에 의해서 구상되고 동일한 형상으로 **정립된** 단위들이 아니라 인간신체의 자연적인 분절이 제공하는 것과 같은 자연적인 **사물단위**일 뿐이다. 원시적인 '산술'은 자신의 요소로서 이러한 자연적인 집합만을 알 뿐이다. 그것의 체계들은 이렇게 사물적으로 주어진 척도에 따라서 구별되는 것이다. 손을 계산의 모델로 삼는 것으로부터 5진법이 나왔고, 양손을 사용하는 것으로부터는 10진법이, 양손과 양발을 결합하여 사용하는 것으로부터 20진법이 생겼다.[84] 그 외에 집합을 형성하고 체계를 형성하는 이렇게 가장 단순한 단서들에도 미치지 못하는 계산방법들도 있다. 그러나 이러한 '계산법'의 한계가 동시에 구체적인 다수성(Vielheit)들과 그것들의 차이들을 파악하는 방식의 한계라고 해석해서는 안 된다. 오히려 본래적인 의미에서의 계산이 최초의 빈약한 단초를 넘어서지 못한 경우에도 그러한 다수성들의 구별은 극히 정밀하게 완성되어 있을 수 있다. 왜냐

---

84) 이것에 관한 많은 예들은 Pott, *Die quinare und die vigesimale Zählmethode bei Völkern aller Weltteile*, Halle 1874에 보인다.

하면 이러한 구별을 위해서 필요한 것은 단지 다수성 각각에 하나의 질적인 전체적인 징표가 속해 있고 이러한 징표에 의해서 그것을 인식하고 그것의 특수한 고유성을 파악하는 것뿐이며, 그러한 것들이 그 자체로 분절되어 있고 이를 통해서 단위들의 집합으로서 양적으로 규정되는 것은 아니기 때문이다. 아비폰인들(die Abiponen)의 경우 '계산'능력은 극히 불완전하게밖에 발전하지 않았지만 구체적인 전체들을 구별하는 능력은 극히 섬세하게 발달해 있다고 보고되고 있다. 그들이 사냥할 때 데리고 다니는 수많은 개들 중에서 만약 출발할 때 한 마리라도 보이지 않는다면 그들은 즉각적으로 그것을 안다. 똑같이 400에서 500필에 이르는 소의 주인은 그것들을 집으로 몰고 갈 때 그것들 중의 얼마가 보이지 않고 어떤 소들이 보이지 않는지를 멀리서도 즉각적으로 알아차린다.[85] 여기에서는 개별적인 다수성들이 각각의 특수하고 독자적인 징표에 의해서 인식되고 구별되고 있다. 이 경우에도 수를 말할 수 있는 한, 그 집합의 '수'는 계산되는 특정한 수량이라는 형식으로가 아니라 일종의 구체적인 '수 형태'로서, 어떤 직관적인 질로서 나타나며 이러한 수 형태는 그 집합에 대한 우선은 아직 완전히 분절되지 않은 전체적인 인상

---

85) Dobritzhoffer, *Historia de Abiponibus*; Pott, 앞의 책, 5, 17쪽 등을 참조.

에 부착해 있다.[86]

수에 대한 이러한 근본적인 파악방식은 언어에서는 다음과 같은 사실에 가장 명료하게 반영되어 있다. 즉 원래 언어에는 임의의 계산 가능한 대상에 적용될 수 있는 전적으로 일반적인 수 표현은 없고 각각의 특정한 군의 대상에 대해서 그것에 대응하는 수 표시를 사용하는 것이 통례이다. 수가 아직 오직 사물의 수로서 받아들여지는 한, 근본적으로는 상이한 사물군들과 동수의 수와 수의 군(群)이 존재해야만 한다. 일군의 대상의 수가 단지, 일정한 공간적 형태와 어떤 감성적 성질과 전적으로 동일한 방식으로 사물들에게 귀속되는 하나의 질적인 속성으로 사유된다면 언어에서조차도 수를 다른 성질들로부터 구별하고 수에게 적용되는 보편타당한 표현형식을 창출할 가능성은 없다. 실제로 언어형성의 원시적인 단계에서는 아직은 도처에서, 수의 표시가 사물과 성질에 대한 표시와 직접적으로 융합되어 있는 것으로 나타난다. 여기에서는 동일한 내용표시가 대상의 성질의 표현으로도 그것의 수적인 규정과 수적 성격의 표현으로도 사용된다. 어떤 특수한 종류의 대상군과 이러한 대상들이 그룹으로서 갖는

---

86) 원시적인 '수' 계산법이 갖는 이러한 질적인 성격에 대해서는 무엇보다도 풍부한 예증에 입각한 Wertheimer의 뛰어난 서술을 참조할 것. *Das Denken der Naturvölker*, Zeitschr. für Psychologie, Bd. 60, 1912, 321쪽 이하를 참조할 것.

특수한 성질을 동시에 표현하는 단어들이 있다. 예를 들면 피지 (Fidschi) 섬들의 언어에서는 두 개의 코코야자 열매, 열 개의 열매, 백 개의 열매, 천 개의 열매, 또는 열 개의 카누, 열 개의 물고기 등을 표시하는 데 각각 고유의 단어를 사용한다.[87] 그리고 수의 표시와 사물과 성질의 표시가 이미 구분되고 수의 표시가 사물과 성질의 표시로부터 독립하게 된 후에도 수의 표시는 여전히 사물과 성질의 다양성과 차이를 가능한 한 고려하려고 한다. 모든 수가 어떠한 사물에 대해서도 적용되는 것은 아니다. 왜냐하면 여기에서 수의 의미는 아직 추상적인 다수성 일반을 표현하는 데 있지 않고 이러한 다수성의 양태와 그것의 종류와 형식을 표현하는 데 있기 때문이다. 이와 같이 예를 들어 인디언 어들에서는 계산되는 것이 인간인지 사물인지, 생물인지 무생물인지에 따라서 각각 다른 계열의 수사를 사용한다. 또한 물고기를 세느냐 콩을 세느냐에 따라서 혹은 계산되는 대상이 서 있거나 가로놓여 있거나 앉아 있느냐에 따라서 각각 특수한 계열의 수 표현을 사용한다. 모아누(Moanu) 섬에 사는 사람들은 계산되

---

87) H. C. v. d. Gabelentz, *Die melanesischen Sprachen*, 23쪽. Codrington, *Melanesischen Sprachen auf Neu-Guenea*을 참조할 것. 동일한 집합사는 뉴기니의 멜라네시아어들에서 보인다. 이것들은 예를 들면 4개의 바나나와 4개의 코코야자 열매, 10마리의 새끼돼지, 10개의 긴 물건들 등등을 표현할 때 각각에 대해서 그 자체로는 구분되지 않는 고유한 단어를 사용하고 있다. Ray, 앞의 책 III, 475쪽을 참조할 것.

는 것이 코코야자인가 인간인가, 정령과 동물인가 나무인가, 카누와 마을인가 집인가 봉(棒)과 식물인가에 따라서 각각 다른, 일에서 구까지의 수를 가지고 있다.[88] 브리티시 콜럼비아(Britisch-Kolumbien) 주의 침쉬엔(Tsimshien)어에는 평평한 대상과 동물을 세는 경우, 둥근 대상과 시간을 세는 경우, 또한 인간의 경우, 작은 배(보트)의 경우, 긴 물건들의 경우, 분량의 경우에 각각 특수한 수 계열을 사용한다.[89] 그리고 이웃한 다른 언어들에서 여러 수 계열의 분화는 훨씬 더 나아갈 수 있으며 사실상 거의 무한할 수 있다.[90] 이상에서 보는 것처럼 여기에서 수를 헤아리려는 노력은 '등질성'과는 전혀 다른 방향으로 나아가고 있다. 그러한 언어들의 경향은 오히려 양적인 구별을 클라스별로 나타나는 류적인 구별에 종속시키고, 후자에 따라서 전자를 변양시키는 방향으로 나아간다. 이러한 경향은 언어가 이미 보편적인 수 표현을 사용하는 데까지 진보한 경우에도, 그러한 표현 각각의 뒤에 특정한 **한정사**를 부쳐서 특수한 집합표현을 형성하

---

88) P. Jos. Meyer, *Anthropos* I, 228쪽을 참조할 것.(Wertheimer, 앞의 책, 342쪽에서 인용)
89) Powell, *Introduction to the Study of Indian languages*, 25쪽을 볼 것. 또한 Boas, Tsimshian(*Handbook* I, 396쪽 이하)에 나오는 여러 가지 종류의 수사의 수집(평평한 대상, 둥근 대상, 긴 대상, 인간, 척도 등에 관한 수사)을 참조할 것.
90) 이것에 관해서는 특히 Levy-Bruhl이 언어학적·민속학적 문헌으로부터 수집한 예들을 참조할 것.(Levy-Bruhl, 앞의 책, 169쪽 이하)

고 이것으로 하여금 특수한 종류의 집합을 특징짓게 하는 데서도 분명하게 나타난다. 직관적이고 구체적으로 볼 때는 인간들이 하나의 '그룹'으로 모이는 경우와 돌들이 하나의 '더미'로 모이는 경우는 분명히 서로 완전히 다르며, 우리 앞에 존재하는 것들이 정지해 있는 대상들의 '계열'일 경우와 움직이는 대상들의 '군'일 경우도 분명히 서로 전적으로 다르다. 그러한 모든 차이와 뉘앙스들을 언어는 집합사(集合詞, Kollektivworte)들의 선택과 그러한 집합사들을 본래의 수 표현과 결합하는 규칙성에 의해서 고정하려고 한다. 예를 들면 말레이·폴리네시아어들(die malayo-polynesischen Sprachen)에서 수 표현들은 그것들에 속하는 명사들과 직접적으로 결합되어 있지 않고 명사들에는 항상 어떤 한정사를 덧붙여야 하며 이 한정사 각각이 이를테면 '집합' 자체의 특수성을 표현한다. '5 마리의 말'에 대한 표현을 말 그대로 옮기면 '말들, 다섯 개의 꼬리'이며, '4개의 돌'에 대한 표현은 '돌들, 4개의 둥근 물체' 등이 된다.[91] 이와 똑같이 멕시코어에서는 수와 계산되는 대상의 표현 뒤에 배열이나 쌓아올림의 방식이나 형식을 보여주는 말이 따른다. 이 말은 예를 들면 알이나 콩처럼 둥글고 원통형의 대상들을 모은 경우와 인간이나

---

91) 이 점에 관해서 상세한 것은 예를 들면 Fr. Müller, *Novara-Reise*, 275, 303쪽. Codrington, *Melanes. Languages*, 148쪽. v. d. Gabelentz, *Melanes. Sprachen*, 23, 255쪽을 볼 것.

사물, 벽과 〔밭의〕 고랑의 긴 열을 형성하는 것이 문제가 될 경우에 서로 다르다.[92] 일본어와 중국어에서도 계산되는 대상의 종류에 따라서 서로 다르고 특수한 섬세함을 갖는 정도로까지 발전한 이러한 '조수사(助數詞, Numerative)'의 사용이 보인다. 이 언어들에서는 단수와 복수의 일반적인 문법적 구별은 결여되어 있지만 그럼에도 불구하고 어떤 것들을 집합으로 모으는 것 자체의 특수한 방향과 특성은 선명하게 특징지어지도록 극히 엄격하게 주의하고 있다. 추상적인 계산방식에서는 수의 단위들은 서로 결부되기 전에 미리 일체의 고유한 내용이 사상(捨象)되어야 하지만 이러한 언어들에서는 그러한 내용이 존속하고 있으며 그것은 또한 집합적인 집단(Verband), 무리(Menge), 다수성(Vielheit)으로 모으는 특수한 방식 각각을 조건지우기도 한다.[93] 여기에서는 언어적·사고적 규정이, 어떤 그룹을 단위와 개체로 분해하는 것보다도 그룹으로서의 어떤 종의 형식을 강조하고 그러한 종들을 서로 명확히 구별하는 쪽으로 훨씬 강한 관심이 향해 있다. 다수성 자체의 특성은 그것의 직관적인 전체 내용에 따라서 파악되고 다른 것으로부터 구별됨으로써 생기는 것이며,

---

92) 상세한 것은 부슈만(Buschmann)이 Humbolt, 앞의 책, 269쪽 이하에 붙인 그의 주석을 참조할 것.
93) Hoffmann, 앞의 책, 149쪽 이하에서 일본어와 중국어의 '수사'의 체계를 참조.

그것의 개별적 구성요소들로부터 논리적·수학적으로 구성됨으로써 생기는 것이 아니다.

동일한 기본적인 파악방식은 우리가 언어가 수사를 형성할 때 따르는 수속 대신에 '단수형'과 '복수형'이라는 형식적·보편적인 구별을 수행할 때 사용하는 수단들을 관찰할 경우에도 보인다. 만일 우리가 복수형이라는 관념으로 논리적·수학적인 '다수'라는 범주, 즉 서로 명확히 나뉘어 있는 등질의 단위들로 구성되어 있는 다수라는 범주를 의미한다면, 이러한 의미에서의 복수형이 많은 언어들에는 전적으로 결여되어 있는 것이 분명하다. 대다수의 언어는 복수와 단수의 구별을 전혀 표시하지 않는다. 이러한 언어들에서는 명사의 기본형은 불특정다수의 개별적인 예들을 포함하는 류의 표현으로 사용될 수 있지만 그 류의 개별적인 예의 표현으로 사용될 수도 있다. 이와 함께 그것은 단수의 의미와 복수의 의미의 중간에 위치하며 이를테면 그 양자 사이에서 아직 결정을 내리고 있지 않은 셈이다. 이러한 구별이 본질적인 의미를 갖는 것으로 나타나는 개별적인 경우들에서만 그것은 특수한 언어적인 수단에 의해서 표시되지만, 그 경우에도 자주 복수의 의미보다는 오히려 단수의 의미 쪽이 그렇게 특수하게 표시된다. 이와 같이 예를 들면 말레이·폴리네시아어들은 Fr. 뮐러에 의하면 "다수의 것을 하나의 살아 있는 통일체로 포착하는 범주로서의 수 개념을 고안하는 데까지는 이르지 못했다."는 것이며 따라서 이러한 언어들의 명사는 참으로 구체적이지도 않고 참으로 추상적이지도 않으며 그 양자의 중간이다. "'인간'이라는 말은 말레이인들에게는 **구체적인** 하나의 인간도 **추상적인** 인류라는 의미에서의 인간도 아니고 방금 보았고 잘 알고 있는 사람들을 가리킨다. 이 단어(ôran)는 그러나 우리가 말하는 단수형보다는 복수형에 대응하며 단수형은 항상 '하나'를 의미하는 단어에 의해서 보다 상세하게 시사되어야만 한다."[94] 따라서 말레이·폴리네시아어들에서는 우선 단순한 단일성이 구상되고 다음에 그것이 어떤 언어적인 형성요소에 의해서 다수의 의미로 변환되는 것이 아니라, 미분화된 다수성으로부터 한편으로는 일반적·집합적 의미를 갖는 특정한 명사를 덧붙이는 것에 의해서 복수적 의미가 다른 한편으로는 특정한 개별화하는 불변화사를 사용하는 것에 의해서 단수적 의미가 전개될 수 있는 것이다.[95] 일(一)과 다(多)의 관계에 대한 동일한 파악방식은 많은 알타이어들의 근저에도 놓여 있으며 이러한 언어들에서도 똑같이 문법적으로는 보다 상세하게 분화되지 않은 하나의 동일한

---

94) Fr. Müller, *Novara-Reise*, 274쪽 이하를 볼 것. 또한 오스트레일리아어들에 관해서는 246쪽 이하를 볼 것. 또한 Fr. Müller, *Grundriß* II, 2, 114쪽 이하도 볼 것.
95) 이 점에 대해 상세한 것은 Codrington, *Melanesian Languages*, 148쪽 이하를 볼 것. H. C. v. d. Gabelentz, *Die melanes. Sprachen*, 23쪽, 255쪽.

단어가 일과 다 양자를 표현하는 데 사용될 수 있다. 따라서 동일한 보통명사(Appellativum)가 한편으로는 개개의 개체와 류 전체를 표시할 수 있고 다른 한편으로 어떤 무규정적인 수의 개체들을 표시할 수 있다.[96] 그러나 단수와 복수의 구별을 형식적으로 명확히 형성한 언어권들에서도 이러한 엄격한 구별에 앞서서 비교적 무차별한 단계가 있었다는 사실을 명확히 보여주는 많은 현상들이 아직 보인다. 이러한 언어에서는 이미 외적으로는 복수의 징표를 갖고 있는 하나의 단어가 그것의 문법적 구성상 반대의 의미로 사용되고 따라서 동사의 단수형과 결합된다는 사실이 자주 보인다. 왜냐하면 그 단어는 그것의 근본의미로 보면 별개의 것들을 포함하는 다수로서보다는 오히려 집합적인 전체로서 그리고 이와 함께 집합적인 단일성으로서 느껴지기 때문이다.[97] 인도게르만어에서는 아리아어와 그리스어에서 중성복수

---

96) Boethlingk, *Die Sprache der Jakuten*, 340쪽 이하, Winkler, *Der uralaltaische Sprachstamm*, 137쪽을 참조할 것. 알타이어에서의 '복수형성'에 대해서는 또한 Grunzel, *Vergleichende Grammatik der altaischen Sprachen*, 47쪽 이하도 참조할 것.

97) 에르만(Ermann, *Ägypt. Grammat.* 108쪽 이하)에 의하면 이집트어에서는 의미상으로 순수하게 복수인 많은 개념들이 집합적 추상명사에 의해서 단수형으로 변형되어 쓰이며 동사의 술어의 형도 이러한 파악방식에 의해서 변형된다. 똑같이 남방 셈계어들에서도 브로켈만(Brockelmann, 앞의 책, 437쪽 이하, II, 77쪽 이하)에 따르면 단수와 집합사와 복수 사이의 한계는 유동적이고 집합사는 약간의 변양에 의해서 다시 단수가 되며 그리고 나서는 새로운 복수형을 형성할 수 있다. 인도게르만어권에 대

형이 동사의 단수형과 결합된다는 사실은 잘 알려져 있는 것처럼 다음과 같은 방식으로 설명된다. 즉 이러한 중성〔명사복수형〕의 a라는 어미는 원래는 복수의 의미를 전혀 갖지 않으며 단수 여성의미 a에서 유래하고 이것이 집합적 추상명사를 표시하는 데 사용되었다는 것이다. 따라서 a가 붙는 형식들은 본래는 복수도 단수도 아니고 단적으로 집합체를 표시하는 것이며 이것이 필요에 따라서 어떤 때는 복수, 어떤 때는 단수로서 파악될 수 있었던 것이다.[98]

다른 한편으로 계산방식에서 볼 수 있었던 것과 유사하게 언어는 복수형의 형성에서도 단일성이라는 추상적인 범주에 추상적인 다수성의 범주를 무매개적으로 대치(對峙)시키는 것이 아니라 양자 사이에는 다양한 단계와 이행과정이 있다는 사실이 드러났다. 언어에 의해서 구별되는 최초의 다수성은 단적인 다

해서는 Meyer-Lübke, Grammat. der roman.Sprachen II, 69쪽 이하, III, 26쪽 이하에서 제시하는 로만스계어들로부터의 예들을 볼 것.

[98] 브루크만에 의하면 인도게르만어의 조어(祖語)시대 이래로 명사는 사람들이 그 개념내용을 통일적인 것으로 표상하고 그 통일체에 사실상 존재할 수 있는 분절을 고려하지 않을 때에는 단수형으로 쓰였다. 다른 한편 복수형은 하나의 류에 속하는 복수의 개체와 복수의 개별적인 사건들과 행위들을 구별할 때만 사용되었을 뿐만 아니라 하나의 개념에 관해서 그것이 어떠한 의미를 갖든 다수의 본질을 표현하려고 할 때도 사용되었다. Brugmann, *Kurze vgl. Grammat.* 413쪽; *Griechische Grammatik*, 3판, 369쪽 이하.

수성이 아니라 특별하고 두드러진 질적인 성격을 갖추고 있는 특수한 다수성이다. 쌍수형과 삼수형의 사용은 별도로 하더라도 많은 언어는 두 개의 복수형을 구별하고 있다. 즉 2개 또는 그 이상이어도 소수의 대상에 사용되는 좁은 의미의 복수형과 다수의 대상에 사용되는 넓은 의미의 복수형이 있다. 도브리츠호프가 아비폰인들의 언어에 대해서 보고하고 있는 이러한 사용법은[99] 셈계어들, 예를 들면 아라비아어에서도 정확히 동일하게 나타나고 있다.[100] 훔볼트는 쌍수형 외에 3-9개의 대상에 대한 제한된 복수형과 10과 그 이상 또는 규정되지 않은 수의 대상에 대한 다수성 복수형을 갖는 아라비아어의 복수형 표현에 대해서, 여기에서 근저에 놓여 있는 사고방식은 류 개념을 어떤 의미에서 수의 범주 밖에 있는 것으로 보면서 어형변화에 의해서 단수형과 복수형으로부터 구별한다는 것이지만 이것은 "부인할 수 없을 정도로 극히 철학적인 것"이라고 서술하고 있다.[101] 그러나 여기에서 류 개념은 실제로는 그것의 류적 규정성에서 구상되고, 바로 이러한 규정성에 의해서 수의 구별로부터 두드러지게 드러내어진다기보다는 오히려 이러한 구별의 형식 중에 아직 전혀 진

---

99) Dobritzhoffer, Historia de Abiponibus II, 166쪽 이하.(Humbolt, "Über den Dualis", W. VI, 1쪽, 19쪽에서 인용되고 있다.)
100) 상세한 것은 Brockelmann, 앞의 책, 436쪽 이하를 볼 것.
101) Humbolt, "Über den Dualis", 앞의 책, VI, 1쪽, 20쪽.

입하지도 않은 것으로 보인다. 언어가 단수형과 복수형에 의해서 표현하는 구별이 류에서 지양되어 있는 것이 아니라 아직 충분히 선명하게 수행되지 않았다는 것이다. 일과 다의 양적인 대립은 양자를 포괄하는 질적인 통일에 의해서 극복되지 않았다. 왜냐하면 우선 이러한 대립은 아직 명확히 정립되어 있지 않기 때문이다. 류의 통일은 종들의 명확한 다수에 대해서 명확한 하나를 의미한다. 그러나 대다수의 언어에서 단수의 의미와 복수의 의미가 비로소 생겨나는 출처가 되는 무규정적인 집합적 의미에서는 불명확함이야말로 결정적인 계기이다. 다수성은 단순한 퇴적으로서, 더미로서, 집합 또는 군집으로서, 즉 하나의 논리적 전체가 아니라 감성적인 전체로서 포착되고 있다. 이러한 다수성이 갖는 일반적인 성격은 아직 개개의 요소와 구성부분으로 분해되지 않은 하나의 인상이 갖는 일반성이며, 구분되고 '분리된 것'으로서의 특수한 것을 자신 안에 포함하는 상위의 개념이 갖는 일반성이 아닌 것이다.

그러나 바로 이러한 **분리**라는 근본계기야말로 단순한 더미라든가 다수성이라는 개념으로부터 엄밀한 수의 개념을 생기게 한다. 이제까지의 고찰에 입각하여 우리는 언어가 이러한 수 개념에 가까이 가게 되는 두 개의 길과 방향을 알게 되었다. 물론 언어는 고유한 성격상 이러한 수 개념을 감각적인 외피 안에서만 파악할 수 있지만 말이다. 즉 한편으로 언어적 사고는 가장 원시적이고 인간 신체의 지체에 입각한 계산방식에서 이미 '잇달아 일어남에서의 순서'라는 계기를 확보했다. 만약 이러한 계산행위가 어떠한 성과를 나오려면, 개개의 지체를 통과해갈 때 멋대로 어떤 부위에서 다른 부위로 옮겨가서는 안 되고 어떤 순서의 규칙을 지켜야만 한다. 다른 한편으로 언어가 일반적인 집합표시를 형성하게 된 것은 다양성의 인상 자체, 즉 어떠한 방식으로든 '부분들'로 분해되는 우선은 아직 무규정적인 전체에 대한 의식에 의한 것이었다. 두 가지 경우에 수의 사고와 수의 언어적 표현은 직관의 근본형식에, 즉 공간적 존재와 시간적 존재의 파악에 구속되어 있는 것으로 나타난다. 인식비판적 분석은 수 개념의 본질적 내용을 분명하게 드러내기 위해서 이러한 두 개의 형식이 어떠한 방식으로 함께 작용해야만 하는지를 보여준다. 수가 집합적인 '함께 있음'을 파악하기 위해서 공간에 대한 직관에 의지한다면, 이러한 규정에 대해서 특징적인 대립계기가 되는 **배분적 단일성과 개별성**(die distributive Einheit und Einzelheit)의 개념을 형성하기 위해서는 시간에 대한 직관이 필요하다. 왜냐하면 수가 이 두 요구를 각각 충족시킬 뿐 아니라 양자를 하나의 것으로서 파악하는 것이야말로 수가 달성해야 할 사상적 과제이기 때문이다. 바로 이 때문에 참으로 수적으로 규정된 모든 다수성은 동시에 단일성으로서, 모든 단일성은 동시에 다수성으로서 사유되고 파악된다. 그런데 물론 이렇게 서로 대립적인 계기들의 상관적인 통일은 의식의 모든 정신적 근본작용에 반영되어 있다. 거기에서 항상 문제가 되는 것은 의식의 종합에 포함되는 계기들을 이러한 종합 내에서 단순히 서로 나란히 있게 하는 것이 아니라 그것들을 동일한 기본적 활동의 표현과 성과로서 이해하는 것, 결합을 분리로서, 분리를 결합으로서 나타나게 하는 것이다. 그러나 이러한 이중의 규정〔결합과 분리〕이 극히 필요불가결한 것이라도, 문제의 특수한 성격에 따라서 총체적인 종합에서 어떤 때는 한 쪽이 어떤 때는 다른 한 쪽이 우위를 주장할 수 있다. 정밀한 수학적 수 개념에서는 결합의 기능과 분리의 기능 사이에 순수한 균형이 달성되어 있는 것으로 나타나고 그 경우에는 하나의 전체로 통일적으로 통합하라는 명령과 요소들을 철저하게 분리시키라는 명령이 이상적으로 엄밀하게 충족되어 있다면, 시간의식과 공간의식 각각에서는 이 두 계기들 중의 하나가 더 비중을 갖고 있으며 다른 계기에 대해서 우위를 주장한다. 왜냐하면 공간에서는 요소들이 나란히 함께 있으면서 서로 포섭하는 계기가 우월한 반면에 시간에서는 요소들이 서로 잇달아 일어나고 서로 분리되어 있는 계기가 우월하기 때문이다. 개개의 공간적 형태는 어떠한 것이라도, 이러한 형태를 자신 '안에' 포함하는 전체로서의 공간을 동시에 사유하지 않고서는 직관될 수도 사유될 수도 없다. 이 경우 형태의 특수성은 항상 모든 것을 포함하는 '유일한' 공간의 한정으로만 가능하다. 다른 한편으로 시간에서 순간도 실로 〔개개의 공간적 형태와 마찬가지로〕 하나의 계열에서의 계기(契機), 연속적인 잇달아 일어남에서의 한 분지로서 나타나는 것에 의해서만 순간이지만, 바로 이러한 계열은 〔그것을 구성하는〕 각각의 개별적인 계기가 모든 다른 계기들을 배제하고 모든 과거와 미래로부터 단적으로 구별되는 단순하고 불가분의 '지금', 현재라는 순수한 점이 정립되는 것에 의해서만 구성될 수 있다. 언어에 표현되는 수의 구체적인 사고는 두 가지 작용, 즉 공간의식과 시간의식의 작용을 사용한다. 즉 이러한 사고는 공간의식과 시간의식을 이용하고 이것들 두 개의 힘을 빌려서 수에서 두 개의 상이한 계기들을 형성하는 것이다. 언어는 공간적 대상들을 구별하는 것에서 출발하여 집합적 다수성의 언어적 개념과 언어적 표현에 도달하며, 시간적인 작용들을 구별하는 것으로부터 출발하여 특수화와 개별화의 언어적 표현에 도달하는 것이다. 복수형을 형성하는 형식에는 다수에 대한 정신적 파악이 갖는 이러한 이중적 유형이 명료하게 나타나는 것 같다. 다수라는 형식의 형성은 어떤 경우에는 사물적 복합체들의 직관에 의해서 인도되고 어떤 경우에는 일정한 시간적 과정에서의 국면들의 리드미컬한 주기적인 회귀에 대한 직관에 의해서 인도되는 것 같다. 전자의 경우에는 다수라는 형식의 형성은 주로 대상적인 전체성으로 향하고, 후자의 경우에는 서로 결합하여 하나의 연속적인 계열을 형성하는 사건들이나 활동들의 반복으로 향한다.

이와 같이 그것의 전체적 구성에서 동사적 구조의 우위를 보여주는 언어는 사실상 다수에 대한 특유한 순수하게 '배분적인' 파악방식을 발전시켰으며, 이러한 파악방식은 다수에 대한 집합적 파악방식과는 선명하게 구별되는 것이었다. 그러한 언어에서는 동사적인 행동을 선명하게 드러내고 그것의 특징을 묘사하는 것이 다수의 파악을 위한 본래적인 수단이 된다. 예를 들어 클라마스 인디언들의 언어는 **개별적인** 대상들의 표시와 **다수의** 대상들의 표시를 구별하기 위한 특별한 수단을 형성하지 않았다. 그러나 그 대신에 일회적인 시간적 행동으로 끝나는 행위와 시간적으로 달리 나타나더라도 내용적으로는 동일한 종류의 많은 국면들을 자체 안에 포함하는 행위의 구별에는 극도의 정확성과 수미일관성과 함께 주의를 기울이고 있으며 그러한 구별을 견지하고 있다. 가체트는 이렇게 말한다. "클라마스 인디언들의 정신에게는 상이한 것들이 상이한 시간들에 반복해서 행해진다는 사실 혹은 동일한 것이 다른 사람들에 의해서 여러 번 행해진다는 사실이 우리의 언어에 존재하는 순수한 다수의 관념보다 훨씬 중요한 의미를 갖는 것으로 생각되었던 것 같다. 분리되어 있음(Gesonderheit)이라는 범주가 이렇게 그들의 정신에는 너무나 강한 인상을 주어서 언어는 그것을 항상 특별한 상징적·음운적 수단에 의해서, 즉 이중화에 의해서 표현한다." 따라서 우리가 말하는 의미의 '복수형'의 모든 표현은 클라마스어에서는 분명히 최근에 발생한 것임에 반해서, 하나의 행동을 다수의 동일한 종류의 과정들로 분할하는 사고방식은 후치사(後置詞)와 일정한 부사적 불변화사에 이르기까지 이러한 언어 전체에 침투하고 있는 위에서 언급된 중복이라는 수단에 의해서 항상 선명하면서도 일의적으로 표시된다.[102] 아타파스칸어권에 속하는 언어인 후파어는 우리가 복수형을 기대하는 많은 경우에 단수형을 사용한다. 즉 하나의 행위에 실로 다수의 개인들이 참여하고 있지만 그 행위 자체는 하나의 통일체로서 나타나는 경우에 항상 그렇다. 이에 반해서 동일한 후파어에서도 배분적인 관계는 특수한 접두사를 사용하는 것에 의해서 항상 극도로 정확하게 표시된다.[103] 아메리카 원주민어들 이외의 언어권에서도 특히 중복은 동일한 기능으로 사용된다.[104] 이러한 언어권에서도 그 자체로는 사고

---

102) Gatschet, Klamath-Language, 419쪽, 464쪽, 611쪽을 볼 것.
103) Goddard, *Athapascan*(Hupa, (in Boas, *Handbook* I, 104쪽)을 볼 것. Boas, *Kwakiutl*(Boas, *Handbook* I, 104쪽)을 참조할 것. "복수라는 관념은 명확하게 발달해 있지 않다. 명사의 중복은 대상의 복수성보다는 오히려 어떤 대상이 여기저기에서 출현한다는 것 또는 어떤 특정한 대상의 여러 종류들이 출현한다는 것을 표현한다. 따라서 그것은 참된 복수형이라기보다는 배분사(配分詞)이다. 이러한 형은 점차로 순수하게 복수적인 의미를 취하게 되는 것 같다."
104) '배분적' 복수형의 표시를 위해서 함계어에서는 중복을 사용하지만 이 점에 대해서는 Meinhof, *Die Sprachen der Hamiten*, 25쪽, 171쪽을 참조할 것.

에 속하는 파악방식이 언어에서 자신의 직접적-감각적 표현을 창출한 것이다. 음의 단순한 반복은 어떤 행동, 특히 인간 활동의 리드미컬한 반복과 리드미컬한 분절화를 표시하기 위한 원시적이고 가장 효과적인 수단이다. 만약 우리가 어디에선가 언어형성의 최초의 동기들과 언어와 예술의 연관방식을 통찰할 수 있다면 아마도 바로 여기야말로 바로 그 장소일 것이다. 시의 기원을 자신의 신체 운동에서 느껴지는 리듬으로까지, 이를테면 외부로 향하는 인류 최초의 원시적인 **노동요**로까지 소급하여 찾으려고 하는 시도가 있어왔다. 이러한 노동요가 오늘날에도 전 세계적으로 어떻게 퍼져 있으며 그것들의 근본형식이 도처에서 얼마나 유사한지에 관해서는 노동과 리듬에 대한 뷰허의 포괄적인 탐구에서 확인할 수 있다. 모든 육체적 노동 형식은 한 개인의 경우에도 그렇지만 공동체에서 수행될 경우에는 훨씬 더 행동을 합목적적으로 배치한다. 이러한 배치는 또한 노동의 개개의 국면을 통합하고 리드미컬하게 구분하는 것을 직접적으로 지향한다. 의식에서 이러한 리듬은 이중의 방식으로 나타난다. 그것은 한편으로는 순수한 운동감각, 즉 근육의 긴장과 이완의 교체라는 방식으로 나타나며, 다른 한편으로는 청각적 지각의 객관적인 형식, 즉 노동에 수반되는 음성과 음향의 규칙성이라는 방식으로 나타난다. 행위와 그것의 세분화에 대한 의식(意識)은 이러한 감성적인 차이에 결부되어 있다. 빻음과 문지름, 찌름과 끌어당김, 누름과 밟음은 각각 고유의 목적을 갖는 것과 함께 또한 고유의 억양과 강약을 갖는다는 바로 그 점에서 서로 구별된다. 극히 풍부하고 다양한 노동요, 예를 들면 실을 잣고 천을 짤 때 부르는 노래, 타곡하고 배를 저을 때 부르는 노래, 곡물을 빻고 빵을 구울 때 부르는 노래 등에서 우리는 노동의 특수한 방향에 의해서 규정되는 특수한 리듬 감각이 동시에 음성에 의해서 객관화됨으로써만 지속하고 작품 안에 구현될 수 있다는 사실을 아직도 직접 확인할 수 있다.[105] 아마도 리드미컬하게 회귀하는 많은 국면들을 포함하는 하나의 행동을 표현하는 동사에 나타나는 중복의 몇 개의 형식도 원래는 인간 자신의 행위로부터 출발한 이러한 음운화에서 비롯되었을 것이다. 그 어떠한 경우에도 언어는 순수한 시간형식과 수 형식에 대한 의식을 이러한 두 형식이 서로 직접적으로 응결되고 융합된 것처럼 주어져 있는 특정한 내용과 어떤 종류의 리드미컬한 기본적 체험에서만 얻을 수 있었다. 이 경우 분리와 '배분', 즉 계산의 근본계기들 중의 출발점이 되었던 것이 사물의 세분화라기보다는 오히려 행동의 세분화라는 사실은, 많은 언어의 동사에서 다수에 대한 표현이 사실상 다수의 행위자가 존재할 뿐 아니라 **하나의 행위자가 동**

---

[105] 상세한 것은 Karl Bücher, *Arbeit und Rhythmus* 4판, Leipzig 1909를 볼 것.

일한 행위를 여러 대상들에 대해서 행할 때에도 사용된다는 사실에 의해서도 확증되는 것 같다.[106] 다수에 대한 직관이 본질적으로 행동의 순수한 형식 자체에 향하고 있을 경우에는 그 행동에 참여하는 것이 하나의 개체인지 아니면 다수의 개체인지는 사실상 부차적인 의미밖에 없으며 그 행동이 개개의 국면들로

---

106) 이것은 따라서 방금 후파어의 예에서 관찰된 것과는 정반대의 사례이지만 그것에 정확히 대응하는 사례이다. 후파어에서 동사는 주체가 다수이어도 행위 자체가(예를 들면 무용을 하는 경우처럼) 불가분의 통일체로서 간주될 경우에는 단수로 사용되지만, 다른 한편으로 많은 아메리카 원주민어들에서는 타동사가 그것의 직접적인 객체가 복수인 경우, 즉 행위가 여러 대상에 향하고 이를 통해서 그것 자신에 분열이 보이는 경우에는 복수형으로 사용한다. 다른 언어들에서도 동사에서 다수의 표현은 주체가 다수인 것보다는 작용의 대상이 다수인 것, 또는 그 양쪽에 의존한다. [파푸아어의 일종인 키와이(Kiwai)어로부터의 예들은 Ray, *Torres-Expedit.* III, 311쪽 이하. 아프리카어들 중에서는 예를 들면 누바어는 행위가 관계하는 대상이 하나인지 아니면 다수로 이루어져 있는지를 구별하고 있다. Reinisch, *Nuba-Sprache*, 59쪽 이하, 69쪽 이하. 훔볼트가 카비어에 대한 저작에서 상세하게 서술하고 있는 **타갈리어**(die Tagalische Sprache)는 행위하는 사람이 다수라는 것을 표시하기 위해서, 특히 행위 자체에 존재하는 다양성과 다중성을 표시하기 위해서 특정의 복수접두사를 동사에 자주 덧붙인다. 다수의 개념은 이 경우 어떤 때는 행위자에, 어떤 때는 행위 자체에 또는 그 행위에 종사하는 빈도(頻度)에 관련되어 있다. 따라서 mag-su lat(sulat는 '쓰다')는 통상적인 복수형으로서 '많은 사람들이 쓴다.'를, 또한 반복형으로서 '그는 많이 쓴다.'를, 또는 '관습적 양태'(쓰는 것이 그의 일이다.)를 의미한다. 상세한 것은 Humbolt, 앞의 책, II, 317, 376쪽 이하][ ]부분은 카시러에 의한 것이다.

분해될 수 있는지 아닌지가 항상 결정적으로 중요하다.

우리는 이제까지 순수직관의 근본형식, 즉 공간과 시간의 형식을 수의 형성과 다수라는 개념의 형성의 출발점으로 보았지만, 이것으로는 아직 계산행위가 뿌리를 내리고 있는 가장 근원적인 심층은 접촉되지 않고 있다. 왜냐하면 여기에서도 고찰은 대상으로부터만 그리고 대상적 영역, 즉 공간적·시간적 영역 내의 구별에서 출발할 수 없으며 순수한 주관성에서 유래하는 근본적 대립으로 향해야만 하기 때문이다. 언어도 그것이 수행하는 최초의 수적인 분리를 주관성이라는 이러한 영역에서 길어내었다는 사실을 보여주는 일련의 징후들이 존재한다. 즉 수에 대한 의식이 처음으로 전개된 것은 사물들의 나란히 있음이나 분리되어 있음이 아니라 오히려 '나'와 '너'의 분리였다는 사실을 보여주는 징후들이 있다. 주관성이라는 이 영역에서는 단순한 사물 표상의 영역에서보다도 구별에 관해서는 훨씬 고도의 섬세함이 지배하며 '하나인 것'과 '다수인 것'의 대립에 관해서도 보다 강한 감수성이 지배하고 있는 것 같다. 명사에서 본래적인 복수형을 발전시키지 않았던 많은 언어도 인칭대명사에서는 복수형을 형성했다.[107] 또한 다른 언어는 두 개의 서로 다른 복

---

107) 아메리카 원주민어들에 대해서는 예를 들면 Roland B. Dixon, *Maidu*(in Boas, *Handbook* I, 683쪽 이하)의 서술을 볼 것. "마이어에서 수 관념은 불균등하게 발전했다. 명사에 대해서는 수의 정확한 표현

수기호를 사용하고 있는데 그중의 하나는 오직 대명사에만 사용된다.[108] 명사에서 다수성은 이성적인 존재와 생명체에 대해서만 특별히 표시되며 무생물에 대해서는 표시되지 않는다.[109] 야쿠트어에서는 신체부위와 의류를 하나의 개인에서 두 개 혹은 그것 이상 존재해도 통상적으로 단수로 표현하지만 그것이 다수의 개인들에 속할 경우에는 복수로 표현되곤 한다.[110] 따라서 이 경우에도 수의 구별은 단순한 사물에 관한 직관에서보다도

이 크게 필요한 것으로 느껴지지 않았던 것 같다. 그런데 대명사에서 수는 명료하면서도 정확하게 표현되어 있다."(708쪽). 멜라네시아어들, 폴리네시아어들, 인도네시아어들에서도 대명사의 경우에만 수가 선명하게 구별되어 있다. 상세한 것은 Codrington, *Melanes, languages*, 110쪽과 H. C. v. d. Gabelentz, *Die melanes. Sprachen*, 37쪽을 참조할 것. 바카이리어에서는 단수와 쌍수의 구별도 일반적인 복수표시도 없지만, 대명사의 일인칭과 이인칭에 대해서는 복수표시에 대한 단서가 보인다. K. v. d. Steinen, *Bakairi-Sprache*, 324쪽, 349쪽 이하.

108) 예를 들면 티베트어에서 그렇다. J. J. Schmidt, *Grammat. der tibet. Sprache*, Petersburg 1839, 63쪽 이하.

109) 이러한 용법에 대한 많은 예들에 대해서는 Fr. Müller, 앞의 책 II, 1, 261쪽; II, 1, 314쪽 이하; III, 2, 50쪽을 참조할 것. 멜라네시아어들에 대해서는 v. d. Gabelentz, 앞의 책, 87쪽을 볼 것. 후파어에서는 단지 소수의 명사들에만 복수형이 있다. 그것들은 인간의 나이와 지위를 표시하는 것, 또는 친족관계를 표현하는 명사이다.(Goddard, *Athapascan* in Boas, *Handbook* I, 104쪽) 알레우트어에서는 복수를 표시하는 두 개의 표현이 있으며 그중의 하나는 생물에, 다른 하나는 무생물에 사용된다. Victor Henry, *Esquisse d'une grammaire raisonnée de la langue aléoutique*, Paris 1879, 13쪽.

110) Boethlingk, *Sprache der Jakuten*, 340쪽을 볼 것.

인간에 관한 직관에서 보다 선명하게 형성되어 있다.

여기에서도 이러한 인칭적인 영역에서 유래하는 수 표시에는 수와 계산되는 것 사이에 일반적으로 성립하는 상호관계가 표현된다. 언어가 창출하는 최초의 수 표시들이 전적으로 구체적인 계산방식에서 유래하고 이를테면 이러한 계산방식들의 색깔을 띠고 있다는 것은 이미 일반적인 형태로 분명하게 되었다. 이러한 특유하고 특수한 색은 수 규정이 사물들을 구별하는 것으로부터가 아니라 인칭들을 구별하는 것으로부터 출발하는 경우에 가장 명료하게 인식될 수 있다. 왜냐하면 여기에서 수는 보편타당한 사고 원리라든가 무제한적으로 계속될 수 있는 수속으로 나타나는 것이 아니라 처음부터 어떤 특정한 영역 안에 제한되어 있으며, 이러한 영역의 한계는 객관적 직관에 의해서뿐 아니라 오히려 감정의 순수한 주관성에 의해 보다 예리하면서도 명료하게 표시되어 있기 때문이다. 후자에 의해서 '나'는 '너'로부터, '너'는 '그'로부터 구별된다. 그러나 우선은, 이러한 '3개의 인칭'을 구별할 경우에 주어져 있는 명확하게 규정된 삼원성(三元性, Dreiheit)을 넘어서 그것 이상의 다수성의 직관을 향해 나아갈 계기도 필연성도 없다. 그러한 다수성이 구상되고 언어적으로 표시된다고 해도 그것은 인칭적 영역에서의 상호 분리에서 보이는 것과 동일한 정도의 '판명성'을 갖고 있지 않다. 즉 세 가지의 인칭을 넘어서는 이를테면 무규정적인 다수의 영역—자체 안에 그 이상의 분절화도 갖지 않는 단순한 집합성의 영역—이 시작된다. 실제로 우리는 언어가 발달해가는 과정에서 최초의 수 형성은 도처에서 이러한 제약에 구속된다는 사실을 본다. 많은 자연민족의 언어는 나와 너의 대립에 입각하여 전개되는 것과 같은 분리의 활동이 '하나'로부터 '둘'로 나아가며, '삼'을 이 영역으로 끌어들일 경우에는 그 이상의 중요한 일보가 디뎌진 것이라는 것, 그러나 이것을 넘어서면 수 형성으로 이끄는 상호외재화(Auseinanderhaltung)의 힘, '분리'의 활동이 이를테면 마비되고 만다는 사실을 보여주고 있다. 부시맨(Buschmann)들의 경우에 수 표현은 본질적으로 2까지밖에 이르지 못한다. 3에 해당하는 표현은 이미 '다수'를 의미할 뿐이며 손가락으로 표현하는 언어와 결합하여 10까지의 모든 수에 사용된다.[111] 〔오스트레일리아의〕 빅토리아주의 원주민들도 2 이상의 수사는 발전시키지 않았다. 뉴기니의 비난델레(Binandele)어에서는 단지 1, 2, 3에 해당하는 세 가지 수사만이 존재하며 3을 넘는 수는 다른 말로 표기됨으로써 형성되어야만 한다.[112] 이 모든 예들에 다른 많은 예들을 덧붙일 수 있지만[113] 그러한 예들에서 명확하게 드러

111) Fr. Müller, 앞의 책 I, 2, 26쪽 이하를 참조할 것.

112) Sayce, *Introduction to the science of language* I, 412쪽.

113) 특히 파두아어들로부터의 그러한 예들은 Ray, 앞의 책 III, 46, 288, 331, 345, 373쪽을 볼 것. Fr. Müller, *Die Papuasprachen*, Globus, Bd. 72, 1897, 140쪽. 키와이(Kiwai)어에서는 3을 표시하기 위해서 쓰

나는 것은 계산행위가 원래는 나, 너, 그의 직관에 긴밀하게 구속되어 있으며 계산행위는 이러한 직관으로부터 극히 서서히 분리된다는 사실이다. 모든 민족의 언어와 사고에서 3이라는 수에 귀속되는 특수한 역할도[114] 이 점에 의해서 궁극적으로 설명될 수 있는 것 같다. 자연민족의 수 파악과 관련하여 어떤 수도 거기에서는 고유의 개별적인 형상을 가지고 있고 그것은 일종의 신비적 존재와 신비적 특징을 가지고 있다고 일반적으로 사람들은 말해왔지만 이러한 사실은 무엇보다도 2와 3에 대해서 타당하다. 양자는 특별한 종류의 형성물이며 그것들 각각은 이를테면 어떤 특수한 정신적 색조를 띠고 있다. 이러한 색조에 의해서 그것들은 동일한 형태의 동질적인 수열로부터 두드러지게 부각된다. 충분히 발전되고 완성된 '동질적인' 수 체계를 가지고 있는 언어들에서도 1과 2, 경우에 따라서는 1에서 3까지의 수, 혹

이는 단어(potoro)가 4에도 쓰인다. 따라서 이러한 말의 의미는 아마도 '적은 것'일 것이다. 이에 반해서 3 이상의 모든 수는 siro '많은 것'으로 표현된다.(Ray, 앞의 책, 306쪽) 멜라네시아어들에 대해서는 H. C. v. d. Gabelentz, 앞의 책, 258쪽을 볼 것. K. v. d. Steinen에 따르면 바카이리족에서는 2가 '오랜 산술의 한계', 즉 다수성 자체의 표현이었다는 것을 보여주는 명확한 암시들이 있다고 한다. 여기에서 2를 표시하는 데 사용되는 단어는 본래 '너와 함께'를 의미하는 단어결합으로 환원된다.(K. v. d. Steinen, *Bakairi-Sprache*, 352쪽 이하)

114) 이것에 대해서는 Usener, *Dreizahl*, Rheinisches Museum, N. F., Bd. 58쪽을 참조할 것.

은 1에서 4까지의 수가 가지고 있는 이러한 특별한 지위가 어떤 종류의 형식적인 규정들에서 아직도 명료하게 나타나고 있다. 셈계어에서는 1과 2에 해당하는 수사는 형용사이지만 그것들에 반해서 다른 수사는 추상명사이며 이것은 계산되는 대상을 복수 속격으로 자신에게 복속시키고 그 경우 계산되는 대상과 반대의 성을 소유한다.[115] 인도·이란어, 발트-슬라브어와 그리스어가 모두 일치해서 증언하는 바에 따르면 인도게르만어의 조어(祖語)에서는 1에서 4까지의 수사는 변화되지만 5에서 19까지의 수사는 변화하지 않는 형용사이며 그것 이상의 수는 계산되는 대상의 소유격을 동반하는 명사에 의해서 형성되었다.[116] 쌍수와 같은 문법적 형식도 다른 품사들에서보다도 인칭대명사에 훨씬 오래 부착되어 있다. 독일어의 일인칭과 이인칭 대명사에서도 그것 이외의 곳에서는 격변화의 전체가 소멸하고 있는 쌍수가 여전히 장기간에 걸쳐서 보존되고 있다.[117] 똑같이 슬라브어들의 발달과정에서도 '객관적' 쌍수는 '주관적' 쌍수보다는 훨씬

---

115) Brockelmann, 앞의 책 I, 484쪽 이하, II, 273쪽 이하를 참조할 것.
116) Meillet, *Einf. in die vgl. Grammat. der indogerm. Sprachen*, 252쪽 이하; Brugmann, *Kurze vgl. Grammat.*, 369쪽 이하를 참조할 것.
117) 주지하는 것처럼 독일어 방언 중에서 베스트팔렌 방언과 바이에른·오스트리아어는 오늘날에도 아직 이러한 쌍수(Dual)를 사용한 흔적을 보존하고 있다. 상세한 것은 예를 들면 Jakob Grimm, *Deutsche Grammatik* I, 339쪽 이하.

이전에 소멸하고 말았다.[118] 많은 언어들에서 최초의 수사의 어원학적 기원도 세 개의 인칭들을 구별하기 위해서 형성된 근본 단어들의 이러한 연관을 시사하고 있는 것 같다. 특히 인도게르만어들과 관련해서는 '너'라는 표현과 '2'라는 표현은 어원학적으로 공통의 뿌리를 갖는다는 사실이 증명된 것 같다.[119] 셰러는 이러한 연관에 의거하면서 그것으로부터, 우리는 심리학과 문법과 수학의 공통적인 언어적 근원에 해당하는 장소에 서 있다고 결론을 내리고 있다. 즉 여기에서 이원성의 뿌리는 말과 사고의 모든 가능성의 근저에 놓여 있는 저 근원적인 이원론으로까지 소급된다고 결론을 내리고 있다.[120] 왜냐하면 말의 가능성은 훔볼트에 의하면 말을 거는 것과 응답에 의해서 조건지어지며 따라서 나와 너 사이에서 생기는 긴장과 분열에 근거하는 것이지만, 이러한 긴장과 분열은 다름 아닌 말하는 행위에 의해서 다시 해소되며 따라서 이러한 행위는 '사고능력과 사고능력 사이

---

118) Miklogisch, *Vergl. Grammat. der slaw. Sprachen* IV, 40. 핀·우골어권에서 보이는 극히 유사한 현상들에 대해서는 예를 들어 Szinnyei, *Finisch-ugrische Sparchwissenschaft*, Lpz. 1910, 60쪽을 볼 것.
119) 이 문제에 대해서는 Benfey, *Das indogermanische Thema des Zahlwortes, 'zwei' ist du*, Göttingen 1876을 참조할 것. 인도게르만어의 조어(祖語)에서 *duu̯ō가 "결국은 아마도 인칭적 직관으로 소급된다."고 브루크만도 상정하고 있다. Brugmann, *Grundriß* II, 2, 8쪽 이하.
120) Scherer, *Zur Gesch. der deutschen Sprache*, 308쪽 이하, 355쪽.

의'의 본래적이고 진정한 '매개'로서 나타나기 때문이다.

언어에 대한 이러한 사변적인 근본파악에 입각하여, W. v. 훔볼트는 쌍수에 관한 그의 논문에서 그때까지 문법에 의해서 자주 단순한 무용지물, 언어의 무익한 장식이라고 불려왔던 이러한 형식의 용법을 처음으로 그것의 내부로부터 해명할 수 있었다. 그는 쌍수에, 한편으로는 주관적, 다른 한편으로는 객관적인 기원을 인정하고 있으며 이에 따라서 일부는 감성적, 일부는 정신적인 근원적 의미를 인정하고 있다. 훔볼트에 의하면 쌍수를 주로 사물에 대한 단순한 직관의 표현으로 사용하는 곳에서는 어디에서나 언어는, 이중성(Zweiheit)을 자연 안에 주어져 있고 감성적으로 파악될 수 있는 사실로 받아들이는 첫 번째 방향에 따른다. 이러한 용법은 거의 모든 언어권에 퍼져 있다. 한 쌍으로 존재하는 사물들은 어감에게는 어떤 특수한, 발생적으로 공속하는 하나의 전체로서 나타난다. 예를 들어 반투어들에서는 이처럼 한 쌍으로 존재하는 것, 즉 귀, 눈, 어깨, 가슴, 무릎, 발 등은 특수한 명사적 접두사에 의해서 특징지어지는 독특한 류를 형성한다.[121] 이러한 자연적인 이중성과 아울러 다음에는 인공적 이중성이 등장한다. 신체의 사지가 쌍을 이루는 것과 마찬가지로 특정한 기구와 도구가 쌍을 이루는 경우도 언어에 의해서

---

121) Meinhof, *Bantugrammtik*, 8쪽 이하.

특별히 부각된다. 그러나 쌍수를 이렇게 순수한 명사적 개념의 영역 내에서 사용하는 것은 대개의 언어 발달과정에서는 끊임없이 퇴화한다. 셈계어들에서는 이러한 사용은 그것들의 조어(祖語)에는 있지만 개별언어들에서는 갈수록 사라지기 시작한다.[122] 그리스어에서 쌍수는 개개의 방언에서는 이미 선사시대에 소멸하고 호메로스에서도 이미 해체된 상태에 있다. 오직 아티카 방언에서만 비교적 더 늦게까지 존속하지만 이 경우에도 기원전 4세기에는 점차 소멸하게 된다.[123] 특별한 지역과 조건에 한정되지 않은 이러한 사태에는 분명히 어떤 일반적인 언어 논리적 연관이 나타난다.[124] 쌍수의 퇴화는 개별적·구체적인 수로부터 계열을 이루는 수로 점진적이면서도 부단히 전진하는 이행과 부합한다. 엄밀하게 통일적인 원리에 의해서 구성된 하나의 전체로서의 **수열**이라는 관념이 강하게 관철될수록, 개개의 수는 특수한 내용을 대리하는 것이 아니라 모든 다른 수와 등가(等價)의 단순한 위치가 된다. 이질성이 순수한 등질성에 자리를

---

122) Brockelmann, *Kurzgef. vergl. Grammatik*, 222쪽을 참조할 것.
123) Brugmann, *Griechische Grammatik* 3판, 371쪽; Meillet, 앞의 책, 6쪽; Fr. Müller, *Der Dual im indogermanischen und semitischen Sprachgebiet*, Sitzungsberichte der Wiener Akad., Philos. -hist. Kl., Bd. XXXX.
124) 고대 이집트어에서는 쌍수가 아직 광범위하게 존재했지만, 콥트어에서는 조금밖에 남지 않고 사멸했다. Erman, *Ägypt. Grammat.* 231쪽, 238쪽 이하; Steindorff, *Koptische Grammatik*, 69쪽, 73쪽.

양보하기 시작한다. 그러나 이러한 새로운 관점이 인칭적 영역에서는 단순한 사물의 영역에서보다 훨씬 완만하게 관철되는 것은 분명하다. 왜냐하면 전자는 그것의 기원과 본질로 볼 때 이질성의 형식에 입각하고 있기 때문이다. '너'는 '나'와 동질적이지 않고 나에 대해서 그의 대립자로서, 즉 비아(非我)로서 나타나기 때문이다. 이 경우에는 '제2의 것'은 제일의 것의 단순한 반복에 의해서 생기는 것이 아니라 그것에 질적으로 '다른 것'으로서 관계한다. 실로 '나'와 '너'는 '우리'라는 공동체로 통일될 수도 있다. 그러나 이러한 '우리'로의 합일이라는 형식에서는 집합적-사물적인 통합과는 전적으로 다른 어떤 것이 문제가 된다. 이미 야콥 그림이 때때로 언어가 형성하는 사물적인 복수 개념과 인칭적 복수 개념의 구별을 강조하고 있다. 그는 이미 사물들의 복수형은 동질적인 요소들의 집합으로 간주된다는 것, 예를 들어 〔일반적인〕 남자들(Männer)은 남자(Mann)와 남자(Mann)의 집합으로 정의되는 반면에 '우리'는 이러한 집합으로서 결코 표현될 수 없다는 것, 왜냐하면 '우리'는 '나와 나'로서보다는 오히려 '나와 너'로서, 혹은 '나와 그'로서 파악되어야만 하기 때문이라는 사실을 지적하고 있다.[125] 따라서 여기에서는 수 형성의 순수하게 '배분적인' 동기, 단위의 순수한 분리라는 동기가 시간과 시

---

125) Jak. Grimm, *Kleinere Schriften* III, 239쪽 이하를 참조할 것.

간적 과정의 직관에서 출발한 계산의 저 형식에서보다도 훨씬 선명하게 나타나고 있다.[126]

'우리'라는 통일체에 통합되는 요소들을 이러한 통일체 안에 용해되지 않게 하면서 그것들의 개별성과 특수한 규정성을 보존하려는 노력은 언어가 **삼수**(三數, Trial)와 **포함적인**(inklusive) 복수와 **배제적**(exklusive) 복수를 사용하는 방식에서 나타난다. 이 양자는 서로 가까운 근친관계에 있다. 쌍수와 삼수의 사용은 멜라네시아어들에서 특히 엄격하게 규제된다. 이러한 언어는 화제가 되고 있는 것이 2인가 3인가에 따라서 각각에 대응하는 수 규정을 사용하도록 세심하게 주의를 기울이고 있다. 그리고 여기에서는 대명사의 일인칭의 형도 말하는 사람이 '우리'라는 표시에 포함되는가 아니면 배제되는가에 따라서 다른 형태를 취한다.[127] 오스트레일리아 원주민어들도 단수형과 복수형 사이에

---

126) Fr. Müller, 앞의 책 II, 1, 76쪽 이하. —H. C. v. d. Gabelentz, *Die Sprachwissenschaft*, 296쪽 이하를 볼 것. "가족생활은 …… 문법적으로 말하자면 단수, 쌍수, 복수, 모든 인칭대명사를 체현하고 있다. 가족 내지 씨족은 자기를 다른 가족에 대해서 지속적인 통일체로 느낀다. '우리'는 '너희들'과 '그들'과 대립하여 나타난다. 나는 이것은 단순한 언어유희가 아니라고 생각한다. 지속적인 가족생활의 관습보다도 인칭대명사가 그 이상으로 잘 뿌리를 내릴 수 있는 경우가 있겠는가? 많은 경우 언어들은 여자에 대한 표상과 너에 대한 표상 사이의 연관에 대한 기억을 보존하고 있는 것 같다. 중국어는 이 양자를 한 단어로 표시한다. …… 이는 타이어족의 언어들에서 m이라는 음절이 '너'와 '어머니'라는 의미를 자체 내에 결합하고 있는 경우와 유사하다."

쌍수와 삼수를 두는 것이 보통이며 그 경우 삼수는 말이 건네지는 사람을 포함하는가 그렇지 않는가에 따라서 각각 다른 형식을 갖는다. '우리 두 사람'은 어떤 때는 '나와 너'를 의미하고 어떤 때는 '그와 나'를 의미하며 '우리 세 사람'은 '나와 그'를 의미할 수도 있지만 어떤 때는 '나와 그와 그' 등을 의미할 수도 있다.[128] 많은 언어들에서는 이러한 구별은 다수의 표시의 음운형식에서 이미 표현되고 있다. 예를 들어 훔볼트에 의하면 델라웨어(Delaware)어에서는 포함적 복수는 '나'와 '너'에 해당하는 대명사 음운들의 결합에 의해서 형성되며 배제적 복수는 '나'에 해당하는 대명사의 반복에 의해서 형성된다는 것이다.[129] 등질적인 수열과 등질적인 수 직관의 형성이, 엄밀한 의미에서 개체화하는 이러한 파악방식에 결국은 일정한 한계를 정립하게 된다. 특수한 개체들 대신에 그것들을 전체적으로 그리고 동일한 방식

---

127) Codrington, *Melanesischen Sprachen*, 111쪽 이하를 참조할 것. Ray, *Torres-Exped.* III, 428쪽 u. ö.
128) 상세한 것은 Matthews, *Aboriginal languages of Victoria*(J. and Proceed. of the R. Soc. of N. S. Wales XXXVI, 72쪽)와 *Languages of some native tribes of Queensland etc.*, 같은 책. 155쪽 이하, 162쪽을 참조할 것. 다수의 인칭대명사의 복수형은 문다(Munda)어들과 니코바(Nikobar)어에서도 보인다. P. W. Schmidt, *Die Mon-Khmer-Völker*, 50쪽 이하. 아메리카 원주민어들에 대해서는 v. d. Steinen, *Bakiri-Sprache*, 349쪽 이하에 제시되고 있는 '포괄사(Inklusive)'와 '제외사(Exklusive)'의 여러 용례들을 참조할 것.
129) Humbolt, *Kawi-Werk* II, 39쪽을 볼 것.

으로 포괄하는 류가 들어서며, 요소들을 질적으로 특화하는 것 대신에 그것들을 양적인 전체로 통합하는 동질적인 수속과 규칙이 들어선다.

여기에서 언어가 수 표상과 수사의 형성에서 따르는 수속의 전체를 개관해본다면, 그것의 개별적인 계기들은 순수수학에서 사용되는 수 형성의 정밀한 방법으로부터 그야말로 per antiphrasin(어의반용, 語意反用)에 의해서 도출된다. 논리적·수학적 수 개념은 그것이 그러한 것이 되기 이전에 그것의 대립물·반대물로부터 비로소 형성되었음에 틀림없다는 사실이 여기에서 극히 선명하게 드러난다. 수학적 수 계열의 본질적 논리적 성질로서는 필연성, 보편타당성, 유일성, 무한히 계속될 수 있음, 개개의 항의 완전한 등치성(等値性, Äquivalenz)과 등가성이 거론되어왔다. 그러나 이러한 특징들의 어떤 것도 언어에서 최초로 표현되고 침전되는 수 형성의 수속에서는 볼 수 없다.[130] 여기에서는 모든 수의 정립을 하나의 정신적 눈에 의해서 포섭하고 통일적인 규칙에 의해서 지배하는 것을 가능케 하는 필연적이고 보편타당한 원리는 존재하지 않는다. 여기에서는 수열 자체의 유일성은 존재하지 않으며, 우리가 앞에서 이미 보았던 것처럼

---

130) 예를 들어 B. G. F. Lipps, *Untersuchungen über die Grundlagen der Mathematik*, Wundts Philos. Studien, Bd. IX-XI, XIV를 볼 것.

계산되는 대상의 새로운 류 각각이 근본적으로 계산의 어떤 새로운 단서와 수속을 요구한다. 수의 무한성이라는 것도 여기에서는 아직 문제가 될 수 없다. 계산의 필요성과 가능성도, 대상을 전적으로 특정한 직관적 집합성격을 갖는 집합으로 직관적·표상적으로 결합하는 능력이 미치는 범위를 넘지 못하는 것이다.[131] 이와 마찬가지로 여기에서는 계산되는 것이 계산행위에서 어떠한 질적 특성도 갖지 못하는 무규정적인 단위로 간주되지 않고 특수한 사물로서의 성격 내지 속성으로서의 성격을 보지하고 있다. 속성의 개념들과 관련해서는, 그것들에서 단계지음의 형식과 계열적인 통합의 형식이 극히 점진적으로만 발전하고 있다는 점에서 그러한 사실이 나타나고 있다. 우리의 문화적 언어가 형성해온 형용사의 **비교**의 형식, 즉 원급, 비교급, 최상급이라는 형식을 고찰해보면 그것들의 근저에는 항상 하나의 일반적인 개념, 하나의 특정한 발생적 특징이 존재하며 비교의 각 단계에서 그것의 크기가 변화될 뿐이다. 그러나 이러한 언어들의 대다수에서는 이렇게 순수한 양적인 규정의 구별에 대해서 그러한 양적인 구별 자체를 하나의 내용적인 종류의 구별로서 파악하는 다른 수속이 대치(對峙)하고 있다는 사실이 명료하게

---

131) 이 점에 대해서는 Wertheimer, 앞의 책, 특히 365쪽 이하의 서술을 참조할 것.

인식될 수 있다. 셈계어들과 인도게르만어들에서 형용사의 비교에서 나타나는 보충법(Suppletiv)의 현상은 후자와 같은 파악방식에 대한 언어상의 증인이다. 예를 들어 인도게르만어권에서는 특정한 속성개념—좋은, 나쁜, 불쾌한, 곤란한, 큰, 많은, 작은, 적은—이 유일한 어근이 아니라 전적으로 상이한 어근으로부터 형성되는데(예를 들면 독일어의 gut[좋은]와 besser[더 좋은], 라틴어의 bonus[좋은], melior[보다 좋은], optimum[가장 좋은], 그리스어의 ἀγαθός[좋은], ἀμείνων[보다 좋은], ἄριστος[가장 좋은], βελτίων[보다 좋은], βελτιοτος[가장 좋은], κρείττων[보다 좋은], κράτιστος[가장 좋은]가 그러한 경우이다.), 이것은 오래전의 '개체화하는' 파악방식이 나중의 '집합화하는' 파악방식에도 아직 명료하게 나타난다는 것, 시원적인 '질적 언어형성'이 점차 확대되는 '양적 언어형성'의 경향에 대항하여 자신을 주장하는 것에 의한 것이라고 파악되어왔다.[132] 우리가 여기서 보는 것은 통일적으로 구상되고 음운상으로 통일적으로 표시되며 **단지 정도의 차이만으로 구별되는 속성개념**이라는 추상물이 아니라 어떤 속성의 각각의 '정도'에 고유의 대체 불가능한 존재를 인정하고 따라서 그것에서 단순한 '보다 많은'과 '보다 적은'이 아니라 어떤 분리

---

132) Hermann Osthoff, *Vom Suppletivwesen der indogerman. Sprachen*, Heidelberg 1899, 49쪽 이하를 볼 것.

된 '다른' 것을 보는 근본적인 파악방식이다. 대다수의 언어들에서는 우리가 보통 '비교급', '최상급'이라고 부르는 것이 결여되어 있다. 이러한 언어들에서는 정도의 구별의 관계는 '우선하다', '극복하다', '초월하다' 등의 동사적 표현을 사용하든가 또는 비교되어야 할 두 개의 규정이 단순히 병렬되든가 하는 식으로[133] 다른 말로 바꿔 쓰는 것에 의해서 항상 간접적으로만 표현될 수 있다.[134] 하나의 사물이 다른 사물과 비교될 때 혹은 다른 사물에 '비해서' 크다든가 아름답다든가 등을 표현하는 부사적인 분별화도 이러한 의미로 사용될 수 있다.[135] 이러한 불변화사들의 많은 것들에는 원래는 공간적인 의미가 속해 있으며 따라서 여기에서는 질적인 정도단계가 높음과 낮음, 위와 아래라는 장소 관계에 의거하고 그것에서 유래하는 것 같다.[136] 이 때문에

---

133) 이 점에 관련하여 특히 아프리카어들로부터의 예들에 대해서는 Meinhof, 앞의 책, 84쪽을 참조할 것. Westermann, *Ewe-Grammat.*, 102쪽; *Golasprache*, 39쪽, 47쪽; Roehl, *Shambala-Grammatik*, 25쪽.
134) Roehl, 앞의 책, 25쪽; Codrington, *Melanesischen Sprachen*, 274쪽; Gatschet, *Klamath-Language*, 520쪽 이하의 예들을 볼 것.
135) Migeod, *Mende Language*, London 1908, 65쪽 u. s.를 볼 것. 셈계어들 중에서는 아라비아어(das Arabische)만이 형용사 비교의 특별한 형식, 이른바 독립최상급(Elativ)을 발전시켰다. 브로켈만(Brockelmann, 앞의 책, 372쪽, II, 210쪽 이하)에 따르면 이것은 전적으로 최근의 형성물이며 아라비아어에게만 특유한 형성물이라고 한다.

여기에서도 언어적 사고는 추상적·논리적 사고라면 순수한 관계개념을 요구할 것 같은 경우에 공간적 직관을 삽입하는 것이다. 그리고 이와 함께 우리의 고찰은 다시 완벽하게 입증되는 셈이다. 공간, 시간과 수라는 개념들이야말로 언어에서 형성되는 것과 같은 객관적 직관의 본래적인 기본적 근본구조를 형성한다는 사실이 새롭게 드러난다. 그러나 이러한 개념들은 그것들의 전체적 구조상 하나의 특유한 이념적 중심 안에 머물기 때문에만, 즉 그것들이 감성적 표현의 형식을 철저하게 고집한다는 바로 이 점에 의해서 감성적인 것 자체를 점진적으로 정신적 내용으로 채우고 그것을 정신적인 것의 상징으로 형성하기 때문에만 자신들의 과제를 수행할 수 있는 것이다.

IV. 언어와 '내적 직관'의 영역 — 자아개념의 국면들

1. 언어적 표현에서 '주관성'의 해명

언어에 대해서 이제까지 행해진 분석은 본질적으로 언어가 객

---

136) 누바어에서는(Reinisch, *Nuba-Sprache*, 31쪽) 비교형은 본래 '위에(über)'를 의미하는 후치사로 표시된다. 피지(Fidschi)어에서는 '위쪽으로'를 의미하는 부사가 동일한 기능을 한다.(H. C. v. d. Gabelentz, *Die melanesischen Sprachen*, 60쪽 이하) 브루크만(Brugmann, *Kurze vgl. Grammat.*, 321쪽 이하)에 의하면 인도게르만어들의 비교접미사 -ero-, -tero-도 장소적 의미의 부사에서 유래한다.

관적 직관세계를 구성할 때 사용하는 범주들을 제시하는 것에 향해졌다. 그러나 이미 여기에서 이렇게 방법적으로 설정된 한계가 실은 참으로 엄격하게 견지되는 것은 아니라는 사실이 드러났다. 오히려 우리는 그러한 '객관적인' 범주들에 대해서 서술할 때 이미 도처에서 주관적인 영역에 소급 지시된다는 사실을 보았다. 언어 내부에서 대상들의 세계에게 주어지는 모든 새로운 규정은 자아세계의 규정에도 소급적으로 영향을 미치게 된다는 사실이 도처에서 분명하게 되었다. 왜냐하면 여기에서 문제가 되는 것은 실은 자신들의 한계를 서로 규정하는 상관적인 직관영역들이기 때문이다. 따라서 객관적인 것의 모든 새로운 형태, 예를 들면 그것의 공간적, 시간적, 수적인 파악과 분리는 동시에 주관적 현실의 상도 변화시켰으며, 이렇게 순수하게 '내적인' 세계에서도 새로운 특성들을 개시했다.

그러나 그 외에 언어는 오로지 〔객관적인 존재와는〕 다른 이 '주관적인' 존재를 개시하고 그것에 형태를 부여하는 역할만을 하는 고유하고 자립적인 수단들도 갖게 된다. 그리고 그러한 수단들은 언어가 사물들의 세계를 파악하고 표현할 때 사용하는 형식들 못지않게 언어에 확고하게 뿌리를 박고 있으며 그것들 못지않게 근원적이다. 물론 오늘날에도 언어가 인격적인 존재와 그러한 존재에서의 관계들을 재현하는 표현들은 사물의 규정에 속하는 다른 표현에 비해서 단지 파생적이고 부차적인 의의밖에 갖지 못한다는 견해를 자주 제기한다. 여러 가지 품사들을 논리적이고 체계적으로 분류하려는 시도들에 의해서도 대명사는 고유의 정신적 내용을 갖는 자립적인 품사는 아니고, 사물을 표현하는 언어인 명사의 단순한 음운적인 대리물에 지나지 않으며, 따라서 대명사는 언어를 형성하는 참으로 자율적인 관념들이 아니고 다른 것의 대체물에 지나지 않는다는 견해가 자주 제기되고 있다.[137] 그러나 이미 훔볼트가 이러한 '협소한 문법적 견해'에 대해 결정적인 근거를 제시하면서 이의를 제기했다. 그는 대명사를 언어에서 가장 나중에 형성된 품사로 보는 것은 완전히 잘못된 견해라고 역설하고 있다. 왜냐하면 언어행위에서 제일의 것은 말하는 자 자신의 인격이며, 말하는 자는 자연과 끊임없이 직접적으로 접촉하고 있고, 언어에서도 자연에 대해서 자신의 자아에 대한 표현을 마주 세우는 것은 피할 수 없기 때문이다. "그러나 나에게는 너도 또한 자연히 주어져 있으며 어떤 새로운 대립에 의해서 삼인칭이 성립한다. 그런데 이제 이러한 삼인칭은 느끼고 말하는 자의 영역을 벗어나기 때문에 생명이 없는 사

---

[137] 대명사를 단순한 idée suppléante[보충적 개념]으로 보는 이러한 견해는 예를 들면 Raoul de la Grasserie, *Du Verbe comme générateur des autres parties du discours*, Paris 1914에 의해서 표명되고 있다. '대명사'라는 명칭 또는 고대의 문법가들에서 ἀντωνυμία라는 명칭은 이러한 견해에서 비롯된다. 예를 들면 Apollonius, *de Syntaxi*, L. II, cap. 5를 참조할 것.

물들로까지 확대된다."[138] 이러한 사변적인 근본견해에 입각하여, 경험적인 언어연구에서도 인칭대명사가 이를테면 '언어창조의 기반이 되는 근원적인 암석'이라는 사실, 즉 모든 언어의 가장 오래된 층에 속하며 가장 어두우면서도 가장 견고하고 가장 지속적인 구성부분이라는 사실을 입증하려고 하는 시도가 자주 기도되었다.[139] 그러나 훔볼트가 이러한 맥락에서 나라는 가장 근원적인 감정이 나중에 비로소 발견된 일반적이고 논증적인 개념일 수는 없다는 사실을 역설하고 있더라도, 다른 한편으로는 이러한 근원적인 감정이 오로지 자신을 일인칭대명사로서 분명히 **표시하는** 경우에만 존재하는 것은 아니라는 사실도 물론 염두에 두어야만 한다. **자아의식**의 형식과 형성을 이러한 표시의 발달에 의해서만 측정하려고 한다면, 언어철학은 오히려 훔볼트가 반박한 협소한 논리적·문법적 견해에 머물게 될 것이다. 유아언어의 심리학적 분석과 판단에서 사람들이 자주 범하게 되는 오류는 자아를 표현하는 **음운**의 최초의 등장을 자아감정의 최초의 단계로 간주한다는 것이다. 그러나 그 경우 내적인

---

138) Humboldt, *Einleitung zum Kawi-Werk*(W. VII, 1, 103쪽 이하), 특히 "Über den Dualis"(W. VI, 1, 26쪽 이하) 및 "Über die Verwandtschaft der Ortsadverbien mit dem Pronomen"(W. VI, 1, 304쪽 이하)와 같은 논문들을 참조할 것.
139) Jak. Grimm, *Deutsche Grammatik* I, 335쪽 이하; W. Scherer, *Zur Geschichte der deutschen Sprache*, 215쪽.

심적·정신적 내용과 그것의 언어적 표현형식이 결코 단적으로 합치하지는 않으며 무엇보다도 그러한 내용의 **통일성**이 반드시 표현의 **단순성**에 반영될 필요는 없다는 점을 간과하고 있다. 언어는 오히려 일정한 근본적인 직관을 전달하고 표시하기 위해서 풍부한 표현수단들을 사용하는 것이며 이러한 표현수단들의 전체와의 공동작용으로부터 고찰될 때에야 비로소 언어가 갖는 규정의 방향을 분명하게 인식할 수 있다. 따라서 자아개념의 형성은 대명사에 구속되어 있는 것이 아니라 다른 언어영역, 예를 들면 명사라는 매체와 동사라는 매체에 의해서도 동일하게 행해진다. 특히 동사에서는 자아감정의 극히 섬세한 분화와 뉘앙스의 차이를 표현할 수 있다. 왜냐하면 동사에서는 사건의 객관적인 파악이 행위의 주관적인 파악에 의해서 극히 독자적인 방식으로 침투되어 있고 이러한 의미에서 동사는 중국어 문법가들의 표현을 빌리면 본래적으로 '살아 있는 단어들'이기 때문에 '죽어 있는 단어들'인 명사와 현저하게 구별되기 때문이다.[140]

물론 우선은 자아와 자기에 대한 표현도 명사적 영역, 즉 실체적·대상적 직관의 영역에 의지할 필요가 있으며 그것에서 분리되는 것은 극히 곤란한 것으로 보인다. 가장 다양한 언어권들에

---

140) 이 점에 대해서는 G. v. d. Gabelentz, *Chinesische Grammatik*, 112쪽 이하 참조.

서 우리는 대상에 대한 표시에서 유래하는 자아에 대한 표시에 접하게 된다. 특히 언어는 구체적인 자기에 대한 구체적인 감정이 처음에는 아직 자신의 신체와 사지(四肢)에 대한 구체적인 직관에 구속되어 있다는 사실을 보여주고 있다. 이와 똑같이 물리적 존재, 특히 인간의 신체에 일관되게 정향되어 있는 공간적·시간적·수적인 규정들의 표현에서 우리가 보았던 것과 동일한 사태가 여기에서도 인정될 수 있다. 이러한 자아표시의 체계가 극히 명확하게 형성되어 있는 언어는 알타이어들이다. 이 어족에 속하는 모든 언어들에는 우리가 인칭대명사로 표현하는 것을 격어미(格語尾)와 소유격 접미사를 갖는 명사로 표시하는 경향이 있다. 따라서 '내가' 혹은 '나를'에 해당하는 표현을 나의 존재, 나의 본질, 혹은 '노골적으로 물질적인 방식으로' '나의 육체' '나의 유방' 등을 의미하는 다른 표현으로 대체한다. 또한 순수하게 공간적인 표현, 예를 들면 그것의 근본의미에 따르면 원래는 '중심'을 표현하는 단어를 이러한 의미로 사용할 수 있다.[141] 유사한 방식으로 예를 들면 헤브라이어에서 재귀대명사는 혼이나 인격(Person)과 같은 단어들에 의해서뿐 아니라 얼굴,

---

[141] 이 점에 대해 상세한 것은 H. Winkler, *Der ural-altaische Sprachstamm*, 59쪽 이하, 160쪽 이하; Hoffmann, *Japanische Sprachlehre*, 91쪽 이하; J. J. Schmidt, *Grammatik der mongolische Sprache*, Petersburg, 1831, 44쪽 이하를 참조할 것.

살 혹은 심장과 같은 단어들에 의해서도 표현된다.[142] 이것은 라틴어의 **persona**가 원래는 배우의 얼굴 혹은 가면을 의미하고 독일어에서도 그것이 이러한 용법으로 개인의 외관, 모습, 체격을 표시하기 위해서 오랜 기간 사용되었던 것과 동일하다.[143] 콥트어에서는 '자기'라는 표현을 '신체'라는 명사에 소유격 접미사를 덧붙여 바꿔 말한다.[144] 인도네시아 방언들에서도 재귀적 대상(das Reflexivobjekt)을 인격, 정신과 마찬가지로 신체도 표현하는 단어로 표시한다.[145] 마지막으로 이러한 용법은 인도게르만어들에서도 볼 수 있으며, 베다 산스크리트어와 고전 산스크리트어에서 자기와 자아는 어떤 때는 '혼(atmán)'을 가리키는 단어로, 어떤 때는 '신체(tanu)'를 가리키는 단어로 표현한다.[146] 이 모든 것으로부터 자기, 혼, 인격에 대한 직관은 그것들이 언어에서 빛을 발하기 시작할 때에는 우선은 아직 신체에 밀착해 있다

---

142) 셈계 언어들이 재귀대명사의 표시를 위해서 사용하는 일반적 방식에 대해서는 Brockelmann, 앞의 책 II, 228쪽과 327쪽을 참조할 것. 대부분의 경우에 재귀대명사는 '혼'을 가리키는 단어나 그것의 동의어들(사람, 머리, 존재)에 의해서 대체되어야만 한다.
143) 상세한 것은 Grimm, *Deutsch. Wörterbuch*, VII, Sp. 1561/62를 볼 것.
144) Steindorff, Kopf. Grammatik § 88, 고대 이집트어의 경우에도 유사하다. Erman, 앞의 책, 85쪽을 참조할 것.
145) Brandstetter, *Indonesisch u. Indogermanisch im Satzbau*, Luzern 1914, 18쪽.
146) Whitney, *Indische Grammatik*, 190쪽; B. Delbrück, *Vergl. Syntax* I, 477쪽.

는 사실이 분명해진다. 그것은 신화적인 직관에서 인간의 혼과 자기가 처음에는 신체의 단순한 반복, 신체의 '분신'이라고 생각되는 것과 동일하다. 형식적 취급 방식이라는 면에서도 대명사적 표현과 명사적 표현은 많은 언어들에서 오랜 기간 미분화된 채로 존재한다. 이는 양자가 동일한 형식요소에 의해서 활용되고 수·성·격에서 서로 동화되기 때문이다.[147)]

물론 언어가 자아표상을 언표하는 형식과 관련해서가 아니라 그 표상의 정신적 내용 자체와 관련해서 문제가 된다면, 이러한

---

147) Wundt, *Die Sprache* II, 47쪽 이하 및 거기에서 Fr. Müller의 *Grundriß* 에서 인용되고 있는 예들을 참조할 것. 인칭대명사를 명사 혹은 형용사로 대신하는 것이 에티켓과 의식(儀式)에 대한 고려에 의해서 규정될 경우는 여기에서 관찰된 현상들과 동일한 단계에 있는 것은 아니다. 훔볼트에 의하면(W. VI, 1, 307쪽 이하 및 *Kawi-Werk* II, 335쪽) 그것은 '반쯤 문명화된 상태'에 속한다. 여기에서는 말이 건네지는 제2인칭의 인물에 고귀함을 의미하는 표현(지배자, 각하 등)이 사용되고 자신에 대해서는 겸양의 표현(종복, 노예 등)이 사용된다. 이 점에서 가장 멀리 나아간 것은 일본어이며, 일본어에서는 말하는 사람과 듣는 사람의 지위에 의해서 극히 엄밀하게 단계지어져 있는 경어에 의해서 인칭대명사에 대한 사용이 철저하게 억제되었다. 호프만은 이렇게 말하고 있다.(*Japan. Sprachlehre*, 75쪽) "세 개의 문법적인 인칭에 대한 구별(나, 너, 그)은 일본어에는 낯선 것이었다. 모든 사람들은, 말하는 사람과 말이 건네지는 사람 그리고 대화의 대상이 되는 사람 모두가 표상의 내용으로서, 즉 우리의 관용법에 따르면 3인칭으로 파악되는 것이며, 형용사의 의미를 고려하면서 어떤 사람이 어떤 말로 불리는가를 결정하는 것은 에티켓이다. 오직 에티켓 때문에 사람들은 자기 자신과 다른 사람을 구별하면서 전자를 낮추고 후자를 높이는 것이다."

내용이 순전히 명사적인 혹은 동사적인 표현의 영역 내에서도 선명하게 표시되고 명료하게 규정될 수 있다는 사실은 분명하다. 명사를 특정한 군으로 나누는 거의 모든 언어들에서 인간이라는 군과 사물이라는 군의 대비는 분명하게 행해지고 있다. 그리고 이 경우 문제가 되는 것은 생물의 영역과 무생물의 영역의 단순한, 이른바 생물학적 구분—이것은 아직 전적으로 **자연**에 대한 고찰방식에 속하는 것일 테지만—이 아니라 인간존재에 대한 파악방식과 그것의 세부적인 뉘앙스들에 대한 고찰방식에서 자주 보이는 놀랄 정도의 섬세함이다. 반투어들에서는 특별한 접두사로 강조하는 독자적인 군은 자립적으로 행위하는 인격으로서의 인간을 표시하고, 다른 군은 생명을 갖기는 하지만 인격적이지 않은 존재를 포함한다. 이 후자의 군에 인간이 포함되는 경우는 그가 자립적으로 행위하는 인격으로서가 아니라 다른 사람의 기관(器官)이나 대표로서, 예를 들면 심부름꾼, 사절, 대리인으로서 등장할 경우이다. 따라서 여기에서 언어는 사람들의 종류와 등급을 그들이 행하는 기능에 따라서 그리고 그 경우 나타나는 **의지**의 형식과 방향이 자립적인지 아닌지에 따라서 구분한다.[148] 이러한 근본적인 고찰방식에 대한 싹은, 사람들에 대한 명칭과 단순한 사물들에 대한 지칭을 구별할 경우에 사람들에

---

148) 이 점에 대해서는 Meinhof, 앞의 책, 6쪽 이하를 참조할 것.

대한 명칭에는 특수한 '인칭관사'를 앞에 두는 언어들에서도 볼 수 있다. 멜라네시아어들에서는 그러한 관사가 개인과 부족의 이름 앞에 규칙적으로 덧붙여진다. 그러나 이러한 관사는 예를 들면 나무나 작은 배(Boot), 큰 배(Schiff) 혹은 무기 등과 같은 무생물 앞에도 덧붙여지는데, 이 경우 그것들은 그것들이 속하는 류의 대표로서가 아니라 개체로서 파악되고 특정한 고유명사가 그것들에 주어질 경우에는 그 앞에 덧붙여진다. 여러 종류의 생물에 덧붙여지는 두 종류의 상이한 인칭관사를 형성한 몇 개의 언어도 있지만, 그러한 언어들에서는 인격성이라는 개념 안에 일종의 가치의 단계가 분명히 근저에 존재한다.[149] 몇 개의 오스트레일리아 원주민어들도 순수한 주관성의 영역에 속하는 이러한 구별들에 대한 느낌을 갖고 있다는 것을 보여준다. 즉 이러한 언어는 존재하는 것을 단순히 **현존하는** 것으로서 표시하는 경우와 **활동하고 있는** 것으로서, 즉 자립적으로 행위하고 있는 것으로서 표시하는 경우에 다른 형식의 주격, 곧 주어표현을 선택한

---

149) 이것에 관해서 보다 상세한 것은 Codrington, *Melanes. Languages*, 108쪽 이하 및 Brandstetter, *Der Artikel des Indonesischen*, 6, 36, 46쪽을 참조할 것. 아메리카 원주민의 언어들 중에서 예를 들면 후파어(Hupa)에서는 부족의 성년남자에 대해 사용되는 3인칭 대명사와 어린이와 노인 그리고 다른 부족의 구성원과 동물에 대해 사용되는 특별한 3인칭 대명사가 있다. Goddard, *Athapascan*(in Boas, *Handbook* I, 117쪽)을 볼 것.

다.[150] 유사한 구별은 동사에서도 나타난다. 예를 들면 동사에 특수한 접두사를 덧붙이는 것에 의해서 그 동사로 언표되는 과정이 단순한 '자연적인' 사건인지, 아니면 하나의 활동하는 **주체**의 행위의 결과인지, 또는 그러한 **많은** 주체들의 공동의 행위인지를 표현하는 것이다.[151] 그 모든 것에서 우리는 외면적으로는, 언어가 **대명사**에 의해서 행하는 구별과 관계하는 것은 아니다. 그러나 그럼에도 불구하고 여기에서 사람의 존재와 작용의 순수

---

150) 단지 사람 혹은 사물을 명명하는 데 사용되는 단순한 주격은 여기에서는 '**동작주격**(Nominativus agentis)', 즉 타동사를 주격에 덧붙일 때 사용하는 주격과 구별된다. "예를 들어 누군가가 멀리서 어떤 사람을 지각하고 '누구지?'라고 묻는다면, kore(어떤 남자)라는 답이 주어진다. 그러나 '그 사람이 캥거루를 죽였다.'고 말하려고 한다면, 사람들은 어떤 다른 형식, 즉 주체적인 주격형을 사용해야만 한다. 명사가 작용하는 것, 즉 행위하는 것으로서 제시될 때에는 항상 이러한 형식이 사용되어야만 한다." Fr. Müller, *Novara-Reise*, 247쪽. 특히 Matthews, *Aboriginal Languages of Victoria*, 78, 86, 94쪽을 참조할 것.

151) Codrington, *Melanes. Languages*, 183쪽 이하를 참조할 것. 인도네시아의 한 방언인 부기어(das Bugische)에는 동사에 두 개의 상이한 '수동 접두사'가 있으며 그중 하나는 '의도되지 않은 것'이라는 뉘앙스를 포함하고 있다. 즉 행동하는 주체가 함께 작용하지 않고서도 '저절로' 생긴 사건을 표시하는 것이다. Brandstetter, *Sprachvergleich. Charakteristik eines indones. Idioms*, Luzern 1911, 37쪽 이하. 누바어(Nuba-Sprache)는 라이니슈(Reinisch, *Nuba-Sprache*, 63쪽 이하)에 의하면 동사의 수동형과 기동형(起動形, Inchoativform) 사이에 엄격한 구별을 하고 있다. 전자는 어떤 상태가 어떤 주체의 능동적인 작용에 의해서 생긴 경우, 후자는 그것이 단순한 자연적 조건들에 의해서 사건의 규칙적인 진행의 결과로서 생긴 경우에 각각 사용된다.

한 개념이 선명하게 포착되고 있으며 그것이 다양한 정신적 단계들에서 일관해서 나타나고 있는 것은 분명하다.

이러한 단계들이 갖는 특별한 풍부함은 언어가 동사의 이른바 '태(態)의 차이(Genusunterschiede)'를 구별하기 위해서 가지고 있는 풍부한 가능성들에서 특히 명료하게 나타난다. 행위를 순전히 논리적으로 분석하는 입장에서는 언뜻 보기에 행위에서는 명확하게 형성된 하나의 구별밖에 파악될 수 없는 것처럼 보인다. 즉 자립적인 행위와 단순한 겪음, 다시 말해서 능동적인 행위와 수동적인 행위가 대치(對峙)된다. 따라서 아리스토텔레스의 범주표에서조차도 이미 우리가 보통 '능동태'와 '수동태'의 대립이라는 것에 의해서 언표하는 문법적 구별을 일반논리학적이고 형이상학적인 의미로까지 높이려고 했다. 그러나 아리스토텔레스가 이처럼 능동과 수동, 즉 $\pi o\iota\varepsilon\tilde{\iota}\nu$와 $\pi\acute{a}\sigma\kappa\varepsilon\iota\nu$이라는 근본적 대립을 중심에 둔 것은 그리스어라는 언어의 형식과 특성에 의해서 직접적으로 주어지고 어떤 의미에서는 강요된 경향에 의해서 이끌렸을 뿐이라고 사람들이 주장한다면 이러한 주장은 결코 옳다고 할 수 없다. 언어만의 문제라면 그리스어는 이 경우 다른 길을 제시했을 것이다. 왜냐하면 그리스어에서야말로 '수동태'와 동사의 다른 태의 구별이 형태론적으로도 의미론적으로도 명확하게 수행되고 있지 않기 때문이다. 그리스어에서 수동태는 기능적으로 보아도 일부는 능동태에서, 일부는 중동태

(Medium)에서 점진적으로 발전해온 것에 지나지 않는다.[152] 다른 언어권을 보더라도 능동과 수동의 단순한 대립이 동사적 표현을 형성하더라도 홀로 규정력을 갖지도 못하고 결정적인 역할을 하지도 못하며 그것에서는 다른 많은 대립계기들이 교차하고 있다. 언어가 이러한 대립을 그 자체로서 명확하게 발전시킨 경우, 즉 '능동'형과 '수동'형을 첨예하게 구별하고 있는 경우에도 이러한 구별은 많은 구별들 중의 하나일 뿐이다. 그것은 동사적 표현의 개념적 단계계열의 **전체** 중 일부를 이루며 이러한 **전체**에 의해서 매개되어 있다. 다른 한편 다른 언어들에서는 이러한 대립이 완전히 결여되어 있을 수도 있으며, 따라서 여기에서는 적어도 형식상으로는 동사의 특별한 수동적 용법이 존재하지 않는다. 그러한 언어들에서는 우리가 통상적으로 수동적 표현을 사용하는 규정들을 동사의 능동형으로 특히 능동적 동사의 3인칭 복수로 표현하고 대체한다.[153] 훔볼트에 의하면 말레이어들

---

152) 상세한 것은 Brugmann, *Griech. Grammatik* 3판, 458쪽 이하.
153) 멜라네시아어들로부터의 예들은 Codrington, 앞의 책, 191쪽 이하. 아프리카어들로부터의 예들은 Westermann, *Sudansprachen*, 70쪽; Migeod, *Mende Language*, 82쪽. 수동형이 결여되어 있는 대신에 비인칭적 용법 혹은 능동적인 형식을 취하고 있지만, 수동적인 의미를 띤 동사형을 사용하는 경우도 자주 있다. "그는 두들겨 맞는다."는 문장은 예를 들면 "그는 타격을 받고 있다. 혹은 타격을 견딘다."든가 극히 물질적으로 "그는 타격을 먹고 있다."와 같은 식으로 표현한다.(Fr. Müller, *Novara-Reise*, 98쪽) 일본어는 본래 "획득한다. 자신의 것으로

에서는 이른바 '수동형 구문'은 명사형으로 대체된다. 즉 말레이어들에서는 동사 자체가 능동형으로 생각되지 않고 오히려 명사적 성격을 갖기 때문에 본래적인 수동형은 존재하지 않는다. 여기서 사건의 표시에는 우선, 행위자와의 관계도 행위를 당하는 자와의 관계도 포함되지 않으며 동사는 단지 사건의 일어남을 확인할 뿐이다. 즉 동사는 사건의 일어남을 어떤 주체의 힘에 분명히 결부시키지도 않으며 그 주체에 의해서 움직여지는 객체에 대한 관계를 동사형 자체에서 명시하지도 않는다.[154]

그러나 이러한 능동과 수동의 추상적 대립이 결여되어 있는 것은 행위 자체와 그것의 다양한 뉘앙스 차이에 대한 구체적 직관이 아직 결여되어 있기 때문이 아니다. 이러한 사실은 다른 한편으로 바로 이러한 직관이 능동형과 수동형의 형식적 구별을 결여하고 있는 언어들에서 자주 놀랄 정도로 다면적으로 형성되

한다."는 근본적인 의미를 가진 조동사에 의해서, 외부로부터 오는 작용을 자신의 것으로 하는 것을 표시하며 이러한 의미에서 **수동 동사**로서 사용되는 파생적 동사를 형성한다.(Hoffmann, *Japan. Sprachlehre*, 242쪽) 중국어에서도 "보다, 발견하다, 받아들이다" 등의 조동사에 의한 '수동형'의 형성(예를 들면 '미움을 받다' 대신에 미움을 본다는 식으로)이 자주 행해지고 있다. G. v. d. Gabelentz, *Chinesische Grammatik*, 113, 428쪽 이하를 참조할 것.

154) Humboldt, *Kawi-Werk* II, 80, 85쪽. 동일한 현상은 오스트레일리아어들에서도 볼 수 있다. Fr. Müller, *Novara-Reise*, 254쪽 이하. Codrington, 앞의 책, 192쪽을 볼 것.

어 있다는 사실에서 분명히 드러난다. 여기에서는 동사의 '태들'이 자주 개별적으로 극히 명확하게 규정되어 있을 뿐 아니라 극히 다양한 방식으로 서로 겹치고 갈수록 복잡한 표현들로 결합될 수 있다. 그 정점에 있는 것은 우선 행위의 **시간적인 성격**을 표시하는 형식들이지만, 이러한 형식들에서 문제가 되는 것은 앞에서 서술한 것에서 이해될 수 있는 것처럼 **상대적인 시간단계**의 표현이 아니라 오히려 **동작양태**의 표현이다. '완료된' 동작과 '미완료'의 동작, '순간적'인가 '지속적'인가, 일회적인가 반복적인가라는 동작의 양태가 명확히 분리되고 있다. 말하고 있는 순간에 행위가 이미 완성되고 완결된 것으로 존재하는가 아니면 그것이 아직 전개되고 있는 중인가, 어떤 특정한 순간에 한정되어 있는가 아니면 보다 긴 기간에 걸쳐 있는가, 그것이 유일한 동작으로 수행되는가 아니면 여러 번 반복되는 동작들로 수행되는가가 구별되고 있다. 이러한 규정들을 표시하기 위해서 — 앞에서 서술한 '동작양태'의 표현을 위한 수단들 외에[155] — 그러한 규정들 각각에 대해서 동사의 독자적인 태가 사용되고 있다. 단순한 상태를 그러한 것으로서 표시하기 위해서 '**상태**(Stativ)'가, 점진적 생성을 표현하기 위해서는 '**기동태**(起動態, Inchoativ)'가, 어떤 행위의 종결을 표현하기 위해서는 '**정지태**(Cessativ)' 또는

---

155) 이 장 II 참조.

'종결태(Konklusiv)'가 사용된다. 행위가 지속적·규칙적인 것으로서, 즉 관습 내지 계속적인 습관으로서 특징지어져야 할 때는 '관습태(Habitualis)'라는 형이 사용된다.[156] 다른 언어들에서는 순간태(瞬間態) 동사와 반복태 동사의 구별이 특히 풍부하게 형성되어 있다.[157] 그리고 본질적으로 행위의 객관적 성격에 관계되는 이러한 구별들과 아울러 무엇보다도 자아가 그러한 행위에 대해서 취하는 고유한 내적인 태도가 동사의 형식에서 표현될 수 있다. 이 경우 이러한 태도 자체는 순수하게 관조적이거나 실천적인 종류의 것일 수 있으며 순수한 의지의 영역에서 유래하거나 판단의 영역에서 유래한 것일 수 있다. 의지의 영역에서 유래된 것일 경우에 행위는 소망된 것이거나 요구된 것이거나 요청된 것으로서 표시될 수 있으며, 판단의 영역에서 유래된 것일 경우에는 단정적으로 확실하거나 개연적으로 확실한 것으로 표시될 수 있다. 앞에서 다룬 동작양태들에 대한 명칭에서의 구별들과 마찬가지로 이러한 방향에서도 본래의 의미에서 '양상적

---

156) 이러한 '상태'와 '기동태' 그리고 '관습태' 등의 용법에 대해서는 Reinisch, *Nuba-Sprache*, 53쪽 이하, 58쪽 이하; Hanotesau, *Grammaire Kabyle*, 122쪽 이하.

157) 특히 핀·우골어(finnisch-ugrische Sprache)들이 그렇다. Szinnyei, *Finnisch-ugrische Sprachwissenschaft*, 120쪽 이하. 헝가리어에는 8개의 상이한 반복태 동사의 접미사가 있다. Simónyi, *Die ungarische Sprache*, 284쪽 이하.

인(modal)' 구별들이 형성된다. '의지적', '사색적', '예기적'인 의미를 동시에 갖는 접속법이—또한 일부는 소망의 의미로 일부는 지시 또는 단순한 가능성의 표현으로서 사용되는 희구법(Optativ)이—발달된다.[158] 또한 요구의 형식도 단순한 바람에서 명령에 이르기까지 다양한 단계들을 가지며 이러한 단계들도 예를 들면 단순한 '탄원법(Prekativ)'과 '명령법'의 구별이라는 형태로 언표될 수 있다.[159] 많은 인디언 언어들은 행위를 해야 한다는 것을 표현하는 명령적, 간청적, 희구적, 의무적인 양상과 아울러 문법학자들이 '회의법(Dubitativ)' 또는 '인용법(Quotativ)'이라고 부르는 순수하게 이론적인 양상—이것은 그 행위가 의심스럽거나 혹은 타인의 증언에만 입각하여 보고되고 있다는 것을 의미한다—을 가지고 있다.[160] 여기에서는 또한 자주, 주체가 보고되고 있는 사건을 직접 본 것인지 혹은 그것을 들은 것인지 혹은 직접적인 감각적 지각에 의해서가 아니라 단지 추측과 추

---

158) 인도게르만어들에서도 마찬가지이다. Brugmann, *Kurze vergleichende Grammatik*, 578쪽 이하.
159) 이러한 구별은 예를 들면 몽고어에서 보인다. J. J. Schmidt, *Grammatik der mongolische Sprache*, 74쪽을 참조할 것. 고대 인도어의 '탄원법'에 대해서는 Thumbb, *Handbuch des Sanskrit*, Heidelberg, 1905, 385쪽 이하.
160) Powell, *The evolution of language*(Rep. of the Smithson. Institute of Washington, I), 12쪽을 참조할 것.

론에 의해서 그것을 알고 있는지가 동사에 붙은 독자적인 접미사에 의해서 알려진다. 또한 때로는 꿈에서 얻은 사건에 대한 지식과 깨어 있을 때 얻은 지식이 이러한 방식으로 서로 구별되기도 한다.[161]

여기에서도 이미 자아가 의욕하면서 혹은 요청하면서 혹은 의심하면서 혹은 물으면서 객관적 현실에 대면하고 있다면, 이러한 대면 방식은 대상에 대한 자아의 **작용**과 작용의 상이한 가능한 형식들이 화제가 될 경우에 최고의 선명한 표현을 갖게 된다. 능동과 수동의 구별에 대해서 비교적 무관심한 많은 언어는 그 대신에 이러한 작용의 단계들과 그것의 간접·직접의 정도를 극히 정확하게 구별하고 있다. 단순한 음운적 수단에 의해서(셈계 어들에서 중간어근을 중복하는 것에 의해서 보이는 것처럼), 예를 들면 동사의 근본적 어간에서 제2의 어간을 도출할 수 있으며 이것이 우선은 강력한 의미를 다음에는 일반적인 사역적 의미를 갖게 된다. 더 나아가 위의 두 어간 외에 특히 후자의 기능을 맡는 제3의 어간을 덧붙인다. 그러고 나서 제1단계의 사역동사에 제2, 제3단계의 사역동사를 덧붙일 수 있으며 이렇게 해서 원래는 자동사의 어간이었던 것이 이중 삼중의 타동사적인 의미로

---

161) 이러한 예들은 Goddard, *Athapascan*, Swanton, Haida 및 Boas, *Kwakiutl*(in Boas, *Hanbook* I, 105, 124, 247쪽 이하, 443쪽)에서 보인다.

변형된다.[162] 이러한 언어현상들에는 인간의 작용에 대한 파악 자체가 갈수록 심화되어간다는 사실이 잘 반영되어 있다. 즉 행위의 주체와 객체, 작용을 가하는 것과 작용을 받는 것의 단순한 구별에 대신해서 여기에서는 갈수록 많은 중간항들이 들어가게 되며, 이러한 중간항들은 그 자신은 인격적 성격을 가지면서도 의욕하는 자아 안에 최초의 기원을 갖는 행위를 그러한 기원으로부터 어떤 의미에서는 전송(轉送)하여 객관적인 존재의 영역으로 옮긴다.[163] 더 나아가 하나의 행위에서 함께 작용하는 많은 주체에 대한 이러한 파악은 이렇게 함께 작용한다는 **사실**을 단순히 표시할 뿐이냐, 아니면 이렇게 함께 작용하는 **형식**의 차이들을 반성하고 있느냐에 따라서 상이하게 표현될 수 있다. 첫 번째 관점에서 언어는 동사의 '협동형'을 필요로 하든가 혹은 한

---

162) 예를 들면 Aug. Müller, *Türk. Grammatik*, 71쪽 이하를 참조할 것. 셈계어들에 대해서는 Brockelmann, *Grundriß* I, 504쪽 이하를 볼 것. 딜만(Dillmann, *Äthiop. Grammatik.*, 116쪽 이하)에 의하면 이디오피아어는 근(根)어간(Grundstamm)과 아울러 '강의어간(强意語幹, Intensivstamm)'과 '작용어간'을 갖는다. 이 세 가지로부터 동일한 형성수단에 의해서 그러나 그 외의 고유성은 그대로 둔 채 다시 세 개의 사역어간을 도출한다.

163) 예를 들어 타갈리어는 사역동사의 형성을 위해서 이중의 접두사를 사용한다. 하나는 어떤 사태의 출현, 단순한 고유한 작용을 표현하고, 다른 하나는 어떤 행위를 다른 사람이 유발한다는 것을 가리킨다. 따라서 나중의 경우에는 두 행위 주체가 등장하는 것이다. Humbolt, *Kawi-Werk* II, 143쪽 참조.

사람이 다른 사람의 활동과 상태에 어떠한 방식으로든 참여하고 있다는 사실을 보여주는 독특한 '함께 작용하는 혹은 사회적인 어간'을 형성한다.[164] 몇 개의 언어들에서는 어떤 행위를 개인이 아니라 공동으로 행한다는 것을 암시하기 위해서 특수한 집합적 삽입사(Kollektiv-Infixe)를 사용한다.[165] 여러 개체들이 함께 작용하는 형식에 관해서 특히 중요한 것은 이러한 공동작용이 단지 외부로 향해진 것인가 아니면 내부로 향해진 것인가, 즉 복수의 주체에 단일한 사물적인 대상이 대치(對峙)하고 있는가 아니면 개개의 주체들이 그들의 행동에서 서로 주체로 존재하면서 동시에 객체로 존재하는가이다. 나중의 파악으로부터 언어가 **상호적인** 행위를 가리키기 위해서 창출하는 표현형식이 생긴다. 원시적인 언어들도 때로는 주체들의 활동이 외부의 사물에 향해 있는가 아니면 서로에 향해 있는가를 선명하게 구별한다.[166] 그리

---

[164] 이것에 관해서는 베다웨(Bedauye)어로부터의 실례를 참조할 것. Reinisch, *Bedauye* II, 130쪽 이하. 동사의 협동형식(Kooperativform)은 예를 들면 야쿠트어에도 존재한다.(Boethlingk, *Sprache der Jakuten*, 364쪽 이하)

[165] 타오리피(Taoripi)어도 그렇다. Ray, *Torres-Strait-Exped.* III, 340쪽을 볼 것.

[166] 예를 들어 남(南)오스트레일리아의 분간디티(Bungandity)어도 그러하다. 이것은 매튜스(Mattews)에 의해서 전해지고 있다. Mattews, J. and Proc. of the Royal Soc. of N. S. Wales, Bd. XXXVII, 1903, 69쪽을 볼 것.

고 이와 함께 분명히 다음과 같은 중요한 행보를 위한 준비를 하고 있다. 상호작용적인 행위에서는 이미 작용하는 자와 작용을 받는 자가 어떤 의미에서는 합치한다. 이 경우 양자는 서로 인격적 영역에 속하며 그들을 행위의 주체로 볼 것인가 객체로 볼 것인가는 단지 고찰의 방향에 의해서 결정된다. 이러한 관계는 다수의 주체 대신에 단지 유일한 개체가 등장하고 이와 함께 행위의 출발점과 그것의 목표점이 일단 서로 분리된 후 내용적으로 다시 하나의 점에서 합치할 때 보다 심화된다. 이것이야말로 재귀적 행위의 특성이며, 그러한 행위에서는 자아가 다른 인간과 사물이 아니라 오히려 자기 자신을 규정하며 자신의 행위를 자기 자신에게 향한다. 바로 이러한 재귀동사를 형성함으로써 많은 언어들은 자신들에게 결여되어 있는 수동태를 보완한다.[167] 이렇게 행위를 자신에게 지시하고 향하는 것과 그것에서 나타나는 강렬한 주체성의 의식은 그리스어가 **중동태**의 동사형을 사용하는 방식에서 가장 순수하게 나타난다. 그리스어가 중동태를 소유하고 사용했다는 점을 사람들이 그것의 본질적이고 탁월한 성격으로 본 것은 틀린 것은 아니었다. 바로 이러한 성격에 의해

---

167) 셈어권에서는 에티오피아어의 경우(Dillmann, 115, 123쪽) 및 시리아어의 경우(Nöldeke, *Syr. Grammatik*, 95쪽 이하). 튜르크어에서도 (Aug. Müller, *Türk. Grammatik*, 76쪽에 의함) 수동태 대신에 자주 재귀형이 등장한다.

서 그리스어는 진정으로 '철학적인' 언어로 평가되는 것이다.[168] 인도의 문법가들은 능동태의 동사형과 중동태의 동사형의 구별을 위해서 전자는 '다른 사람을 위한 언어'로 부르고 후자는 '자기 자신을 위한 언어'라고 부름으로써 그 특질을 잘 보여주는 표현을 창출했다.[169] 사실상 사건을 주체의 고유영역 안에 있는 것으로 보고 그것에 대한 주체의 내적인 참여를 강조하는 것이 중동태의 근본적 의미이다. 야콥 그림은 이렇게 말한다. "어떠한 단순한 능동태의 경우, 그것에서 지배하고 있는 것이 자동사적 개념인가 타동사적 개념인가는 그것만으로 불확실하다. 예를 들어 '나는 본다.'는 것은 '나는 내 눈으로 본다.'를 의미하거나 내가 무엇인가를 본다를 의미하는 것일 수 있다. $κλαίω$[울다]는 내적인 울음 자체를 의미하든가 다른 사람을 애석하게 여기면서 우는 것을 의미하든가 중의 하나이다. 중동태는 이러한 애매함을 해소하며 동사의 의미를 필연적으로 문장의 주어에 연관시킨다. 예를 들자면 $κλαίομαι$ (나는 나 때문에 나를 위해서 운다.)와 같

---

168) J. Stenzel, *Über den Einfluß der griechischen Sprache auf die philosophische Begriffsbildung*, Neue Jahrbücher f. d. klass. Altertum, 1921, 152쪽 이하를 참조할 것.
169) Pânini I, 3, 72-74에서 tmanepadam으로서의 중동태. 중동태가 유럽의 문법가들 사이에서 하나의 특수한 '동사의 태'로 여겨지게 된 것은 Dionysius Thrax가 최초이다. Benfey, *Geschichte der Sprachwissenschaft*, 73쪽과 144쪽을 참조할 것.

은 것이다. …… 참된 본래적인 중동태는 일반적으로 내적인 혼과 신체에서 생생하게 생기하고 있는 것을 표시하기 위해서 창출된 것이며, 모든 언어에서 기쁘다, 슬프다, 놀라워하다, 두려워하다, 희망하다, 머물다, 쉬다, 말하다, 입다, 씻다 등의 개념이 놀랄 정도로 모두 중동태에 속하는 것도 그 때문이다."[170] 이제 사람들이 동사의 태의 차이의 다양성을 개관하면서, 이러한 태들의 대부분이 다시 서로 결합되어 새로운 복합적 통일체를 형성한다—예를 들면 수동태와 사역태에서 사역적 수동태가 형성되고, 사역태와 재귀형에서 재귀적 사역태와 더 나아가서 사역태의 상호형 등이 형성된다[171]—는 사실을 고려한다면, 언어가 이러한 형성작용에서 보여주는 힘은 주체적인 존재와 객체적 존재의 대립을 서로 배제하는 두 영역들의 추상적이고 경직된 대립으로 보지 않고 극히 다양한 방식으로 동적으로 조정되는 것으로 생각하는 데에 있다. 언어는 그 자체로 존재하는 두 개의 영역들을 표시하는 것이 아니라 양자가 서로 개입하고 서로를 규정하는 것을 표현한다. 언어는 이를테면 존재의 형식이 행위의 형식에, 행위의 형식이 존재의 형식에 관계되고 양자가

---

170) J. Grimm, *Deutsche Grammatik*, I, 598쪽 이하.
171) 이것에 대한 예증은 셈계어들 이외에 예를 들어 야쿠트어(Boethlingk, 291쪽), 튜르크어(Aug. Müller, 71쪽 이하), 누바어(Reinisch, 62쪽 이하)를 볼 것.

서로 융합하여 하나의 정신적인 표현의 통일체가 되는 중간영역을 창출하는 것이다.

2. 인칭표현과 소유표현

우리가 더 나아가서 명사적이고 동사적인 표현의 영역에서 행해지는 자아표상의 잠재적인 형성으로부터 그것의 명료한 언어적 형성, 즉 본래적인 대명사의 점진적인 발달에 눈을 향해 보자. 이미 훔볼트가 역설한 것처럼 분명히 자아감정을 모든 언어형성의 근원적이고 다른 것으로부터 도출할 수 없는 구성요소로 간주해야만 하더라도 그럼에도 불구하고 대명사가 현실의 언어에서 나타나는 것에는 커다란 곤란이 수반된다. 왜냐하면 자아의 본질은 주체로 존재하는 것에 있지만 다른 한편 사고와 언어활동에서는 모든 개념이 실제로 사유하는 주체 앞에서 객체가 될 수밖에 없기 때문이다.[172] 이러한 대립은 우리가 앞에서 명사적 표현과 동사적 표현의 범위 안에서 관찰했던 것과 동일한 관계가 이제는 보다 높은 단계에서 반복되는 것에 의해서만 조정되고 해소될 수 있다. 대명사적인 표현의 영역에서도 자아에 대한 명확한 표시는 대상적인 것의 표시와 한편으로는 대립하면서도 다른 한편으로는 그것을 통과하는 것에 의해서만 발견될 수

---

172) Humboldt, *Ortsadverbien*, W. VI, 1, 306쪽 이하를 볼 것.

있을 것이다. 따라서 언어가 자아의 관념을 이미 분명하게 형성하고 있는 경우에도 언어는 이러한 관념에 우선은 아직 대상적인 표현과 구성을 부여해야만 할 것이다. 언어는 이를테면 대상적인 것의 표시에 의거함으로써 비로소 자아의 표시를 발견한다는 것이다.

이러한 전제는 언어가 인간관계를 표현하기 위해서 곧장 본래의 인칭대명사가 아니라 소유대명사를 사용하는 방식을 고찰해 보면 입증된다. 사실 이 소유대명사에서 표현되는 소유의 관념은 객체적인 것의 영역과 주체적인 것의 영역 사이에서 독특한 중간적 위치를 차지한다. 소유되는 것은 사물이며 대상이다. 그것은 자신이 소유내용이 된다는 사실에 의해서 이미 자신이 단순한 사물이라는 것을 보여주는 것과 같다. 그러나 바로 이 물건을 소유물〔자신의 것〕이라고 언명함으로써 그것은 어떤 새로운 특성을 갖게 되며, 단순한 자연적 존재의 영역에서 인격적 · 정신적 존재의 영역으로 이행하게 된다. 이를테면 처음으로 생명을 불어넣는 일, 즉 존재형식의 자아형식으로의 전환이 여기에서 고지된다. 다른 한편으로 자기는 여기에서 아직 자신을 자기활동성, 즉 정신적 · 의지적 자발성에 근거하는 자유롭고 근원적인 활동으로서 파악하지 않고 있으며, 이를테면 '자신의 것'으로 소유하고 있는 대상의 이미지에서 자신을 보고 있는 것이다. 순수하게 '인칭적'인 표현을 이렇게 '소유적' 표현에 의해서 매개하는 것은 심리학적 측면에서 말하면 유아언어의 발달에서 보인다. 유아언어에서는 자신의 자아에 대한 표시를 훨씬 일찍부터 인칭대명사보다는 소유대명사로 나타내는 것 같다. 그러나 전적으로 확실하지도 분명하지도 않은 이러한 관찰보다도,[173] 일반적인 언어사에서 보이는 일정한 현상들이 여기에서도 보다 더 분명한 예들을 제시한다. 이러한 현상들은 언어에서 자아개념의 참으로 명확한 형성에는, '나'라는 표현과 '나의'라는 표현 그리고 '너'라는 표현과 '너의'라는 표현이 아직 분리되지 않은 어떤 **무차별**의 상태가 보통 선행한다는 사실을 보여주고 있다. 이 양자의 차이는 아마 감지되고 있는 것이지만, 음운표시로의 이행에 필요한 정도로 형식적으로 선명하면서도 적합하게 감지되고 있지는 않다고 훔볼트는 지적한다.[174] 대다수의 아메리카 원주민어들과 마찬가지로 우랄알타이어권의 언어들도 거의 예외 없이 동사의 변화를 무규정적인 부정법에 소유의 접사(Affix)를 덧붙이는 방식으로 형성하고 있다. 따라서 예를 들면 '나는

---

173) 이러한 문제에 대해서는 C. und W. Stern, 앞의 책, 41쪽과 245쪽 이하를 참조할 것.
174) Humboldt, *Einleit. zum Kawi-Werk*, W. VII, 1, 231쪽. '아직 존재하는 소유대명사와 인칭대명사의 동일성'은 K. v. d. Steinen에 의해서 바카이리(Bakairi)어에 관해서 강조되고 있다. 동일한 단어(ura)가 '나'뿐 아니라 '나의 것', '그것은 나의 것이다.', '그것은 나에게 속한다.'를 의미하며, '너'와 '너의 것', '그'와 '그의 것'도 각각 동일한 단어로 표현된다.(K. v. d. Steinen, *Bakairi-Sprache*, 348쪽 이하, 380쪽)

가다.'에 해당하는 표현은 원래는 '나의 가는 것'이며 '나는 [집을] 짓는다. 너는 짓는다. 그는 짓는다.'에 해당하는 표현은 언어 그대로는 '나의 집, 너의 집, 그의 집'과 전적으로 동일한 구조를 보여준다.[175] 이러한 독특한 표현의 근저에는 '자아'와 '현실'의 관계에 대한 특유한 견해가 존재한다는 것을 부인할 수 없다. 분트는 타동사적 개념의 영역에 이처럼 [동사의] 명사형이 존속한다는 사실의 심리적 원인을 타동사에서는 행위가 관계하는 대상이 항상 의식에 직접 주어져 있고 따라서 다른 모든 것에 앞서서 눈에 뜨이기 때문에 여기에서는 명사적 개념이 행위를 표현하는 문장 전체를 대표하는 형태로 나타날 수 있다는 데서 찾고 있다.[176] 그러나 이러한 주장으로는 여기에서 문제되고 있는 사태를 심리학적으로 설명한다기보다는 오히려 단지 심리학적으로 달리 진술하는 것에 지나지 않는다. 행위를 순수한 활동으로서, 즉 **actus purus**로서 표시하는 것에서 나타나는 견해와, 행위의 객관적 목표와 객관적 결과를 표시하는 것에서 나타나는 견해는 동일한 행위에 대한 정신적으로 상이한 견해이다. 즉 첫 번째 경우에는 행위의 표현은 행위의 근원 내지 원천으로서의 주체성의

---

175) H. Winkler, *Der ural-altaische Sprachstamm*, 76쪽 이하, 171쪽. 다른 언어권으로부터의 예는 Fr. Müller, *Grundriß*, I, 2, 12쪽, I, 2, 116쪽 이하, 142쪽, 153쪽, II, 1, 188쪽, III, 2, 278쪽 u. ö.

176) Wundt, 앞의 책, II, 143쪽.

내부로 소급된다. 두 번째 경우에는 표현은 행위의 결과에 집중되며, 이러한 결과를 다시 소유대명사에 의해서 자아의 영역으로 환수하는 것이다. 어떠한 경우에도 대상적 내용에 대한 자아의 관계는 존재한다. 그러나 이러한 관계가 첫 번째 경우와 두 번째 경우에서는 대립된 성격을 갖고 있다. 즉 운동의 방향이 한편에서는 중심에서 주변으로 향하며 다른 한편에서는 주변에서 중심으로 향한다.

이렇게 소유대명사로 표현되고 소유의 관념으로 매개된 자아와 비아의 결합은 비아가 단적으로 '외계'의 임의의 대상이 아니고 '내적인 것'과 '외적인 것'이 서로 접촉하고 직접적으로 서로 이행하는 것으로 보이는 영역에 속하는 경우에는 특히 긴밀하게 형성된다. 사변적인 철학자들조차도 인간의 **신체**야말로 이러한 이행이 우리에게는 부인될 수 없을 정도로 명료하게 수행되는 것이라고 보았다. 예를 들어 쇼펜하우어에 의하면 자아와 신체는 인과성의 유대에 의해서 결합된 두 개의 객관적으로 인식된 상이한 상태들이 아니다. 그것들은 원인과 결과의 관계로 존재하는 것이 아니라 동일한 하나의 것이지만 두 개의 전적으로 상이한 방식으로 주어져 있을 뿐이다. 신체의 동작은 객관화된 의지의 활동, 즉 직관에 나타난 의지의 활동 이외의 것이 아니며 신체는 **의지의 객관성 자체** 이외의 것이 아니다.[177] 이러한 사실로부터 언어도 그것이 인간의 신체와 그것의 개개의 부위를 가리키기 위해서 만들어낸 지칭들에서 객관적 표현과 주관적 표현을 직접 서로 침투시킨다는 것, 바꿔 말하면 여기에서는 자주 인칭적 관계의 표현이 순수하게 대상적인 명칭과 융합되어 하나의 불가분의 전체를 이룬다는 사실도 이해될 수 있다. 특히 자연민족의 언어들에는 이러한 특징을 선명하게 보여주는 것들이 많다. 대부분의 아메리카 인디언의 언어들에서는 신체의 부위를 일반적 표현으로 표시하는 경우는 결코 없으며 항상 소유대명사로 보다 상세하게 한정해야만 한다. 따라서 팔이나 손을 단적으로 가리키는 추상적이고 독립적인 표현은 없으며, 존재하는 것은 어떤 특정한 인간에 속하는 한에서의 손이나 팔에 대한 표현뿐이다.[178] K. v. d. 슈타이넨은 바카이리(Bakairi)어와 관련하여 개개의 신체부위의 명칭을 확인하려고 할 때는 그 신체부위의 명칭을 묻는 사람 자신의 것인지 물음이 향하는 사람의 신체의 것인지, 혹은 제3자의 것인지를 세심하게 주의해야만 했다고 보고하고 있다. 왜냐하면 이 세 가지 경우 각각에 대한 답이 달랐기 때문이라고 한다. 예를 들면 '혀'에 해당하는 단어는 나의 혀,

---

177) Schopenhauer, *Welt als Wille u. Vorstellung* I, 151쪽 이하; II, 289쪽 이하(Grisebach).
178) Buschmann, *Der athapaskische Sprachstamm*(Abh. der Berl. Akd. d. Wiss. 1854), 165쪽, 231쪽; Powell, *Introduction to the Study of Indian languages*, 18쪽; Goddard, *Athapascan in Boas' Handbook* I, 103쪽.

너의 혀, 그의 혀, 또는 여기에 있는 우리 모두의 혀라는 형식으로만 표현될 수 있었다.[179] 동일한 현상을 훔볼트는 멕시코어에 대해서, 또한 베트링크는 야쿠트어에 대해서 보고한다.[180] 멜라네시아어들에서는 신체부위를 표시할 때 문제가 되는 것이 일반적인 명칭인가 아니면 어떤 특정한 개인에 속하는 신체부위의 명칭인가에 따라서 다른 표현을 선택한다. 전자의 경우에는 개별화된 의미, 즉 나의 손, 너의 손 등등을 의미하는 통상적인 표현에 일반화하는 접미사를 덧붙여야만 한다.[181] 명사적 표현과 소유대명사의 이러한 융합은 더 나아가서 인간의 지체들을 표시하는 것에서 다른 내용들로까지 확대된다. 이러한 내용들이 자아에 특히 밀접하게 속해 있고 이를테면 그것의 정신적이고 자연적인 존재의 일부로서 사유되는 한에서 그렇지만 말이다. 특히 자연적 친족등급의 표현, 아버지와 어머니 등의 표현은 소유대명사와 긴밀히 결합되는 방식으로만 나타나는 경우가 많다.[182] 즉 언어의 직관에서 객관적인 현실은 자아의 세계에 단순

---

179) K. v. d. Steinen, *Unter den Naturvölkern Zentral-Brasiliens*, 22쪽.
180) Boethlingk, *Die Sprache der Jakuten*, 347쪽. Simónyi, 앞의 책, 260쪽에 의하면 헝가리어에서도 친족명칭과 신체부위의 명칭이 소유의 인칭접미사 없이 사용되는 경우는 비교적 드물다고 한다.
181 Codrington, 앞의 책, 140쪽 이하.
182) 예를 들어 Reinisch, *Nuba-Sprache*, 45쪽. 아메리카 인디언어에 대해서는 Boas, *Handbook*에서의 예를 들면 I, 103쪽.

히 전체로서 마주 서 있는 단일하고 유일한 것이 아니라 여러 층으로 존재하며, 객관과 주관의 일반적·추상적 관계가 그대로 단적으로 눈앞에 존재하는 것이 아니라 자아에 대한 '가까움'과 '멂'의 정도에 따라서 객관적인 것의 여러 단계가 아직 명료하게 서로 구분되고 있다.

그런데 주관-객관 관계가 이렇게 유착되어 있는 상태로부터 이제 또 하나의 특별한 특성이 나타난다. 순수한 자아의 근본성격은 모든 객관적인 것과 사물적인 것과는 반대로 절대적인 **통일체**라는 데에 있다. 의식의 순수한 형식으로서 파악되는 한에서의 자아는 자신 안에 어떠한 구별의 가능성도 포함하고 있지 않다. 왜냐하면 그러한 구별은 내용들의 세계에만 속하기 때문이다. 따라서 자아가 엄밀한 의미에서 사물적이지 않은 것의 표현으로 이해되는 곳에서는 항상 자아는 '자기 자신과의 순수한 동일성'으로서 파악될 수밖에 없다. 셸링은 『철학의 원리로서의 자아에 대해서』라는 저작에서 이러한 귀결을 극히 선명하게 끌어내었다. 만약 자아가 자기 자신과 동일하지 않다고 한다면, 즉 그것의 근원적인 형식이 순수한 동일성의 형식이 아니라면 자아를 모든 내용적·대상적 현실로부터 구별하면서 그것을 부인할 수 없을 정도로 자립적이고 독자적인 것으로 만드는 엄격한 경계선이 곧 다시 사라져버린다고 그는 강조한다. 따라서 자아는 전혀 사유될 수 없든가 아니면 이러한 순수한 동일성이라는 근원적인 형식에서만 사유될 수 있든가 그중의 하나다.[183] 그러나 언어는 이러한 순수한 자아, 즉 '초월론적인' 자아와 그것의 통일성에 대한 직관으로 무매개적으로 이행할 수 없다. 왜냐하면 언어에서는 인칭적 영역이 소유적 영역으로부터 비로소 점진적으로 자라나오는 것과 마찬가지로, 또한 언어가 인간에 대한 직관을 객관적 소유물에 대한 직관에 밀착시키는 것과 마찬가지로 단순한 소유관계에 놓여 있는 다양성은 자아관계에 대한 표현에 소급해서 영향을 미칠 것임에 틀림없다. 사실 나의 신체 전체에 유기적으로 결합되어 있는 나의 팔은 나의 무기와 도구와는 전적으로 다른 방식으로 나에게 속해 있으며, 나의 부모와 자식은 나의 말이라든가 나의 개와는 전적으로 다르면서 자연스럽고 보다 직접적인 방식으로 결합되어 있다. 그리고 단순한 사물의 소유의 영역에서도 개인의 동산과 부동산 사이에는 명료하게 느껴지는 차이가 존재한다. 사람들이 거주하는 집은 사람들이 입는 옷과는 다르며 그것보다도 확고한 의미에서 사람들에게 '속해 있다'. 언어는 우선 이러한 모든 차이들에 적응하게 될 것이다. 이 때문에 언어는 소유관계의 통일적 · 보편적 표현 대신에 **구체적인 소속성**의 명료하게 구별된 종류들과 동일한 수의 소유관계들에 대한 표현을 발전시키려고 할 것이다. 여기에서는 우리가

---

183) Schelling, *Vom Ich*, §7, S. W. I, 177쪽을 볼 것.

수사(數詞)의 탄생과 그것의 점진적인 형성을 고찰할 때 추적했던 것과 동일한 현상이 나타난다. 상이한 대상들과 대상군들이 근원적으로 상이한 '수'를 갖는 것과 마찬가지로, 각각의 대상과 대상군은 각각 다른 '나의 것과 너의 것'을 소유한다. 따라서 많은 언어들이 상이한 대상들을 헤아릴 때에 사용하는 '수사' 곁에 그것과 전적으로 동일한 정도로 다양한 '소유명사'가 존재한다. 멜라네시아어들과 많은 폴리네시아어들에서는 소유관계를 표현하기 위해서 소유되는 대상의 표시에 그 대상이 속하는 클라스에 따라서 변하는 소유접미사를 덧붙인다. 소유관계에 대한 이러한 다양한 표현들이 원래는 모두 명사라는 사실은, 형식면에서 볼 때 그러한 표현들에 전치사가 선행할 수 있다는 사실에서 명료하게 나타난다. 이러한 명사들은 재산, 소유물, 소속물 등의 여러 종류를 구별하는 방식으로 단계 지어져 있다. 이러한 소유명사 중에서 어떤 것은 예를 들면 친족관계의 이름, 인간의 신체부위들, 어떤 사물의 부분들에 덧붙여지며, 인간의 소유물 혹은 인간이 사용하는 도구 등에 붙여지는 것은 다른 소유명사이다. 어떤 것은 먹을 것들에게, 다른 것은 마실 것들에게 사용된다.[184] 또한 그것이 외부로부터 주어지는 소유물인지 혹은 소

---

184) 이에 대해서는 Ray, *The Melanesian Possesives*, American Anthropologist, XXI, 1919, 349쪽 이하를 참조할 것.

유하는 사람의 개인적인 행위에 의해서 생긴 대상인지에 따라서 상이한 표현이 사용된다.[185] 유사한 방식으로 아메리카 인디언들의 언어는 두 가지의 주요한 소유양식들, 즉 자연적이고 양도될 수 없는 소유와 인공적이고 양도될 수 있는 소유를 구별한다.[186] 또한 소유대명사의 선택과 관련하여 소유하는 사람이 한 사람인지 또는 두 사람인지 또는 그 이상인지 그리고 소유되는 대상이 단지 하나인지 둘인지 또는 그 이상인지를 구별함으로써 순수하게 수적인 규정들에 의해서도 소유관계의 표현이 다양하게 될 수 있다. 예를 들면 알레우트어(die aleütische Sprache)에서는 이러한 모든 사태를 고려하고 조합하는 것에 의해서 소유대명사에 아홉 개의 상이한 표현들이 생겨난다.[187] 이러한 모든 사

---

185) Codrington, *Mealnes. lang.*, 129쪽 이하를 볼 것.
186) 양도 가능한 소유와 양도 불가능한 소유에 대한 소유접미사의 이러한 구별은, 예를 들면 하이다(Haida)어, 침시안(Tsimshian)어 등에서 보인다. 여기에서는 다시 생물의 양도 가능한 소유(나의 개)와 생명이 없는 사물들의 양도 가능한 소유(나의 집)를 서로 구별한다. 시우·인디언(Sioux-Indianer)의 언어에서도 이러한 접미사의 구별이 보인다. Boas, *Handbook* I, 258, 393, 946쪽 이하를 참조할 것.
187) Victor Henry, *Langue aléoutique*, 22쪽을 참조할 것. 유사한 것이 에스키모에서도 보인다. Boas, *Handbook* I, 1022쪽 이하에 수록되어 있는 Thalbitzer, *Eskimo*를 참조할 것. 핀·우고르(finnisch-ugrisch)어들에 대해서 친나이(Szinnyei, 앞의 책, 115쪽)는 여기에서는 원래 소유접미사를 수반하는 두 개의 형(型)이 있었다고 말한다. 그 하나는 단수적 소유를 표현하고 다른 하나는 복수적 소유를 표현한다. 그러나 대부분의 개별언어에서는 이러한 구별은 애매하게 되었으며 보굴어

실로부터 분명하게 되는 것은 등질적인 소유표현은 등질적인 수 표현과 마찬가지로 언어형성에서 비교적 늦은 시기의 산물이며, 등질적인 수 표현도 이질적인 것의 직관으로부터 자신을 분리시킴으로써 비로소 생기는 것임에 틀림없다는 것이다. 수가 사물에 대한 표현으로부터 점진적으로 순수한 관계표현으로 전환되는 것에 의해서 비로소 '등질성'이라는 성격을 획득하는 것처럼, 자아관계의 단순성과 단일성도 이러한 관계 안으로 들어올 수 있는 내용들의 다양성에 대한 우위를 서서히 획득해간다. 소유대명사 대신에 소유격을 소유의 표현으로서 사용할 때, 언어는 항상 소유관계를 이렇게 순수하게 형식적으로 표시하는 도상에 있으며 따라서 자아의 형식적 통일성을 간접적으로 파악하는 도상에 있다. 왜냐하면 소유격은 비록 그것이 구체적 직관, 특히 공간적 직관에 뿌리를 내리고 있다고 하더라도, 그것이 형성되어감에 따라서 갈수록 순수하게 '문법적'인 격으로, 즉 소유의 어떠한 특수한 형식에 제한되지 않는 '소속성 일반'의 표현으로 되어가기 때문이다. 이 두 직관들 사이의 매개와 이행은 아마도 다음과 같은 점에서 인식될 수 있다. 즉 소유격적인 관계가 지속적으로 그리고 어떠한 경우에도 소홀히 되지 않고 완성되어가기 위해서는 어떤 독자적인 소유접미사가 필요하기 때문에 언어에

(Wogulisch)에서 가장 잘 보존되어 있다고 한다.

서는 때때로 소유격적 표현 자체에 아직 특수한 소유대명사적인 성격이 부착되어 나타나고 있다는 것이다.[188]

언어가 활동을 본질적으로 그것의 객체적인 목표물과 결과에 의해서 특징짓는 것 대신에 행위의 근원인 행위하는 주체로 소급해갈 때 언어는 다른 길에 의해서 자아의 순수하게 형식적인 통일성의 표현에 근접해간다. 이것은 동사를 순수한 행위어로 보면서 사람들에 대한 표시와 규정을 인칭대명사에 결부시키는 모든 언어가 취하는 방향이다. 나, 너, 그는 단순한 나의 것, 너의 것, 그의 것이라는 것이 갖는 선명함과는 전적으로 다른 선명한 방식으로 객관적인 것의 영역으로부터 분리된다. 행위의 주체는 이제 더 이상 단순히 사물들 중의 하나로서 혹은 내용들 중의 하나로서 나타날 수 없으며, 그것은 그것에서 행위가 시작하고 그것에 의해서 행위에게 방향이 주어지는 살아 있는 힘의 중심이다. 사람들은 언어형성의 유형을, 그것이 동사적 과정의 표시를 본질적으로 **감각**의 관점에서 하는가 혹은 **행위**의 관점에서 행하는가에 따라서 구별하려고 시도해왔다. 첫 번째 관점이 우

---

188) 튜르크어에서 그러하며 여기에서는 '아버지의 집'이라는 표현은 본래 '아버지의 그의 집(des Vaters sein Haus)'이라는 의미를 갖는 식으로 형성되어 있다. Aug. Müller, *Türk. Grammatik*, 64쪽을 참조할 것. 핀 · 우고르어들에서도 유사하다. H. Winker, *Das Ural-altaische u. seine Gruppen*, 7쪽 이하.

세한 경우에는 행위의 표현도 단순히 '나에게는 그렇게 나타난다.'는 것이 되며, 이에 반해 두 번째 관점이 우세한 경우에는 단순한 나타남도 하나의 행위로서 해석되는 역의 경향이 지배한다.[189] 그러나 이렇게 활동의 표현이 강화될 때에는 자아의 표현도 어떤 새로운 형태를 취하게 된다. 자아표상에 대한 **동적인** 표현은 그것에 대한 명사적 · 대상적인 표현보다도 자아를 순수한 형식적 통일성으로 보는 방식에 훨씬 가깝다. 이제 자아는 사실상 갈수록 명료하게 순수한 관계표현으로 자신을 변형해간다. 만약 모든 능동적인 행위뿐 아니라 수동적인 행위도 모든 행위뿐 아니라 모든 상태규정도 동사적 표현의 인칭적 형식에 의해서 자아에 결부되고 자아에서 통일되는 것으로 보인다면, 이러한 자아 자체는 결국 바로 이러한 관념적인 중심 이외의 것도 아니고 그 이상의 것도 아닌 것이 된다. 자아는 표상 가능하고 직관 가능한 독자적인 내용이 아니라 칸트의 말을 빌리자면 "그것과 관련해서만 표상들이 종합적인 통일을 갖는 것"일 뿐이다. 이러한 의미에서는 자아라는 표상이 '모든 표상 중에서 가장 빈약한 것'이다. 왜냐하면 그것에는 모든 구체적인 내용이 결여되어 있는 것 같기 때문이다. 그러나 물론 이러한 내용의 공허함이

---

189) 상세한 것은 F. N. Finck, *Die Haupttypen des Sprachbaus*, 13쪽 이하를 참조할 것.

라는 것에 의해서 자아표상은 동시에 기능과 전적으로 새로운 의미를 내포하게 된다. 물론 언어는 이러한 의미를 위한 적절한 표현을 갖고 있지 않다. 왜냐하면 언어는 그것이 최고의 정신성의 단계에 도달한 상태에서도 감각적 직관의 영역에 관계할 수밖에 없으며 따라서 자아의 '순수한 지적인 표상', 즉 '초월론적 통각'의 자아에까지는 도달할 수 없기 때문이다. 그러나 그럼에도 불구하고 언어는 사물적 · 객관적 존재와 주체적 · 인격적 존재의 대립을 자신의 발달과정에서 갈수록 섬세하면서도 예리하게 형성해가며, 양자의 관계를 여러 가지 방법들과 수단들을 가지고 규정함으로써 자아에 대한 지적인 표상을 위해서 적어도 간접적으로 지반을 준비할 수 있다.

3. 언어표현의 명사적 유형과 동사적 유형

언어학과 언어철학은 언어의 출발점이 되었던 근원적인 단어들이 **동사적** 성격을 가지고 있었는지 아니면 **명사적** 성격을 가지고 있었는지 그리고 사물에 대한 표시였는지 아니면 활동에 대한 표시였는지라는 논쟁으로 오랜 기간 격렬하게 요동쳤다. 그 논쟁에서 두 의견이 격렬하게 정면으로 대립했다. 그리고 두 의견 모두가 언어사적 근거들뿐 아니라 일반적인 사변적인 근거들도 끌어들였다. 물론 논점이 되었던 개념 자체가 문제적인 것이 된 이래로 한동안 이 논쟁은 조용해진 것 같았다. 근대언어학은 원초의 시대로 거슬러 올라가서 그것으로부터 언어창조의 비밀을 직접적으로 파악하려는 시도를 점차적으로 포기하게 되었다. 근대언어학에게 '언어의 근원'이라는 개념은 이제 더 이상 현실적이고 역사적인 존재에 관한 개념이 아니라 단지 문법적 분석의 결과에 지나지 않았다. 덧붙여 말하자면 이것은 이미 훔볼트가 비판적이면서도 신중한 그의 태도와 함께 채택한 관점이었다. 이와 같이 이른바 언어의 '근원적 형식'은 단지 사유의 형식, 추상의 산물로 퇴색해버렸던 것이다. 언어의 참된 '어근시기(語根時期, Wurzelperiode)'가 있었다고 믿었던 동안에는 언어적 형성체의 총체를 '한정된 수의 모형 혹은 유형'으로 환원하려고 하는 시도도 감행할 수 있었다. 그리고 이러한 견해는 모든 언어행위는 공동으로 수행된 인간의 활동들에서 기원을 갖는다는 견해와 결합됨으로써, 이러한 유형들의 언어적인 근본형태들에서 그 활동의 흔적들을 명시하려는 시도까지 행해졌다. 예를 들면 막스 뮐러가 루드비히 누아레의 선례에 따르면서 산스크리트어의 어근들을 몇 개의 언어적 근본개념들로, 즉 땋다[예를 들면 머리를 땋는다든가 바구니를 엮는 것], 실을 짜다, 꿰매고 묶다, 자르고 나누다, 파고 찌르다, 부수고 타격하다는 가장 단순한 인간적인 활동에 대한 표현들로 환원하려고 시도했던 것도 이러한 의미에서였다.[190] 그러나 이러한 종류의 시도는 어근의 개념이 내용적으로가 아니라 형식적으로 파악된 이래로—즉 어근이라는 개념에서 모든 언어형성의 실질적인 요소보다는 오히려 언어학의 방법적 요소를 통찰하려고 한 이래로—의미를 상실해버린 것 같았다. 그리고 어근개념의 이러한 완전한 방법적 해체에 이르기 이전에도—예를 들면 인도게르만어에서 어근들은 어형변화가 이루어지기 전의 시대에 실제로 존재했다고 가정하는 것이 옳다고 믿어졌던 때에도—이제는 그것의 실제적인 형태에 대해서 주장하는 것은 삼가야만 했던 것 같다.[191] 그럼에도 불구하고 오늘날에도, 경험적인 언어연구 자체에서 근원적인 어근의 성질과 구조의 문제가 다시 관심의 대상이 되기 시작하는 것을 보여주는 여러 가지 징표들이 보인다. 그리고 여기에서도 특히 강력하게 나타나는 것은 이러한 어근들의 기원과 동사적 성격에 대한 주장이다. 오래전에 제기되었고 이미 파니니(Panini)가 옹호한 이러한 주장을 최근에 갱신하려고 했던 프랑스의 어떤 언어학자는 그 주장을 관철하기 위해서 언어사적 고찰 외에 일반적 형이상학이라는 다른 영역에 속하는 고찰을 명시적으로 논거로 삼고 있다. 그에 따르면 언어는 동사적 개념에 대한 표시에서

---

190) L. Noiré, *Der Ursprung der Sprache*, 311쪽 이하, 341쪽 이하; Max Müller, *Das Denken im Lichte der Sprache*, Leipzig 1888, 371쪽 이하, 571쪽 이하를 참조할 것.

191) 이것은 예를 들면 B. Delbrück(*Grundfragen der Sprachforschung*, Straßburg, 1901, 113쪽 이하)이 취하는 입장이다.

출발하며 그것에서 사물의 개념에 대한 표시로 점진적으로 나아가는 것임에 틀림없다. 왜냐하면 오직 활동과 변화만이 분명하게 느껴지고 이것들만이 현상으로서 주어지는 것에 대해서, 그러한 변화와 활동의 근저에 존재하는 사물은 항상 간접적으로만 파악되며 그러한 변화와 활동의 담지자로서만 추론될 수 있기 때문이라는 것이다. 사유가 걷는 길과 마찬가지로 언어가 걷는 길도 이미 친숙하게 알려져 있는 것에서 잘 알려져 있지 않은 것으로, 감성적으로 지각되는 것에서 단순히 사유될 뿐인 것으로, '현상계'에서 '예지계(Noumenon)'로 나가는 것임에 틀림없다. 따라서 동사와 동사적 성질개념의 표시가 실체의 표시, 즉 언어상의 '명사'에 필연적으로 선행하는 것임에 틀림없다는 것이다.[192]

그러나 바로 이러한 $\mu\varepsilon\tau\acute{\alpha}\beta\alpha\sigma\iota o$ $\varepsilon i\zeta$ $\H{\alpha}\zeta\lambda o\zeta$ $\lambda\varepsilon\nu o\zeta$〔다른 종류로의 이행〕, 형이상학으로의 갑작스러운 전환이야말로 그러한 문제제기의 근저에 숨어 있는 방법적인 약점을 분명히 보여준다. 한편으로 이러한 증명의 전체는 부인할 수 없을 정도로 quaternio terminorum〔개념의 다의성〕에 기초하고 있다. 즉 여기에서 추론의 매개념으로 사용되고 있는 실체라는 개념은 두 개의 전

---

192) Raoul de la Grasserie, *Du Verbe comme générateur des autres parties du discours(du Phénomè au Noumène)*, Paris 1914를 볼 것.

혀 다른 의미로 나타난다. 그것은 어떤 때는 〔실체라는〕 형이상학적인 의미로 이해되지만 다른 때는 〔명사라는〕 경험적인 의미로 이해되기 때문이다. 이러한 추론의 대전제는 변화와 성질의 형이상학적 기체로서 모든 성질과 우연적 속성의 '배후에' 존재하는 '물자체'로서의 실체에 대해서 말하고 있다. 그러나 그 결론에서는 그것이 대상들을 표현하는 것에 쓰이는 한, 당연히 대상들을 '현상 속에 나타나는 대상들'로 받아들일 수밖에 없는 언어의 명사적 개념이 화제가 되기 때문이다. 첫 번째 의미에서의 실체는 절대적 존재의 표현이며, 이에 반해서 두 번째 의미에서의 그것은 항상 상대적 경험적 존속성의 표현일 뿐이다. 그러나 문제가 이 두 번째 의미로 파악된다면, 여기에서 행해지고 있는 추론은 그것이 **인식비판적** 근거에 입각해 있는 한 모든 증명력을 상실하고 만다. 왜냐하면 인식비판에 의하면 가변적인 성질이나 상태의 관념은 비교적 오래 존속하는 통일체로서의 '사물'이라는 관념에 필연적으로 앞서는 것이 절대로 아니기 때문이다. 그것에 의하면 오히려 사물의 개념도 성질과 상태의 개념도 경험계의 구성에서 동등한 권리를 갖고 있으며 동등하게 필요한 조건이라는 것이다. 사물의 개념과 성질의 개념이 구별되는 것은 주어진 현실의 표현으로서가 아니며 또한 이러한 현실이—그것 자체에서든 혹은 우리의 인식과의 관계에서든—서로 잇달아 일어나는 순서에 의해서도 아니고, 파악의 형식들로서, 즉 서로를 교호적으로 규정하는 범주들로서이다. 지속이라는 관점, '사물'이라는 관점은 이러한 의미에서는 변화라는 관점 이전에 주어지는 것도 아니고 그것 이후에 주어지는 것도 아니며 단적으로 그것과 함께, 즉 그것의 상관적인 계기로서 주어지는 것에 지나지 않는다. 그런데 이러한 고찰방식은 방향을 거꾸로 해도 성립한다. 즉 이러한 고찰은 동사와 동사적 개념의 근원성의 주장에 반(反)하는 것과 마찬가지로 동사 대신에 오히려 순수하게 대상적인 직관과 단지 명사적 개념만의 우위를 확립하려는 시도에서 제시된 심리학적 논거들에도 반한다. 예를 들면 분트는 이렇게 지적한다. "인간이 한번이라도 단지 동사적인 개념들만으로 사고했다고는 도저히 생각될 수 없다. 오히려 역으로 인간이 단순히 대상적 표상만으로 사고했다고 보는 쪽이 심리학적 속성들로부터 볼 때 훨씬 이해하기 쉽다. 그리고 사실 그러한 상태의 극히 명료한 흔적은 어린이의 말하는 방식에서뿐 아니라 개념적 발달의 보다 원시적인 상태를 보존하고 있는 많은 현존하는 언어들에서도 보인다."[193] 그러나 이렇게 인간이 한때는 '단지' 명사적 개념만으로 사고했었다는 상정은 동사적 개념을 시간적으로도 사태적으로도 선행하는 것으로 보는 대립명제와 동일한 원리적 결함을 포함하고 있다. 여기에서 우리가 직면하는 문제는

---

193) Wundt, *Die Sprache* 2판 I, 594쪽.

단순한 양자택일에 의해서 답해지는 것이 아니라 **문제설정** 자체를 원칙적이고 비판적으로 바로잡는 것에 의해서만 결정될 수 있는 문제들 중의 하나다. 오랜 동안 언어학자들을 두 집단과 두 진영으로 분열시켰던 이 딜레마는 종국적으로는 방법의 딜레마다. **모사설의 지반에 머물러 있다면—즉 언어의 목적은 표상에 주어져 있는** 특정한 구별들을 외적으로 표시하는 것일 뿐이라고 생각한다면—, 표상에 의해서 우선적으로 드러나는 것이 사물인지 혹은 활동인지, 상태인지 혹은 속성인지라는 물음도 충분히 의미가 있을 것이다. 그러나 결국 이러한 종류의 문제설정 방식에서는 정신적·언어적 근본범주들을 그대로 사물화(Verdinglichung)하는 오랜 오류가 숨어 있다. 정신 '안에서' 비로소, 즉 정신의 기능들의 전체에 의해서 행해지는 구별이 실체적으로 눈앞에 존재하고 존속하는 것으로 간주되면서, 이러한 기능들의 전체에 선행하는 것으로 간주된다. 이에 반해서 '사물'과 '상태', '속성'과 '활동'이 의식에 주어지는 내용이 아니라 의식이 형식을 부여하는 방식이자 방향이라고 할 경우 문제는 즉시 다른 의미를 갖게 된다. 그때에는 사물도 활동도 직접적으로 지각되는 것이 아니며 이러한 지각에 따라서 언어적으로 표시되는 것도 아니라, 우선은 미분화된 다양한 감성적 인상들이 어느 한쪽의 사고형식과 언어형식에 따라서 **규정될** 수 있을 뿐이라는 것이 분명하게 된다. 대상과 특정한 활동에 대한 단순한 명명이 아니라 이러한 대상**으로의** 혹은 이러한 활동**으로의** 규정이야말로 인식의 논리적 작업에서와 마찬가지로 언어의 정신적 작업에서도 표현되는 바로 그것이다. 따라서 문제가 되는 것은 명명이라는 행위가 사물들을 그 자체로 존재하는 현실의 규정들로 파악하느냐 혹은 활동들을 그러한 것으로 파악하느냐는 것이 아니라 그것이 어떠한 언어적·사유적 **범주**의 기호 안에서 행해지느냐는 것 이를테면 sub specie nominis〔명사의 상 아래에서〕혹은 sub specie verbi〔동사의 상 아래에서〕인가라는 것이다.

그리고 **이러한** 물음에 대해서 전적으로 단순한 아 프리오리한 결정이 불가능할 것이라는 것은 처음부터 예상할 수 있다. 언어가 더 이상 일의적으로 주어져 있는 현실에 대한 일의적인 모상으로서가 아니라 자아와 세계의 '대결'이라는 저 커다란 과정—거기에서 비로소 양자의 경계가 확연히 나뉘게 되는 과정—의 매체로 파악된다면 이러한 과제가 여러 해결들의 풍부한 가능성을 가지고 있다는 것도 분명하게 된다. 왜냐하면 그러한 매개가 행해지는 장(場)인 이러한 매체는 처음부터 이미 완료된 규정성을 갖고 있는 것이 아니라 자기 자신을 형성하는 것에 의해서만 존재하고 작용하기 때문이다. 따라서 언어의 범주체계, 언어적 범주의 시간적 혹은 논리적인 질서와 순서는, 흡사 정해져 있는 궤도에서 나아가는 것처럼 모든 언어발달이 행해지는 일정한 수의 확정된 형식이라고 파악될 수는 없다. 인식비판적 고찰에서와 마찬가지로 여기에서도 우리가 분리해서 다른 것과 구별하는 모든 개개의 범주는 항상 단지 하나의 개별적인 **모티브**(Motiv)로서만 파악되고 평가될 수 있으며, 그러한 모티브는 그것이 다른 모티브들과 맺게 되는 관계들에 따라서 매우 다양한 구체적인 개별형태들로 전개될 수 있다. 이러한 모티브의 상호포섭과 그것들이 맺게 되는 상이한 관계로부터 언어의 '형식'이 생긴다. 그러나 이러한 형식은 존재형식이라기보다는 운동형식으로서, 정적인 형식이라기보다는 동적인 형식으로서 파악되어야만 한다. 따라서 여기에는 절대적인 대립은 없고 항상 상대적인 대립만이 존재한다. 즉 의미의 대립, 파악방식의 방향의 대립만이 존재한다. 어떤 때에는 이러한 계기에, 어떤 때는 다른 계기에 중점을 두며, 사물, 성질, 상태, 활동이라는 개념들 사이의 동적인 악센트를 극히 여러 가지 방식으로 배분할 수 있으며, 바로 이러한 동요 안에, 즉 어떤 의미에서 요동하는 이러한 운동에 창조적 형식으로서의 모든 언어형식의 특수한 성격이 존재하는 것이다. 이러한 과정을 개개의 언어에서 그것이 갖는 특수성과 관련하여 엄밀히 파악하려고 할수록, 그러한 언어들에서는 우리의 문법적 분석이 통상적으로 구별하는 개개의 품사, 즉 명사·형용사·대명사·동사가 처음부터 존재하면서 확고한 실체적인 단위처럼 서로에 대해서 작용하는 것이 아니라 그것들은 이를테면 서로를 산출하며 한정한다는 사실이 더욱더 명료하게 된다.

표시는 완결되어 있는 대상에 입각하여 전개되는 것이 아니다. 오히려 기호의 진보와 이러한 진보와 함께 의식내용들이 갈수록 선명하게 '구별'되는 것에 의해서야말로 '대상'과 '성질', '변화'와 '활동', '사람'과 '사물', 장소적 관계와 시간적 관계의 총체로서의 세계의 윤곽이 우리에게 갈수록 분명하게 되는 것이다.

따라서 언어가 걷는 길이 규정을 향한 길이라면, 이러한 규정은 비교적 불명확한 단계에서 점진적이고 연속적으로 벗어나면서 형성되어가는 것이라고 기대할 수 있다. 언어의 역사는 이러한 추측을 전적으로 뒷받침하고 있다. 왜냐하면 그것은 우리가 언어의 발달과정을 〔과거로〕 멀리 소급할수록 우리는 완성된 언어에서 구별되는 것과 같은 품사들이 형식적으로도 내용적으로도 아직 서로 구별되지 않은 단계로 이끌어지기 때문이다. 이러한 단계에서는 하나의 동일한 단어가 문법적으로 매우 다양한 기능들을 충족시킬 수 있으며, 그 단어가 나타나는 특수한 조건들에 따라서 전치사로서도 혹은 독립적인 명사로서도 사용될 수 있고 동사로서도 명사로서도 사용될 수 있다. 특히 **명사와 동사의 무차별성**은 많은 언어의 구성을 규정하는 규칙을 형성하고 있다. 사람들은 때때로, 언어 전체가 명사와 동사의 두 가지 범주들로 나뉘지만 다른 한편으로는 우리가 말하는 의미의 동사를 갖고 있는 언어는 극히 적다고 말해왔다. 이 두 가지 품사를 본래 명확히 구별한 것은 대략적으로 볼 때 인도게르만어권과 셈어권의 언어들뿐인 것 같다. 그리고 이러한 언어들에서도 문장의 구성에서 명사적 문형과 동사적 문형은 아직 서로 유동적으로 이행하고 있다.[194] 훔볼트는 말레이어족에서는 명사적 표현과 동사적 표현의 경계가 사라져서 이를테면 동사가 없는 것 같은 느낌을 받을 정도라는 것이 이러한 언어의 특성 중의 하나라고 말하고 있다. 똑같이 그는 예를 들면 바르마어(das Barmaische)와 같은 언어에서는 동사의 기능에 해당하는 모든 형식적 표시가 전적으로 결여되어 있으며 이러한 언어를 말하는 자들도 자신 안에서 동사의 참된 힘이 생생하게 침투하는 것을 전혀 느끼지 못하고 있는 것이 분명하다고 역설한다.[195] 훔볼트의 경우에 아직 언어형성에서 일종의 변칙으로 고찰되는 것은 마침내 언어의 비교연구가 발전하면서 일반적으로 널리 보이는 현상으로서 입증되었다. 동사와 명사의 선명한 분리가 아니라 양자의 중간에 위치하는

---

[194] 예를 들어 Nöldeke, *Syrische Grammatik*, 215쪽을 참조할 것. "명사적 문장, 즉 명사, 형용사 또는 부사적 규정을 술어로 갖는 문장은 시리아에서는 동사적인 문장으로부터 그렇게 분명하게 구별되지는 않는다. 극히 자주 술어로서 사용되고 순수한 동사형으로 사용되는 불변화사가 명사에서 유래한다는 사실을 부정할 수 없으며, …… 명사적인 문장의 동사적 문장으로의 이행을 보여주고 있다. 명사적인 문장과 동사적 문장의 내적인 구조도 시리아어에서는 그렇게 다르지 않다."

[195] Humboldt, *Einleit. zum Kawi-Werk*, VII, 1쪽, 222쪽, 280쪽 이하. 305쪽. 특히 *Einleit. zum Kawi-Werk*, VII, 81쪽, 129쪽 이하, 287쪽을 참조할 것.

이를테면 무정형의 형식이 거듭해서 발견되는 것이다.[196] 이러한 사실은 사물에 대한 표현과 활동에 대한 표현의 문법적 · 형식적인 취급방식의 경계선이 극히 점진적으로만 그어진다는 사실에서도 명료하게 드러난다. '동사의 활용(Konjugation)'과 '명사변화(Deklination)'는 언어적 형성과정에서 우선은 아직 자주 혼합된다. 언어가 '소유격적인 변화'의 유형에 따르는 곳에서는 어디에서나 그것에 의해서 이미 명사적 표현과 동사적 표현 사이에 완전한 병행관계가 생긴다.[197] 이것과 유사한 관계는 활동의 표시와 속성의 표시 사이에도 보인다. 즉 동일한 하나의 변화

---

196) 예를 들면 Fr. Müller, *Grundriß*에 나오는 예들을 참조할 것. 호텐토트어(das Hottentottische)의 예는 I, 2쪽, 12쪽 이하. 만데어(die Mande-Sprache)의 예는 I, 2쪽, 142쪽. 사모예드어(das Samojedische)의 예는 II, 2쪽, 174쪽. 예니세이 강 동부의 야크어(das Jenissei-Ostjakische)는 II, 1쪽, 115쪽을 볼 것.

197) 이 장의 제2절 '인칭표현과 소유표현'을 참조할 것.

198) 이와 같은 '형용사의 동사적 활용'의 여러 예는 de la Grasserie, 앞의 책, 32쪽 이하를 볼 것. 말라이어는 접미사를 덧붙임으로써 모든 단어를 예외 없이 동사로 전환할 수 있다. 또한 역으로 모든 동사적 표현은 특정한 관사를 앞에 두는 것만으로 명사로서 취급된다.(Humboldt, *Kawi-Werk*, II, 81쪽, 348쪽 이하) 그뿐 아니라 콥트어에서는 동사가 부정법의 형식에서는 심지어 명사들이 갖는 성(性)의 성격도 갖고 있다. 부정형은 하나의 명사이며 형식상으로는 여성형도 남성형도 가질 수 있다. 이러한 명사적 성격에 대응하여 부정형은 본래 목적어를 지배하지 않고 소유격을 지배하는 것이며 이러한 소유격은 명사에서와 마찬가지로 지배명사에 직접적으로 덧붙여진다(Steindorff, *Koptische Grammatik*, 91쪽 이하를 볼 것). 예니세이 강 동부의 야크어에서는 드

시스템이 동사도 형용사도 포섭할 수 있는 것이다.[198] 복합적인 언어형성체, 즉 문장 전체들조차도 때때로 이러한 방식으로 '활용'될 수 있다.[199] 그러한 현상들을 언어의 '무형식성'의 증거로서 파악하는 경향이 있지만, 오히려 우리는 그것들을 특징적인 '형식에의 생성'에 대한 예증으로서 보아야 할 것이다. 왜냐하면 개별적인 범주들의 형성과 분리가 결여되어 있다는 바로 그 사실에야말로, 즉 그와 관련하여 아직 언어에 무규정성이 남아 있다는 사실에야말로 언어에 고유한 변형 가능성과 본질적인 내적 형성력의 하나의 계기가 존재하기 때문이다. 무규정적인 표현은 규정의 모든 가능성을 내포하고 있으며, 이러한 가능성들 중의 어느 것을 채택할 것인지를 결정하는 것은 이를테면 개개의 언어의 앞으로의 발달에 맡겨져 있는 것이다.

이러한 발전의 일반적 도식을 제시하려고 하는 것은 물론 헛

라비다어의 경우와 마찬가지로 동사형은 격어미를 취하며 그것에 의해서 '격변화'를 한다. 다른 한편 많은 언어들에서는 명사가 어떤 시제기호를 가지면서 이것에 의해서 활용을 한다.(Fr. Müller, *Grundriß* II, 1쪽, 115쪽, 180쪽 이하; III, 1쪽, 198쪽) 안나톰(Annatom)의 언어에서는—G. v. d. Gabelentz, *Die Sprachwissenschft*, 160쪽 이하에 따르면—동사가 아니라 인칭대명사가 활용을 한다. 인칭대명사가 문장의 처음에 있으면서, 문장에서 문제가 되고 있는 것이 일인칭인지 이인칭인지 아니면 삼인칭인지, 단수인지 혹은 둘인지 혹은 셋인지 혹은 복수인지, 현재의 것인지 혹은 과거의 것인지 아니면 미래의 원해지는 것인지 등을 보여주는 것이다.

199) 알레우트어가 그러하다. V. Henry, 앞의 책, 60쪽 이하를 참조할 것.

된 노력이라고 여겨진다. 왜냐하면 어떠한 언어도 자신의 범주체계를 상이하게 구성하고 있다는 바로 그 점에 이러한 발전의 구체적인 풍부함이 포함되어 있기 때문이다. 그럼에도 불구하고 이렇게 많은 구체적인 표현형식들은 무리 없이 일정한 근본유형들에 관계 지어지고 그것들에 의해서 유형화될 수 있다. 명사적인 유형을 극히 순수하고 엄밀하게 형성하고 직관세계의 전체적인 구성이 **대상적인** 직관에 의해서 지배되고 이끌어지는 것으로 보이는 몇 개의 언어와 언어군들에 대해서, 문법적·구문적인 구조가 **동사**에 의해서 규정되고 관리되는 다른 언어와 언어군들이 대립해 있다. 그리고 후자의 경우에도, 동사의 표현이 단순한 **사건의 표현**으로서 파악되는가 아니면 순수한 **활동의 표현**으로서 파악되는가에 따라서, 즉 동사의 표현이 객관적 사건의 경과에만 관계하는가 아니면 행위하는 주체와 그의 활동력을 강조하고 중심에 두는가에 따라서 언어형성의 두 가지 상이한 형식들이 생긴다. 전자의 엄밀하게 명사적인 유형은 특히 알타이어권의 언어들에서 정밀하면서도 명확하게 형성되었다. 여기에서는 문장구조의 전체가, 하나의 대상적 표현이 단순히 다른 대상적 표현에 이어지고 부가적으로 그것과 결합하는 식으로 분절되어 있다. 그러나 이러한 단순한 분절원리가 엄격하게 그리고 모든 면에서 관철됨으로써, 극히 복잡한 많은 규정들이 명확하면서도 그 자체로 완결된 방식으로 표현될 수 있다. 예를 들면 H. 빙클러는 이러한 원리를 일본어 동사의 구조에 입각하여 구체적으로 보여주면서 그러한 원리에 대해서 이렇게 말하고 있다. "나는 이것을 극히 놀라운 구조라고 서슴없이 말할 것이다. 이 경우 극히 간결한 형식으로 풍부한 표현을 얻고 있는 극히 섬세하고 미묘한 뉘앙스들을 갖는 모든 종류의 다양한 관계들은 무궁무진하다. 우리의 언어들에서 수많은 설명들과 온갖 부(副)문장들, 즉 관계대명사와 접속사를 이용하는 부문장들로 표현되는 것이, 여기에서는 단 하나의 표현 혹은 단 하나의 본명사(本名辭, Vollnomen)가 그것에 의존하는 다른 동사적 명사(Verbalnomen)를 이용하여 분명하게 표현된다. 그러한 하나의 동사적 명사가, 우리의 표현방식에서라면 두세 개의 부문장들을 갖게 될 하나의 주문장을 표현한다. 그뿐 아니라 여기에서는 서너 개의 절들의 각각이 시제, 능동태, 수동태, 사역태, 계속태 등 요컨대 행위가 갖는 모든 종류의 다양한 변양들의 극히 다양한 관계들과 섬세한 구별들을 포함할 수 있다. …… 그리고 이 모든 것의 대부분이 우리에게는 대체로 숙지되어 있고 불가결하다고 생각되는 형식요소들을 사용하지 않고서 행해지고 있다. 그 때문에 일본어는 우리의 눈에는 극히 무형식적인 언어로 보인다. 그러나 그렇다고 해서 일본어를 평가하면서 하나의 편견을 가져서는 안 된다. 구조가 너무

---

200) H. Winkler, *Der ural-altaische Sprachstamm*, 166쪽 이하.

나 다르다는 것을 시사하고 싶을 뿐이다."²⁰⁰⁾ 이러한 차이는 본질적으로, 일본어에도 행위의 개념적인 뉘앙스의 차이에 대한 감각이 결여되어 있는 것은 결코 아니지만 그것이 언어로 표현되는 것은 행위의 표현이 대상표현을 중심으로 하면서 대상을 보다 상세하게 규정하는 것으로서 대상표현 안에 포함되는 한에서라는 점에 있다. 표시의 중심을 이루는 것은 사물의 현실적인 존재이며 그것에 속성, 관계, 활동에 대한 모든 표현이 의존한다. 따라서 우리가 언어의 이러한 형성물에서 볼 수 있는 것은 진정한 의미에서의 '실체적인' 파악방식이다. 일본어의 동사에는 우리의 사고습관의 입장에서 보면 술어적 언표가 기대되는 곳에서 매우 자주 순수한 존재 언표가 보인다. 주어와 술어의 결합을 언표하는 대신에, 주어 혹은 술어의 현존이나 비현존, 그것의 사실성이나 비사실성이 강조되고 표현된다. 이렇게 존재나 비존재를 우선 확정하는 것에서부터 '무엇인가'에 대한 규정, 능동과 수동의 규정 등등이 출발한다.²⁰¹⁾ 이것은 비존재조차도 이를테면 실체적으로 파악되는 부정적인 표현법에서 가장 현저하게 나타난다. 어떤 행위에 대한 부정은 그것의 비존재가 오히

---

201) 따라서 'es schneit(눈이 내린다.)'라는 문장은 일본어에서는 '눈의 내림(이 있다.)'라는 형식으로, 'der Tag hat sich geneigt, es ist dunkel geworden'(날이 저물어서 어두워졌다.)는 문장은 '날의 어두워짐(이 있다.)'는 형식으로 표현된다. Hoffmann, *Japan. Sprachlehre*, 66쪽 이하를 참조할 것.

려 긍정적으로 확인되는 방식으로 언표된다. 즉 그것이 언표하는 것은 우리가 말하는 의미에서의 '오지 않음(Nicht Kommen)'이 아니라 오는 것의 비존재, 비현존(ein Nichtsein, Nichtvorhandensein des Kommens)이다. 이 경우 이러한 비존재의 표현 자체는 본래 '무의 존재'를 의미하는 식으로 조합되어 있다. 그리고 여기에서 부정의 **관계**가 하나의 실체적 표현으로 전환되는 것처럼, 동일한 것은 다른 관계표현들에 대해서도 성립한다. 야쿠트어(das Jakutische)에서 소유관계는 소유되고 있는 대상에 대해서 그 현존 내지 비현존이 언표되는 방식으로 표현된다. 즉 '내 집이 있다.'라든가 '내 집이 있지 않다.'는 표현법이 내가 집을 가지고 있다든가 가지고 있지 않다는 것을 표현한다.[202] 따라서 많은 혹은 모든 인간이라는 표현 대신에 '다수의 인간 혹은 전체의 인간'이라는 표현이 사용되고, 5인의 인간이란 표현 대신에 5성질(Fünfheit)의, 5개(5 Stück)의, 5양상(Fünferleiheit)의 인간 등으로 표현된다.[203] 동사적 명사의 양태적 혹은 시제적 규정들도 동일한 방식으로 표현된다. '임박해 있음'과 같은 명사적 표현은 동사적 명사에 부가적으로 결합됨으로써 그것에서 표시되고 있는 행위가 미래의 것으로 고찰되며 이에 따라서 그 동사는 미래의 의미를

---

202) Winkler, 앞의 책, 199쪽 이하, Boethlingk, *Sprache der Jakuten*, 348쪽을 볼 것.
203) Winkler, 앞의 책, 152쪽, 157쪽 이하.

갖는 것으로 간주되어야만 한다는 사실을 보여준다.[204] '요구함'과 같은 명사적 표현은 동사의 이른바 희구법을 형성하는 역할을 한다. 그 외의 양태적 뉘앙스들, 예를 들면 조건문, 양보문 등의 뉘앙스도 동일한 원리에 따라서 표시된다.[205] 언어가 여기에서 부각시키는 것은 전적으로 개별적인 존재규정들이고 독립적이고 대상적인 말의 조합들이지만, 언어는 그것들을 단순히 나란히 배열함으로써, 사유되는 많은 가능한 결합들과 결합형식들을 간접적으로 표현하려고 하는 것이다.

언어가 똑같이 아직 원초적인 명사와 동사를 구별하지 않는 상태에 머물러 있지만 이러한 무차별한 근본형식을 반대방향으로 사용하고 강조하는 곳에서는, 우리는 위에서 본 것과는 정신

---

204) 야쿠트어에서는(Boethlingk, 앞의 책, 299쪽 이하) '나의 임박해 있는 절단'은 '나의 미래의 절단의 대상'과 동일하며, 더 나아가 '나는 절단할 것이다.'와 동일하다 등등. 일본어 동사의 시제규정을 참조할 것. 일본어에서는 미래 혹은 과거, 완성 또는 지속의 표현에 사용되는 형은 모두 **행위의 내용**을 표시하는 종속적인 동사적 명사와 그 행위의 **시간적인 특성**을 표시하는 제2의 지배적인 동사적 명사의 결합이다. 따라서 본다는 것(Sehen)에 노력한다는 것(Streben), 의욕한다는 것(Wollen), 이루어질 것이라는 것(Werden) 등이 결합되어 볼 것이다(Sehenwerden)가 되고, 본다는 것(Sehen)에 사라진다(Fortgehen)가 결합됨으로써 보았다는 것(Gesehen haben)이 된다, 등등. H. Winkler, 앞의 책, 176쪽 이하; Hoffmann, *Japan. Sprachlehre*, 241, 227쪽.
205) 상세한 것은 Winkler, 앞의 책, 125쪽 이하, 208쪽 이하; Winkler, *Uralaltaische Völker und Sprachen*, 90쪽 이하를 참조할 것.

적으로 전혀 다른 근본적인 파악방식에 직면하게 된다. 방금 고찰된 사례들에서는 모든 언어적 규정이 대상에서 출발한 반면에 그와 똑같이 선명하면서도 간결하게 사건의 표시와 규정을 출발점으로 하는 다른 언어들도 있다. 전자에서는 명사가 그랬던 것처럼, 후자에서는 사건의 순수한 표현인 한에서의 동사가 언어의 참된 중심점이 된다. 전자에서는 사건과 행위의 관계도 포함하여 모든 관계가 존재관계로 치환되지만, 그것과 마찬가지로 후자에서는 역으로 이러한 존재관계가 사건의 관계, 사건의 표현으로 치환된다. 전자의 경우에는 역동적인 생성의 형식이 이를테면 정지하는 정적 현존의 형식으로 끌어들여지고 후자의 경우에는 현존도 생성과 관계하는 한에서만 파악된다. 그러나 이러한 생성의 형식은 순수한 자아형식에 의해서 침투되어 있지 않으며 따라서 그것이 갖는 모든 생동성에도 불구하고 아직은 압도적으로 객관적인 형태, 비인격적인 형태를 소유하고 있다. 그러한 한 우리는 여기에서도 아직은 사물적인 영역 안에 머물고 있는 것이지만, 언어적 표시의 중점을 현실존재보다도 변화에 두고 있다. 앞에서 고찰된 사례들에서는 대상표현으로서의 명사가 언어의 구조 전체를 지배하고 있다는 것이 드러났지만, 이제는 변화의 표현으로서의 동사가 참된 힘의 중심으로 나타날 것이라고 기대해도 좋을 것이다. 앞에서는 언어가 모든 관계를 아무리 복잡한 것이라도 명사적 형식으로 변형하려고 노력했던 것처럼, 여기에서 언어는 이러한 모든 관계를 동사적 사건을 표현하는 형식으로 요약하려고 노력할 것이며 이를테면 그러한 형식으로 포착하려고 노력할 것이다. 이러한 전체적인 파악방식이 대부분의 아메리카 인디언의 언어들 근저에 존재하는 것 같다. 그리고 이러한 파악방식을 사람들은 인디언 정신의 구성요소들로부터 심리학적으로 설명하려고 시도했다.[206] 그런데 사람들이 이러한 설명의 시도에 대해서 어떠한 태도를 취하든 간에, 어떻든 이러한 언어가 **존재한**다는 사실만으로도 이미 언어형성의 전적으로 독자적인 **방법론**이 있다는 사실이 드러난다. 이러한 방법론의 일반적인 윤곽은 훔볼트에 의해서 멕시코어에서의 동화(同化)시키는 방법(Einverleibungsverfahren)에 대한 서술에서 극히 선명하게 묘사되고 있다. 이러한 동화라는 방법의 핵심은 주지하듯이, 다른 언어가 문장과 문장의 분석적 분절로 표현하는 관계들을 여기에서는 종합적으로 단 하나의 언어구조, 즉 하나의 복합적인 '문장어(Satzwort)'로 집약한다는 데에 있다. 이러한 문장어의 중심을 이루는 것은 동사적 행위의 표현이지만 이러한 표현에는 극히 다양한 수식(修飾)하는 규정들을 풍부하게 덧붙인다. 동사의 지배적인 부분과 피지배적 부분, 특히 가까운 대상 혹은 보다 먼 대상에 대한 표시들은 동사적 표현 자체에 필요불

---

206) G. v. d. Gabelentz, *Die Sprachwissenschaft*, 402쪽 이하를 볼 것.

가결한 보어로서 삽입된다. 훔볼트는 이렇게 지적한다. "문장은 그것의 형식상 이미 동사에서 완결된 것으로서 나타나며 단지 나중에서야 이를테면 동격어의 첨가에 의해서 한층 더 상세하게 규정된다. 멕시코인의 표상방식에서 보면 동사는 이러한 보완적인 부차적 규정들 없이는 전혀 생각될 수 없다. 그 때문에 특정 대상이 없을 경우에는 이러한 언어는 사람에게도 사물에게도 이중으로 사용되는 독자적인 부정대명사를 동사에 결합한다. 즉 ni(1)-tla(2)-qua(3), ich(1) esse(3) etwas(2)〔나는 어떤 것을 먹는다.〕, ni(1)-te(2)-tla(3)-maca(4), ich(1) gebe(4) jemandem(2) etwas(3)〔나는 어떤 사람에게 어떤 것을 준다.〕……" 동화라는 방법은 이와 함께 언표의 내용 전체를 단 하나의 동사적 표현으로 응축하거나, 혹은 너무 언표들이 복잡해서 그렇게 하는 것이 가능하지 않을 경우에는 문장의 동사적인 중심으로부터 창의 끝처럼 특징들을 돌출하게 하면서 "개개의 부분들이 문장에 대한 그것들의 관계에 따라서 어디에서 찾아져야만 하는지 그 방향을 보여준다." 따라서 동사가 언표의 완전한 **내용**을 포함하지 않는 경우에도 동사는 항상 문장구조의 일반적인 **도식**을 포함하고 있다. 문장은 구성되어서는 안 된다. 즉 그것의 상이한 종류의 요소들로 서서히 구축되어서는 안 되며 통일체로 주조된 형식으로서 단번에 주어져야만 한다. 언어는 우선 형식적으로 완전하고 충분한 하나의 결합된 전체를 언표한다. 언어는 아직 개체적으로 규정되지 않은 것을 규정되지 않은 어떤 것으로서 하나의 대명사에 의해서 명확하게 표시하지만, 이렇게 무규정적으로 남았던 것을 나중에 세부적으로 묘사한다.[207]

아메리카 인디언의 언어들에 대한 그 후의 연구들은, 훔볼트가 여기에서 동화방법에 대해서 묘사한 전체상을 많은 점들에서 수정했다. 그것들은 이러한 방법이 개개의 언어에서는 동화의 종류와 정도 그리고 범위와 관련해서 극히 여러 가지 형태들을 취할 수 있다는 것을 보여주었다.[208] 그러나 그것의 근저에 놓여 있는 특유한 **사유방식**의 일반적인 성격은 이러한 사실들에 대한 확인에 의해서 본질적으로는 변하지 않는다. 수학적 비유를 사용한다면, 여기에서 언어가 취하는 방법을 우리는 양의 일반적인 관계는 표시하지만 개별적인 수치는 규정되지 않은 채로 두는 하나의 **공식**을 세우는 것에 비교할 수 있다. 공식은 우선 일반적인 결합방식, 어떤 종류의 양들 상호 간에 성립하는 함수적

---

207) Humboldt, *Einleit. zum Kawi-Werk*, S.-W.(W. VII, 1쪽, 144쪽 이하)를 참조할 것.
208) 특히 나우아틀(Nahuatl)어, 케추아(Kechua)어, 키체(Quiche)어, 마야(Maya)어에서 포합성(包合性, Polysynthetismus)에 관한 루시앙 아담의 연구를 참조할 것.(Lucien Adam, *Etudes sur six langues américaines*, Paris 1878) 더 나아가 Brinton, *On polysynthesis and incorporation as characteristics of American languages*, Transact. of the Americ. Philos. Soc. of Philadelphia XXIII, 1885, Boas, *Handbook I*, 573쪽, 646쪽 이하(Chinook), 1002쪽 이하(Eskimo) u. ö를 볼 것.

인 관계를 통일적이고 요약적인 표현에 의해서 재현한다. 그러나 개개의 경우에 공식을 적용하기 위해서는 그 공식의 규정되지 않은 양들인 x, y, z에 특정의 양을 대입할 필요가 있다. 그것과 마찬가지로 여기에서도 동사적 문장에 의해서 언표의 형식이 처음부터 완전한 형태로 구상되고 선취된다. 이러한 형식은 그 문장어(Satzwort)에 들어가는 부정(不定)대명사들이 나중에 덧붙여지는 언어적인 규정들에 의해서 그 의미를 보다 상세하게 한정하는 것에 의해서만 내용적으로 보충된다. 사건을 표시하는 것으로서의 동사가 문장에서 표현된 의미의 살아 있는 전체를 자신 안에 통합하고 집약하려고 노력하는 것이다. 그러나 그것이 이러한 일의 수행에서 나아갈수록 자신이 지배해야만 하는 소재가 계속해서 새롭게 몰려듦으로써 그 소재의 풍부함에 압도되어 이를테면 이러한 소재 안에 침몰해버린다는 위험도 물론 더 크게 된다. 언표의 동사적 핵의 주위에 이제 행위의 종류와 방식, 공간적·시간적 부수상황, 그 행위에 보다 가깝게 있거나 멀리 있는 대상 등을 보여주는 수식하는 규정들의 극히 긴밀한 망이 짜이는 것이며 이러한 연루로부터 언표 자체의 내용을 분리시켜서 그것을 독립적인 의미내용으로서 파악하는 것이 어렵게 된다. 행위의 표현은 여기에서 결코 종적인(generisch) 표현으로서가 아니라, 개별적으로 한정되고 특수한 불변화사들에 의해서 명시되며 이러한 불변화사와 불가분하게 결합된 표현으로서 나타난다.[209] 이렇게 다수의 불변화사들에 의해서 행위와 사건이 한편으로는 구체적이고 직관될 수 있는 **전체**로서 파악되지만 다른 한편으로 사건의 **통일**과 특히 행위 **주체**의 통일은 언어에 의해서 선명하게 특기되지 않으며 부각되지 않는다.[210] 언어의 충만한 빛은 이를테면 사건의 내용만을 비출 뿐이며 그 내용에

---

209) 이것에 대해서는 K. v. d. Steinen이 바카이리(Bakaïri)어에 대해서 행하고 있는 특색 있는 논술을 참조할 것. K. v. d. Steinen, *Unter den Naturvölkern Zentral-Brasil*, 78쪽 이하, *Baka risprache*, IX쪽 이하.

210) 클라마스(Klamath)어의 동사에 대해서 가체트(Gatschet, 앞의 책, 572쪽 이하)는, 그것이 동사적 행동과 상태를 항상 비인칭적인 부정(不定)의 형―독일어의 부정법과 유사하다―로만 표현하고 있다는 사실을 강조한다. 너-부러뜨린다-막대기(Du-brechen-Stock)라는 문장구성에서, 동사적 표현은 그 주체를 고려하지 않고 부러뜨리는 것만을 표시한다. 이와 마찬가지로 마야어는 독일어에서 보는 바와 같은 능동적 타동사를 가지고 있지 않다. 그것은 단지 존재의 한 상태, 한 성질 혹은 한 활동을 표시하는 명사와 절대동사를 가지고 있을 뿐이다. 그것들은 어떤 인칭대명사 또는 주어로서의 3인칭에 대한 술어로서 구성되지만 직접목적어를 취할 수는 없다. 타동사적 행위를 표현하는 단어들은 근원적 또는 파생적인 명사이며 그것은 그대로 소유접두사와 결합된다. '너는 내 아버지를 죽였다.', '너는 그 책을 썼다.'와 같은 마야어의 문장은 따라서 본래 '너의 살해된 사람은 나의 아버지이다.(dein Getöter ist mein Vater)', '너에 의해서 쓰인 것은 책이다.(dein Geschriebenes ist das Buch)'와 같은 형태가 된다.(상세한 것은, Ed. Seler, *Das Konjugationssystem der Maya-Sprache*, Berlin 1887, 9쪽, 17쪽 이하) 말라이어의 동사적 표현에서도 이러한 '비인칭적' 표현이 자주 발견된다. 여기에서는 '나는 별을 보았다.'는 것이 '나의 봄(은) 별(이었다)(mein Sehen ⟨war⟩ der Stern)'로 언표된다. Humboldt, *Einleit. zum Kawi-Werk* II, 80쪽, 350쪽 이하, 397쪽.

능동적으로 참여하는 자아는 비추지 않는다. 이러한 사실은 예를 들면 대부분의 아메리카 인디언의 언어들에서 동사의 활용이 행위의 주체에 의해서가 아니라 객체에 의해서 지배된다는 점에서도 나타난다. 타동사는 그 수가 주어에 의해서가 아니라 직접목적어에 의해서 규정된다. 즉 타동사가 다수의 작용대상에 관계하는 경우에는 복수형을 취해야만 한다. 따라서 여기에서는 문장의 문법적 목적어는 논리적 주어가 되고 이것이 동사를 지배한다.[211] 문장의 형성도 언어의 전체적 형성도 동사에서 출발하지만 동사 자체는 객체에 대한 직관의 영역에 머문다. 즉 언어가 본질적인 계기로 강조하고 표현하는 것은 사건의 개시와 경과이며 행위에서 자신을 나타내는 주체의 활동력은 아니다.

이러한 근본적인 견해의 변화는 동사적인 행위를 순전히 인칭적인 것으로 형성하는 데까지 나아간 언어들에서 비로소 나타난다. 이러한 언어들에서는 동사활용의 근본형이 동사적 명사와 소유접미사의 결합으로 성립하는 것이 아니고 동사적 표현과 인칭대명사에 해당하는 표현의 종합적인 결합으로 성립한다. 이러한 종합을 이른바 '포합(抱合)적(polysynthetisch)'인 언어들이 채택하는 수속과 구별하는 것은 그러한 종합이 그것에 앞서는 분석을 토대로 해서 성립한다는 점이다. 여기에서 수행되는 결합

---

211) Gatschet, 앞의 책, 434쪽.

은 단순한 융합, 즉 대립항들이 서로 혼융되는 것이 아니라 오히려 이러한 대립항들 자체와 그것들의 선명한 구별과 분리를 전제로 한다. 인칭대명사가 발달하면서 주체적 존재의 영역은 언어적 표현 면에서 객체적 존재의 영역으로부터 명확히 구분되었다. 그러나 바로 이러한 주체적인 존재에 대한 표현들과 객체적 사건의 표현들이 동사의 굴절 안에서 다시 새로운 통일체로 통합된다. 따라서 이러한 통합 안에서 동사의 본질적이고 특수한 본성이 표현되는 곳에서는 어디에서도, 이러한 본성은 동사적 요소와 인칭적 존재의 표현의 결합에 의해서 비로소 완성된다고 추론할 수밖에 없다. 훔볼트는 이렇게 말한다.[212] "왜냐하면 문법적인 표상에 따르면 동사가 표시하는 활동적 존재는 그 자체로 표현되기 어려우며 그것이 어떤 특정한 시제와 인칭하에서 어떤 특정한 양태로 있는 존재라는 식으로만 표현될 수 있기 때문이다. 이러한 상태에 대한 표현은 어근 안에 불가분하게 얽혀 있지만, 이러한 사실은 그 어근은 시제와 인칭과 양태라는 규정들과 더불어서만 사유되며 이를테면 그것들 안에 놓여야만 한다는 사실에 대한 확실한 표시이다. 동사의 본성은 바로 이러한 가동성(可動性)에 있으며 개개의 경우 이외에는 고정될 수 없다는 데에 있다." 그럼에도 불구하고 동사적 표현의 시간적 규정과

---

212) Humboldt, *Kawi-Werk* II, 79쪽 이하.

인격적 규정, 시제적인 규정과 인칭적 고정은 동사적 표현의 시원적인 근본 구성부분에 속하는 것은 아니며 양자는 언어의 발달에서 비교적 뒤늦게 달성된 목표이다. 동사의 시제적인 규정에 대해서는 이러한 사실이 이미 분명하게 되었다.[213] 동사가 자아에 대해서 갖는 관계에 대해서는 개개의 언어에서 '타동사적' 동사표현의 영역이 '자동사적' 표현의 영역으로부터 순전히 음운적인 수단에 의해서도 구별되는 방식을 관찰해보면 그러한 관계에서 일어나는 점진적인 이행을 분명히 파악할 수 있다. 예를 들면 여러 셈계 언어들에서는 순수하게 능동적인 행위가 아니라 상태와 수동을 표현하는 자동사 내지 반(半)수동적인 동사는 모음을 상이한 방식으로 발음하는 것에 의해서 표시된다. 딜만에 의하면 에디오피아어에서는 발음에 의한 자동사의 이러한 구별이 생생하게 남아 있다. 즉 에디오피아어에서는 속성, 신체적 혹은 정신적 규정, 정열, 혹은 부자유스러운 활동을 표시하는 모든 동사는 자아의 순수하고 자립적인 활동을 표시하는 동사와는 다르게 발음된다.[214] 여기에서는 음운적인 상징조작이 언어가 형성되는 과정에서 갈수록 명료하게 나타나는 저 근본적인 정신적 과정의 표현에 기여한다. 그러한 음운적 상징조작은 자아가 어

---

213) 이 책의 제3장 II '시간 표상'을 참조할 것.
214) Dillmann, *Äthiop. Grammat*, 116쪽 이하.

떻게 해서 동사적 행위라는 거울상에서 자신을 파악하고 동사적 행위를 갈수록 선명하게 드러내고 그것의 차이를 드러내면서 자신을 비로소 참으로 발견하고 특수한 지위에 있는 자신을 이해하는가를 보여준다.

제4장 개념적 사고의 표현으로서의 언어
– 언어에 의한 개념형성과 종류형성의 형식

I. 성질을 규정하는 개념의 형성

 개념형성의 문제와 관련해서는 논리학과 언어철학이 가장 가깝게 만날 뿐 아니라 양자가 서로 융합하면서 불가분의 통일을 이루는 것 같다. 개념에 대한 모든 논리적 분석은 궁극적으로는 개념에 대한 고찰이 단어와 명칭에 대한 고찰로 이행하는 점으로까지 이끄는 것으로 보인다. 수미일관된 유명론은 두 문제를 하나의 문제로 통합한다. 즉 유명론에서는 개념의 내용은 단어의 내용과 수행으로 해소된다. 따라서 유명론에서는 진리 자체가 논리적인 규정이라기보다는 오히려 언어적인 규정이 된다. **"veritas in dicto, non in re consistit"**(진리는 언어에 존재하며 사물에 있는 것이 아니다.) 진리는 사물들 자체 내에서도 발견될 수 없고 관념들 내에서도 발견될 수 없는 합치, 즉 오직 기호들의 결합에만, 특히 음운기호들의 결합에만 관련되는 합치에 해당한다. 전적으로 '순수한' 사유, 언어를 결여한 사유는 참과 거짓의 대립을 알지 못할 것이다. 이는 참과 거짓의 대립은 언어행위에서 또한 언어행위에 의해서 비로소 산출되기 때문이다. 따라서 개념의 타당성과 근원에 대한 물음은 여기에서는 필연적으로 단어의 기원에 대한 물음으로 끌어진다. 단어의 의미와 품사의 생성의 탐구야말로 개념의 내재적 의미와 아울러, 인식의 구성에서 개념이 갖는 기능을 분명히 밝힐 수 있는 유일한 수단으로 나타난다.[1]

물론 보다 예리하게 고찰해보면, 유명론이 개념의 문제와 관련해서 제시하는 이러한 해결책은 사이비 해결책일 뿐이다. 왜냐하면 그것은 하나의 순환으로 끝나기 때문이다. 왜냐하면 비록 언어가 여기에서 개념기능에 대한 최종적이고 어떤 의미에서는 유일한 '설명'을 제공한다고 하더라도, 다른 한편으로 언어는 바로 이러한 개념기능을 결여하고서는 언어로 구성될 수 없기 때문이다. 그리고 여기에서 전체적으로 일어나고 있는 순환은 세부적으로도 재현되고 있다. 전통적인 논리학설에 의하면 개념은 '추상에 의해서' 생긴다. 즉 개념의 형성은 서로 일치하

---

[1] 이 책의 제1장 II를 참조할 것.

는 사물과 표상을 비교하고 그것들에서 '공통적인 징표들'을 추출함으로써 이루어진다고 본다. 이 경우 우리가 비교하는 내용들이 이미 일정한 '징표들'을 가지고 있다는 것, 그러한 내용들이 질적인 규정들을 담지하고 있고 그러한 내용들을 유사한 군들과 유사한 그룹들, 종들과 류들로 구분할 수 있다는 것은 대부분 자명하며 특별히 언급할 필요가 전혀 없는 전제로 받아들여진다. 그러나 이렇게 외관상으로는 자명하게 받아들여지는 바로 그 사실에, 개념형성이 우리에게 제기하는 가장 곤란한 문제들 중의 하나가 포함되어 있다. 여기에서는 무엇보다도 먼저 우리가 사물들을 분류하는 데 실마리가 되는 '징표들'이 언어형성에 앞서서 주어져 있는지 아니면 언어형성에 의해서 비로소 우리에게 제공되는 것은 아닌지라는 문제가 새롭게 제기된다. 지그바르트는 다음과 같은 올바른 지적을 한다. "추상이론은 다음과 같은 사실을 잊고 있다. 즉 표상된 대상을 개개의 징표로 분해하기 위해서는 이미 일반적 표상(통상적인 표현방식에 따르면 개념)이 술어가 될 수밖에 없는 판단이 필요하다는 것, 그리고 **이러한 개념은 추상의 과정을 통해서 비로소 가능하게 하기 때문에 궁극적으로는 이러한 추상 이외의 방법을 통해서 획득되어야 한다**는 것을 잊고 있는 것이다. 더 나아가 추상이론은 이러한 추상과정에서는 비교되어야 할 대상의 범위가 어떻게든 정해져 있다는 것을 잊고 있으며, 바로 이러한 범위를 총괄하고 이것에 공통된 것을 구하려고 하는 어떤 동기를 암묵적으로 전제한다. 만약 절대적인 자의가 지배하는 것이 아니라면 이러한 동기는 결국 비교되어야 할 대상들 모두가 어떤 특정한 내용을 공유하고 있기 때문에 유사한 것으로서 미리 인정되고 있다는 것, 즉 이미 어떤 일반적 표상이 존재하며 그것의 도움으로 이러한 대상들이 모든 대상들의 전체로부터 분리된다는 것 외의 것일 수 없다. 비교와 추상을 통하여 개념형성이 행해진다고 보는 이론의 전체에 어떤 의미가 있다고 한다면, 그것은 일반적인 **언어사용**에 의해서 사실상 동일한 하나의 단어로 지칭되는 사물들의 공통점을 진술하고 그것으로부터 그 단어의 실제적 의미를 분명하게 한다는 것이 과제가 될 경우—이것은 자주 일어나는 일이지만—에 한정될 것이다. 만약 동물이라든가 기체(氣體)라든가 도둑질이라든가와 같은 것의 개념을 진술하도록 요구받으면, 사람들은 동물이라고 불리는 모든 사물들의 공통적인 징표들, 기체라고 불리는 모든 물체들의 공통적인 징표들 그리고 도둑질이라고 불리는 모든 행위의 공통적인 징표들을 찾는 방식으로 그러한 개념을 진술하고 싶어 할 것이다. 그러나 그것이 성공할 것인지, 개념형성에의 이러한 지시가 실행 가능한지는 다른 문제이다. 만약 사람들이 동물, 기체, 도둑질이라고 불러야 하는 것이 전혀 의문의 여지가 없다는 사실을 전제할 수 있다면, 즉 사람들이 찾고 있는 개념을 이미 소유하고 있다면 이러한 지시에 귀를 기울여도 좋을 것이다. 따라서 하나의 개념을 이와 같이 추상을 통해서 형성한다는 것은 코에 걸려 있는 안경을 바로 이 안경의 도움을 빌려서 찾는 격이다."[2] 사실상 추상이론은 의식적으로든 암묵적으로든 오직 **언어형식**에 의지함으로써 **개념형식**의 문제를 해결한다. 그러나 이것으로는 문제를 해결한다기보다는 오히려 다른 영역으로 미루어졌을 뿐이다. 추상은 그 자체로 이미 어떻게든 규정되어 있고 표시되어 있으며, 언어적·사상적으로 분절되어 있는 내용들에 입각해서만 수행될 수 있다. 그러나 지금 물어야 할 것은 이러한 분절 자체가 어떻게 이미 이루어져 있는가 하는 것이다. 언어에서 수행되고 논리적 사고에 의해서 행해지는 보다 복잡한 종합들의 기초가 되는 저 **1차적 형성**의 조건들은 어떤 것인가? 어떻게 해서 언어는 어떠한 내용도 동일한 것으로서는 결코 회귀하지 않는 헤라클레이토스적인 생성의 흐름에서 벗어나서, 이를테면 그것과 마주 서면서 그것에서 확고한 규정들을 끄집어낼 수 있게 되는가? 바로 여기에 논리적 문제이기도 하면서 동시에 언어적 문제이기도 한 '술어화(Prädikation)'의 본래적인 비밀이 존재한다. 사고와 언어의 시원은 감각과 직관에 이미 주어져 있는 어떤 구별들이 [사고에 의해] 단지 파악되고 [언어에 의해서] 명명되는 것에 있는 것이 아니라 [사고와 언어에 의해서] 일정

---

2) Sigwart, *Logik* 2판, I, 320쪽 이하.

한 경계선이 능동적으로 그어지고 특정한 분리와 결합이 시도되고 이러한 분리와 결합에 의해서 〔끊임없이〕 흐르면서도 항상 동일한 것으로 머무는 일련의 의식으로부터 명료하게 분리된 개별 형태들이 부각되는 데에 있다. 논리학은 개념의 본래적인 탄생처를 으레 특정한 지적 조작, 특히 genus proximum(최근류)와 differentia specifica(종차)에 의한 '정의'라는 수속에 의해서 단어의 의미내용이 명확하게 한계지음과 일의적으로 고정되는 곳에서 찾는다. 그러나 개념의 궁극적인 기원을 파악하기 위해서는 우리는 보다 깊은 층으로 소급해서 파고들어가야 하며, 단어의 형성과정 자체에서 작용하고 있는 것으로 증시되며 표상 소재의 전체를 일정한 언어적인 류개념들로 분류하는 데에 결정적으로 중요한 역할을 하는 결합과 분리의 동기들을 탐색해야만 한다.

왜냐하면 개념형성의 **일차적인** 과제는 논리학이 수백 년에 걸친 전통의 강제 아래 대부분의 경우 그렇게 가정했던 것처럼 표상의 **일반성**을 보다 더 증대시키는 데에 있지 않고 그것의 **명확성**을 보다 증대시키는 데에 있기 때문이다. 개념에게서 '일반성'이 요구되는 경우에도 그러한 일반성 자체가 목적이 아니며 그것은 개념의 참된 목표인 규정성이라는 목표에 도달하기 위한 수단일 뿐이다. 어떠한 내용들이든 그것들이 서로 비교되면서 그것들의 유사성의 정도에 따라서 어떤 류가 다른 류를 포섭하는 형태로 분류되기 위해서는 이에 앞서서 그러한 내용들이 내용으로서 규정되어야만 한다. 그러나 이를 위해서는 **정립**과 **구별**이라는 논리적 작업이 필요하고 이것에 의해서 비로소 의식의 연속적인 흐름 안에서 어떤 틈(Einschnitt)이 생기게 되며 감각인상들의 끊임없는 오고감이 중지되면서 어떤 정지점이 획득된다. 따라서 표상들을 비교하면서 그것들을 류와 종으로 통일하는 것이 아니라 인상들을 표상으로 형성하는 것이야말로 개념이 행하는 근원적이고 결정적인 작업이다. 근대의 논리학자들 중에서 이러한 사태를 가장 예리하게 파악한 사람은 로체다. 물론 그러한 사태에 대해서 그가 행했던 해석과 기술(記述)도 논리학의 전통에 의해서 씌워진 질곡에서 완전히 자유로울 수 없었지만 말이다. 그의 개념론은, 가장 근원적인 사고 작용은 주어진 두 개의 표상들을 결합하는 것으로 성립하는 것이 아니라 논리학은 여기에서 한 걸음 더 소급해야만 한다는 것에서 출발한다. 표상들이 결합되어 하나의 **사고내용**이라는 형태를 갖게 되기 위해서는 그것들 하나하나가 그 이전에 형성될 필요가 있으며, 이러한 선행적 형성을 통해서 비로소 논리적인 구성의 기초가 된다는 것이다. 사고의 이러한 첫 번째 작업이 눈에 띄지 않는 것은 그 작업이 우리에게 전승된 **언어**가 형성되는 과정에서 지속적으로 이미 수행되었기 때문이며, 따라서 그것이 사고의 고유한 작업에 속하지 않고 자명한 전제들에 속하는 것으로 보이기 때문이다. 그러나 단순한 무형식적인 감탄사와 흥분을 표현하는 소리를 제외하면, 어휘의 창조야말로 사고의 근본형식, 즉 **객관화**의 형식을 자체 안에 포함하고 있다. 이러한 형식은 여기에서는 아직, 어떤 보편타당한 규칙에 따르는 다양한 것의 결합물들을 산출하는 데까지는 향해지지 않고 있다. 무엇보다도 그것은 개개의 인상에 그 자체로 타당한 것이라는 의의를 부여한다는 예비적 과제를 해결한다. 따라서 내용을 끄집어내어 인식으로부터 전적으로 독립해 있는 현실로서 제시한다는 것에 대해서는 이런 종류의 객관화는 아직 아무것도 알지 못한다. 이런 종류의 객관화는 객관화되어야 할 그러한 내용을 인식을 위해서 고정하면서, 많은 인상들이 변화하고 변전하는 와중에서 의식에 대해서 그러한 내용을 자기동일적이고 회귀하는 것으로서 특징지을 뿐이다. "따라서 명칭을 창조하는 것으로 보이는 논리적 객관화에 의해서는 명명된 내용은 외적인 현실로 제시되지 않는다. 우리가 지시하는 내용을 다른 사람들도 재발견하게 될 공통의 세계는 일반적으로는 단지 사고 가능한 것으로 이루어진 세계일 뿐이다. 여기에서는 이러한 세계에, 모든 사고하는 자들에게 동일하며 그들로부터 독립적인 독자적 존속과 내적인 법칙성의 최초의 흔적이 귀속된다." 그리고 사고와 언어에 의해서 파악될 수 있는 성질들을 이렇게 처음으로 고정시키는 것에 이제 그 이상의 규정들이 주어지게 된다. 이러한 규정들에서 그러한 질들은 함께 모여져 일정한 **관계**를 이루게 되며 서로 결합되어 여러 질서와 계열을 이루게 된다. 개개의 질은 그것 자체로 하나의 동일한 '무엇임', 즉 어떤 고유한 존립을 가질 뿐 아니라 이를 통해서 다른 질에도 관계를 갖게 된다. 그리고 이러한 관계조차 자의적인 것이 아니라 독자적인 객관적 형식을 나타내게 된다. 그러나 우리가 이러한 객관적인 형식을 그것 자체로서 인식하고 인정할지라도, 우리는 그것을 자립적이고 분리 가능한 것으로서 개별적인 내용들에 마주 세우지 않고 그러한 내용들에 입각해서만 그리고 그러한 내용들 안에서만 나타낼 수 있다. 우리가 다수의 내용들을 그러한 것들로서 고정시키고 명명한 후 그러한 내용들을 하나의 계열로 통합할 경우, 이와 동시에 그 계열의 개별적인 구성부분들로 자신을 특화하는 하나의 **공통적인 것**, 즉 각자 독특한 차이를 갖는 그러한 구성부분들 모두에서 자신을 표현하는 어떤 공통적인 것이 정립되는 것처럼 보인다. 그러나 이러한 **최초의 일반적인 것**은 로체가 강조하는 것처럼 논리학의 통상적인 류개념과는 본질적으로 다르다. "어떤 동물 또는 어떤 기하학적 도형에 대한 일반적인 개념을 다른 사람에게 전달하기 위해서, 우리는 그 사람으로 하여금 이미 잘 알려져 있는 것으로 전제되어 있는 일정한 수들의 개별표상들에 입각하여 결합이라든가 분리라든가 관계지음과 같은 사고행위들과 같이 정확하게 진술될 수 있는 일련의 사고행위들을 수행하도록 지시한다. 이러한 논리적 작업이 끝나면, 우리가 전하기를 원하는 내용이 다른 사람의 의식 앞에 나타나게 될 것이다. 이에 반해서 우리가 밝은 파란색과 어두운 파란색에 공통된 것으로 생각하는 일반적인 파란색이 어떤 것인지, 혹은 빨강과 노랑에 공통된 것으로 생각하는 일반적인 색이 어떠한 것인지는 위와 같은 방식으로는 분명하게 될 수 없다. …… 빨강과 노랑이 일치하는 점, 즉 양자로 하여금 색으로 존재하게 한 것은 빨강으로 하여금 빨강으로 존재하게 하고 노랑으로 하여금 노랑으로 존재하게 하는 것으로부터 분리될 수 없다. 즉 이 공통적인 것〔색 일반〕은 비교되는 양자〔빨강과 노랑〕와 동일한 종류, 동일한 질서에 속하는 제3의 표상의 내용을 이루는 식으로 분리될 수 없다. 주지하듯이 감각되는 것은 항상 어떤 색의 어떤 특정한 음영일 뿐이며, 어떤 특정한 높이와 강도 그리고 음색을 가진 어떤 음뿐이다. …… 색과 음의 일반적인 본질을 파악하려고 하는 사람은 항상 다음과 같은 둘 중의 하나의 상태에 처하게 된다. 즉 그가 직관하는 것은 어떤 특정한 색이나 음이지만 이러한 직관에는 항상 다른 모든 음과 색도 그 자체로는 직관될 수 없는 일반자의 직관적인 실례의 역할을 할 수 있는 동일한 권리를 갖고 있다는 것을 부수적으로 생각하거나, 아니면 기억에 의해서 많은 색과 음을 차례로 떠올리면서도 그때 염두에 두는 것은 이러한 개별적인 것들 자체가 아니라 어떠한 직관으로도 그것 자체로는 직관될 수 없는 그것들에 공통적인 것이라는 사실을 부수적으로 생각하는 것이다. …… 색과 음 같은 단어들은 사실 하나의 완결된 표상의 형식으로는 해결될 수 없는 논리적 과제들을 간략하게 표기한 것일 뿐이다. 우리는 그러한 단어들을 통해서 우리의 의식에게 개개의 표상 가능한 음들과 색들을 표상하고 비교하며 이러한 비교에 의해서 공통적인 것을 파악할 것을 명령한다. 이러한 공통적인 것은 우리의 감각이 증언하는 바에 따르면 그러한 음과 색들에 포함되어 있지만, 어떠한 사고의 노력으로도 각각의 독특한 음이나 색으로부터 결코 분리될 수 없으며 〔그러한 개별적인 색과〕 똑같이 직관될 수 있는 새로운 표상내용으로 형성될 수는 없다."[3]

우리가 여기에서 로체의 '최초의 일반자'에 대한 학설을 자세하게 소개한 것은, 그것이 올바르게 이해되고 해석된다면 그것은 언어에서 지배하고 있는 개념형성의 근원적 형식을 이해할 수 있는 열쇠가 될 수 있기 때문이다. 논리학의 전통은 이러한 문제에 관해서는—바로 이러한 로체의 서술이 명료하게 보여주는 것처럼—특유의 딜레마에 처해 있다. 개념의 지향이 오로지 일반성에 향해져 있고 개념의 작용이 궁극적으로는 일반적인 표상들의 획득에 있음에 틀림이 없다는 것은 전통적 논리학에게는 기정의 사실이다. 그런데 이렇게 그 자체로 모든 경우에 동일

---

[3] Lotze, *Logik* 2판, Leipzig, 14쪽 이하, 29쪽 이하.

한 종류의 지향은 모든 경우에 동일한 방식으로 충족될 수는 없는 것이 분명하다. 따라서 일반자의 이중의 형식이 구별되어야만 한다. 그중 하나는 일반자가 이를테면 단지 잠재적으로, 즉 개개의 내용들이 제시하는 관계라는 형식으로 주어져 있는 것이며, 다른 하나는 일반자가 명백하게 어떤 자립적인 직관적 표상의 방식으로 나타나는 형식이다. 그런데 여기에서 출발하면서 사태를 역전시키기 위해서는 한 걸음만 더 나아가면 된다. 즉 관계의 성립을 개념의 본래적인 내용, 즉 그것의 본래적인 논리적 기초로 보는 반면에, '일반적 표상'을 개념의 우연성, 더구나 항상 필요하지도 않으며 항상 획득될 수 있는 것도 아닌 심리적 우연성으로 간주하기 위해서는 단지 한 걸음만 더 나아가면 된다. 로체는 이러한 일보를 내딛지 않았다. 개념이 제기하는 규정에 대한 요구를 일반성에 대한 요구로부터 선명하면서도 원칙적으로 구분하는 것 대신에, 개념이 제시하는 일차적인 규정성이 그 자체로 다시 일차적인 일반성이 되고 마는 것이다. 따라서 그에게는 개념의 두 가지 특징적인 수행이 아니라 오히려 일반자의 두 가지 형식, 즉 '제일의' 일반자와 '제이의' 일반자라는 두 가지 형식이 존재한다. 그러나 그 자신의 서술로부터 분명히 드러나는 것처럼, 이 두 양식이 공유하는 것은 거의 명칭 이상의 것이 아니며 각각에 고유한 논리적 **구조**에서는 양자는 극히 선명하게 구별된다. 왜냐하면 전통적 논리학이 일반과 특수, 류와 종과 개체 사이의 연관을 구성하는 것으로 보는 포섭관계는 로체가 '제일의 일반자'라고 부르는 개념에는 적용될 수 없기 때문이다. 파랑과 노랑은 '색 일반'이라는 류 아래에 그것의 특수로서 존재하는 것이 아니며, 색 '자체'가 파랑과 노랑 안에 또한 그 외의 가능한 다른 뉘앙스의 색들 전체 안에 포함되어 있는 것이며, 바로 이렇게 계열로서 배열되는 총체 자체로서만 사유될 수 있다. 그러나 이와 함께 일반논리학 자체로부터 언어적 개념의 형성도 일관해서 규정하는 어떤 구별이 우리에게 시사되는 것이다. 일반화하고 포섭하는 개념형식으로 이행하기 이전에, 언어는 그것과는 달리 순수하게 **질을 규정하는** 개념형성의 양식을 필요로 한다. 개념형성의 이러한 양식에서는 이름을 붙이는 것〔命名〕은 어떤 사물이 속해 있는 류에서 생기는 것이 아니라 어떤 직관적인 전체적 내용에서 파악되는 개별적인 **성질**에 결부되어 있다. 이 경우 정신의 작업은 그것에 의해서 어떤 내용이 다른 내용 아래 포섭되는 식으로 행해지는 것이 아니라 구체적이지만 미분화된 전체로서의 그 내용이 그것에서 하나의 일정한 특징적 계기가 강조되고 고찰의 초점이 되는 한에서 그 이상의 특수화를 겪게 되는 식으로 행해진다. 정신의 시선의 이러한 집중을 기초로 하여 '명명'이 가능하게 되는 것이며, 그 내용이 이렇게 사고를 통해서 새롭게 주조되는 것이야말로 그것을 언어에 의해서 표시하기 위한 필요조건이 된다.

언어철학은 이러한 문제들 전체를 해결하기 위해서 하나의 특징적인 개념을 만들어냈지만,[4] 이것은 물론 그 사용방식이 극히 다의적이고 분열되어 있어서 일정한 해결을 제공하기보다는 오히려 언어철학에서 가장 어려우면서도 가장 논란이 많은 문제들에 속하는 것 같다. 훔볼트 이래로 사람들은, 각각의 언어가 다른 언어와 구별되는 근거가 되는 각각의 언어에 특유한 개념형성의 법칙을 표시하기 위해서 개개의 언어의 '내적 형식'에 대해서 말하는 경향이 있다. 훔볼트는 이러한 개념에 의해서, 분절된 음운을 사고의 표현으로까지 고양시키는 정신의 작업에 존재하는 항존하면서 동일한 형식을 갖는 것을 염두에 두고 있다. 그것이 그것의 연관에서 가능한 한 완전하게 파악되고 체계적으로 표현되는 한에서이기는 하지만 말이다. 그러나 훔볼트 자신에서조차 그 개념은 일의적으로 사용되고 있지 않다. 왜냐하면 [훔볼트의 경우] 그 형식은 어떤 경우에는 언어의 **결합법칙들**에서, 어떤 경우에는 **어근들** 자체의 형성에서 나타나고 표현되는 것으로 간주되고 있기 때문이다. 따라서 이 형식은—사람들이 때때로 훔볼트에 대해서 다음과 같은 정당한 이의를 제기했던 것처럼—어떤 때는 형태론적인 의미를 갖게 되지만 어떤 때는 의미론

---

4) [역주] 바로 다음에서 보겠지만 이것은 언어의 '내적 형식'이라는 개념을 가리킨다.

적인 의미를 갖게 된다. 이 형식은 한편으로는 문법상의 특정한 근본범주들, 예를 들면 명사와 동사라는 범주들이 언어형성에서 서로 맺게 되는 관계에 관련되어 있으며 다른 한편으로는 어의(語義)들의 근원 자체로 소급된다.[5] 물론 훔볼트의 개념규정들 **전체**를 두루 살펴볼 경우 그에게는 나중의 관점이 우위를 차지하고 있으며 결정적인 것이라는 사실이 부인할 수 없을 정도로 분명하게 나타난다. 모든 언어가 각각 특수한 내적 형식을 갖고 있다는 것은 훔볼트에게는 무엇보다도, 언어가 표시들을 선택할 때 그러한 선택이 그 자체로 지각되는 대상들을 단순히 표현하는 방식으로 이루어지는 것이 절대로 아니고 주로 정신의 총체적인 태도에 의해서, 즉 대상을 주관적으로 파악하는 방향에 의해서 규정된다는 것을 의미한다. 왜냐하면 단어는 대상 자체의 모사가 아니고 대상에 의해서 마음 안에 산출된 상에 대한 모사이기 때문이다.[6] 이런 의미에서 상이한 언어들의 단어들은 결코 동일한 의미를 가질 수 없으며, 정확하면서도 엄밀하게 생각해 본다면 그러한 단어들의 의미는 그 단어들이 표시하는 대상의

---

5) Humboldt, *Einleit. zum Kawi-Werk*(W. VII, 1쪽, 47쪽 이하). 이에 대해서는 B. Delbrück, *Vergleichende Syntax der indogermannischen Sprachen*, Straßburg, 1893 ff, I, 42쪽에서의 코멘트를 참조할 것.
6) *Einleit. zum Kawi-Werk*(W. VII, 1쪽, 59쪽 이하, 89쪽 이하, 190쪽 이하 등)를 참조할 것. 이 책의 제I장 V를 볼 것.

객관적인 특징을 열거할 뿐인 단순한 정의에 의해서는 결코 다 포괄될 수 없다. 언어적인 개념형성의 기초가 되는 종합과 분류에서 나타나는 것은 항상 **의미부여**의 고유한 양식이다. 달이 그리스어에서는 '측정하는 것($μήν$)'으로 지칭되고 라틴어에서는 '빛나는 것(luna, luc-na)'으로 지칭되는 경우, 여기에서는 동일한 하나의 감성적 직관이 전적으로 상이한 의미개념들에 의해 포섭되고 그것들에 의해서 규정되는 셈이다. 개개의 언어에서 이러한 규정이 행해지는 방식을 일반적으로 서술하는 것은 물론 불가능한 것 같다. 왜냐하면 여기에서 문제가 되는 것은 극히 복잡하며 각 언어마다 다르게 수행되는 정신적 과정이기 때문이다. 여기에서는 개개의 언어가 행하는 직접적인 직관을 몸소 수행하면서, 그 언어가 따르는 수속을 추상적인 공식으로 기술하기보다는 특수한 현상에 직접 입각하면서 추체험하는 것만이 남아 있는 것 같다.[7] 그러나 철학적 분석이 각각의 **언어들**에서 표현되는 특수한 주관성을 파악하는 것을 과제로 삼을 수는 없지만 언어 **일반**의 이른바 보편적인 주관성은 철학적 분석에게는 하나의 문제로 남는다. 왜냐하면 언어들이 각각에 특수한

---

7) 이러한 과제를 수행하려는 극히 흥미롭고 계발적인 시도는 비상하게 풍부한 경험적 자료에 입각하여 Byrne에 의해서 기도되었다. Byrne, *General Principles of the structure of language*, 2권, London 1885를 볼 것.

'세계관'에 의해서 서로 구별되는 것과 마찬가지로 다른 한편으로는 언어 자체의 세계관을 가지며 이것에 의해서 언어는 정신의 형식들의 전체로부터 구별되고 과학적 인식, 예술, 신화가 갖는 각각의 세계관과 부분적으로는 관계를 가지면서도 부분적으로는 구별되기 때문이다.

언어에 의한 개념형성은 좁은 의미에서의 논리적인 개념형성의 형식과 특히 다음과 같은 점에서 구별된다. 즉 언어에 의한 개념형성의 경우에는 내용들에 대한 조용한 관찰과 비교만이 중요한 것이 결코 아니며 단순한 '성찰'이라는 형식이 여기에서는 일정한 **역동적인** 계기들에 의해서 항상 관철되어 있다는 점, 그 본질적인 동인(動因)이 존재의 세계에 존재할 뿐만이 아니라 항상 동시에 행위의 세계에도 존재한다는 점이다. 언어개념은 아직은 도처에서 활동과 성찰, 행위와 관찰의 경계선 위에 서 있다. 여기에서는 단순히 대상의 특정한 특징들에 따라서 직관들을 분류하고 그것들에 질서를 부여하는 작업이 행해지는 것이 아니라 바로 이러한 대상적 파악 자체에서 항상 동시에 세계와 그것의 형태화에 대한 어떤 능동적인 관심이 나타난다. 헤르더는 인간에게 언어는 근원적으로는 자연이 그러했던 것과 동일한 것, 즉 하나의 판테온(Pantheon[신전]), 생명을 가지고 행동하는 것들의 왕국이라고 말했다. 사실 원시적·신화적 자연상과 마찬가지로 언어적 세계상을 그것의 본래적인 근본적·본질적 특성들에서 규정하는 것은 객관적 환경의 반영이 아니라 자기의 삶과 행위의 반영이다. 인간의 의지와 행위가 하나의 점에 향하고 의식이 그 점으로 자신을 긴장시키고 집중하는 것에 의해서, 인간은 표시(Bezeichnung)의 과정 안으로 진입할 수 있을 정도까지 비로소 성숙하게 된다. 보통은 동일한 형태로 흘러가는 것 같았던 의식의 흐름에서 이제 파도의 기복이 생긴다. 역동적이고 강조된 개별적인 내용들이 형성되며 그것들 주위에 나머지 것들이 모이게 된다. 그리고 이와 함께 비로소 어떤 언어적·논리적 '징표들'의 획득과 일정한 징표군들로의 결집이 근거하는 **분류**를 위한 기반이 마련되고, 질을 규정하는 언어적 개념형성이 구축될 수 있는 기초가 주어진다.

단순한 감성적 흥분을 나타내는 소리에서 부르짖는 소리로의 이행에 이미 언어형성의 일반적인 방향이 나타난다. 예를 들어 부르짖는 소리는 불안이나 고통을 표현하는 부르짖음으로서, 아직은 한갓 감탄사의 영역에 전적으로 속하는 것일 수 있다. 그러나 그것은 그것에서 바로 막 받아들여진 감성적 인상이 단순히 외부로 향하는 것이 아니라 일정한 의식적 의지의 목표지향의 표현이 되자마자 단순한 감탄사 이상의 의미를 갖게 된다. 왜냐하면 그때 의식은 단순한 재생(再生, Reproduktion)의 기호 안에 존재하는 것이 아니라 예기(豫期)의 기호 안에 존재하기 때문이다. 즉 그것은 주어진 현재의 것에 그치는 것이 아니라 어떤 미래의 것에 대한 표상으로 이행한다. 이에 따라서 이제 음운은 단지 현존하는 내적인 감정상태와 흥분상태에 **수반될** 뿐 아니라 그 자체가 사건에 개입하는 하나의 **동기**로서 작용한다. 이러한 사건의 변화들이 단지 표시되는 것이 아니라 본래적인 의미에서 '환기되는' 것이다. 이렇게 음운이 **의지의 기관**으로 작용함으로써 음운은 단순한 모방의 단계에서 결정적으로 벗어나게 되었다. 유아의 발달과정에서, 본래의 언어형성보다 앞서는 시기에 이미 유아의 울음소리는 점차 부르짖는 소리의 성격을 갖게 된다는 사실을 관찰할 수 있다. 울음소리가 그 자체로 분화되고, 비록 아직 분절되지는 않았을지라도 특수한 음운적 표현이 여러 정동들과 여러 방향의 요구에 상응하는 방식으로 나타남으로써 음운은 다른 내용들과 구별되는 특정한 내용들에게 향하게 되며 이와 함께 음운의 '객관화'의 최초의 형식을 준비하는 것이다. 만약에 모든 근원적인 언어음운들이 존재에 대한 객관적 직관에서가 아니라 행위의 주관적 직관에서 출발했다는 라자루스 가이거가 제창하고 루드비히 누아레가 계승 발전시킨 이론이 옳다면, 인류 전체도 언어를 발전시키는 과정에서〔유아의 언어발달과〕본질적으로는 동일한 길을 밟았다고 할 수 있을 것이다. 이러한 이론에 따르면 언어음운은 사물의 세계 자체가 활동과 창조의 영역으로부터 서서히 형성되어감에 따라서 비로소 이러한 사물의 세계를 표현할 수 있게 되었으며 그것을 표현하는 데 적합하게 되었다. 누아레는 상호이해의 수단이라는 언어의 **사회적** 기능을 비로소 가능하게 한 것을 무엇보다도 활동의 **사회적** 형식에서 찾고 있다. 만일 언어음운이 개개인의 의식 안에서 산출되는 개인적 표상의 표현 이외의 것이 아니라면 이러한 개인적 의식의 한계 안에 이를테면 사로잡혀 있는 채로 머무를 것이며 그것을 넘어서는 힘은 소유하지 못하게 될 것이다. 그리고 하나의 주관의 표상세계와 음운세계는 다른 주관의 그것과 전혀 소통할 수도 없을 것이다. 그러나 음운이 인간의 고립된 행위에서가 아니라 공동체적인 행위에서 생기는 것이라면, 음운은 처음부터 참으로 공동체적인 의미, 즉 '일반적인' 의미를 가지고 있다. sensorium commune〔공통감각〕으로서의 언어는 활동의 공감으로만 생길 수 있었다. "언어와 이성적인 삶(Vernunftleben)이 비롯된 원천이 된 것은 공동의 목적을 이루려는 공동의 활동이며 태곳적에 우리 조상들이 했던 노동이었다. …… 언어음운은 공동의 활동에 수반되는 고양된 공동감정을 표현하는 것으로서 발생했다. …… 다른 모든 것에 대해서는, 즉 태양, 달, 나무와 동물, 성인과 어린이, 고통과 쾌감, 음식과 식물 등에 대해서는 공통의 이해가 결여되어 있었으며 따라서 공통의 표시 가능성도 전적으로 결여되어 있었다. 오직 저 하나, 즉 개인적인 것이 아닌 공동의 활동만이 공동의 이해가 생길 수 있었던 확고부동한 기반이었다. …… 모든 사물들은 인간의 활동에 의해 움직여지는 정도에 따라서 인간의 시야에 들어오게 된다. 즉 그것들은 비로소 사물들이 되며 그 후에 자신들에 대한 표시, 즉 명칭을 얻게 된다."[8]

누아레는 이러한 사변적인 명제를 경험적인 자료에 입각하여 기초지으려고 했지만, 물론 그러한 시도는 결국 실패한 것으로 간주되어야 할 것이다. 그가 언어의 근원과 인류의 근원적인 단어들의 시원적인 형식에 대해서 말하고 있는 것은 언어의 기원에 존재하는 '어근시대(Wurzelperiode)'에 관한 모든 가정과 마찬가지로 가설적이고 의심스럽다. 그러나 이러한 시각으로부터 언어의 기원에 대한 궁극적인 형이상학적 비밀을 들여다보는 것을 기대할 수는 없을지라도, 언어의 **경험적인 형식**에 대한 관찰만으로도 이미 언어가 얼마나 깊이 그것의 본래적인 배양지이며 모태인 인간의 작용과 활동에 뿌리박고 있는가는 분명하게 된다. 특히 자연민족의 언어들에서는 이러한 연관이 도처에서 명료하게 나타난다.[9] 그리고 문화적 언어 역시―우리가 일반적인 개

---

8) Lazarus Geiger, *Ursprung und Entwicklung der menschlichen Sprache und Vernunft*, 2 Bände, Frankfurt a. M., 1868쪽 이하를 참조할 것. Ludwig Noiré, *Der Ursprung der Sprache*, Mainz 1877(특히 323쪽 이하); *Logos―Ursprung und Wesen der Begriffe*, Leipzig 1885, 특히 296쪽 이하.
9) 이것에 대해서는 특히 마인호프의 논문 Meinhof, "Über die Einwirkung der Beschäftigung auf die Sprache bei den Bantustämme Afrikas", *Globus*, Bd. 75〔1899〕, 361쪽 이하를 참조할 것.

넘어들의 영역을 넘어서 언어가 특수한 '직업 언어'로서 인간 활동의 여러 영역에서 밟게 되는 발전에 눈을 향할수록—이러한 연관을 보다 명확하게 보여준다. 우세너는 이러한 직업 언어의 고유한 구조에, 언어적 개념형성의 방향뿐 아니라 신화적·종교적 개념형성의 방향에게도 특징적으로 속하는 공통의 계기가 각인되어 있다는 사실을 지적했다. 신화적 '특수신들'의 영역은 개체적(individuell)·개별적인(partikular) '특수한 명칭들'의 영역과 마찬가지로, 인간이 특수한 활동에서 일반적인 활동으로 나아가고 그 행위의 일반성이 이렇게 증대하는 것과 동시에 그 행위에 대해 갈수록 보다 더 큰 일반적인 의식을 획득하게 됨으로써 비로소 점진적으로 초월된다. 즉 행위의 이러한 확대로부터 비로소, 진정으로 보편적인 언어적이고 종교적 개념들로의 고양이 일어나는 것이다.[10]

따라서 이러한 개념들의 내용과 구성을 규정하는 원리는, 우리가 그것들의 추상적 논리적 의미와 나란히 그리고 그것의 배후에서 **목적론적** 의미를 파악할 때에야 비로소 완전히 이해될 수 있다. 언어의 개개의 단어는 자연과 표상세계가 갖고 있는 고정되어 있는 규정들의 재현이 아니라 오히려 규정작용 자체의 방향과 지침의 표현이다. 여기에서 의식은 감각적 인상들의 총

---

10) Usener, *Götternamen*, Bonn 1896, 특히 317쪽 이하.

체에 수동적으로 향해 있는 것이 아니라 그것에 침투하고 그것을 자신의 고유한 내적 생명에 의해서 채우는 것이다. 내적인 활동에 어떤 방식으로든 와 닿으면서 그러한 활동에게 '유의미한 것으로' 나타나는 것만이 언어에 의해서도 의미의 각인을 받게 된다. 따라서 개념 일반에 대해서 우리는 그것의 형성원리는 '추상'이라기보다는 오히려 선택이라고 불러야 한다고 말했지만, 그러한 주장은 무엇보다도 언어에 의한 개념형성의 형식에 대해서 타당하다. 여기에서는 어떠한 방식으로든 현존하고 감각과 표상에 주어져 있는 의식상의 구별들이 단순히 고정되고 특정한 음운기호가 이를테면 상표처럼 그것에 덧붙여지는 것이 아니라 의식 전체의 내부에 경계선 자체가 비로소 그어지는 것이다. 행위가 그 자체 안에서 경험하는 이러한 한정에 의해서 언어표현을 결정하는 것들과 지배하는 것들이 생긴다. 빛은 단순히 대상들로부터 정신의 영역으로 진입하는 것이 아니라 행위 자체의 중심으로부터 점차 퍼져나가는 것이며[11] 이를 통해서 비로소

---

11) 이러한 과정에 대한 하나의 예로서 브루그슈(Brugsch, *Religion und Mythologie der alten Ägypter*, 53쪽)가 고대 이집트어에서 인용하고 있는 것을 들 수 있다. "고대 이집트어에서 kod라는 단어는 일련의 극히 상이한 개념들을 표시한다. 즉 단지를 만든다, 단지를 만드는 장인이다, 형성하다, 창조하다, 짓다, 노동하다, 그린다, 여행한다, 잠자다, 그 외에 명사적으로 사용되어 동일한 상(像), 상(像), 비유, 유사성, 원, 반지. 이것들과 유사한 파생태들의 근저에는 '회전하다, 원형으로 돌다'라는 근본적인 표상이 있다. 원반형으로 된 단지의 회전은 단지제작자의 조형적

직접적 감성적인 감각의 세계를 내부로부터 비추어진 세계, 직관적으로도 언어적으로도 형태화된 세계로 만드는 것이다. 이러한 과정에서 언어형성은 신화적 사고, 신화적 표상과 근친성을 갖는다고 입증되지만 다른 한편으로는 그것들에 대해서 하나의 자립적인 방향, 즉 언어에 고유한 정신적 경향을 보존한다. 신화와 마찬가지로 언어도 인격적 작용의 근본경험과 근본작용에서 출발한다. 그러나 언어는 신화처럼 세계를 다시 무한히 다양한 방식으로 이러한 하나의 중심점으로 삼켜버리는 것이 아니라 세계에게 어떤 새로운 형식을 주는 것이며, 이러한 형식에 의해서 세계는 감각과 감정의 단순한 주관성과는 대립되는 것이 된다. 이렇게 해서 언어에서는 생명을 불어넣는 과정과 규정하는 과정이 끊임없이 서로에게로 이행하며 함께 성장해가면서 하나의 정신적 통일체가 된다.[12] 이렇게 내부에서 외부로, 외부에서 내부

활동에 대한 표상을 환기시켰으며, 그것으로부터 일반적으로 '형성하다, 창조하다, 짓다, 노동하다'와 같은 의미가 생겨났다."

[12] 이러한 이중의 길은 활동에 대한 언어적 표현 자체, 즉 굴절어에서 **동사**가 취하는 형식에서 아마도 가장 분명하게 추적될 수 있다. 여기에서는 언뜻 보기에 전적으로 상이한 두 개의 기능들이 결합되고 서로 침투하고 있다. 왜냐하면 동사에는 한편으로는 객관화의 힘, 다른 한편으로는 인격화(Personifizierung)의 힘이 극히 명료하게 나타나 있기 때문이다. 첫 번째 계기는 이미 훔볼트가 지적하고 있는 것이며, 그는 동사에서 정신적인 '종합적 정립작용'의 직접적인 표현을 보고 있다. "동일한 종합작용에 의해서 동사는 Sein(이다)에 의해서 술어를 주어에 결합한다. 그러나 이러한 결합은 어떤 역동적인 술어와 함께 행위로 이행하는 존재

로 향하는 이중의 방향에서, 즉 정신의 만조(滿潮)와 간조(干潮)라는 운동에서 정신에게는 비로소 내적 외적 현실의 형태도 양자의 경계도 산출되는 것이다.

물론 이 모든 것으로는 우선은 단지 언어에 의한 개념형성의 추상적 도식만이 제시되었을 뿐이다. 이를테면 그것을 위한 틀만이 묘사되었을 뿐이며 그 그림의 세부적인 특성들 자체는 아직까지는 나타나지 않았다. 이러한 세부적인 특성들을 보다 정확히 파악하기 위해서는 언어가 순수하게 '성질을 규정하는' 파악에서 점차 '일반화하는' 파악으로, 감성적·구체적인 것에서 류적-일반적인 것으로 나아가는 방식을 추적해야만 한다. 우리의 발달된 문화의 언어에서 행해지고 있는 언어에 의한 개념형성을 자연민족의 언어에서의 개념형성과 비교해본다면 근본적인 관점의 대립이 곧장 명료하게 나타난다. 자연민족의 언어가

(Sein)가 주어 자체에 부가되고, 따라서 단순히 결합 가능하다고 사유되었던 것에 지나지 않던 것이 '현실 속에 존재하는 것 혹은 현실 속에서 일어나는 것'이 되는 방식으로 일어난다. 내려치는 벼락을 단순히 생각하는 것이 아니라 현실의 벼락이 내려치는 것이다. …… 감각적인 표현을 사용해서 말하자면, 사고된 것은 동사에 의해서 자신의 내적인 거주지를 떠나서 현실 속으로 이행한다."(*Einleit. zum Kawi-Werk*, W. VII, 1쪽, 214쪽) 다른 한편으로 Hermann Paul은 동사의 언어적 형태 자체가 신화가 우주에 '혼을 불어넣었던 것'과 유사하게 자연에 생명을 불어넣는 계기를 자체 내에 포함하고 있다는 사실을 강조하고 있다. 동사가 일반적으로 사용될 때 이미 '어느 정도의 주어의 인격화'가 포함되어 있다고 말하는 것이다.(*Prinzipien der Sprachgeschichte* 3판, 89쪽)

갖는 특징은 자신이 표시하는 모든 사물, 모든 사건, 모든 활동을 극히 고도의 직관적인 규정성에서 제시한다는 점, 또한 사물이 갖는 모든 독특한 속성들, 사건이 보여주는 모든 구체적인 특수성, 행위가 보여주는 모든 양태들과 뉘앙스들을 가장 명료하게 표현하려고 노력한다는 점에 있다. 이러한 점에서 자연민족의 언어는 문화적 언어가 비슷하게라도 결코 도달할 수 없는 표현의 풍부함을 가지고 있다. 여기에서 특히 가장 사려 깊게 형성된 것은 이미 보았던 것처럼 공간적인 규정과 관계이다.[13] 그러나 더 나아가 그러한 동사적 표현들의 공간적 차이 외에 가장 다양한 다른 관점들에 따른 차이도 존재한다. 어떤 행위를 둘러싸는 상황의 변화는 모두, 그것이 그 주체에 관련된 것이든 대상에 관련된 것이든 목적에 관련된 것이든 혹은 그 행위가 수행되는 도구에 관련된 것이든 표현의 선택에 직접적으로 영향을 미치고 있다. 몇몇 북아메리카 원주민어들에서 씻는 행위는 손을 씻는지, 얼굴을 씻는지, 그릇을 씻는지, 옷을 씻는지, 고기를 씻는지 등에 따라서 13개의 상이한 동사들로 표현된다.[14] '먹는다'는 우리의 일반적인 표현에 해당되는 것은—트럼불의 보고에 따르면—어떠한 아메리카 원주민어에서도 발견되지 않는다. 이에

---

13) 이 책의 제3장 I을 참조할 것.
14) Sayce, *Introduction to the science of language* I, 120쪽.

반해서 상이한 많은 동사들이 있어서 어떤 것은 예를 들면 동물성의 음식을 먹을 때에 사용하고, 어떤 것은 식물성의 음식을 먹을 때에 사용하며, 어떤 것은 개인의 식사를 표현하고, 어떤 것은 공동의 식사를 표현한다. **때리다**는 동사의 경우에는 주먹을 사용하는 것인지, 손바닥을 사용하는 것인지, 매를 사용하는 것인지, 채찍을 사용하는 것인지가 문제가 되며, **부수다**는 동사의 경우에는 부수는 방식과 부수는 데에 사용되는 도구에 따라서 상이한 표현들을 사용한다.[15] 그리고 이것과 동일한 거의 무제한적인 분화가 활동에 관련된 개념들뿐 아니라 사물에 대한 개념들에 대해서도 행해지고 있다. 사물에 대한 개념들에서도 언어의 노력은 종류들에 대한 특정한 표시들과 '류개념들'에 도달하는 것에 앞서서 무엇보다도 먼저 '변종들'을 표시하는 것에 향해져 있다. 태즈메이니아(Tasmanien)의 원주민들은 나무라는 개념을 표현하기 위한 말을 갖고 있지 않은 반면에 아카시아, 푸른 고무나무 등의 개개의 변종 하나하나에 대해서 특수한 명칭을 가지고 있었다.[16] 바카이리(Bakairi)어에 대해서 K. v. d. 슈타인

---

15) Trumbull, *Transaction of the Americ. Philol. Assoc.* 1869/70, Powell, Introduction to the study of Indian languages, Washington 1880, 61쪽. 상세한 것에 대해서는 Boas, *Handbook* I, 807쪽 이하, 902쪽 이하 등에 있는 알공킨(Algonkin)어와 시우(Sioux)-인디언의 언어로부터의 예들을 볼 것.
16) Sayce, 앞의 책 II, 5쪽을 참조할 것.

은 앵무새와 야자의 모든 종류가 극히 정확하게 구별되고 명명되고 있지만 앵무새와 야자 자체를 표시하는 종개념에 해당하는 언어는 존재하지 않는다고 보고하고 있다.[17] 동일한 현상은 그 외의 점에서는 고도로 발달된 언어에서도 보인다. 예를 들어 아라비아어는 개개의 동·식물의 변종에 대해서 놀랄 정도로 풍부한 표시를 발달시켜서, [아라비아어로 쓰인] 문헌들에 대한 연구와 [아라비아어] 단어들에 대한 연구만으로도 박물학과 생리학의 연구를 직접 할 수 있을 것이라는 사실에 대한 증거로 제시될 수 있었을 정도다. 함머는 어떤 독특한 논문에서 아라비아어에서 낙타를 가리키는 5744개 이상의 명칭을 모아서 제시하고 있는데, 그러한 명칭 각각은 낙타의 성, 연령 또는 개별적인 특징에 따라서 다르다. 수컷과 암컷 낙타, 어린 낙타, 성장한 낙타 등에 대해서뿐 아니라 이러한 종류 내부에서도 극히 섬세한 단계들이 존재한다. 아직 옆쪽 치아들이 나지 않은 어린 낙타, 걷기 시작하는 낙타, 더 나아가서 1세에서 10세까지의 낙타에 각각의 고유한 명칭이 존재한다. 다른 구별은 교미와 임신, 출생에 따라서, 또한 특수한 신체적 특성에 따라서 행해진다. 예를 들면 커다란 귀를 갖는 낙타, 작은 귀를 갖는 낙타, 귀가 잘린 낙타, 귓

---

17) K. v. d. Steinen, *Unter den Naturvölkern Zentral-Brasiliens*, Berl, 1897, 84쪽.

바퀴가 아래로 처진 낙타, 커다란 턱뼈를 가진 낙타, 또는 아래로 내려온 강한 턱을 가진 낙타 등을 표시하는 것에 각각의 명칭이 사용된다.[18]

이 모든 것들은 분명히 어떤 개별적인 언어충동이 우연히 풍부하게 증식된 결과라고 볼 수는 없다. 오히려 그것들에서는 언어적 개념형성의 근원적인 형식과 근본적 경향이 나타나고 있는 것이며 이러한 형식과 경향은 언어가 일반적으로 그것들을 넘어선 후에도 개개의 특징적인 잔향들 안에서 아직 자주 분명하게 보인다. 언어의 역사에서 이러한 잔향으로 해석되었던 것으로서 특히 헤르만 오스트호프(Hermann Osthoff) 이래 보충현상(Suppletiverscheinung)이라고 불리곤 하는 현상들이 있다. 특히 인도게르만어들의 어형변화의 체계와 조형체계에서는 서로 결합되어서 하나의 어형변화체계를 형성하는 특정한 단어들과 어형들, 예를 들면 어떤 명사의 개개의 격, 어떤 동사의 여러 시제, 어떤 형용사의 비교변화형 등이 동일한 어간으로부터가 아니라 2개 내지 그것 이상의 어간으로 형성된다는 것은 잘 알려져 있는 현상이다. 동사변화와 형용사의 비교변화의 '규칙적인' 형성 외에 fero, tuli, latum, $Φέρω$, $οἴσω$, $ἤνεγκον$에서 보이는 사례

---

18) Hammer-Purgstall, *das Kamel*. Denkschriften der Kais. Akad. d. Wiss. zu Wien. Philos.-histor. Kl., Bd. VI u. VII, 1855쪽 이하.

들이 존재한다.[19] 이것은 언뜻 보기에는 다음과 같은 원칙에 대한 단순한 '예외'로서, 즉 형식 면에서도 의미 면에서도 서로 결합되어 있는 것은 서로 근친성을 갖는 어근을 포함하는 단어들에 의해서 표시한다는 원칙을 자의적으로 파괴하는 것으로 보인다. 이러한 예외들을 지배하는 법칙을 오스트호프는 다음과 같은 방식으로 분명히 할 수 있었다. 즉 그는 일반적으로 이러한 예외들은 아직 '개체화하는' 파악방식이 '군으로 분류하는' 파악방식보다도 우위를 차지했던 언어형성의 비교적 오랜 층에 속한다고 보았던 것이다. 이러한 우위는 그에 따르면 언어 안에 보지되어 있는 개개의 개념권과 의미권들이 인간의 자연적인 표상영역과 직접적인 활동영역 그리고 관심영역에 가깝게 존재할수록 그만큼 더 오래 관철되었음에 틀림없다는 것이다. "우리가 육안으로 공간적으로 가장 가까이에 있는 것을 보다 선명하게 구별해서 보는 것처럼, 마음의 눈 ― 언어는 그것을 비추는 거울이지만 ― 에 의해서도 표상세계의 사물들은 그것들이 말하는

---

19) [역주] fero, tuli, latum 각각은 '나르다'라는 의미의 라틴어 동사의 현재 직설법 능동 일인칭 단수형, 완료직설법 능동 일인칭 단수형, 동명사형에 해당하지만 그것들 각각이 다른 어간으로부터 성립했다는 사실은 단어의 형태로 보아도 분명하다. φέρω, οἴσω, ἤνεγκον 역시 각각 '나르다'라는 의미의 그리스어 동사의 '현재직설법 능동 일인칭 단수형, 미래직설법 능동 일인칭 단수형, 부정(不定)과거 직설법 일인칭 단수형에 해당하며 각각 다른 어간에서 비롯된 것이다.

사람의 감각과 사고에 가까이 다가오고 말하는 사람의 마음을 강하면서도 생생하게 사로잡고 개인이든 개개의 민족이든 개체의 관심을 보다 강하면서도 보다 생생하게 불러일으킬수록 그만큼 더 선명하면서도 더 개별적으로 파악된다." 이러한 관점에서 보면 사실상 자연민족의 언어가 명명(命名)이라는 면에서 최대의 다양성과 다면성을 보이는 바로 저 개념영역들이야말로 인도게르만어들에서 보충현상이 가장 풍부하게 전개되고 가장 오래 관찰되는 개념영역들이기도 하다는 사실은 실로 중요한 것으로 나타난다. 활동에 관한 단어들 중 특히 동작의 동사 '가다', '오다', '달리다', '쫓다', 먹다, 때리다, 보다, 말하다 등등의 동사에서 가장 다양한 분화가 발견된다. 인도게르만어의 조어(祖語)에서 예를 들면 '가다'는 동사와 관련해서는 그것의 일반적인 언어적 **개념**이 만들어지기 전에는 다양한 **변종**이 구별되었다는 사실에 대해 G. 쿠르티우스가 상세하게 증명했다. 그는 더 나아가 인도게르만어들에서는 여러 감관의 활동 자체, 즉 보다, 듣다, 느끼다 등의 표시가 형성되기 이전에는 바라보다, 꿰뚫어보다, 슬쩍 보다, 주시하다, 조심스럽게 보다 등의 표상들이 구별되었음이 틀림없다고 말한다. 호메로스 이후의 $\alpha\iota\sigma\theta\acute{\alpha}\nu\varepsilon\sigma\theta\alpha\iota$〔감각하다〕, sentire〔감각하다, 프랑스어〕, empfinden〔감각하다, 독일어〕처럼 감각적인 지각 일반을 표시하는 동사는 가장 새로운 발전단계에 속한다.[20] 인도게르만어의 보충현상에 다른 언어권들, 예를 들어 셈계어에서 전적으로 유사한 형성물이 대응하고 있다는 사실을 고려하면, 인도게르만어에서 단어형성의 형식이 실제로 언어적 개념형성의 일반적 방향을 반영하고 있다는 것은 분명하다. 물론 엄밀한 의미에서 언어가 원초적으로 '개별화하는' 경향을 갖는다고는 할 수 없다. 왜냐하면 개별적인 직관에 대한 명명은 그것이 아무리 구체적으로 표현된 것이라도 순수하게 개체적인 파악을 이미 넘어서 있으며 어떤 의미에서는 그것에 대립되는 방향을 취하고 있기 때문이다. 그러나 언어상의 개념들에서 표현될 수 있는 것은 물론 여러 차원들을 갖는 일반성이다. 만약 사람들이 직관세계의 총체를 하나의 동일한 평면과 같은 형상을 갖는 것으로 상정한다면, 명명이라는 행위에 의해서 잇달아 특정한 개별적 형상들을 강조하고 그것들의 주변과 구별한다면 이러한 규정의 과정은 우선은 항상 이러한 평면의 개별적이고 협소하게 한정된 부분에만 관계할 뿐이다. 그럼에도 불구하고 그러한 모든 개별영역들이 서로 연이어서 놓이게 되면, 이러한 방식으로 점차 그 평면의 전체가 점진적으로 파악될 수 있게 되며 갈수록 긴밀하게 되는 명명의 망에 의해서 이를테면 덮어 씌워질 수 있게 된다. 그러나 이 망의 개개의 그물코들이 아

---

20) Curtius, *Grundz. der griech. Etymologie* 5판, 98쪽 이하. 전체에 대해서는 Hermann Osthoff, *Vom Suppletivwesen der indogerman. Sprachen*, Akad. Rede, Heidelberg 1899를 볼 것.

무리 섬세하더라도 망 자체는 당분간은 헐겁게밖에는 짜여 있지 않다. 왜냐하면 개개의 단어는 아직은 자신만의 비교적 한정된 행동반경만을 가지고 있으며 그것을 넘어서서는 무력하게 되기 때문이다. 다수의 상이한 의미영역들 자체를 다시 하나의 통일적 형식으로 표시하는 새로운 언어적 전체로 통합하는 가능성이 그것에는 결여되어 있다. 개개의 단어 모두에 내포되어 있는 형태화와 분리의 힘이 작용하기 시작했지만 그것은 너무 일찍 한계에 도달하게 된다. 그리고 이제 새로운 자립적 출발점을 취하는 것에 의해서 직관의 새로운 권역이 열려야만 한다. 각각 고립되어 있고 독립적으로 작용하는 이러한 여러 개별적인 충동들 모두를 합해도 기껏해야 집합적 통일성에 도달할 뿐이지 참된 유적인 통일성에 도달하는 것은 아니다. 그 경우 언어적 표현의 총체는—그것이 하나의 총체를 이루게 될 수 있다면—하나의 집적체일 뿐이지 내적으로 분절된 체계는 아니다. 분절화의 힘은 개개의 명명과 함께 소진되었으며 포괄적인 통일체를 형성하기에는 충분하지 못하다.

이에 반해 언어가 특정한 직관영역들을 가리키기 위해서 특정한 명칭들을 창출하는 것에 만족하지 않고 이러한 명칭들 자체를 결합하여 그 내용들의 사태적인 **공속관계**가 언어형식에도 명료하게 나타날 때까지 나아갈 경우에, 언어는 유적 일반으로 향하는 길에서 한 걸음 더 나아가게 된다. 일정한 개념적 의미계열에 그것에 대응하는 일정한 음운계열을 할당함으로써 소리와 의미를 보다 엄밀하게 서로 연관 지으려는 이러한 노력이야말로 순수하게 성질을 규정하는 개념형성으로부터 분류적인 개념형성으로 나아가는 과정의 특징을 보여준다. 분류적인 개념형성이 가장 단순한 형식으로 행해지는 것은, 여러 단어의 군들이 공통의 접미사나 접두사를 갖게 됨으로써 서로 일치되는 언어적 각인을 받는 것에 의해서 하나의 통일체로서 특징지어지는 경우이다. 각각의 단어 자체에 귀속되는 특수한 의미는 이제 그 단어에 어떤 일반적인 규정요소를 덧붙이고 이것이 그 단어가 다른 언어적 형성체들에 대해 갖는 관계를 눈에 뜨이게 하는 것에 의해서 보완된다. 분류하는 의미를 갖는 어떤 접미사에 의해 함께 모여지는 이러한 그룹은 예를 들면 인도게르만어의 친족명, 즉 Vater〔아버지〕, Mutter〔어머니〕, Bruder〔형제〕, Schwester〔자매〕, Tochter〔딸〕 등의 명칭에서 발견된다. 이러한 명칭에 나타나 있는 공통의 어미인 $-$tar(ter)(pitár, matár, bhratar, svásar, duhitár $\pi\alpha\tau\acute{\eta}\rho\ \mu\acute{\eta}\tau\eta\rho\ \theta\upsilon\gamma\acute{\alpha}\tau\eta\rho$ 등)는 이러한 명칭들을 그 자체로 완결된 하나의 계열로 결합하며 이와 함께 그것들에게 하나의 동일한 '개념'이라는 각인을 부여한다. 그러나 이러한 개념은 이 계열 자체의 **외부에** 어떤 독립된 분리 가능한 단위로 존립하는 것이 아니다. 그것의 의미는 이러한 계열에 속하는 개별항들을 통합한다는 바로 그러한 기능에 존재한다. 그러나 이를 근거로 하여 언어가 여기에서 수행한 기능을 사고적 기능, 엄밀한 의미의 **논리적** 기능으로 인정하려고 하지 않는다면 그것은 오류일 것이다. 왜냐하면 개념에 대한 논리학적 이론은 '계열개념'이 '류〔類〕개념'보다 힘과 중요도 면에서 뒤처지는 것이 아니라 오히려 류〔類〕개념 자체에 속하는 본질적인 계기이며 불가결한 구성부분이라는 사실을 분명하게 지적하고 있기 때문이다.[21] 만약 이러한 사실을 염두에 둔다면, 언어의 이러한 형성작용을 지배하고 있는 원리가 그것의 전체적인 의의와 생산성 면에서 즉각적으로 드러나게 된다. 사람들이 이러한 형성작용을 유사성에 입각한 단순한 연상이라는 심리학적 법칙으로 환원하는 것에 의해서 설명할 수 있다고 믿는다면, 이러한 원리가 갖는 정신적 내용을 충분히 정당하게 평가하지 못한 것이 될 것이다. 개개의 경우에 따라서 또한 개체에 따라서 상이한 우연적 연상과정이라는 것으로는 순수하게 논리적인 개념, 즉 인식개념의 근거와 기원을 충분히 설명될 수 없는 것과 마찬가지로 언어적 개념의 근거와 기원도 충분히 설명할 수 없다. 분트는 이렇게 지적한다. "인도게르만어에서 친족명들의 형성과정을 사유하는 심리학적으로 유일하게 가능한 방식은 하나의 친족명의 형성에서 다른 친족명의

---

21) 이것에 관해 상세한 것은 졸저 *Substanzbegriff und Funktionsbegriff*, 특히 1장과 4장을 참조할 것.

형성에 이르는 가교(架橋)가 두 개의 표상과 그것들에 수반되는 감정들의 연상에 의해서 만들어지고 이러한 연상이 그 표상의 특수한 내용을 표현하는 데 기여하지 않는 단어의 음운요소들을 동화(同化)시키게 된다는 식으로 생각하는 것이다. 따라서 합치하는 개념기호들이 동시에 형성되는 방식에 의해서가 아니라 잇달아 일어나는 연상들에 의한 동화라는 방식으로만 하나의 군에 속하는 표상들에 공통된 한정적인 음운기호가 생길 수 있었다. 이 때문에 대상들의 공속성 개념은 한정적 요소의 형성에 선행한 것이 아니라 그것과 전적으로 동시에 발달했다고 할 수 있다. 왜냐하면 이러한 개념은 분명히 하나의 대상에서 다른 대상으로 이행할 때에 직접적으로 나타나는 공속성의 표현이지만, 이러한 공속성은 본격적인 비교에 의거한다기보다는 오히려 일치하는 색채에 수반되는 어떤 종류의 감정에 입각하기 때문이다."[22] 그러나 우리는 이러한 주장에 대해서 다음과 같이 반론을 제기할 수밖에 없다. 즉 특정한 명칭군을 통합하려고 하는 근원적인 심리적 **동기**가 어떤 것이든, 통합한다는 것 자체는 독자의 논리적 **형식**을 갖는 자립적인 논리적 행위를 표현한다고. 어떤 한정작용이 오직 감정의 영역에만 머물러 있다면 그것만으로는 결코 새로운 객관적 규정을 창출할 수 없을 것이다. 왜냐하면 감정적인

---

22) Wundt, *Völkerpsychologie* 2판, II, 15쪽 이하.

연상은 어떤 것이라도 결국은 모든 의식내용들, 즉 극히 이질적인 의식내용들 사이에서도 성립할 수 있으며, 따라서 이러한 종류의 연상으로부터는 논리적이고 언어적인 개념에서 산출되거나 적어도 요구되는 것과 같은 종류의 '등질성(等質性)'에 이르는 어떠한 길도 발견될 수 없기 때문이다. 감정에 의해서는 모든 것이 서로 결합될 수 있으며, 따라서 감정만 가지고서는 왜 **특정한 내용들이 특정한 단어들과** 결부되는지를 충분히 설명할 수 없다. 그것을 설명하기 위해서는 오히려 비교라는 사상적 관점이 요구된다. 그리고 이 관점은 언어의 계열형성물들에서 자립적인 개념어, 소재어(Stoffwort)라는 형식으로서가 아니라 분류하는 기능을 갖는 접미사라는 형식으로밖에 나타나지 않는 경우에도 명료하게 인식될 수 있다.[23] 언어가 특정한 내용들이 류적으로 공속한다는 사태를 표현한다면, 그것만으로도 이미 언어는 지적 진보의 한 수단으로 기여하는 것이 된다. 이 경우 이러한 연관이 **어떤** 점에서 성립하는지를 파악하고 그것을 표시하는 것에 성공하는지 어떤지는 중요하지 않다. 이 점에서도 언어는 다

---

[23] 덧붙이자면 이러한 '분류적 접미사들' 중의 많은 것은 다른 접미사와 마찬가지로 구체적인 개념어·소재어들을 자신의 기원으로 갖는다는 사실은 분명하다.(이것에 대해서 제5장을 참조할 것) 물론 인도게르만어의 영역에서는 이러한 연관을 개개의 경우에 대해서 어원적으로 증명하는 것이 거의 가능하지 않다.

음과 같은 과제, 즉 말할 것도 없이 학문적 인식에 의해 비로소 참으로 해결될 수 있는 과제를 선취하는 것이라는 사실이 입증된다. 언어는 이를테면 논리적 개념을 선취하는 것이다. 논리적 개념은 내용들의 상호연관과 공속관계를 단순히 주장하는 것으로 만족하지 않고 이러한 상호연관의 이유를 묻는다. 그것은 이러한 상호연관의 법칙과 '근거'를 파악하려고 한다. 개념연관들에 대한 분석은 여기에서는 궁극적으로 그것들의 '발생적인 정의'로까지 소급해간다. 즉 그러한 분석은 그러한 개념연관들이 비롯되는 **원리**를 제시하는 데까지 소급해간다. 그리고 그러한 **원리**는 개념연관들이 그것으로부터 도출될 수 있는 원리이며 개념연관들은 그러한 원리의 특수화이다. 언어는 좁은 의미에서의 '류적' 개념들과 마찬가지로 성질을 규정하고 '분류하는' 개념들에 의해서도 이러한 고찰로까지〔개념연관들이 비롯되는 원리에 대한 고찰로까지〕 자신을 고양시킬 수는 없다. 그러나 언어는 상호연관 일반에 대한 최초의 도식을 창출함으로써 도처에서 그러한 고찰을 위한 기반을 마련한다. 이러한 도식에는 아직 내용들 사이의 객관적인 공속관계는 거의 포함되어 있지 않다고 해도 개념의 주관적인 측면이 확정되어 있으며 개념이 **물음**으로서는 무엇을 의미하는지가 제시되고 있다. 사실상 역사적으로 보아도 개념이라는 문제의 발견은 개념의 **언어적** 표현을 궁극적인 것으로서 받아들이는 것이 아니라 오히려 **논리적 물음**으로서 평가하고 이해하는 것을 배우는 것에서 성립했다. 개념에 대한 소크라테스적 표현, 즉 τί ἔστι〔그것은 무엇인가〕는 여기에 그 기원을 갖는다. 소크라테스는 귀납법에 의해서 개념으로 나아가게 되지만, 그러한 귀납법은 어형의 잠정적이고 개연적인 통일성에서부터 출발하면서 그것으로부터 논리적 개념들의 명확하고 결정적인 형태를 획득하게 된다.[24] 이러한 의미에서 언어에서 나타나는 상호연관과 분류에는 아직은 불가피하게 주관성이 존재하지만 그것들은 또한 동시에 일정한 종류의 이념성, 즉 '이념이라는 객관적인 통일성'으로의 일정한 방향을 포함하고 있다.

II. 언어에서의 종류형성의 근본방향

개별적인 언어들에서 작용하는 개념형성과 종류(Klassen)형성의 여러 형식들을 기술하고 그것들의 궁극적인 정신적 동기들을 이해한다는 과제는 언어철학의 범위와 방법적 가능성을 넘어서 있다. 이러한 과제는 그것이 도대체 해결 가능하다고 한다면, 일반언어학과 특수한 언어학들에 의해서만 수행될 수 있다. 언어가 여기에서 밟는 길들은 너무 다양하게 얽혀 있고 불명확해서 개별적인 언어들의 세부에 극도로 정확하게 파고들고 섬세하게

---

24) 이 책의 제1장 I을 볼 것.

감정이입을 함으로써만 서서히 그러한 길들을 밝힐 수 있다. 왜냐하면 종류형성이야말로 언어들이 저 내적인 형식, 즉 언어들이 그것에 의해서 서로 종적으로 구별되는 내적인 형식의 본질적 계기의 하나를 형성하기 때문이다. 그러나 언어가 여기에서 수행하는 풍부하고 다면적인 정신적 형성이 하나의 완결되어 있는 추상적인 도식에 의해서 단번에 포섭되고 그러한 도식에 의해서 표시될 수 없는 것처럼, 여기에서도 언어가 대상들을 분류하고 서로 연관을 지을 때 따르는 몇 개의 일반적인 관점들이 특수한 현상들을 비교하는 것에 의해서 드러나게 된다. 언어의 발달방향은 '구체적인 것'에서 '추상적인 것'으로 연속적으로 발전해간다는 현상에 의해서 규정되고 있는데, 우리는 이러한 현상을 지도 원리로 삼음으로써 이러한 관점들을 정리하려고 할 수 있다. 물론 이 경우 다음과 같은 점을 염두에 두어야만 한다. 여기에서 문제가 되는 것은 시간적인 중층구조가 아니고 방법적인 중층구조이며, 따라서 언어의 주어진 역사적 형태에서는 우리가 여기에 사고에 의해서 분리하려고 시도하는 층들이 나란히 존립하고 극도로 다양한 방식으로 서로 겹칠 수 있다는 것이다. 정신의 단계들 중에서 가장 낮은 단계에서 대상들을 비교하고 서로 연관을 짓는 작업은 대상들이 환기하는 감성적 인상들 사이의 어떤 유사성에서만 출발하는 것 같다. 자연민족의 언어들에서 우리는 감성적 동기들이 완전히 지배하는 이러한 종합방식을 보여주는 다양한 실례들에 접할 수 있다. 그러한 언어들에서는 내용적으로 가장 상이한 것도, 감성적으로 지각될 수 있는 형식의 유사성이 어떤 것이든 간에 그러한 유사성이 보이기만 한다면 하나의 '종류'로 포함될 수 있다. 멜라네시아어와 많은 아메리카 원주민어는 긴 형식이나 둥근 형식을 특징으로 갖는 대상에 대해서 특수한 접두사를 사용하는 경향이 있다. 이러한 경향에 의해서 예를 들면 태양과 달에 대한 표현이 인간의 귀와 어떤 형태의 물고기 그리고 카누 등에 대한 표현과 동일한 어군으로 포함되는 반면에 코와 혀를 가리키는 명칭들은 긴 대상들에 대한 표시로서 다른 어군에 속해 있다.[25] 지각되는 개별적인 사물들이 갖는 **내용**상의 단순한 유사성으로부터 출발하는 것이 아니라 어떤 관계규정에 입각하면서 대상을 그것의 크기, 수, 위치와 상태 등에 의해서 서로 구별하는 종류의 구별은 이미 전적으로 다른 고찰의 층에 속해 있는 것 같다. 예를 들어 반투어들은 전자의 관점에 입각하여 특히 커다란 사물들을 표시하기 위해서 특수한 접두사를 사용하고 있는 반면에 다른 접두사가 축소접두

---

[25] Codrington, *Melanesian languages*, 146쪽 이하. 아메리카 인디언의 언어들에 관해서는 예를 들면 하이다(Haida)어는 모든 명사를 감성적·공간적인 상징에 의해서 특징지어지는 그룹으로 나누며 따라서 '긴' 것, '얇은' 것, '둥근' 것, '평평한' 것, '모가 난' 것, '실과 같은' 것으로 선명하게 구분하고 있다. Swanton, *Haida*, in Boas, *Handbook* I, 216쪽, 227쪽 이하를 볼 것.

사로 사용되고 있다. 반투어들에서는 또한 반드시 집합적인 다수의 한 요소로서, 즉 '많은 것들 중의 하나'로서 나타나는 대상은 둘이 한 쌍을 이루고 있는 인간의 눈과 귀 그리고 손처럼 '이중적으로 존재하는 사물들'로 나타나는 대상과 구별된다.[26] 위치와 상태에 관련해서는, 예를 들면 많은 아메리카 원주민어들에서는 하나의 단어가 어떤 종류에 속하는가는 그 대상이 서 있다고 생각되는지, 앉아 있다고 생각되는지, 누워 있다고 생각되는지에 달려 있다.[27] 여기에서는 대상들이 직관적으로 파악될 수 있는 직접적인 특징들에 따라서 분류되지만 그것과 아울러 어떤 기묘한 **간접적인** 분류원리를 사용하는 분류도 행해지고 있다. 그것은 모든 사물들을 인간의 신체의 사지(四肢)에 대응시키고 어떠한 부위에 대응되느냐에 따라서 상이한 언어 그룹으로 정리하는 것이다. 여기에서도 이미 언어에 의한 공간직관의 구성 및 어떤 종류의 원초적인 공간어의 형성에서 나타났던 것과

---

26) Meinhof, *vergl. Grammt. der Bantusprachen*, 8쪽 이하, 16쪽 이하에서 분류접두사에 대한 기술을 볼 것.
27) Powell, *Intro. to the study of Indian Languages*, 48쪽을 참조할 것. 생물과 무생물을 구별하는 풍카(Ponca)어에서는 생물의 류에서도 어떤 특수한 접두사는 정지적인 대상을, 다른 접두사는 움직이고 있는 대상을 표시하는 것에 사용되고 있다. 또한 어떤 접두사는 어떤 개별적인 생물이 서 있을 때에 사용되고 다른 접두사는 어떤 개별적인 생물이 앉아 있을 때에 사용된다, 등. Boas und Swanton, Siouan in Boas' *Handbook* I, 940쪽을 참조할 것.

동일한 동기가 발견된다. 인간의 신체와 그것의 각 부위의 구별이 언어적인 '방향정립(Orientierung)' 일반에 대한 최초의 필연적인 기초들 중의 하나로 사용되고 있다.[28] 따라서 많은 언어들에서는 신체부위들의 구분이 그대로, 세계 전체 및 그것의 분절에 대한 파악이 의거하는 일관된 도식으로 이용된다. 이 경우 언어가 명명하는 개개의 사물은 우선 어떤 신체부위, 예를 들면 입과 다리, 머리와 심장, 가슴 등과 결합되어 있으며, 이러한 근본적인 관계에 따라서 개개의 대상은 일정한 종류, 즉 고정된 '류'로 분류된다.[29] 이러한 분류방식으로부터 언어의 최초의 개념적 구별이 아직 전적으로 물질적인 기체에 구속되어 있다는 것, 동일한 류에 속하는 항들 간의 관계는 그것이 **사유되려면** 항상 동

---

28) 이 책의 제3장 I을 볼 것.
29) 이 점과 관련하여 특히 남(南)안다만(südandamanisch)어의 극히 기묘한 분류방식은 특기할 만하다. 이것은 E. H. Man, *On the aboriginal inhabitants of the Andaman Islands, with report of researches into the language of the South Andaman Island by A. J. Ellis*, London 1883에 상세하게 기술되었다. 만(Man)의 서술은 M. V. Portman, *Notes on the Language of South Andaman Group of Tribes*, Calcutta 1898에 의해서 보완되고 있다. 안다만어의 분류체계에서는 우선 인간이 하나의 특수한 류를 이루면서 다른 명사로부터 구별된다. 그것으로부터 개개의 신체부위와 친족명칭이 언어적으로는 분명히 구별되는 그룹으로 나뉜다. 예를 들어 각각의 특별한 그룹에 대해서 특별한 소유대명사─나의, 너의, 그의 등에 해당하는 특별한 표현─가 사용된다. 더 나아가 개개의 신체부위와 친족군 사이에도 일련의 유비적 대응과 '동일성'이 존재한다.(Man, 앞의 책, 51쪽 이하; Portmann, 앞의 책, 37쪽 이하를 참조할 것)

시에 어떠한 방식으로든 상으로서 **구체화**되어야만 한다는 사실이 아주 명확하게 된다. 그렇다면 예를 들어 반투어들에서 발견되는 것과 같은 극히 풍부하게 발전되고 극히 섬세하게 형성된 분류체계에서는 단순한 감성적 구별이라는 이러한 최초의 권역을 결정적으로 넘어선 전체에 대한 어떤 견해를 획득한 것으로 여길 수밖에 없다. 여기에서 언어는 존재의 전체가 공간적인 전체로서 파악되는 한 그것을 **관계들**의 복합체로서 파악하고 그러한 관계들로부터 자라나오게 하는 힘을 이미 갖고 있다는 사실이 드러난다. 반투어들에서 사용되는 엄밀하게 단계지어진 '위격(位格)접두사(Lokativpräfixen)'의 총체에서 한편으로는 말하는 사람으로부터 대상이 갖는 여러 거리와 다른 한편으로는 그러한 대상들의 다양한 공간적 관계—'서로 침투해 있음', '서로 접해 있음', '서로 따로 존재함'—가 정밀하게 표시될 때, 공간직관의 직접적인 형식이 여기에서는 이를테면 하나의 **체계적인** 형태를 취하기 시작하고 있는 것이다. 그것은 흡사 공간이 여기에서는 다중적으로 규정된 다양체로서 언어에 의해서 형식적으로 구성되는 것 같으며, 공간이 개별적인 위치구별과 방향구별로부터 자기완결적이지만 동시에 내적으로 분화된 통일체로 형성되는 것 같다.[30] 따라서 이러한 분류에서는 이미 **조직화**를 향한 어떤

---

30) 이 점에 대해서는 Meinhof, *Bantugrammatik*, 19쪽 이하에서 반투어들

충동과 힘이 작용한다는 사실이 입증되는 것 같다. 이러한 조직화는 대상 자체가 아직 전적으로 직관적인 존재의 권역에 머무르고 있는 곳에서조차 **원리적으로는** 이러한 권역을 이미 넘어서 있으며 언어가 '다양한 것들을 종합하는' 새로운 독자적인 형식들을 시사하는 것 같다.

이 경우 그러한 종합의 각각이 단지 이론적 관점에 의해서뿐 아니라 상상적 관점에 의해서도 지배되고 있다는 것, 따라서 언어적인 '개념형성'도 크게 볼 때는 지각내용의 논리적 비교와 결합의 성과로서보다는 오히려 **언어적 상상력**의 성과로 나타난다는 것은 물론 언어 자체의 본질에 기초해 있다. 계열형성의 형식은 단지 개별적인 내용들의 객관적 '유사성'에 의해서만 규정되는 것이 절대로 아니고 주관적인 상상력의 동향에 따른다. 따라서 언어의 종류형성을 주도하는 동기들은—무릇 그것들에 대한 우리의 통찰이 미치는 한에서는—원시적이고 **신화적인** 개념형식과 **신화적 분류**에 아직 깊은 근친성을 갖고 있는 것 같다.[31] 여기에서도 정신의 전체적인 형식으로서의 언어가 신화와 로고스의 경계에 서 있다는 것, 다른 한편으로 이론적 세계고찰과 미적 세계고찰 사이의 중심과 매개라는 사실이 입증된다. 우리에

의 '위격접두사'의 체계에 대한 기술을 참조할 것.
31) 이것에 관해서 상세한 것은 졸고, "Die Begriffsform im mythischen Denken", Studien der Bibliothek Warburg I, Leipzig 1922를 참조할 것.

게 가장 친근하고 통상적인 언어적 종류형성의 형식, 즉 명사를 남성·여성·중성이라는 3개의 성으로 나누는 것도 이렇게 반쯤은 신화적이고 반쯤은 미학적인 동기들에 의해서 철저하게 규정되고 있다는 사실은 이러한 원리가 개별적으로 적용되는 방식들에서 자주, 여전히 부인할 수 없을 정도로 분명하게 나타난다. 따라서 극히 깊고 섬세한 예술가적 직관이 힘 있고 예리한 문법적-논리적 분석과 결합되어 있다고 보았던 언어연구자들은 바로 여기에서 언어적인 개념형성 원리의 참된 원천을 파악하고 이를테면 그것을 직접 청취할 수 있다고 믿었다. 야콥 그림(Jakob Grimm)은 인도게르만어들에서 행해지는 성의 구별을 자연적인 성의 전용이라는 식으로 설명하고 있으며 이러한 전용은 이러한 언어의 극히 이른 단계에서 이미 수행되었다고 본다. 남성과 여성뿐 아니라 중성에도 그는 이러한 '자연적 시원'을 귀속시키고 있다. 이는 그림이 중성의 참된 근원을 '살아 있는 것들의 foetus[태아] 혹은 proles[씨앗]'에 대한 개념에서 찾고 있기 때문이다. 그림은 더 나아가 남성은 일관되게 보다 이른 것, 보다 큰 것, 보다 견고한 것, 보다 유연성이 없는 것, 보다 빠른 것, 활동적이고 동적이며 산출적인 것을, 이에 반해서 여성은 보다 늦은 것, 보다 작은 것, 보다 부드러운 것, 보다 조용한 것, 수동적이고 수용적인 것을, 중성은 산출되고 작용을 받는 것, 소재적인 성격을 갖고 일반적이며 집합적이고 미발달된 것을 표시하고 있다는 사실을 보여주려 하고 있지만, 물론 근대언어학은 이와 관련해서는 단지 극히 부분적으로만 그의 설에 따랐다. 이미 인도게르만어에 대한 언어학 내에서도 그림의 미학적인 이론에 대해서 브루크만의 보다 냉정한 이론이 대립해 있었다. 브루크만은 성의 구별이 명사 전체에 나타나는 것을 언어적 상상력의 보편적인 본질적 방향에 기초해 있다고 생각하지 않고 특정한 형식적이고 어떤 의미에서는 우연적인 유비에 기초해 있다고 보고 있다. 그에 따르면, 언어는 이러한 구별을 형성하고 고정할 때 사물들에 혼과 생명을 부여하는 사고방식에 의해서 인도되는 것이 아니라 오히려 음운형식의 그 자체로는 무의미한 유사성에 의해서 인도되었다는 것이다. 예를 들어 어떤 '자연적인 여성명사', 즉 여성적인 존재들에 대한 어떤 표시가 −a(−ā)라는 어미로 끝난다는 사정이, 점차 순전히 연상적인 방식으로 이러한 어미를 갖춘 모든 단어들을 동일한 '여성명사'의 부류에 편입시키는 것으로 이끌었다는 것이다.[32] 절충적인 이론, 즉 문법적 성의 형성을 부분적으로는 직관적·내용적인 동기에서 부분적으로는 형식적인 동기에서 비롯되는 것으로 보면서 양자가 작용하는 경계를 분명히 하려고 하는 이론도 자주 시도되었다.[33] 이러한 사

---

32) Brugmann, *Das grammatische Geschlecht in den indogermanischen Sprachen*, Techmers Zeitschr. für allgem. Sprachwissensch. IV, 100쪽 이하.

태의 근저에 존재하는 문제가 그것의 전체적인 의의와 폭에서 파악될 수 있었던 것은, 언어연구가 인도게르만어권과 셈어권을 넘어서 확대됨으로써 이러한 언어들에 존재하는 성의 구별은 훨씬 더 풍부하고 정밀하게 형성된 분류의 한 특수사례일 뿐이며 아마도 그것의 잔재일 것이라는 사실이 점점 더 분명하게 된 이후부터였다. 만약 특히 반투어가 잘 보여주는 바와 같은 분류에서 출발한다면 '자연적 성(Sexus)'의 의미에서의 성의 구별은 언어가 '류적' 구별 일반의 형성을 위해서 사용하는 수단 전체에서 비교적 좁은 부분밖에 차지하지 않으며, 따라서 그것에서는 언어적 상상력의 단 하나의 방향만을 파악할 수 있을 뿐이고, 그것의 일반적이고 일관된 **원리**는 파악될 수 없다는 사실이 의심할 수 없을 정도로 분명하게 된다. 사실상 많은 언어는 명사의 자연적 성에 따른 혹은 그것과의 유비에 의한 구분을 전혀 하고 있지 않다. 그러한 언어들에서는 무생물들의 경우에 남성과 여성을 일반적으로 구별하지 않는다. 이에 반해 동물에 대해서는 남성과 여성을 특수한 단어로 표현하든가 혹은 동물의 종의 일반적인 명칭에 특별한 성표시를 포함하는 단어를 덧붙이는 것에 의해서 표시하든가 그중의 하나다. 인간의 영역에도 이러한 표시 방식을 적용하는데, 예를 들면 어린이라든가 시종과 같은 일반

---

33) 예를 들어 Wilmans, *Deutsche Grammatik*, III, 725쪽 이하.

적인 표현에 이러한 종류의 부가어를 덧붙여서 아들과 딸, 노예와 하녀 등에 대한 표현이 형성되는 것이다.[34]

야콥 그림과 마찬가지로 언어에서의 종류 분류의 기원이 언어적 '상상력'이라는 근본적 기능에 존재한다고 보는 훔볼트는 따라서 이러한 능력을 처음부터 보다 넓은 의미로 파악하고 있다. 이 경우 그는 주로 아메리카 원주민의 언어들에 대해서 자신이 행했던 관찰에 입각하고 있다. 이러한 언어들의 대부분은 자연적인 성의 구별을 전혀 표시하지 않든가 혹은 때에 따라서는 불완전하게밖에 표시하지 않지만, 그 대신에 생명이 없는 대상과 생명을 가진 대상의 대립에 대해서는 도처에서 극히 섬세한 감각을 보여주고 있다. 알공킨(Algonkin) 언어들에서는 이러한 대립이 언어의 구조 전체를 지배하고 있다. 여기에서는 어떤 특별한 접미사(-a)가 생명과 자립적인 운동이라는 속성을 자체 내에 통일적으로 함께 가지고 있는 대상을 표시하며, 다른 접미사(-i)는 이러한 속성을 결여하고 있는 대상을 표시한다. 모든 동사 혹

---

[34] 특히 인도게르만어 식의 성표시를 갖지 않는 핀·우고르어와 알타이어에서 행해지는 이러한 수속은 그 외의 언어에서도 널리 퍼져 있다. 이것에 대해서는 예를 들어 Boethlingk, *Die Sprache der Jakuten*, 343쪽; J. J. Schmidt, *Grammat. der mongol. Sprache*, 22쪽 이하를 볼 것. 다른 언어권에 대해서는 H. C. v. d. Gabelentz, *Die melanes. Sprachen*, 88쪽을 볼 것. Westermann, *Die Sudansprachen*, 39쪽 이하; Matthews, *Languages of some native tribes of Qeensland*, J. and Proc. of the Royal Soc. of N. S. Wales XXXVI, 1902, 148쪽, 168쪽.

은 명사는 이러한 두 종류 중 어느 한 쪽에 속한다. 이 경우 물론 순수하게 경험적인 관찰에 의해서 보이는 징표가 기준이 될 뿐 아니라, 신화에 의해서 신화적 상상력과 자연에 생명을 부여하는 방향에 의해서도 결정적으로 규정된다. 따라서 예를 들어 이러한 언어들에서든 다수의 식물—그중에는 곡물과 담배와 같은 가장 중요한 종류의 식물도 포함되어 있다—이 살아 있는 대상들의 종류에 귀속된다.[35] 다른 한편으로 천체도 문법적으로는 인간과 동물과 동일한 종류에 포함될 경우에, 훔볼트는 그것을 이러한 동일시를 수행하는 민족들의 사고에서는 그러한 것들을 자신의 힘으로 움직이는 것으로서 그리고 아마 인간의 운명을 위로부터 인도하는 인격성을 갖춘 존재로서 고찰하고 있다는 사실에 대한 가장 명료한 증거로 보고 있다.[36] 만약 이러한 추론이 옳다면 그것에 의해서, 언어는 종류들의 이러한 분류에서 신화적인 사고와 표상과 아직 직접 얽혀 있지만 다른 한편으로는 이미 그러한 사고의 최초의 원시적인 기저층을 넘어서기 시작하고 있다는 사실이 증명되는 셈이다. 왜냐하면 이러한 기저층에서는 세계 전체와 그 안의 각각의 특수한 존재를 동일한 정도로 포괄하고 침투하고 있는 '범정령성(汎精靈性, Allbeseelung)'의 형

---

35) 알공킨(Agonkin)어의 종류형성에 대해서는 W. Jones, Algonquian (fox) in Boas, *Handbook* I, 760쪽 이하.
36) Humboldt, *Einleit. zum Kawi-Werk*, W. VII, 1쪽, 172쪽 이하.

식이 아직도 지배하고 있는 반면에, 언어가 인간이라는 류와 사물이라는 류의 대립을 통상적으로 이용하는 가운데 '생명'이라는 일반적인 영역에서부터 점차 갈수록 분명하게 인격적이고 자기의식적인 존재가 독자적인 의미와 가치를 가진 존재로서 두드러지게 드러나기 때문이다. 예를 들어 드라비다어들에서 모든 명사는 '이성적인' 존재를 포괄하는 것과 '비이성적인' 존재를 포괄하는 것이라는 두 종류로 나뉘어 있다. 첫 번째 종류에는 인간 이외에 신들과 반신(半神)들이 속하며 두 번째 종류에는 무생물 외에 동물 등도 속한다.[37] 따라서 여기에서 세계의 전체를 관통하는 절단선은 만물을 단순히 무차별적인 방식으로 신화적으로 생명을 부여하는 것과는 본질적으로 다른 원리로 긋는 것이다. 반투어들도 그 분류체계에서 자립적으로 행동하는 인격으로서의 인간과 살아 있지만 인격적이지 않은 모든 종류의 존재를 엄격하게 구별한다. 따라서 반투어들은 자립적인 인격이라고는 생각되지 않고 단지 생명을 부여받은 것으로서 또는 인간에 빙의되는 것으로서 사유되는 영들에게는 특별한 접두사를 사용한다. 특히 **자연력**으로서의 병과 더 나아가 연기, 불, 강물, 달 등에 이러한 접두사를 붙인다.[38] 이와 함께 이러한 언어에서는 보

---

37) Fr. Müller, *Grundr. der Sprachwissenschaft*, III, 1쪽, 173쪽; *Reise der Fregatte Novara*, 83쪽.

다 좁은 의미에서의 인격적·정신적인 존재와 작용에 대한 파악이 어떤 고유의 표현을 창출하게 된 것이며, 이러한 표현에 의해서 그러한 파악방식은 단순한 애니미즘의 생명관과 영혼관으로부터, 즉 영혼을 일반적인 그러나 바로 이러한 일반성 때문에 우선은 전적으로 무규정적인 신화적 잠재력으로 보는 견해로부터 자신을 구별할 수 있게 되는 것이다. 물론 이 경우, 이 점에서도 인간과 사물을 다른 종류로 분류하고, 개개의 대상을 두 종류 중의 하나로 귀속시키는 일이 단지 '객관적인' 규준에 따라서만 행해지는 것이 아니라는 것, 오히려 언어에서 표현되는 현실의 개념적·논리적 구조는 여기에서도 아직 순수하게 주관적이고 직접적인 감정에 의해서만 파악될 수 있는 구별에 의해서 전적으로 관철되어 있고 채워져 있다는 사실이 증시된다. 이러한 분류는 단순한 지각작용과 판단작용에 의해서가 아니라 항상 동시에 감정과 의지작용에 의해서, 즉 내적인 태도결정의 작용에 의해서 규정된다. 따라서 본래 사물의 류에 속하는 어떤 사물의 이름이 인간의 류로 이행하고 그것에 의해서 해당 대상의 가치와 중요성을 부각시키고 특히 중요한 것으로서 특징짓는 것은 자주 일어나는 현상이다.[39] 우리에게 잘 알려져 있는 현재의 구조에

---

38) 이 점에 대해서는 Meinhof, *Bantugrammatik*, 6쪽 이하에 나오는 예들을 볼 것.

서 명사들을 자연적 성에 따라서 구분하는 언어들에서조차 이러한 구분을 이용하는 방식에서, 이러한 구분이 인간이란 류와 사물이란 류의 가장 오래된 구분—이것은 동시에 가치의 구분으로 느껴졌다—으로 소급된다는 사실이 여전히 분명하게 드러난다.[40] 이러한 현상은 언뜻 보기에는 독특한 것으로 보일지 모

---

39) 리베리아의 골라(Gola)어에서는(Westermann, *Die Gola-Sprache*, 27쪽), 본래 어떤 다른 접두사가 붙는 명사에 인간과 동물의 종류를 보여주는 o-접두사가 붙은 경우가 자주 있다. 이것은 그 명사가 가리키는 대상이 특별히 크고 탁월하며 가치 있는 대상으로서 강조되어야 할 경우이며, 이러한 대상은 이러한 속성들 때문에 생물의 종류로 분류된다. "이처럼 유야자(油椰子) keise는 또한 osie라고도 불리며 이것에 의해서 이 야자가 가장 중요한 나무들 중의 하나라는 사실을 특별히 강조한다. kekul은 나무이지만 okul은 특별히 크고 아름다운 나무이며, ebu는 들이지만 obuo는 크고 풍요로운 들이다. 동화에서 말을 하고 행동하는 나무나 다른 대상들도 똑같이 o-류로 분류된다." 알공킨어에서는 작은 동물들은 무생물의 그룹으로 분류되며, 그것에 반해서 특별히 중요한 식물의 종류는 '살아 있는' 것의 그룹으로 분류된다.

40) 이것에 관한 특징적인 예를 마인호프와 라이니쉬는 베다우예(Bedauye)어로부터 끌어내고 있다. 베다우예에서 예를 들어 소 a'는 가정 전체의 지주로서 남성에 속하며 그것에 반해서 고기를 의미하는 a'은 보다 덜 중요하기 때문에 여성에 속한다.(Meinhof, *Die Sprachen der Hamiten*, 139쪽) 셈계어들에서도—Brockelmann, *Grundriß* I, 404쪽 이하에 의하면—명사를 남성과 여성으로 구별하는 것은 자연적인 성(性)과는 전혀 무관한 것 같다. 오히려 여기에서도 여성형을 열등한 형식 또는 축소형으로서 사용하는 사용방식에 아직 남아 있는 옛날부터의 위계구분과 가치구분이 근저에 존재한다. 특히 Brockelmann, 앞의 책 II, 418쪽 이하; *Kurzgef. vergl. Grammatik*〔비교문법학의 요약본〕, 198쪽 이하를 참조할 것.

르지만, 그것에서 나타나는 것은 언어에 의한 개념형성 일반의 근본원리일 뿐이다. 언어는 인상들과 표상들의 특색을 단순히 따르는 것이 결코 아니고 자립적으로 활동하면서 그것에 대립한다. 언어는 이러한 태도결정에 의해서 비로소 객관적인 직관 자체의 어떤 특정한 중심점을 구별하고 선택하며 정리하고 창출한다. 감성적 인상들의 세계에 이렇게 판단과 평가의 내적인 규준이 침투하는 결과, 그것에서는 이론적인 의미의 뉘앙스와 감정적인 가치의 뉘앙스가 우선은 아직 서로 끊임없이 이행하게 된다. 그러나 그럼에도 불구하고 언어가 창출하는 구별이 곧 다시 사라지면서 증발하지 않고 일종의 지속적인 경향, 즉 어떤 특유의 논리적 수미일관성과 필연성을 갖고 있으며 그 덕분에 이러한 구별이 단순히 보지될 뿐 아니라 언어형성의 개별적인 부분들로부터 그것의 전체로 확대되어간다는 점에 언어의 내적인 논리가 나타난다. 언어의 문법적 구성을 지배하고 있고 접두사를 사용하는 언어와 종류들을 분류하는 언어에서 극히 정밀하게 완성되는 **일치(Kongruenz)**의 규칙에[41] 의해서 명사에서 보이는 개념적 구별이 언어적 형식들의 전체로 확대되는 것이다. 반투어

---

41) [역주] 일치(Kongruenz)는 성·수·격·인칭·시제 면에서 문장의 구성부분들이 서로 일치하는 현상을 가리킨다. 예를 들어 주어가 단수이면 동사도 단수형이 사용되고, 주어가 2인칭일 때 동사도 2인칭 동사가 사용되는 현상을 가리킨다.

에서는 하나의 명사와 수식적 또는 술어적으로 관계하는 모든 단어, 즉 그것에 의해서 명사가 보다 상세하게 규정되는 모든 수 규정, 형용사, 대명사는 그 명사에 특징적인 류접두사를 취해야만 한다. 똑같이 여기에서는 동사도 각각 특유의 접두사에 의해서 그 주어주격(Subjektsnominativ)에 관계하며, 그 동사와 목적어 대격(目的語對格, Objektsakkusativ)의[42] 관계에 있는 단어에 관계하게 된다.[43] 이와 같이 분류의 원리는 일단 그것이 발견되면 명사의 형성을 지배할 뿐 아니라, 그것으로부터 언어의 전체적인 구문 구조 전체로 확대되며 그것의 연관, 즉 그것의 정신적 '분절'의 참된 표현이 된다. 이와 같이 여기에서도 **언어적 상상력**의 움직임은 항상 언어적 **사고**의 일정한 방법론과 극히 밀접하게 결합되어 있는 것으로 나타난다. 여기에서도 언어는 감성적·상상적인 것의 세계에 구속되고 얽혀지게 됨에도 불구하고 논리적·일반적인 것으로 향하는 경향과 힘을 보여주며, 이러한 힘과 경향에 의해서 언어는 〔감성적·상상적인 것의 세계에서〕 해방되어갈수록 순수하고 자립적인 정신적 형식을 갖게 되는 것이다.

---

42) 〔역주〕대격은 목적어 4격을 가리킨다.
43) 이것에 대해서는 Meinhof, 앞의 책, 83쪽 이하에 나오는 반투어의 구문법에 대한 서술을 참조할 것. 유사한 것은 거의 모든 인디언어들의 구문법에도 타당하다. 이것에 관해서는 Powell, *Introduction to the study of Indian languages*, 48쪽 이하.

제5장 언어와 순수한 관계형식의 표현
— 판단영역과 관계개념

인식비판적 고찰에서는 감성적 감각의 영역에서 직관의 영역으로, 직관에서 개념적 사고로, 이러한 개념적 사고에서 다시 논리적 판단으로 중단 없이 길이 이어진다. 인식비판은 이러한 길을 답파(踏破)함으로써, 그것의 개별적인 단계들은 반성의 대상으로서는 서로 선명하게 구별되어야만 하더라도 서로 독립적이고 분리된 채로 존재하는 의식의 소여(所與)로 간주되어서는 절대로 안 된다는 사실을 의식하고 있다. 오히려 여기에서는 보다 복잡한 계기가 보다 단순한 계기를 포함하고 있으며, '보다 나중의' 계기가 '보다 앞선' 계기를 포함하고 있을 뿐 아니라, 역으로 전자가 이미 후자에 준비되고 전자의 기초가 후자에 존재한다. 인식의 개념을 구성하고 있는 모든 구성부분들은 서로 연관되어 있으며 인식의 공통목표인 '대상'에 연관되어 있다. 따라서 보다 정밀히 분석해보면 그것들의 개개의 부분에서 이미 나머지 모든 부분들에 대한 시사를 발견할 수 있다. 단순한 감각과 지각의 기능이 개념적 파악이라든가 판단이라든가 추론이라는 지적인 근본기능들과 '결합되어 있을' 뿐 아니라 실은 그것 자체가 이미 그러한 근본기능 자체이다. 즉 단순한 감각과 지각의 기능은 개념, 판단, 추론에서 의식적인 형식과 자립적인 형태를 취하면서 나타나는 것을 함축적으로 포함한다. 언어에서도 그것이 그 세계를 구성할 때에 사용하는 정신적 수단들 간의 불가분한 상관관계가 존재한다는 것이 증시될 것이라는 것, 여기에서도 언어의 특수한 동기들 각각이 자체 안에 이미 언어형식의 보편성과 특수한 **전체**를 포함할 것이라는 사실이 기대될 수 있다. 그리고 실제로 이러한 사실은 단순한 단어가 아니라 **문장**이야말로 모든 언어형성의 참된 근원적인 요소라는 사실에서 증시된다. 이러한 인식조차도 훔볼트가 언어에 대한 철학적 고찰을 위해서 결정적인 것으로 확정한 바 있었던 근본적인 견해들 중의 하나이다. 그는 이렇게 주장한다. "언어가 단어들로 대상들을 표시하는 것과 함께 시작하면서 그것들의 조합으로 이행하는 방식으로 생성된다고 생각해서는 안 된다. 실제로는 선행하는 단어들로부터 담화(Rede)가 합성되는 것이 아니라 반대로 단어들이 담화의 전체에서 비롯되는 것이다."[1] 훔볼트가 여기에서 그의 언어철학체계의 사변적인 근본개념 — 모든 사고와 말의 근원으로서의 '종합'이라는 개념—에서 끌어내는 결론은[2] 그 후 경험적·심리학적 분석에 의해서 전적으로 입증되었다. 경험적·심리학적 분석조차도 '단어에 대한 문장의 우위'를 그것의 가장 중요하면서도 확실한 성과들 중의 하나라고 보고 있다.[3] 언어의 역사를 살펴보아도 동일한 결론으로 귀착된다. 문장의 전체로부터 개개의 단어가 분리되어 나오고 개별적인 품사들이 서로 구별되는 과정은 언어의 역사 도처에서 극히 점진적으로 진행되었을 뿐이며, 오랜 원시적인 언어형태에서는 이러한 과정은 전적이라고 말해도 좋을 정도로 결여되어 있다.[4] 이 점에서도 언어

---

1) *Einleit. zum Kawi-Werk*, W. VII, 1쪽, 72쪽 이하. 특히 143쪽을 참조할 것.
2) 이 점에 관해서는 제1장 V를 참조할 것.
3) 이러한 우위는 분트 외에 특히 Ottmar Dittrisch, *Grundzüge der Sprachpsychologie* I(1903)과 Die *Probleme der Sprachpsychologie*(1913)에 의해서도 옹호되고 있다.
4) 이에 관해서는 예를 들면 Sayce, *Introduction to the science of language* I, 111쪽 이하; B. Delbrück, *Vergleichende Syntax der indogermanischen Sprachen* III, 5쪽을 참조. 이른바 '포합(polysynthetisch)'어에서는 개개의 단어와 문장 전체 사이에 선명한 경계선이 존재하지 않는다는 사실은 잘 알려져 있다. 특히 Boas, *Handbook of the American Indians' language* I, 27쪽 이하, 762쪽 이하, 1002쪽 이하 등에서 아메리카 원주민의 언어에 대한 서술을 참조할 것. 또한 알타이어에서도 빙클러는 이러한 언어에서는 참된 단위로서의 단어는 불완전하게 형성되었을 뿐이며 오히려 단어는 대개의 경우 문장에 귀속됨으로써만 단어가 된다는 사실을 강조하고 있다.(H. Winkler, *Das Uralaltaische und seine Gruppen*, 9쪽, 43쪽 등) 그리고 **굴절어**에서조차 문장과 단어의 경계가 아직 전적으로 유동적이었

는—아리스토텔레스의 유명한 정의에 의하면—전체가 부분에 앞서는 하나의 유기체로서 입증되고 있다. 언어는 복합적인 전체적 표현에서부터 시작하며 이것이 비로소 점차적으로 요소들, 즉 상대적으로 자립적인 하위의 단위들로 분해되어간다. 이와 같이 언어는 우리가 아무리 멀리 소급해가더라도 항상 이미 형성된 통일체로서 나타난다. 언어적인 표현은 어떤 하나를 취해 보아도 개별적이고 소재적인 유의미한 음운들이 단순히 함께 모여 있는 것으로서 이해될 수는 없으며, 우리는 그 각각에서 동시에, 순수하게 개별적인 요소들 간의 **관계**의 표현에 기여하고 이러한 관계 자체를 다양한 방식으로 분절하고 계층화하는 규정들을 발견한다.

물론 이러한 기대는 이른바 '고립어'의 구조를 고려하는 경우에는 충족되지 않는 것 같다. 실제로 이러한 언어에 의해서 전적으로 '무형식적인' 언어가 가능하며 현실적으로 존재한다는 사실이 직접 입증된다는 것을 우리는 자주 보았다. 왜냐하면 고립어에서는 위에서 상정된 문장과 단어의 관계가 보이지 않을 뿐 아니라 그 정반대인 것 같기 때문이다. 즉 단어가 자립성을 갖고 참된 '실체성'을 갖고 있으며 이와 함께 단어는 그 자체로 '존재

던 고대의 언어상태의 전재가 도처에서 보인다. 예를 들어 셈어에 대해서는 Brockelmann의 *Grundriß* II, 1쪽 이하를 참조할 것.

하고' 그것 자체만으로 이해되어야만 하는 것처럼 보인다. 개별적인 단어들은 소재적인 의미의 담지자로서 문장에서 단순히 서로 나란히 존재할 뿐이며 그것들 간의 문법적 관계는 어떠한 방식으로든 단어들로부터 뚜렷하게 분리되어 나타나지 않는다. 고립어라는 언어 유형의 주요한 예인 중국어에서는 동일한 한 단어가 어떤 때는 명사, 어떤 때는 형용사, 어떤 때는 부사, 어떤 때는 동사로 사용되며, 우리는 그 단어 자체만으로는 문법적 범주의 이러한 차이를 어떠한 방식으로도 알 수 없다. 하나의 명사가 어떠한 수 혹은 격을 갖는지, 하나의 동사가 어떠한 성, 시제, 화법으로 사용되는지조차도 그 단어의 음운형태에는 결코 나타나지 않는다. 오랜 동안 언어철학은 중국어의 이러한 형태화작용으로부터, 아직 인간의 모든 말이 단순한 단음절의 '어근들'이 서로 이어짐으로써 성립했던 시원적인 시기(Urperiode)의 언어형성을 통찰할 수 있다고 믿었다. 물론 이러한 믿음은 그 후의 역사적인 연구에 의해서 점차 붕괴되었다. 즉 이러한 연구에 의해서 오늘날 중국어를 지배하는 것과 같은 엄격한 고립화가 결코 근원적인 상태가 아니라 매개되고 파생된 결과에 지나지 않는다는 사실이 분명하게 되었던 것이다. 중국어의 단어들이 아무런 변화도 겪지 않았고 중국어가 어떠한 종류의 단어형성이나 형식형성도 전혀 행하지 않았다는 가정은 G. v. 가벨렌츠(G. v. d. Gabelentz)가 강조한 것처럼 중국어를 그것과 아주 가까운 친족관계에 있는 언어들과 비교하고 이러한 언어권 전체에서 중국어를 고찰해본다면 지지될 수 없는 것이 된다. 그때 중국어가 보다 오래 된 교착어적인 형성과 아울러 더 나아가 진정하게 굴절어적인 형성의 많은 흔적을 가지고 있다는 사실이 곧 분명하게 되는 것이다. 오늘날 이 점과 관련하여 사람들은 중국어의 발달과정과 근대영어의 발달과정을 여러 측면에서 비교할 수 있다고 믿고 있다. 영어에서도 중국어와 마찬가지로 어형변화가 있었던 상태로부터 비교적 변화가 없는 단계로 이행이 이루어진 것으로 보이기 때문이다.[5] 그러나 그러한 역사적 이행보다도 더 중요한 것은 순수한 고립화가 궁극에까지 수행될 경우에도 그것은 결코 '무형식성'으로의 이행을 의미하는 것이 아니라 바로 이 경우에, 즉 외관상으로는 〔형식에〕 저항하는 것으로 보이는 바로 그 소재에서 여전히 형식의 힘이 극히 명료하면서도 강력하게 나타날 수 있다는 사태이다. 왜냐하면 비록 단어들이 서로 고립적으로 존재하더라도 개별 단어들의 상이한 논리적-문법적 관계는 그것을 표현하기 위해서 특수한 음운들을 사용하지 않더라도 어순(語順)에 의해서 극히 분명하게 보이는 바 문장형식의 실질적 내용(Gehalt)과 이념적 의미가 폐기되는 것은 아니기 때문이다.

---

5) G. v. d. Gabelentz, *Die Sprachwissenschaft*,, 252쪽 이하; *Chines. Grammatik*, 90쪽 이하; B. Delbrück, *Grundfragen* 118쪽 이하를 참조할 것.

그뿐 아니라 중국어가 극히 일관되면서도 정밀하게 발달시킨 어순이라는 이러한 수단을 순전히 논리적으로 고찰해보아도 문법적 관계를 표현하는 데 참으로 적절한 수단이라는 사실을 인정할 수 있을 것이다. 왜냐하면 문법적 관계는 이른바 자신의 고유한 표상적 기체를 갖는 것이 아니라 순수한 연관에 지나지 않는 관계이기 때문에, 특별한 단어와 음운을 덧붙이는 것보다는 위치로 표현되는 단순한 **상대적 연관**에 의거하는 쪽이 보다 정확하고 명료하게 표시될 수 있는 것으로 여겨지기 때문이다. 그것 이외의 점에서는 굴절어야말로 언어의 완성된 현현, 즉 '순수하게 합법칙적인 형식'의 현현으로 보았던 훔볼트도 이미 중국어의 본질적인 장점은 무변화성(Flexionslosigkeit)의 원칙이 수미일관되게 관철되고 있다는 바로 그 점에 있다고 말한 것은 이러한 의미에서이다. 문법을 전혀 결여하고 있는 것처럼 보이는 바로 이 점이 이 민족의 정신에서 담화(Rede)의 형식적인 연관을 인식하는 감각의 예리함을 강화했던 것이다. 즉 **외적인** 문법을 적게 소유하는 그만큼 중국어에는 많은 **내적인** 문법이 존재한다.[6] 사실상 여기에서 구조의 엄밀성은 극히 높아서, 사람들은 중국어의 구문법(Syntax)은 겨우 몇 개의 근본법칙들이 논리적으로 일관되게 전개된 것에 불과하며, 전적으로 논리적인 **연역**에 의해

---

6) Humboldt, *Einleit. zum Kawi-Werk*(W, VII, 1, 271쪽 이하, 304쪽 이하).

서 그러한 근본법칙으로부터 모든 특수한 적용을 도출할 수 있다고 말했을 정도다.[7] 구조의 이러한 섬세함을 원시적인 형성단계에 머물고 있는 다른 고립어―예를 들면 흑인어들에서 순수한 고립어의 예인 에베(Ewe)어와 같은[8]―와 대비해보면, 동일한 '언어유형' 내에 얼마나 다양한 단계들이 있고 형식형성에 얼마나 커다란 차이가 있는지를 곧 감지할 수 있을 것이다. 이 때문에 언어의 본질을 언어에서 의미와 연관이 서로에 대해서 갖는 관계에 따라서 규정하고, 그에 따라서 고립어, 교착어, 굴절어를 각각 정립, 반정립, 종합으로 보면서 굴절어를 향해서 진보해가는 변증법적 계열로 보려고 했던 슐라이허의 시도는,[9] 무엇보다도 동일유형의 내부에서 '연관'과 '의미'의 관계가 취하는 극히 다양한 형태를 고려하지 않고 있으며 따라서 본래의 구분원리를 제대로 고려하지 않았다는 점에서 한계를 갖는다. 더 나아가 굴절어적 유형과 교착어적 유형을 구분하는 고정적인 경계선이 경험적·역사적 연구의 진전에 의해서 점점 더 인정되지 않게 되었다.[10] 이 모든 점에서 언어에 대해서도 오래전의 스콜

---

7) v. d. Gabelentz, *Chines. Grammatik*, 19쪽.
8) 상세한 것은 Westermann, *Ewe-Grammat.*, 4쪽 이하, 30쪽 이하를 참조할 것.
9) Schleicher, *Sprachvergleichende Untersuchungen* I (1848), 6쪽 이하, II, 5쪽 이하.(이 책 제1장 IV를 참조할 것)

라철학의 명제 forma dat esse rei〔형상이 사물의 존재를 부여한다〕에서 표명되고 있는 저 '본질'과 '형식'의 관계가 타당하다는 사실이 입증되고 있다. 인식비판이 인식의 소재와 형식을 양자가 단지 외적으로만 결합될 뿐인 자립적인 내용들로 나타나는 식으로 서로 분리할 수 없고 이 두 가지 계기를 항상 상호관계를 갖는 것으로서만 사유하고 정의할 수 있는 것처럼, 언어에서도 한갓 적나라한〔형식을 전혀 갖지 않는〕소재는 추상일 뿐이며 어떠한 직접적인 '현실'도, 즉 어떠한 실제적·사실적 사태도 대응하지 않는 방법상의 극한개념에 지나지 않는다.

굴절어에서는 소재적 의미의 표현과 형식적 연관의 표현의 대립이 가장 선명하게 형성되어 있지만, 그것에서조차 이 두 개의 상이한 표현계기 사이에서 달성되는 평형이 이를테면 불안정한 평형이라는 것은 분명하다. 왜냐하면 여기에서는 일반적으로 범주적 개념과 소재 및 사태개념이 극히 명확하게 구별되고 있지만 다른 한편으로는 사태개념 자체가 관계표시의 기저로서 사용되는 이상 두 영역은 서로 끊임없이 이행하고 있기 때문이다. 굴절어에서 질과 속성, 종류와 상태 등의 표현을 위해서 사용되는 **접미사들**을 그것들의 어원학적 기원으로까지 소급해서 추적해

---

10) 이 점에 관해서는 Boethlingk, *Sprache der Jakuten*, XXIV쪽, 1851, 287쪽의 각주 2를 참조할 것.

보면 이러한 사태가 극히 명료하게 나타난다. 이러한 접미사의 다수에서는 그것이 비롯되는 소재적인 의미가 언어사적 고찰에 의해서 직접적으로 증시되고 확정된다. 거기에서는 분명히 어떤 구체적인 표현, 감성적·대상적 표현이 항상 기저가 되고 있지만, 그것은 이러한 원래의 성격을 갈수록 떨쳐버리면서 일반적인 관계표현으로 변형된다.[11] 접미사를 이렇게 이용하는 것에

---

11) 독일어에서는 이 점에 대해서는, 예를 들면 -heit, -schaft, -tum, -bar, -lich, -sam, -haft와 같은 접미사들의 발달이 잘 알려진 예증이 된다. 형용사적 개념을 형성하는 주요수단의 하나가 된 lich라는 접미사는 명사 l ka(= Leib, Körper)에서 직접 유래한다. H. Paul, *Prinzipien der Sprachgeschichte* 3판, 322쪽에는 이렇게 쓰여 있다. "Weiblich(여성적인)이라는 단어의 유형은 옛날의 Bahuvr hi[소유형용의] 복합어로 소급되는바, 원시 게르만어의 w bol kis는 본래 Weibgestalt[여성의 모습]을 의미하며 나중에 비유에 의해서 Weibgestalt habend[여성의 모습을 가진]이 된다. 이러한 복합어와 단순어(중세 고지 독일어 l ch, 새로운 고지 독일어 Leiche) 사이에는 처음에는 의미상으로 나중에는 음운형식에서도 차이가 생겼으며, 양자 사이의 모든 연관이 사라지게 되었다. 그러나 무엇보다도 단순어의 감성적 의미, 즉 '형태, 외적인 모습'으로부터 보다 추상적인 '성질'이 생겨났다." 접미사 -heit의 경우, 그것이 유래한 명사적 근본어는 고트어와 고대 고지 독일어뿐 아니라 고대 작센어, 고대 노르드어에서도 아직 독립적인 단어로서 사용되고 있다. 그것의 근본적인 의미는 사람 혹은 신분, 품격의 의미인 것 같다. 그러나 동시에 또한 이미 일찍부터 성질, 종류, 방식(고트어 haidus)이라는 일반적인 의미가 그것에서 발전하고, 그것이 접미사로 변화되면서 모든 추상적인 속성표시에 대해서 사용될 수 있었다.(상세한 것은 예를 들어 Grimm, *Deutsches Wörterbuch* IV, 2, Sp. 919쪽 이하를 참조) 다른 근본적 견해로부터 출발하고 있지만 동일한 방향과 동일한 원리로 나아가면서 로망스어들은 종류와 방법에 대한 부사적 표현을 형성했다. 이것에 대해서는

의해서 비로소 순수한 관계개념의 언어적 표시를 위한 기반이 마련된다. 처음에는 특수한 사물을 표시하기 위해서 사용되었던 것이 이제는 범주적 규정형식의 표현, 예를 들어 속성개념의 표현으로 완전히 이행한다.[12] 심리학적으로 보면 이러한 이행에는 이를테면 마이너스의〔부정적인〕 부호가 붙여지지만, 바로 이러한 마이너스 중에 언어형성의 현저하게 플러스〔긍정적인〕 작용이 나타난다. 물론 언뜻 보기에 접미사의 발달은 본질적으로 그것이 비롯되는 단어의 실체적인 근본의미가 갈수록 배후로 물러나고 궁극적으로는 전적으로 망각된다는 사실에 근거하는 것으로 보일 수 있다. 이러한 망각이 진행됨에 따라서 자신의 기원을 구체적인 직관이 아니라 언어적 형식형성과 유비형성의 이를테면 오도된 충동에 갖는 새로운 접미사형성이 일어날 수 있다. 주

신체적 존재 혹은 신체적 형태의 개념은 아니지만 우선 아직 전적으로 구체적으로 파악된 정신적인 것의 표현이 사용되며, 이것이 점차 순수한 접미사적 성격과 관계의 성격을 획득하는 것이 되었다.(*fièrement* = *fear mente* 등)

12) 예를 들어 산스크리트어에서 -maya라는 접미사는 어원적으로는 명사(maya — 소재, 물질)로 소급되며, 이러한 의미에 따라서 우선은 어떤 소재의 표시를 포함하는 형용사의 형성에 사용되었다. 그 다음에는 명사에서 접미사로의 변형에 의해서 소재적 속성이라는 특수한 개념으로부터 속성과 '질'이라는 일반적인 의미로 널리 사용되는 것이 되었다(mm-maya〈진흙으로 만들어진〉, m ha-maya〈현혹에 근거하는〉 등), 상세한 것은 *Grundriß* II, 13쪽; Thumb, *Handbuch des Sanskrit*, 441쪽을 참조할 것.

지하듯이 독일어에서 -keit라는 접미사의 형성은 그와 같은 종류의 언어상의 '오해'에 기인한다. 즉 이 경우에는 예를 들면 êwic-heit라는 조어에서 어간의 최후의 c가 접미사의 첫 글자인 h와 융합됨으로써 새로운 접미사가 생기고 이것이 유비효과에 의해서 갈수록 퍼지게 되었다.[13] 그러나 순수하게 형식적 · 문법적 관점에서 보통 언어의미의 '탈선'으로 간주되곤 하는 이러한 과정은 언어가 단순히 길을 잘못 들게 된 것은 아니다. 오히려 그것에서 나타나는 것은 새로운 형식관(Formansicht)으로의 **고양**, 즉 실체적 표현에서 순수한 관계표현으로의 이행이다. 실체적 표현의 심리적 애매화(psychologische Verdunklung)가 관계표현이 취하는 전진적인 형성작용의 논리적 수단이자 담지자가 되는 것이다.

물론 이러한 진행과정을 분명하게 파악하기 위해서는 **단어형성**이라는 단순한 현상에 머물러서는 안 된다. 그것의 근본방향과 법칙은 오히려 문장형성에 작용하는 관계들에 입각하여 비로소 파악될 수 있다. 왜냐하면 문장 전체가 언어적 '의미'의 참된 담지자라면 이러한 문장에서 비로소 의미의 논리적 뉘앙스의 변

---

13) 이것에 대한 자료는 Grimm, *Deutsches Wörterbuch* V, Sp. 500쪽 이하 ('keit'의 항)에 수록되어 있다. '오해에 의한' 접미사의 형성과 같은 과정은 다른 언어권에서도 보인다. 예를 들면 Symonyi, *Die ungarische Sprache*, 276쪽 이하.

화가 명료하게 나타날 수 있기 때문이다. 모든 문장, 심지어 이른바 한 단어로 이루어진 문장(der eingliedrige Satz)조차도 이미 자신의 형식에서 적어도 내적 분절화의 가능성을 보여주고 있으며 그러한 분절화의 요구를 포함하고 있다. 그러나 이러한 분절화는 극히 다양한 정도와 단계에서 수행될 수 있다. 어떤 때는 종합에의 힘이 분석의 힘을 능가할 수 있으며, 어떤 때는 개별화하는 분석적인 힘이 비교적 고도로 완성되어 있어서 이것에 대등할 정도로 강한 통합의 힘은 결여되어 있는 경우도 있다. 이러한 두 가지 힘의 역동적인 상호작용과 갈등 속에서 각각의 특정한 언어의 '형식'이라고 불리는 것이 생긴다. 예를 들어 이른바 '포합(抱合)'어의[14] 형식을 고찰할 경우 여기에서는 결합에의 충동이 훨씬 우세한 것 같다. 이러한 충동은 무엇보다도 언어의 의미의 기능적인 통일을, 실로 극히 복합적이지만 동시에 자기완결적인 **음운결합**의 방식으로 물질적이고 외면적으로도 표현하려는 노력으로 나타난다. 의미의 전체가 유일한 문장-어(Satz-Wort) 안에 압축되고 그 안에 이를테면 갇히고 견고한 껍질에 감싸인 것처럼 나타난다. 그러나 언어표현의 이러한 통일이 바로 이러한 표현의 논리적 **보편성**을 희생하는 방식으로만 획득된 것

---

14) [역주] 동사를 중심으로 그 앞뒤에 인칭 접두사나 접미사 혹은 목적을 나타내는 어사(語辭)를 결합 또는 삽입하여 한 단어로서 한 문장과 같은 형태를 만드는 언어이다. 에스키모어 아이누어 등이 포합어에 속한다.

인 이상 그것은 아직은 참으로 사상적인 통일은 아니다. 문장어가 전체적인 단어들이나 개별적인 불변화사들을 동화시킴으로써 보다 많은 수식적 규정들을 자체 안에 수용할수록 그것은 그만큼 더욱더 특수한 구체적 상황을 표시하는 것에 사용된다. 문장어는 그 상황을 그 세부의 모든 것에 걸쳐서 길어내려고 하지만 그것을 동일한 종류의 다른 상황과 결부시키면서 포괄적인 일반적 연관으로 종합하지는 못한다.[15] 이에 반해서 예를 들면 굴절어에서는 분석과 종합, 개별화와 통합이라는 두 개의 근본 힘들 사이의 전적으로 상이한 관계가 나타난다. 여기에서는 이미 단어의 통일 자체가 이른바 내적인 긴장을 포함하는 것과 함께 그러한 긴장의 해소와 극복도 포함한다. 단어는 명료하게 분리되어 있지만 동시에 불가분하게 서로 결합되어 있고 서로 연관되어 있는 두 개의 계기들로 이루어져 있다. 개념을 단지 객관적으로 표시하는 것에 사용되는 구성부분에 대해서, 그 단어를 사유의 어떤 특정한 범주 안으로 포섭하면서 '명사', '형용사' 혹은 '동사' 혹은 '주어' 혹은 가깝거나 먼 목적어로서 특징짓는 기능만을 맡는 또 하나의 구성부분이 존재한다. 이제 개개의 단어를 문장의 전체와 결합하는 관계지표가 더 이상 외적으로 덧

---

15) 이것에 대해서는 이 책 제4장의 I에서 아메리카 원주민어들에서의 '개념 형성'의 형식에 대해서 상세히 논해진 것을 참조할 것. 또한 제3장 IV를 참조할 것.

붙여지는 것이 아니라 단어와 융합하여 그것을 구성하는 요소들의 하나가 되는 것이다.[16] 단어들로 세분화되고 문장들로 통합되는 것이 상관적인 방법을 형성하면서 그것들이 결합하여 엄밀하게 통일적인 단 하나의 수행이 되는 것이다. 훔볼트와 고대의 언어철학은 이러한 사태에서 진정한 굴절어야말로 언어형성 일반의 정점이며 굴절어들에서 그리고 오직 그것들에서만 언어의 '순수하게 합법적인 형식'이 이상적으로 완전하게 구현된다는 사실에 대한 증거를 보았다. 우리가 이러한 절대적인 가치규준의 제시에 대해서 조심스럽고 회의적인 태도를 취하더라도, 순수하게 **관계적인 사고**의 형성에서 굴절어가 실로 특별히 중요하고 효과적인 기관(機關, Organ)이 되었다는 사실은 부인할 수 없

---

16) 덧붙여 말하자면 이러한 과정 자체에 다시 매우 여러 정도와 단계가 존재하며 이 점에서 굴절어와 이른바 교착어 사이에는 명확한 절대적 경계가 존재하지 않는다는 사실은 이미 뵈트링크가 야쿠트어에 대한 서술(1851)에서 강조하고 있다. 뵈트링크는 실로 인도게르만어들에서는 일반적으로 이른바 교착어에서보다 훨씬 더 '소재'와 '형식'이 긴밀하게 결합되어 있지만, 우랄알타이어에 속하는 몇 개의 언어들, 즉 핀어와 야쿠트어에서도 자주 가정되었던 것과는 달리 양자가 외면적으로 결합되어 있는 것은 아니라는 사실을 강조하고 있다. 오히려 여기에서도 다른 여러 언어들, 예를 들어 몽고어, 터키·타타르어, 핀어에서 실로 여러 단계들을 거치면서 '형식형성'으로 지속적으로 발전해간다.(Boethlingk, *Sprache der Jakuten*, Einleitung, S. XXIV. 특히 Heinr.Winkler, *Das Uralaltaische und seine Gruppen*, 44쪽 이하, 우랄알타이어의 '형태학'에 대한 서술을 참조할 것).

다. 이러한 관계적 사고가 진전해감에 따라서 이러한 사고는 담화의 분절화도 자기 자신에 상응하게 명확히 형성해가지 않으면 안 된다. 그리고 다른 한편으로 이러한 분절화 자체가 역으로 사고의 형식에 결정적인 영향을 미치게 된다.

그리고 언어가 갈수록 정밀하게 되어가는 분절화로 나아가고, 단순한 집합적인 통일로부터 체계적인 '형식'으로 나아가게 된다는 사실은, 문장에 대해서 단어가 갖는 관계 대신에 개별 문장들 간의 언어적 결합에 주목할 경우에 드러난다. 심리학적으로 거슬러 올라갈 수 있는 언어형성의 최초의 단계들에서는 단순한 **병렬**(Parataxe)이 문장의 구축을 위한 근본적 규칙이 된다. 유아들의 언어는 이러한 원리에 의해서 철저하게 지배되고 있다.[17] 문장의 한 구성부분은 다른 부분과 단순히 나란히 존재할 뿐이며, 많은 문장들이 모여 있을 경우에도 단지 느슨하게 결합되고 대부분의 경우 접속사를 생략하는 방식으로 결합된다. 개별 문장들은 하나의 실처럼 서로 이어지지만 그것들의 상하질서를 엄밀한 분화에서 보여주는 언어적 수단이 아직 존재하지 않기 때문에 그것들은 내적으로 서로 결합되어 있지도 않으며 '긴밀히 조합되어 있지도' 않다. 따라서 그리스의 문법가들과 수사학자들이 담화 문체의 특징을, 문장들이 단순히 무규정적인 순서로

---

17) Cl. und W. Stern, *Die Kindersprache*, 182쪽 이하.

이어지지 않고 아치의 돌들처럼 서로를 떠받치고 지탱하는 종합문(Periode)의 발전에서 보았던 것이지만[18] 그것은 언어의 이러한 '양식'이 언어의 궁극적이고 최고의 소산이기 때문이다. 이러한 문체는 자연민족의 언어에 결여되어 있을 뿐 아니라[19] 최고도로 발달한 문화적 언어에서도 극히 점진적으로만 획득되는 것 같다. 문화적 언어에서도 인과적인 혹은 목적론적인 종류의 복잡한 사고상의 관계—이유와 귀결, 조건과 조건지어짐의 관계, 목적과 수단 등의 관계—가 [문장들의] 단순한 병렬에 의해서 표현되지 않으면 안 되는 경우가 많다. 라틴어의 독립탈격(獨立奪格, Ablativus absolutus)[20] 혹은 그리스어의 독립소유격(Genetiv absolutus)에 비교될 수 있는 독립부가문은 '이면서(indem)'라든가 '후에', '때문에'라든가 '따라서', '비록 ……일지라

---

18) Demetrius, *De elocutione*, §11-13.(Humbolt, W. VII. 223쪽에서 재인용·)
19) 자연민족들의 언어에서 병렬이 우세하다는 사실에 대한 증거는 대부분의 흑인어들과 아메리카 원주민들에 대한 서술에서 보인다. 전자에 대해서는 예를 들면 Steinthal, *Die Mande-Negersprachen*, 120쪽 이하, 247쪽 이하와 Roehl, *Schambalasprache*, 27쪽. 후자에 대해서는 Gatschet, *Klamth language*, 656쪽 이하를 볼 것. Westermann, *Ewe-Grammat.*, 106쪽에 의하면 에베어에서는 주절에 선행하는 종속적 부문장들은 모두 lá라는 관사로 끝난다. 따라서 그것들은 본래 문장의 부분으로 간주될 뿐이지 문장으로서 간주되는 것은 아니다. 누바어의 경우에는 부문장들은 명사처럼 취급되며 따라서 명사와 동일한 격표시를 갖는다.(Reinisch, *Nuba-Sprache*, 142쪽)
20) [역주] 탈격은 동작이나 행동이 비롯되는 곳을 나타내는 격을 의미한다

도'라든가 혹은 '하기 위해서'라는 복합적인 관계를 시사하기 위해서 사용된다. 담화를 구성하고 있는 개별적인 사고내용들이 여기에서는 언어적으로 이를테면 동일한 평면 위에 존재한다. 즉 담화 자체에는 전경(前景)과 배경 사이에 어떠한 원근법적 구별도 아직 존재하지 않는다.[21] 언어는 문장의 부분들을 '함께

---

21) 이 점을 특히 잘 보여주는 증거들은 핀·우고르어권과 알타이어권에서 발견되는 것 같다. 이러한 언어들의 문장구조에 대해서 H. 빙클러는 그것에서는 어떠한 종류의 부문장들도 존재할 여지가 없다고 말하고 있다. 왜냐하면 문장구조의 전체가 형용사적인, 닫혀 있는, 통일적인, 단어적인 복합체이기 때문이든가 혹은 단지 주어로서의 성질을 갖는 부분과 술어로서의 성질을 갖는 부분 사이의 틈새 없는 결합을 표현할 뿐이기 때문이다. 두 경우 모두에서 우리의 견해에 따르면 모든 부차적인 것, 예를 들면 시간적, 장소적, 근거 짓고 조건적인 규정들과 같은 것들은 그 문장 혹은 문장어의 두 개의 본질적인 부분들 사이에 두어진다. "이것은 허구가 아니라 아직은 거의 부인할 수 없을 정도로 우랄알타이어족에서 문장의 참된 본질이다. 예를 들면 몽고어, 퉁구스어, 터키어와 일본어에서 그렇다. …… 퉁구스어는 …… 자신의 독특하게 형성된 어법에서 관계적 결합 내지 관계에 유사한 결합을 생각하게 하는 모든 것을 전혀 허용하지 않는다. 보트야크어(das Wotjakische)에서는 인도게르만어의 접속사적 부문장은 동일한 양식으로 그리고 규칙적으로 인도게르만어에서 말하는 독립소유격, 독립탈격(奪格), 독립목적격과 같은 방식으로 문장구조에 편입된 부차적 규정이라는 형태로 나타난다."(Winkler, *Der ural-altaische Sprachstamm*, 85쪽 이하, 107쪽 이하) G. v. Gabelentz, *Chines. Grammatik*, 168쪽 이하에 의하면 중국어에서도 자주, 문장들 전체가 단순히 나란히 이어지고 거기에서 시간적 관계가 문제가 되는지 아니면 인과적 관계가 문제가 되는지, 상대적 관계가 문제가 되고 있는지 아니면 양보적인 관계가 문제가 되는지는 전적으로 연관관계에서 간취되어야만 한다.

모아놓는 식으로' 구별과 분절화의 능력을 보여주기는 하지만, 이렇게 순수하게 정적인 관계를 역동적인 관계로, 즉 사고내용의 상호의존관계로 환원하고 그것을 그러한 것으로서 명백하게 표현하는 데까지는 이르지 못한다. 부문장들의 성층화(成層化)와 정밀한 단계지음 대신에 단일한 동명사적 구성단위와 같은 것이 일반적인 부가(附加, Beiordnung)의 법칙을 버리지 않고 행위의 극도로 다양한 규정들과 수식들을 서로 결합하여 하나의 확고하지만 독특하게 고정된 구조 안에 포괄하는 것에 사용된다.[22]

---

22) 이러한 문장구성을 가장 잘 보여주는 예들은 J. J. Schmidt가 그의 *Grammatik der mongolischen Sprache*(특히 62쪽 이하, 124쪽 이하)에서 인용하고 있다. 독일어의 다음과 같은 문장, "Nachdem ich das Pferd von meinem älteren Bruder erbeten und es meinem jüngeren Bruder übergeben hatte, nahm dieser dasselbe von mir in Empfang, bestieg es, während ich ins Haus ging, um einen Strick zu holen, und entfernte sich, ohne Jemandem etwas zu sagen〔내가 그 말을 형에게 부탁해서 받고 나의 동생에게 양보한 후에 동생은 그 말을 나에게서 받았고, 내가 밧줄을 가져오기 위해서 집으로 가는 동안 동생은 아무에게도 말하지 않고 말을 타고 떠났다.〕"라는 문장을 몽고어로 문자 그대로 번역하면 다음과 같이 된다. "Ich das Pferd von meinem älteren Bruder erbittend nehmend, meinem jüngeren Bruder gegeben habend, dieser dasselbe von mir in empfangend, einen Strick zu holen in das Haus (während) ich ging, der jüngere Bruder, Jemandem ohne etwas zu sagen, es besteigend sich entfernte〔나는 말을 형에게서 부탁해서 받고 나의 동생에게 주었으며, 동생은 그것을 나에게서 받았고, 나는 밧줄을 가져오려고 집으로 갔다. (그동안에) 동생은 어느 누구에게도 말하지 않고 그것에

여기에서 나타나는 사고형식과 언어형식의 부정적이지만 그에 못지않게 특징적인 표현은 관계적 사고와 언어에 의한 관계표현의 근본수단들 중의 하나로 간주될 수 있는 품사―문법학자들이 그것들을 가리키기 위해서 만들어낸 명칭이 이미 의미하는 바와 같은 품사―가 결여되어 있다는 데서 발견된다. **관계대명사**는 언어의 발달에서 어느 곳에서나 뒤늦게 형성되며, 언어들의 전체를 개관할 경우 비교적 희귀한 형성물인 것 같다. 언어가 이것을 형성하는 데까지 진보하기 이전에는, 우리가 관계문으로 표현하는 관계들은 다소간 복잡한 문장의 접합으로 대체되고 달리 서술되는 것임에 틀림없다. 이렇게 달리 서술하는 여러 방법들을 훔볼트는 아메리카 원주민의 언어들, 특히 페루어와 멕시코어를 예로 하여 구명한 바 있다.[23] 멜라네시아어들도 관계문과 관계대명사에 의한 종속 대신에 규정들을 단순히 병렬시

올라타고 가버렸다.)"[H. Winkler가 앞의 책, 112쪽에서 말하는 것처럼, 여기에서는 während(…… 하는 동안에)라는 단어에 의해서 번역문 중에 어떤 접속사적인 관계가 얽혀 들어가 있지만, 원문의 해당 장소에는 접속사가 보이지 않는다.] 동명사와, 동사적 명사(Supina) 그리고 불변화사와 유사한 구조들을 사용함으로써 문장을 구성하는 것과 관련하여 위의 예와 마찬가지로 매우 특징적인 예들이 J. J. Schmidt에 의해서 예를 들어 티베트어로부터 인용되고 있다(J. J. Schmidt, *Tibet. Grammatik*, 197쪽)

23) Humboldt, *Einleit. zum Kawi-Werk*(W. VII, 1, 253쪽 이하). 클라마스어에서도 우리가 삽입관계문을 사용하는 곳에서는 불변화사 또는 동사적 표현을 사용한다. Gatschet, *Klamath language*, 657쪽을 볼 것.

키고 있다.[24] H. 빙클러가 강조하는 바에 의하면, 우랄알타이어에서는 독립적인 종속단위를 허용하지 않는 근본성격에 따라서 그것에 속하는 어떤 언어에도 문장을 결합하는 관계적인 접속사는 원래 전혀 존재하지 않든가 있어도 약한 맹아로만 존재할 뿐이다. 나중에 그러한 접속사가 사용되는 경우에도 그것은 항상 그런 것은 아니어도 대개는 순수한 의문사에서 유래했다. 특히 우랄알타이어의 서부군, 핀·우고르어군은 의문대명사가 관계대명사로 발전하는 데까지는 나아갔지만 그러한 발전과정에서 인도게르만어가 여러모로 영향을 미친 것 같다.[25] 다른 언어들에서도 특수한 불변화사들이 독립적인 관계문장들을 형성하지만 그것들은 전적으로 실체를 가리키는 명사로서 느껴지기 때문에 그것들 앞에는 정관사가 놓이거나 혹은 문장의 주어 또는 목적어로서 또는 소유격으로서 전치사 뒤에 놓이는 등의 방식으로 사용될 수 있다.[26] 이 모든 현상에서 언어는 관계라는 순수한 범

---

24) 특히 H. C. v. d. Gabelentz, *Die melanes. Sprachen* I, 202쪽 이하, 232쪽 이하, II, 28쪽, Codrington, *Melanes. languages*, 136쪽에서의 예들을 볼 것.
25) Winkler, *Der Uralaltaische Sprachstamm*, 86쪽 이하, 98쪽 이하, 110쪽 이하를 볼 것. 또한 Simony, *Die ungar. Sprache*, 257, 423쪽을 참조할 것.
26) Steindorff, *Koptische Grammatik*, 227쪽 이하를 참조할 것. 또한 셈계어에서도 '연결사가 생략된 관계문의 명사화'는 자주 보인다. 이에 대해서는 Brockelmann, 앞의 책 II, 561쪽 이하를 볼 것.

주를 이를테면 오직 주저하면서 받아들이며, 관계의 범주는 다른 범주들, 특히 실체와 속성이라는 범주를 통해서만[27] 비로소 사고내용으로서 파악될 수 있게 된다는 사실이 분명히 나타나는 것 같다. 그리고 이러한 사실은 전체적인 구조 면에서 담화의 참된 '문체', 즉 종속문 구성의 기술을 마침내 가장 고도로 섬세하게 발전시킨 언어들에 대해서도 타당하다. 관계표현을 분화시키는 놀랄 만한 능력에 의해서 철학적 관념론의 참된 언어들로 간주되었던 인도게르만어들도 이러한 능력을 서서히 점진적으로만 갖게 되었다.[28] 그 언어들 내에서도 예를 들면 그리스어의 구조와 산스크리트의 구조를 비교해보면, 이 어군의 개개의 부분이 관계적 사유와 순수하게 관계적인 표현의 힘과 자유라는 관점에서 볼 때 전적으로 상이한 단계들에 존재한다는 것이 분명하다. 태곳적에는 인도게르만어들에서도 주문장이 부문장에 대

---

27) 예를 들어 일본어는 (Hoffmann, *Japan. Sprachlehre*, 99쪽에 따르면) 관계문을 갖고 있지 않으며 이것을 형용사적 문장으로 바꿔야만 한다. 몽고어의 경우에도 유사하다. J. J. Schmidt, *Grammat. der mongol. Sprache*, 47쪽 이하, 127쪽 이하.

28) "이 어족의 언어들은 추상과 형이상학을 위해서 창조된 것 같다. 그것들은 사물들이 갖는 가장 내밀한 관계를 명사의 격변화, 동사의 여러 시제, 양태, 복합어, 미묘한 불변화사 등으로 표현하는 놀라운 유연성을 갖고 있다. 종합문의 경탄할 만한 비밀을 쥐고 있으면서 이러한 언어들은 구의 모든 부분을 하나로 결합할 수 있다. …… 이 언어들에서는 모든 것이 추상이 되고 범주가 된다. 그것들은 관념론의 언어들이다." Renan, *De l'origine du langage* 8판, 194쪽.

해서 그리고 병렬적 결합이 종속적 결합에 대해서 분명히 우위를 갖고 있는 것 같다. 이러한 태고 시대에 이미 관계문장들이 존재했다고 해도 그것들은 비교 언어연구의 증언에 따르면 원인, 결과, 병렬, 대립 등을 표현하기 위한 서로 명확하게 구별되는 확정된 접속사들을 아직 가지고 있지 않았다.[29] 고대 인도어에서는 확정적으로 형성된 품사로서의 접속사는 거의 전적으로 결여되어 있다. 다른 언어들, 특히 라틴어, 그리스어가 종속적 접속사로 표현하는 것을 고대 인도어에서는 그 사용방법이 거의 무제한적인 명사적 구문의 원리와 불변화사와 동명사에 의한 주문장의 확장으로 대체하고 있다.[30] 그러나 그리스어 자체에서도 호메로스시대의 언어의 병렬적 구성에서 아티카의 문학적 산문의 종속적 구성으로의 진전은 서서히 이루어졌을 뿐이다.[31] 이

---

29) Meillet, *Introduct. à l'etude comparative des langues indo-européennes*, Printz에 의한 독일어판, 231쪽에는 이렇게 서술되고 있다. "관계문은 참으로 인도게르만어적이라고 보아도 되는 유일한 종속문이다. 다른 유형들, 특히 조건문은 인도게르만어의 각각의 방언에서 다른 형태를 갖는다." 브루크만은 이러한 관계를 상당히 달리 파악하고 있다. 즉 그는 태곳적에도 조건의 불변화사는 있었지만 그것은 보다 넓은 사용범위를 가졌으며 아직 어떤 특정한 개별적인 사고관계의 표현으로서 고정되어 있지는 않았다는 사실에 입각하여 이러한 불일치를 설명하고 있다.

30) Whitney, *Ind. Grammatik*, 394쪽 이하와 Thumb, *Hanbuch des Sanskrit*, 434, 475쪽 이하에 나오는 예들을 볼 것.

31) 상세한 것은 Brugmann, *Griechische Grammatik* 3판, 555쪽 이하.

모든 사실에서 입증되는 것은 훔볼트가 언어에서 자발적·종합적인 **정립**의 활동이라고 불렀던 것 그리고 그가 동사를 제외하고 특히 접속사와 관계대명사의 사용에서 잘 나타난다고 보았던 것은 언어형성이 여러 중간단계들을 통과하는 식으로만 도달하게 되는 최종적인 이념적 목표의 하나라는 사실이다.

이러한 사실은 결국 다음과 같은 언어형식, 즉 그것의 근본적인 의미에서 모든 사물적·실체적인 표현과 원리적으로 구별되면서 오로지 종합 **자체**의 표현, 순수한 결합을 표현하는 데에만 사용되는 언어형식의 완성에서 특히 첨예하면서도 명료하게 나타난다. 판단에서 수행되는 논리적 종합은 계사의 사용에서 비로소 적절한 언어적 표시와 규정을 획득하게 된다. 이미 『순수이성비판』이 순수한 판단기능을 분석하면서 이러한 연관에 주목해야 한다고 보았다. 『순수이성비판』에서 판단은 그것에 의해서 술어가 주어에 관계 지어지고 이것과 결합하여 하나의 의미의 전체를 이루면서 객관적으로 존립하고 객관적으로 근거지어진 연관의 통일체를 이루게 되는 '행위의 통일'을 의미한다. 그리고 이러한 행위의 지적인 통일이 이제 언어에서 계사의 사용으로 표현되고 그러한 사용에 반영된다. 순수지성개념들의 초월론적인 연역에 대한 절에서는 이렇게 서술되고 있다. "내가 개개의 판단에서 주어진 인식들의 관계맺음을 좀 더 정확히 탐구하고, 이 관계맺음을 지성에 소속하는 것으로서 (단지 주관적 타당성만을 갖는) 재생적 상상력의 법칙에 따르는 관계와 구별할 때, 나는 판단이란 다름 아니라 주어지는 인식들을 통각의 객관적 통일로 가져가는 방식임을 발견한다. 인식들에서 관계사(關係辭, 繫辭) '이다'는 이것을 겨냥하고 있는데, 그것은 주어지는 표상들의 객관적 통일을 주관적 통일과 구분하기 위해서이다. 왜냐하면 이 관계사는 표상들이 근원적 통각과의 관계맺음 곧 현상들의 **필연적 통일**을 표시하고 있기 때문이다."[32] 만약 내가 '이 물체는 무겁다.'고 말한다면, 나는 객체에서 물체성과 무거움이 서로 결합되어 있으며 단순히 주관적인 지각에서 그것들이 항상 함께 존재하는 것은 아니라고 말하는 것이다.[33] 순전히 논리학자인 칸트에게도 판단의 객관적 의미와 술어적 진술의 언어상의 형식 사이에 존재하는 관계는 극히 밀접한 것으로 나타난다. 그러나 물론 언어의 발달과정에서 언어가 계사에서 표현되는 저 순수한 존재를 추상하는 데까지는 극히 점진적으로만 나아갈 수 있다는 사실은 분명하다. 순수한 초월론적 관계형식으로서의 '존재'의 표현은, 원래는 실체적·대상적 존재자에 대한 직관 내에 존립하고 있고 그것에 구속되어 있는 언어에게는 항상 여러 매개를 거쳐서 나중에 비로소 생기는 것이다. 따라서 대

---

32) [역주] 이 부분의 번역은 칸트, 『순수이성비판』, 백종현 옮김, 아카넷, 2006, 353쪽에 의존했다.
33) *Kritik der reinen Vernunft*, 2판, 141쪽 이하를 볼 것.

다수의 언어들에서는 우리의 언어[독일어]에서 논리적·문법적 의미에서의 계사에 해당하는 것이 전적으로 결여되어 있으며 그것을 필요로 하지도 않는다는 사실이 분명하다. 우리의 '계사 ist'에서 표시되는 것에 대한 통일적·보편적 표현은 자연민족들의 언어—대부분의 흑인언어, 아메리카원주민의 언어 등—에는 결여되어 있으며 다른 고도로 발달된 언어들에서도 보이지 않는다. 술어적 관계와 순수한 부가어적인 관계의 구별이 존재하는 경우에조차도 전자가 특별히 언어적으로 두드러질 필요는 없다. 예를 들면 우랄알타이어권에서는 주어표현과 술어표현의 결합은 거의 일관해서 단순히 양자를 나란히 덧붙이는 것에 의해서 수행된다. 따라서 '그 도시, 크다.'와 같은 표현이 '그 도시는 크다.', '나, 남자'와 같은 표현은 '나는 남자다.'를 의미하는 것이 된다, 등등.[34] 다른 언어들에서도 분명히 언뜻 보기에는 우리의 계사의 용법과 완전히 일치하는 것같이 보이는 표현들이 보이지만 실제로는 계사의 기능이 갖는 일반성에는 훨씬 못 미친다. 보다 상세하게 분석하면 드러나는 것처럼 그 경우의 계사의 '이다'는 결합 **자체**를 보여주는 보편적인 표현이라는 의미를 갖는 것이 아니라 특수하면서도 구체적이며 대부분의 경우에는

---

34) H. Winkler, *Der ural-altaische Sprachstamm*, 68쪽 이하를 참조할 것. 핀·우고르어에 대해서는 예를 들어 Simonyi, *Die ungar. Sprache*, 403쪽 이하.

공간적이거나 시간적인 부차적 의미가 속해 있다. 그것은 순수하게 관계적인 존재가 아니라 이 장소 혹은 저 장소에 존재함을 여기에 있음(Da-sein) 혹은 저기에 있음(Dort-sein)으로서 표시하거나 혹은 이런저런 순간에 존재함을 표시하는 표현이 보인다. 이에 따라서 이 경우에는 외관상의 계사의 사용은 주체의 상이한 공간적 위치나 주체에게 주어지는 그 외의 직관적인 양태에 따라서 분화된다. 따라서 언급되고 있는 주체가 서 있을 때는 앉아 있을 때나 누워 있을 때와는 다른 계사가 사용되며, 깨어 있을 때는 잠자고 있을 때와는 다른 계사가 사용된다.[35] 따라서 이

---

35) 이것에 대한 예들은 특히 아메리카 원주민어들에서도 보인다. 예를 들어 알공킨어들에서는 이런저런 장소에서의 존재, 이런저런 때에서의 존재, 혹은 이러저러한 특별한 조건 아래에서의 존재를 표시하는 많은 단어들을 가지고 있음에도 불구하고 '존재'라는 일반적인 동사는 결여되어 있다. 클라마스어에서는 계사적인 '이다'의 표현으로서 사용되는 동사 *gi*는, 실은 거기에 있음 혹은 저기에 있음을 표현하는 지시적 불변화사다.(상세한 것은 Gatsche, *Klamath language*, 430쪽 이하, 674쪽; Trumbull, *Transactions of the Americ. Philol. Asso.* 1869/70을 볼 것) 또한 마야 어족의 인디언어도 술어적인 진술에서는 예를 들어 시제를 표시하는 단어와 결합되면서 존재를 표현하는 진정한 동사(ein echtes Verbum substantivum)의 외관을 갖게 되는 특정한 지시적 불변화사를 사용하고 있다. 그러나 이러한 불변화사들 중의 어느 것도 일반적이고 순수하게 관계적인 표현으로는 되고 있지 않다. 오히려 어떤 것들, 즉 '주어져 있는, 놓여 있는, 눈앞에 있는' 등은 명사적 개념에 포함되어 있으며 이에 반해 어떤 것은 일정한 장소에서의 상황과 어떤 특정한 시간에서의 사건을 가리키고 있다.(Seler, *Das Konjugationssystem der Maya-Sprachen*, 8쪽과 14쪽을 참조할 것) 유사한 개별화는 멜라네시아

경우에는 결합의 형식적인 존재와 형식적인 의미 대신에 항상 다소간 소재적으로 파악된 표현들, 이를테면 감각에 주어진 개별적인 현실의 색깔 자체를 담지하는 표현들이 나타난다.[36]

그리고 언어가 존재의 이 모든 특수한 규정들을 어떤 보편적인 존재표현 안으로 압축하는 것으로까지 나아간 경우에도 아무리 포괄적이라도 **존재함**에 대한 모든 표현과 순수한 술어적 '종합'의 표현으로서의 '이다' 사이에 존재하는 거리는 여전히 항상 느껴질 수 있는 것으로 남아 있다. 여기에서 언어의 발달은 언어 고유의 영역을 훨씬 넘어서는 문제, 논리적·철학적 사고의 역

어들과 많은 아프리카어들에서도 보인다. 예를 들어 H. C. v. d. 가벨렌츠는 이렇게 말한다. "피지어에는 원래 존재를 표시하는 동사는 없다. yaco에 의해서 일어나다, 생성하다, tu에 의해서 거기에 있다, 눈앞에 존재한다, tiko에 의해서 거기에 있다, 지속하다 등이 표현되는 경우도 종종 있지만, 이러한 동사 본래의 개념에 상응하는 부차적인 의미를 항상 수반하고 있다."(*Die melanes. Sprachen*, 40쪽, 특히 106쪽을 참조할 것) 아프리카어들에 대해서는 예를 들어 Migeod(*Mende Language*, 75쪽 이하)가 만데-흑인어(Mande-Negersprachen)로부터, Westermann (Ewegrammatik, 75쪽)이 에베어로부터 존재를 표시하는 동사의 여러 표현들을 제시하고 있다.

36) 예를 들어 니코바르어(das Nikobarische)들에서는 단순한 계사적 결합의 존재는 항상 표현되지 않고 있다. '존재를 표현하는 동사'는 여기에서는 항상 현존하는 것, 실재하는 것, 눈앞에 존재하는 것이라는 의미를 갖고 있으며 특히 일정한 **장소**에 현존하는 것을 의미한다. Roepstorff, *A Dictionary of the Nancowry Dialect of the Nicobarese language*, Calcutta 1884, XVII, XXIV쪽 이하를 볼 것.

사에서 결정적인 역할을 행했던 하나의 문제를 반영하고 있다. 다른 어떠한 점에서보다도 바로 여기에서 논리적·철학적 사고가 실로 언어와 **더불어** 발전하면서도 동시에 언어와 **대립하면서** 전개되는지가 더욱 명료하게 인식될 수 있다. 엘레아 학파 이래 철학적 관념론이 언어와 언어상의 존재개념이 갖는 다의성에 대해서 벌여야만 했던 커다란 싸움의 족적을 우리는 추적할 수 있다. 순수한 이성에 의해서 참된 존재에 대한 논쟁의 결판을 내는 것이 파르메니데스가 자신에게 부과했던 선명한 과제였다. 그러나 엘레아 학파가 말하는 이러한 참된 존재는 순수하게 논리적 판단의 의미에만 근거하고 있는 것인가, 즉 그것은 단지 모든 타당한 언표의 근본형식인 계사의 ἐστι〔이다〕에 대응하는가, 아니면 그것에는 또한 다른 보다 구체적이고 근원적인 의미, 즉 '완전히 둥근 구'에 대한 직관에 상응하는 의미가 속해 있는가? 파르메니데스는 통상적인 감성적 세계관의 속박으로부터도, 언어의 속박으로부터도 벗어나려고 한다. 그는 이렇게 선포하고 있다. "그 때문에 죽어야 할 자들이 참이라고 확신하면서 확정한 모든 것은 한갓 **이름뿐**이다. 즉 생성도 소멸도, 있음도 있지 않음도, 장소가 변하고 밝은 색이 변하는 것도." 그러나 그조차도 자신이 최고원리로 삼는 것을 표현할 때는 다시 언어의 힘과 그것의 존재개념의 다채로운 다양성에 굴복하고 있다. 엘레아 학파의 근본공식인 ἐστι τό εἶναι〔존재야말로 존재한다.〕라는 명제에서는 존재의 동사적인 의미와 명사적 의미, '존재'의 술어적 의미와 절대적 의미가 직접적으로 서로 뒤섞이고 있다. 플라톤도 이 문제에 대해서는 파르메니데스의 이름을 따라서 명명된 대화편(『파르메니데스』)에 가장 명료하게 반영되어 있는 오랜 사상적인 투쟁 후에서야 비로소 보다 선명한 구별에 도달했다. 이러한 투쟁에 종지부를 찍은 『소피스테스』에서 철학사에서 처음으로 순수한 관계개념들의 논리적 본성이 명료하게 규명되었고 이러한 관계개념에 귀속되는 독특하고 특수한 '존재'가 규정되었다. 이렇게 새롭게 획득된 통찰로부터 플라톤은 그 이전의 모든 철학이 존재의 원리를 찾아왔지만 존재의 참된 철저한 **근원**이 아니라 항상 그것의 종들에 속하는 개별적 존재자만을, 즉 항상 **존재자**의 특정한 형식만을 드러냈을 뿐이며 그것만을 기초로 삼았다고 그 이전의 철학에 이의를 제기할 수 있었다. 그러나 이러한 의미심장한 정식화에 의해서도 존재라는 개념에 포함되어 있는 대립은 해소되지 않았으며 오히려 비로소 선명하게 제시되었을 뿐이다. 이러한 대립은 중세사상의 역사 전체를 관통하고 있다. 존재의 두 근본양식인 '본질(Essenz)'과 '실존(Existenz)'이 서로 어떻게 구별되는지 그리고 이러한 구별에도 불구하고 어떻게 해서 서로 결합될 수 있는지가 중세철학의 중심문제가 된다. 중세신학과 형이상학의 사변적인 중심에 해당하는 존재론적 신 증명에서 이 문제는 가장 첨예한 형태로 나타난다. 그러나 '존재론이라는 자랑스러운 명칭'을 포기하고 '순수지성의 분석론'이라는 겸손한 명칭으로 만족하는 관념론의 근대적인 비판적 형태조차도 거듭해서 존재개념의 다의성이라는 함정에 빠지고 있다. 존재론적 증명에 대한 칸트의 증명 이후에도 여전히 피히테는 술어적 존재와 절대적 존재의 구별을 분명히 지적할 필요가 있다고 생각했다. 『전체 지식학의 기초』에서 그는 A는 A이다는 명제를 모든 철학의 제일의 무조건적인 근본명제로 제시함으로써, '이다'가 단지 논리적인 계사의 의미를 가지고 있을 뿐인 이 명제에서는 A의 실재와 비실재에 대해서 아무것도 언표되고 있지 않다고 덧붙이고 있다. 술어가 없이 정립되는 존재는 술어를 동반하는 존재와는 전적으로 다른 것을 표현한다. 즉 'A는 A이다.'라는 명제는 만약 A가 존재한다면 A가 존재한다고 말할 뿐이며 이러한 명제에서는 A가 존재하는지 아닌지는 전혀 문제가 되지 않는다는 것이다.[37]

이러한 방식으로 철학적 사유 자체가 끊임없이 두 존재개념을 구별하기 위해서 고투(苦鬪)해야 한다면, 언어적 사유에서는 이 두 가지가 처음부터 서로 밀접하게 얽혀 있는 방식으로만 나타나며 이러한 얽혀 있음으로부터 계사의 순수한 의미를 분리시키는 것은 극히 오랜 시간이 걸린다는 사실을 이해할 수 있다. 언

---

37) Fichte, S. W. I., 92쪽 이하.

어가 존재함이라는 개념과 술어적 결합의 개념을 가리키기 위해서 하나의 동일한 단어를 사용한다는 것은 널리 퍼져 있는 현상이며 특정한 어족들에 한정되어 있는 현상은 아니다. 여기에서 인도게르만어만 고찰해본다면, 도처에서 술어적 존재를 표시하는 데 사용되는 다양한 표시들 모두가 '존재함(Dasein)'이라는 근원적인 의미로 소급된다는 사실이 명확하다. 이것이 전적으로 일반적인 의미에서 단순히 현존함으로서 파악되든, 혹은 특수하고 구체적인 의미에서 살아 있고 숨을 쉬는 것으로서 파악되든, 성장하고 생성하는 것으로서 파악되든, 지속하고 체류하는 것으로서 파악되든 말이다. 이에 대해서 브루크만은 이렇게 말한다. "계사는 원래는 직관적인 의미를 갖는 하나의 동사였다.⟨es-mi, '나는 이다.⟨ich bin⟩'의 근본적 의미는 분명하지 않지만, 입증될 수 있는 가장 오래된 의미는 '나는 존재한다.⟨ich existiere⟩'이다). 그리고 명사나 형용사는 술어동사와 내적인 관계를 갖고 있는 주어와 동격이었다.(지구는 구이다. = 지구는 구로서 존재한다.) 동사가 계사로 이른바 전락하게 된 것은 술어명사에 강조를 두면서 동사의 표상내용이 더 이상 문제가 되지 않고 이러한 표상내용이 사라지게 됨으로써 일어났다. 그렇게 해서 동사는 단순한 형식어가 되었다. …… 인도게르만어의 시원적인 시대에는 es-⟨sein, 이다/있다⟩가 분명히 계사로서 기능했다. 그리고 아마도 이것과 아울러 당시 es-와 보족적으로 결합되어 있었던 bheu-, '성장하다, 생성되다'라는 형태도 이미 있었을 것이다."[38] 보다 상세하게는 이 두 개의 어근의 사용에서의 분화는 다음과 같이 일어난 것 같다. es(as)가 동일한 방식으로 지속되는 존재(Existenz)의 표현으로서 파악되며 이에 따라서 지속적인 현존을 의미하는 어간을 형성하는 데 사용된 것에 대해서, bheu라는 어근은 생성의 표현으로서, 특히 부정(不定)과거(Aorist) 혹은 완료형처럼 사건의 시작 혹은 완료를 표시하는 시제들에서 응용되었다.(ἔ-Φυ-ν, πέ-Φύ-κα, fui를 참조할 것).[39] bheu라는 어근의 감성적인 근본의미와 근원적 의미는, 그리스어에서는— Φύω '나는 생산한다', Φύομαι '나는 성장한다' 등의 용법에서 볼 수 있는 것처럼—아직도 분명하게 느껴질 수 있다. 게르만어에서는 현재형의 어간(ich bin, du bist 등)의 형성에 들어가 있는 bheu라는 어근과 나란히 보조어근 ues(고트어의 wisan, 독일어의 ich war)가 나타나고 있지만 이것은 원래는 거주와 체류, 지속함과 존속함(währen, 고대 고지 독일어 wërên)이라는 의미를 갖고 있다. 다른 한편 존재개념의 표현이 서 있음(Stehen)이라는 직관적 의미에 결합되어 나타나는 로망스계 언어(das Romanisch)에서는 다시 다르게 전개되었다.[40] 여기에서는 존재의 표현이 장소적 체류와 정

---

38) Brugmann, *Kurze vergl. Grammatik*, 627쪽 이하; Curtius, *Grundz. der griech. Etymologie* 5판, 304쪽, 375쪽.
39) 같은 곳.

지의 표상에 의존하는 것처럼 역으로 생성의 표현은 운동의 표상에 의존하고 있다. 생성의 직관은 회전, 방향전환의 직관으로부터 전개된다.[41] 오고 감의 구체적인 의미로부터도 생성이라는 일반적인 의미가 전개될 수 있다.[42] 이 모든 것에서 분명히 드러나는 것은 계사의 논리적 특성에 대한 감각이 예리하게 발달해 있는 저 언어들조차 그것을 **표시하는** 방식에서는 그러한 감각을 전적으로 결여하고 있는 언어들이나 최소한 그것을 존재를 표시하는 동사(verbum substantivum)라는 포괄적·보편타당한 표현으로까지 전개할 수 없었던 언어들과 우선은 거의 구별되지 않는다는 사실이다. 계사의 경우도 관계표현의 정신적 형식은 항상 특정한 소재적 베일 속에서만 표현될 수 있지만 이러한 베일이 최종적으로는 돌파되고 극복됨으로써 그것은 더 이상 단순한 제

---

40) 라틴어 stare에서 유래하는 이탈리아어의 stato와 프랑스어 été가 각각 essere와 être의 불변화사형이라는 사실을 참조할 것. stehen(서 있다)에 해당하는 이 sta-의 보조사용은 Osthoff, *Vom Suppletivwesen der idg. Sprachen*, 15쪽에 의하면 고대 켈트어에도 있었다.

41) 고트어의 wair *an*(werden)은 라틴어의 vertere와 어원적으로 연관이 있으며, 예를 들면 그리스어의 πέλω는 고대 인도어에서 '활동하다, 움직이다, 배회하다, 타고 가다, 방황하다'를 의미하는 어근에서 유래한다. 상세한 것은 Brugmann, *Kurze vergl. Grammatik*, 628쪽과 Delbrück, *Vgl. Syntax* III, 12쪽 이하.

42) 예를 들어 근대어의 diventare, divenire, devenir, 영어의 to become 등을 참조할 것. 또한 Humboldt, *Einleit. zum Kawi-Werk*, W. VII, 218쪽 이하.

한이 아니라 순수하게 이념적인 의미내용의 감성적인 담지자로서 나타난다.

이와 같이 계사에서 나타나는 **일반적인 관계표현**에서도 우리가 **특수한 관계개념**의 모든 언어적 형성에서 추적할 수 있었던 것과 동일한 언어의 근본방향이 입증된다. 우리가 여기에서 다시 발견하는 것은 이전에 공간적 관계, 시간적 관계, 수량적 관계, 자아관계에서 발견했던 것과 같은 정신적인 것에 의한 감성적인 것의, 감성적인 것에 의한 정신적인 것의 상호규정이다. 언어에서 이 두 계기들이 갖는 밀접한 결부는 감각주의적인 의미로 해석되기 쉽다. 그리고 이미 로크가 이러한 해석에 근거하여 언어를 인식에 대한 자신의 경험론적 근본견해를 뒷받침하는 주요한 증인으로서 삼았다.[43] 그러나 언어적 사유에 관해서도 우리는 그러한 해석에 대해서 칸트가 자신의 인식비판에서 '시작되는 것(Anheben)'과 '비롯되는 것(Entspringen)'에 대해서 행했던 예리한 구별에 의거해도 된다. 언어가 발생할 때 감성적인 것과 사고상의 것이 불가분리하게 서로 얽혀 있는 것으로 나타날지라도 이러한 **상관관계**는, 그것이 어디까지나 상관관계인 이상 양자 사이에는 단순히 **일방적인** 의존관계가 성립하는 것은 아니다. 왜냐하면 지성적 표현이 감각적 표현 안에 이미 근원적으로

---

43) 이 책의 제1장 II를 참조할 것.

포함되어 있지 않다면—헤르더가 말하는 것처럼 감성적인 표시가 이미 '반성'의 작용, '성찰'이라는 근본작용을 내포하고 있지 않다면—, 지성적인 표현은 감성적인 것에 입각해서 그리고 감성적인 것으로부터 전개될 수 없었을 것이다. 따라서 고도로 발달된 언어의 의미론과 형태론에서보다도 더, *πάντα θεῖα καὶ ἀνθρώπινα πάντα*(모든 신적인 것은 동시에 모든 인간적인 것이다)이라는 말이 명확하게 입증되는 경우도 없다. 언어가 갖는 독특한 내용은 감각적인 것과 지성적인 것이라는 두 가지 극단 사이의 대립에 의해서 파악되지 않는다. 왜냐하면 언어는 자신의 모든 수행과 자신의 진보의 모든 개별적인 단계들에서 감성적이면서도 동시에 지성적인 표현형식을 보여주기 때문이다.

■ 역자 해제

　이 책은 1923년에 처음 발간된 카시러의 『상징형식의 철학, 제1권: 언어(*Philosophie der Symbolischen Formen, Erster Teil: Die Sprache*)』의 완역이다. 번역은 1994년에 Wissenschaftliche Buchgesellschaft(Darmstadt)에서 발간된 *Philosophie der Symbolischen Formen, Erster Teil: Die Sprache*를 토대로 했다.

　『상징형식의 철학』은 1923년에서 1929년에 걸쳐서 신칸트 학파의 거장 카시러가 저술한 대작이다. 제1권 언어(Erster Teil: Die Sprache), 제2권 신화적 사유(Zweiter Teil: das Mythische Denken), 제3권 인식의 현상학(Dritter Teil: Phänomenologie der Erkenntnis)으로 구성되어 있으며 총 1200쪽에 달하는 방대한 책이다.

　카시러는 주지하다시피 마르부르크 학파와 서남학파로 대별(大別)되는 신칸트 학파 중 헤르만 코헨(Hermann Cohen)과 함께 마르부르크 학파의 대표자로 꼽히지만 신칸트 학파의 한계를 넘어서 독자적인 문화철학을 개척한 사람으로 유명하다. 세계화가 급속도로 진행되면서 문화들 간의 충돌과 대화가 중대한 문제로 떠오른 오늘날의 상황에서, 문화의 본질과 전개과정에 대한 카시러의 광범하면서도 깊이 있는 분석은 흡사 오늘날의 상황을 예견하고 쓴 것처럼 많은 것을 시사하고 있다. 이런 의미에서 오늘날에 우리가 개척해야 할 문화철학은 카시러가 이미 거둔 연구 성과와 대결하는 것을 불가결의 과제로 갖고 있다.

카시러의 철학이 가지고 있는 이러한 지대한 의의를 반영하듯 그의 철학에 관한 연구서들이나 그의 사상을 다른 철학자들의 사상과 비교하는 연구서들이 지속적으로 출간되고 있으며, 국내에서도 그의 책들 중 다수, 즉 『국가의 신화』(최명관 옮김, 서광사, 1988), 『르네상스 철학에서의 개체와 우주』(박지형 옮김, 민음사, 1996), 『루소, 칸트, 괴테』(유철 옮김, 서광사, 1996), 『인문학의 구조 내에서 상징형식 개념 외』(오향미 옮김, 책세상, 2002), 『문화과학의 논리』(박완규 옮김, 길, 2007), 『인간이란 무엇인가』(최명관 옮김, 창, 2008)가 우리말로 번역되어 있다.

이렇게 그의 책들이 많이 번역되어 있다는 것은 우리나라 철학계에 그가 아직 본격적인 연구대상으로 부각되어 있지는 않지만 그의 철학에 대한 관심이 알게 모르게 저변에 폭넓게 존재한다는 증거라고 할 수 있다. 그러나 이렇게 많은 책들이 번역되어 있음에도 불구하고 그의 대표작이라고 할 수 있는 『상징형식의 철학』은 그 방대함 때문인지 국내에서는 지금까지 번역되지 않았다. 이번에 한국학술협의회의 지원을 받아서 제1권을 번역해내지만 이 책이 가지고 있는 심대한 의의에 비추어볼 때 만시지탄의 감이 있다. 앞으로 이어서 2권과 3권까지 번역할 예정이지만, 이 책의 출간이 카시러에 대한 국내철학계의 관심을 환기시키고 국내에서 그의 철학에 대한 이해를 심화시킬 수 있는 기회가 되기를 바란다.

카시러는 수학적 자연과학의 철학적 기초를 탐구하는 것을 주요한 과제로 삼았던 마르부르크 신칸트 학파의 대표자로서 원래는 르네상스에서 칸트에 이르는 과학사와 인식론 연구에 몰두하면서 수학적·자연과학적 사고의 구조에 대한 비판적이며 체계적인 연구에 몰두해왔다. 이러한 탐구의 성과는 그의 주저 중의 하나인 『실체개념과 기능개념』(1910)에 집약되어 있지만, 그는 이러한 탐구의 성과를 자연과학을 넘어서 정신과학에까지도 적용하려고 하면서 자신의 그동안의 탐구가 심각한 한계를 안고 있음을 깨닫게 된다. 즉 이 책의 서문에서 카시러 자신이 말한 것처럼 그는 수학적 자연과학을 단서로 한 일반적인 인식이론이 그것의 전통적인 한계에 머물러서는 정신과학까지 방법적으로 정초하기에는 불충분하다는 사실을 깨닫게 된 것이다.

즉 카시러는 그 이전의 딜타이(Wilhelm Dilthey)와 유사하게 자연과학의 철학적 정초뿐 아니라 정신과학의 철학적 정초가 필요하다고 보면서 이러한 과제는 자연과학의 철학적 정초와는 다른 길에 의해서 행해져야 한다고 본 것이다. 이를 위해서 카시러는 인식이론의 근본적인 확장이 필요하다고 보았으며 세계에 대한 자연과학적 인식의 일반적 전제들을 탐구하는 것 대신에, 세계를 '이해하는' 다양한 근본형식들, 즉 언어와 신화 그리고 예술 등과 같은 근본방식들을 서로 분명하게 구별하고 그것들 각각의 특유한 경향과 특유한 '정신적 형식'을 선명하게 파악해야 한다고 생각하게 되었다. 카시러는 정신의 형식들에 대한 이러한 일반이론을 확립한 후에야 비로소 개별적인 정신과학적인 분과학문들에 대한 철학적 정초가 가능하다고 보았다.

그런데 이러한 카시러의 연구는 단순히 정신과학의 정초라는 범위를 넘어서 인간과 인간의 정신에 대한 이해를 심화하는 것을 목표로 한다. 즉 그는 인간의 주관성에 대한 철학의 연구가 자연과학적 개념과 판단을 형성하는 주관성에 대한 탐구를 넘어서 인간이 자연과 세계를 형태화하는 다양한 정신적 형식들에 대한 탐구로 확장되어야 한다고 보는 것이다. 그는 이러한 주관성의 탐구를 위해서 제1권에서는 언어를, 그리고 제2권에서는 신화와 종교를 그리고 제3권에서는 **과학적 사유의 형식**을 다루고 있다.

이렇게 인간의 정신을 과학적인 정신을 넘어서 오히려 과학적인 정신마저도 언어나 신화나 종교 그리고 예술 등의 다양한 현상들로 나타나는 생의 활동으로부터 파악하려는 그의 시도는 위에서 언급한 딜타이의 해석학뿐 아니라 후설과 하이데거의 현상학적인 관심과도 일맥상통한다고 할 수 있다. 그러나 이러한 철학자들과 카시러의 근본적인 차이는 카시러는 방대한 경험적 자료와 경험과학자들의 탐구에 입각하여 인간의 정신과 생의 본질적 성격을 파악하려고 한다는 데에 있다고 할 수 있다.

후설이나 하이데거는 인간의 생과 생활세계를 고찰하더라도 어디까지나 우리의 의식작용이나 실존수행방식을 직접적으로 반성하는 것에 의해서 고찰하고 있으며, 서양의 역사를 고찰하더라도 하이데거는 이른바 서양의 역사를 정초하는 서양형이상학의 역사를 고찰하는 데 그치고 있다. 이에 대해서 카시러는 방대한 경험적인 자료에 입각하여 서양뿐 아니라 동양 그리고 원시시대에서 현대에 이르는 다양한 현상들을 구체적으로 고찰하면서 인간의 생과 정신적 활동을 이해하려고 한다. 신칸트 학파의 철학을 비롯하여 근대의식철학이 인간의 의식 내지 이성에 대한 내적인 반성을 통해서 인간의 인식능력을 비롯한 다양한 능력들의 특성을 탐구하는 방향을 취하고 있는 반면에, 카시러는 인간의 본질적인 특성을 상징의 형성이라고 보면서 인간의 정신적인 능력이 외적으로 표현된 언어와 신화 등과 같은 상징들을 탐구함으로써 인간의 정신적인 능력의 본질적 성격을 이해하려고 한다.

이 해제에서는 주로 카시러가 상징철학을 구상하게 된 배경과 그것의 대체적인 내용을 살펴보고 이에 입각하여 그의 언어철학이 갖는 특성을 간략하게 살펴보겠다. 그리고 그의 언어철학이 갖는 특성에 대한 고찰은 카시러가 자각적으로 계승하려고 하는 훔볼트의 언어철학에 대한 카시러의 분석을 살펴보는 것으로 대신하고자 한다. 이는 훔볼트의 언어철학에 대한 카시러의 분석에서 그의 언어분석을 규정하고 있는 철학적인 근본입장이 잘 드러나기 때문이다.

카시러는 제1권의 서론에서 자신이 상징철학을 구상하게 된 배경과 그것의 대체적인 내용 그리고 철학사적인 의의 등을 상당히 상세하게 소개하고 있다. 이러한 서론은 제1권뿐 아니라 나머지 제2권과 제3권을 규정하는 근본적인 사상을 정리하고 있는 부분이기에 사실상 제1권만을 위한 서론이 아니라 나머지 두 권에 대한 서론이라고도 할 수 있다. 즉 이 서론에서 카시러는 자신이 언어와 신화 그리고 과학적 인식을 고찰하는 일반적인 철학적 관점을 소개하는 동시에 그것의 타당성을 정초하고 있다. 이런 의미에서 카시러는 제1권에서 서론을 제외한 나머지 전체를 제1부(Erster Teil)라고 제목을 붙이고 제2권에 대해서는 제2부, 제3권에 대해서는 제3부라고 제목을 붙이고 있다.

따라서 상징형식의 철학 제1권은 내용상으로는 크게 두 부분으로 나뉘어 있다. 하나는 서론 부분이고 다른 하나는 '언어적인 형식에 관한 현상학'이라고 제목을 붙인 제1부이다.

카시러의 철학적 사색은 헤르만 뤼베(Hermann Lübbe)가 카시러의 『국가의 신화』에 대한 서평에서 말한 것처럼 전형적인 학자로서의 스타일을 띠고 있다. 그의 철학은 야스퍼스의 철학처럼 실존에 호소하는 철학도 아니고 하이데거의 철학처럼 존재의 소리에 청종할 것을 요구하는 철학도 아니다. 언어에 대해서 연구하더라도 그는 하이데거처럼 '언어는 존재의 집'이라는 알 듯 모를 듯한 심오한 말을 던지는 것도 아니며 언어학의 수많은 연구결과들을 원용하면서 자신의 철학을 전개한다. 따라서 그의 철학은 사실상 해설이 필요하지 않을 정도로 친절하면서도 평이한 언어로 개진되고 있기에 이 책에 대해서 특별히 해제를 덧붙이는 것도 사실상 필요하지 않을 수 있다고 생각된다. 그러나 독자들이 조금이라도 더 수월하게 이 책의 내용을 이해할 수 있도록 해제를 덧붙였다.

1. 철학적 관념론의 심화와 확장으로서의 카시러의 철학

우리는 흔히 언어는 사물을 그대로 모사하는 것이라고 생각한다. 이에 반해서 카시러는 언어를 비롯하여 신화와 과학 등의 모든 상징들은 독자적인 기호체계의 개발을 통해서 세계를 이해하는 것이라고 보고 있다. 상징은 외부세계를 반영하는 것이 아니라 오히려 창출되는 것이며 이와 함께 우리에게 세계와 인간을 이해하는 틀을 마련해주는 것이다. 카시러는 근대 자연과학뿐 아니라 언어나 신화도 외계를 이해하고 파악하기 위해서는 선험적(先驗的)인 범주군을 필요로 하며 이 범주들을 가지고 경험을 조직한다고 보았다. 인간은 새로운 상징체계의 창출을 통해서 세계를 달리 보고 그동안 드러나지 않았던 세계의 새로운 측면을 드러낸다. 세계는 이미 고정된 채로 존재하고 우리가 그것을 수동적으로 드러내는 것이 아니라 여러 상징들을 통해서 다양하게 자신을 드러낸다는 것이다. 이 점에서 카시러는 우리의 인식이 세계를 수동적으로 반영하는 것으로 보는 모사설은 근거가 없는 것으로 본다.

카시러의 이러한 통찰은 우리가 인식하는 외부세계란 사실은 우리가 수동적으로 반영한 것이 아니라 구성한 것이라는 칸트의 『순수이성비판』의 통찰을 계승하는 것이지만, 카시러는 물리학자인 하인리히 헤르츠와 같은 경험과학자들도 이러한 통찰을 제시하고 있다는 것에 주목한다. 헤르츠에 의하면 자연과학의 임무는 미래를 예견하는 것인데 우리가 예견할 수 있기 위해서는 자연을 단순히 수동적으로 모사하는 입장에서는 안 되고 오히려 자연을 예견할 수 있는 상징들의 체계를 만들어야 한다는 것이다. 이는 자연은 스스로 자신의 필연적인 인과관계를 보여주지 않기 때문이다. 카시러는 헤르츠의 다음과 같은 말을 인용하고 있다.

요구되고 있는 성질을 갖춘 상을 이제까지의 집적된 경험에서 도출하는 것에 일단 성공한다면, 모델을 사용하는 것과 마찬가지로 이상에 의해서 우리는 외부세계에서는 오랜 시간이 지난 후에서야 비로소 혹은 우리 자신의 개입의 결과 비로소 출현하게 될 결과를 짧은 시간에 전개할 수 있다. …… 우리가 말하는 상은 사물에 대한 우리의 표상이다. 상과 사물은 앞에서 언급된 요구를 충족시키는 본질적인 어떤 합치점을 가지고 있다. 그러나 상이 사물과 그 이상의 어떤 합치를 보여주는 것은 그것의 목적상 반드시 필요한 것은 아니다. 사실 우리는 사물에 대한 표상이, 바로 저 하나의 근본적인 관계 외에 어떤 다른 관계에서 사물과 합치하는지 어떤지를 알지 못하며 그것을 알 수 있는 어떤 수단도 갖고 있지 않다.

카시러는, 헤르츠는 여전히 인식에 대한 모사설이 사용하는 언어로 말하고 있지만 헤르츠가 사용하는 '상'이란 개념에서는 이제 자체 내에서 내적인 전환이 일어나게 되었다고 보고 있다. 왜냐하면 상과 사물 사이에 요구되었던 어떤 내용적인 유사성 대신에 이제는 극히 복잡한 논리적 관계표현이 등장하게 되었다는 것이다. 물리학적 인식은 주어진 현실을 단순히 반영하지 않고 자기 자신으로부터 비로소 현상들의 통일을 산출함으로써 그 것에 입각하여 미래를 예측하는 것을 과제로 갖는바, 이를 위해서 물리학적인 인식은 자연을 힘과 질량과 같은 근본개념들과 이러한 개념들이 제시하는 근본시각을 매개로 하여 고찰한다. 따라서 물리학이 드러내는 대상은 힘과 질량과 같은 자연인식의 근본개념들과 무관하게 그 자체로서 제시될 수는 없으며, 대상은 대상이 나타나는 방식을 미리 규정하는 이러한 개념들 안에서만 나타날 수 있다. 그리고 이러한 개념들은 대상을 모사하여 생겨난 것이 아니라 자연과학적인 인식이 일차적으로 따라야 하는 명료함, 무모순성, 서술의 일의성(一義性)이라는 아 프리오리한 요구에 입각하여 창출된 것이다.

그런데 카시러는 '자연'을 객관적으로 인식하는 학문의 영역 내에서조차 물리학적 대상이 단적으로 화학적 대상과 일치하지 않으며 화학적 대상이 단적으로 생물학적 대상과 일치하지 않는다는 사실을 지적한다. 왜냐하면 물리학적, 화학적, 생물학적인 인식 각각은 문제설정을 위한 독자적인 시점(視點)과 근본개념들을 가지고 있고 이러한 시점과 근본개념들에 따라서 현상들을 특수하게 해석하기 때문이다. 인식이란 많은 현상들을 통일적인 '근거율'에 종속시키는 것을 목표하는바, 과학적 인식에서는 개별적인 것은 개별적인 것으로 그쳐서는 안 되고 어떤 인과적인 전체 연관 안에 편입되어야만 하며 그 인과적인 '구조연관'의 계기로 나타나야만 한다. 과학적인 인식이란 이렇게 특수한 것을 보편적인 법칙과 질서 형식 안에 편입시키는 것에 향해 있지만, 과학적 인식은 물리학적인 인식의 입장에 서느냐 또는 화학적인 인식의 입장에 서느냐 또는 생물학적 인식의 입장에 서느냐에 따라서 전혀 다른 인과연관을 구성해낼 수 있다.

카시러는 이러한 통찰에는 자연과학에 그치지 않고 모든 문화적인 현상에 대해서 중대한 의의를 갖는 관념론적인 귀결이 포함되어 있다고 말한다. 만약 대상에 대한 규정이 항상 어떤 독특한 논리적인 개념구조를 매체로 해서만 행해질 수 있다면, 우리는 이러한 매체가 달라짐에 따라서 대상의 구조도 달라지고 '대상' 연관들이 갖는 의미도 달라진다고 생각할 수밖에 없다는 것이다. 전체로서의 정신생활에는 과학 이외에도 개별자들을 구성하는 다른 방식들, 즉 언어와 예술 그리고 신화와 종교 등이 존재한다. 그것들 역시 개별적인 것을 어떤 하나의 전체적인 것 안에서 이해하려고 하지만, 이 경우 그것들은 과학적인 인식과는 전혀 다른 상징체계를 사용한다.

언어, 예술, 종교, 신화 등은 과학과 마찬가지로 각각 독자적인 상의 세계(Bilderwelt) 안에 살고 있지만, 이러한 세계 역시 경험적으로 주어진 것을 단순히 반영하는 것이 아니라 인간의 정신에 의해서 창출되는 것이다. 이 경우 각 영역이 이용하는 상징은 서로 본질적으로 다르기 때문에 어떤 것도 다른 것으로 해소되지 않으며 다른 것으로부터 도출될 수도 없다. 만약 인간의 정신이 외부세계를 수동적으로 반영하는 것이라면 인간이 만들어내는 상징들은 모두 동일해야 할 것이지만, 그것들은 정신이 자신을 개시하는 방식들이기에 정신이 어떤 방향을 취하느냐에 따라서 전적으로 다른 성격을 갖게 된다. 각각의 정신적 형식이 이용하는 상징들이 서로 다를 뿐 아니라 각각이 전제하는 척도들과 규준들도 전적으로 상이하다. 예를 들어서 과학의 진리개념과 현실개념은 종교와 예술의 그것과는 다르다. 무엇이 '안'이고 '밖'인지, 자아가 어떤 존재이고 세계가 어떤 것인지 양자 사이의 관계가 어떤 것인지가 각각의 정신적 형식에 의해서 드러난다기보다는 오히려 건립되는 것이다.

카시러는 칸트 역시 『순수이성비판』에서 다룬 수학적·물리학적 인식이 인간 정신의 모든 것이라고는 볼 수 없기 때문에 『실천이성비판』, 『판단력비판』을 쓰게 되었다고 말한다. 『실천이성비판』에 의해서 그 근본법칙이 해명되는 자유의 예지계에서, 그리고 『판단력비판』에서 해명되는 예술의 영역과 유기체적 자연형식의 영역에서 정신의 자발적인 활동이 어떤 식으로 일어나는지를 칸트는 드러내고 있다는 것이다. 이런 의미에서 카시러는 칸트가 말하는 코페르니쿠스적 전회조차도 새롭고 보다 확장된 의미를 갖게 된다고 말하고 있다. 코페르니쿠스적 전회는 단지 객관적인 인식에 대한 해명과 관련해서만 일어나서는 안

되고 정신의 모든 형성작용에 대한 해명과 관련해서도 일어나야 한다는 것이다. 어떤 영역에서든 궁극적으로 문제가 되는 것은 우리가 보는 외부현실로부터 정신적 기능을 이해할 것인가 아니면 정신적인 기능으로부터 외부현실을 이해할 것인가 하는 것이지만, 칸트의 코페르니쿠스적 전회는 객관적인 자연영역뿐 아니라 윤리와 예술 그리고 유기체의 영역마저도 정신적인 기능으로부터 이해할 것을 요구하고 있다는 것이다.

이런 의미에서 카시러는 자신의 철학적 작업을 무엇보다도 칸트가 했던 작업을 확장하고 심화하는 것으로 본다. 카시러는 칸트의 초월론적인 방법을 과학적인 인식의 영역을 넘어서 문화의 전체 영역으로까지 확대적용하고 있는 것이다. 순수한 인식기능뿐 아니라 언어적 사유의 기능, 신화적·종교적 사유의 기능, 예술적 직관의 기능에 대해서도 이것들 각각에서 세계의 형성이 어떤 식으로 수행되는지를 분명히 파악해야 한다는 것이다. 이 경우 카시러는 세계의 형성이라는 말보다는 차라리 세계로의 형성이라는 말이 더 정확할 것이라고 말한다. 왜냐하면 세계의 형성이라고 할 경우에는 객관적인 세계가 미리 존재하고 우리가 그것을 새롭게 형성한다고 생각하기 쉽지만 카시러는 우리가 살고 있는 객관적인 세계 자체가 우리의 형성작업에 의해서 그렇게 나타난다고 보는 것이다.

이와 함께 카시러는 자신이 전통적인 철학적 관념론을 확장하고 심화하고 있다고 본다. 카시러는 철학적 관념론이야말로 정신현상과 외부세계와의 관계를 가장 잘 구명할 수 있는 이론이라고 말한다. 그리고 카시러는 칸트식의 이성비판을 문화의 전 영역에 대한 비판으로 확장시킬 때, 철학적 관념론의 타당성이 완전하게 입증된다고 본다. 철학적 고찰이 단지 순수한 인식형식의 분석에만 관계하고 자신의 과제를 이것에만 한정하는 한, 소박한 실재론적 세계관을 완전히 무력화하는 것은 불가능하기 때문이다. 인식의 대상이 칸트가 말하는 것처럼 인식의 근본범주들에 의해서 규정되고 형성될지라도, 이러한 대상은 일반사람들의 생각으로는 인식의 근본범주들에 대한 관계 밖에서 자립적인 어떤 것으로 존재하는 것으로 생각된다. 이에 대해서 카시러는 이른바 객관적인 세계로부터가 아니라 보편적인 문화개념으로부터 출발한다면 우리는 이러한 착각에서 온전히 벗어날 수 있게 된다고 본다. 우리가 살고 있는 세계는 적나라한 자연세계가 아니라 언어와 종교 그리고 예술 등으로 형성된 문화적이고 역사적인 세계인바, 이러한 문화적·역사적 세계가 정신의 산출활동에서 비롯된 것이라는 것을 누구도 부정할 수 없기 때문이다.

 이와 함께 카시러는 19세기 후반부터 풍미하기 시작하는 심리주의나 생물학주의와 같은 자연주의적인 철학사조에 대해서 관념론의 확장과 심화를 통해서 철학적 관념론을 수호하려고 하고 있다. 심리주의나 생물학주의와 같은 자연주의가 인간의 정신활동도 자연적인 심리법칙으로 환원하거나 동물적인 차원에서의 본능이나 충동으로 환원하여 설명하려고 하는 반면에, 카시러는 정신의 자발성과 자율성 그리고 풍요로운 창조성을 강조하는 방향으로 관념론을 의연하게 고수하면서 그것을 발전시키려고 한다. 카시러의 이러한 철학적 입장에는 인간의 창조성과 책임성을 강조하려는 휴머니즘적인 관심이 이면에서 강하게 작용하고 있다고 할 수 있다.

2. 문화비판으로서의 카시러의 철학

이렇게 관념론을 심화 확장한다는 구상 아래 카시러는 칸트의 이성비판을 문화비판으로 확장해야 한다고 말하며 이러한 문화비판은 인간 정신의 다양한 활동들이 갖는 '내적 형식'을 고찰하는 식으로 이루어져야 한다고 말한다. 내적 형식이라는 용어를 카시러는 현대의 언어철학이 언어의 철학적 고찰을 위한 본래의 출발점으로 삼았던 '내적 언어형식(innere Sprachform)'이라는 개념에서 끌어내고 있다. 카시러는 언어가 어떤 내적인 형식을 갖는 것과 마찬가지로 종교와 신화, 예술과 과학적 인식도 그와 유사한 '내적 형식'을 갖는다고 본다. 이러한 형식은 이러한 영역들의 개별적 현상들의 총합이 아니라 그 어떤 현상을 그 특정한 영역에 속하는 현상으로서 규정하는 근본적인 법칙에 해당한다.

물론 이러한 법칙을 확정하기 위해서는 결국 개별적인 현상들 자체에서 그 법칙을 추출해낼 수밖에 없다. 그러나 바로 이러한 추출에 의해서 그 법칙은 동시에 개별적인 현상들의 필연적이고 구성적인 계기라는 사실이 밝혀진다.

그런데 카시러는 각각의 근본형식은 자신의 특수영역에 만족하는 것이 아니라 존재와 정신생활의 전체에 자신의 특유한 각인을 부여하려고 하는 경향이 있다고 본다. 카시러는 이러한 경향에서 문화의 갈등과 문화개념의 이율배반이 생긴다고 말한다.

예를 들어 과학은 원래 언어의 영역에서 보편개념들을 형성하는 사고형식을 소재와 기반으로 하여 출발하지만, 과학이 발달할수록 과학은 언어적 사고의 원리와는 다른 원리에 의해서 인도되며 오히려 나중에는 언어의 형성물들을 장애와 장벽으로밖에 보지 않는다. 이에 따라서 언어와 언어적 사고형식에 대한 비판이 과학적 사고의 불가결한 구성부분이 된다. 종교와 신화 그리고 예술은 처음에는 구별이 불가능할 정도로 서로에게 침투하고 있었지만 갈수록 분리되면서 서로 갈등하는 관계에 들어서게 된다. 그리스의 신들은 호머와 헤시오도스에 의해서 생겨났다고 말할 수 있을 정도로 신화적이고 미적인 성격을 띠고 있지만, 그리스인들의 종교적 사고는 시간이 가면서 이러한 신화적이고 미적인 근원에서 갈수록 벗어나게 된다. 크세노파네스 이래로 그리스인들의 종교적 사고는 신화적 · 신적인 신개념도 감각적 ·

구상적 신개념도 갈수록 단호하게 거부하면서 그러한 신개념을 의인관으로 보면서 거부하게 된다.

정신의 형식들 간의 이러한 투쟁을 조정하고 최종적인 결단을 내리는 역할은 흔히 철학에 기대되지만 카시러는 그동안의 형이상학의 독단적인 체계들에서는 이러한 기대는 불완전하게밖에 충족되지 않았다고 말한다. 카시러가 보기에 그러한 체계들은 오히려 대부분의 경우 그 자신이 그러한 투쟁에 빠져서 어떤 특정한 정신형식을 변호하고 강화하는 데 앞장섰을 뿐이고 그러한 투쟁을 넘어서고 조정하지는 못했다는 것이다. 카시러는 이렇게 말하고 있다.

> 그것들 자체는 대부분의 경우 논리적이거나 미학적이거나 종교적인 특정한 원리의 형이상학적 실체화일 뿐이기 때문이다.

카시러는 철학이 이러한 환원주의에 빠지지 않기 위해서는 이러한 모든 형식들을 넘어서면서도 그것들의 완전한 피안에 서는 것은 아닌 하나의 입장을 발견해야 한다고 말한다. 이러한 입장에서 철학은 이 모든 형식들 상호간의 내재적인 관계를 파악해야 한다. 즉 그것은 각각의 정신형식에 의해서 세계와 자아를 상이하게 건립하면서도 그러한 건립방식들이 어떤 식으로 조화될 수 있는지를, 즉 그것들이 그 자체로 존재하는 하나의 동일한

'사물'을 모사하는 것이 아니면서도 서로 보완하면서 정신적 활동의 전체성과 통일적 체계를 어떤 식으로 형성하는지를 파악하려고 하는 것이다. 이를 통해서 철학은 정신에 대한 하나의 철학적 체계학을 형성하게 되며 이러한 체계학에서 철학 각각의 개별적인 형식은 이러한 전체적인 체계에서 자신이 차지하는 위치에 의해서만 자신의 의미를 갖게 된다. 아울러 그것의 내용과 의의는 그러한 형식이 다른 정신적 형식들에 대해서 갖는 관계와 연계의 풍부함과 독자성에 의해서 특징지어질 것이다. 이런 의미에서 카시러는 자신의 작업을 정신적 형식들에 대한 일반이론이라고도 부른다.

3. 형이상학의 변혁으로서의 카시러의 철학

카시러는 철학의 궁극적인 목표는 개별과학과는 달리 항상 존재의 통일적인 전체를 파악하는 것이라고 보고 있다. 그러나 그는 앞으로의 철학의 과제를 정신적 형식들에 대한 일반이론의 정립에서 찾고 있는바, 존재의 통일적인 전체를 파악한다는 과제도 전통형이상학에서와는 다른 방식으로 수행되어야 한다고 보고 있다. 즉 전통적인 형이상학은 세계를 전체로서 객관화하여 존재의 통일적인 전체를 파악하려고 한 반면에 이제 철학은 인간 정신의 다양한 표현인 상징체계들을 고찰하면서 그것들이면의 정신적인 형식들을 파악하고 그것들 간의 상호관계를 파악하는 방식으로 행해져야 한다는 것이다. 개별적인 정신적 형식들은 다양성을 유지하면서도 서로를 조건지우며 필요로 한다. 이렇게 전체에서 각각의 정신적인 형식이 행하는 기능들의 전체적인 통일에 대한 파악이 어떤 하나의 기체나 기원으로부터 전체를 파악하려고 하는 전통형이상학의 파악방식을 대체해야 한다.

철학적 사유는 정신이 자신을 표현하는 모든 방향들을 고찰하지만 단순히 그러한 방향들의 각각을 개별적으로 추적하는 데 그치지 않고 그러한 방향들을 어떤 통일적인 중심점, 어떤 이념적인 중심에 관계 지우려고 한다. 그러나 이러한 중심은 주어져 있는 존재에 결코 있을 수 없으며 공통된 과제에만 존재할 수 있다. 따라서 정신문화의 여러 소산들, 즉 언어, 과학적 인식, 신화, 문화, 종교는 그것들 간의 내적인 차이에도 불구하고 유일한 커다란 문제연관의 일부가 된다. 그것들은, 정신이 우선은 사로잡혀 있는 것처럼 보이는 한갓 인상들의 수동적인 세계를 순수한 정신적인 표현의 세계로 변형시키는 목표에 관련된 다양한 단초(端初, Ansatz)들이 된다.

이와 함께 카시러는 인간의 생과 정신을 파악하는 방법으로서 20세기에 유행했던 생에 대한 신비주의적 직관으로는 생과 정신의 참된 본질을 파악할 수 없다고 본다. 오히려 생과 정신의 본질을 이해하기 위해서 생과 정신이 창출해낸 수많은 상징들을 매개로 해야만 한다. 오히려 철학의 목표는 이러한 상징들을 그것들을 형성하는 근본원리로부터 이해하고 의식하는 데에 있다. 카시러에 따르면 상징적 형식들이 생의 참된 모습을 가리는 것으로 간주하면서 생에 대한 직접적인 직관을 주창하는 것은 생의 내용을 포착하는 것이 아니라 오히려 상징형식의 창출에 필연적으로 결부되어 있는 것이 분명한 정신과 생의 본질을 왜곡하게 되는 것이다. 오히려 우리는 다양한 상징들을 형성하는 정신의 작용들에 공통적이고 전형적인 근본특징들을 추출함으로써만 생과 정신의 참된 본질을 이해할 수 있게 될 것이다.

이러한 카시러의 시도는 어떤 면에서 방대한 경험적인 자료를 자신의 사변적인 변증법에 의해서 정리하고 파악하려고 했던 헤겔의 시도와 일맥상통하는 면이 있다. 사실 카시러도 헤겔이 그 이전의 어떠한 사상가보다도 분명히 "정신의 전체를 구체적 전체로서 사유할 것, 따라서 단순한 개념에 머물러서는 안 되고 그것을 그것의 표현들의 전체로 전개할 것을 요구"한 사상가로 본다. 그러나 카시러에 따르면 헤겔은 이러한 요구를 충족하려고 하는 『정신현상학』이 실은 『논리학』을 위해 지반과 길을 준비하는 것에 불과하다고 보는 점에서 일정한 한계를 갖는다.

이에 따라서 『정신현상학』이 드러내는 다양한 정신적인 형식들이 아무리 풍부하더라도 결국 그것들은 획일적인 법칙, 즉 개념의 자기운동에서 항상 동일한 리듬을 보여주는 변증법적 방법이라는 법칙에 따르고 있다. 헤겔에서는 모든 정신적 형식들 중에서 논리적인 것의 형식, 즉 개념과 인식이라는 형식에만 진정한 자율성이 귀속되고 다른 것들은 그것에 도달하기 위한 계기들로 격하된다. 따라서 모든 정신적 존재와 정신적 사건은 그것들의 특수성이 어느 정도 인정되더라도 결국은 하나의 유일한 차원으로 귀착되고 환원된다.

더구나 카시러는 당시의 프러시아 문화에서 정신의 최고의 실현을 보았던 것과 같은 헤겔처럼 인간 정신의 발전이 유럽의 언어나 과학 그리고 문화에서 최고도에 달한다고 보는 단선적인 진보의 사상도 받아들이지 않는다.

카시러는 정신활동의 단일한 체계를 형성한다기보다는 정신적 형식들 각각의 고유한 특성을 인정하면서도 서로 간의 연관과 통일성을 고려하는 복합적인 체계를 형성하는 것이 필요하다고 본다. 이러한 복합적인 체계에서는 각각의 형식이 이를테면 각각 특수한 수준(Ebene)으로 할당되며 그러한 수준에서 각각이 자신의 힘을 발휘하고 각각에 특수한 개성을 전적으로 독립적으로 전개한다. 바로 이러한 이념적인 작용방식들의 전체에서 동시에 특정한 유사성과 특정한 유형적 활동양식이 출현하며 그것이 그 자체로서 추출되고 기술될 수 있다.

따라서 카시러는 헤겔과 마찬가지로 정신적 형식들의 전체적인 체계를 파악하려고 하지만 헤겔처럼 논리적인 통일을 추구하는 것이 아니라 모든 정신적 근본형식에서 발견되지만 그것들 중의 어디에서도 전적으로 동일한 형태로는 재현되지 않는 '계기'를 파악하는 방식으로 전체를 파악하려고 한다. 이러한 계기에 주목함으로써 개별 영역들의 이념적 연관, 즉 언어와 과학적인 인식, 미적인 것과 종교적인 것 등의 근본기능들 사이의 연관을 파악할 수 있지만 그 어느 것도 다른 것과 비교될 수 없는 자신만의 독자성도 잃지 않게 된다. 그러한 계기를 카시러는 상징이라는 개념에서 찾고 있다.

4. 상징개념과 감성에 대한 재해석

카시러는 우리의 정신은 자신을 표현하더라도 감성적이고 특수한 매체를 통해서 표현한다는 사실에 주목한다. 예를 들어서 산술과 대수가 제공하는 보편적 기호 없이는 물리학이 표현하고자 하는 어떠한 자연법칙도 언표될 수 없다. 이런 사실에서 카시러는 '보편은 항상 특수 안에서만 직관되고 특수는 항상 보편을 고려할 경우에만 사유될 수 있다.'는 인식 일반의 근본원리가 분명하게 나타난다고 말한다. 그러나 카시러는 특수와 보편 사이의 이러한 상호관계는 과학뿐 아니라 정신적 창조활동의 다른 모든 형식들에서도 나타난다고 말하고 있다. 각각의 정신적 형식은 자신에게 적합한 어떤 특정한 감성적 기체를 창출하는 방식으로 자신을 표현한다.

예를 들어 언어라는 정신적 형식에서 사고는 음운기호라는 감성적 매체를 통해서 자신을 표현하며 예술과 신화 그리고 종교 역시 각각 특유한 감성적 매체에 의해서 자신을 표현한다. 즉 정신의 내용은 자기 밖에 존재하는 감성적 매체를 이용하여 자신을 표현하는 것에 의해서만 자신을 개시하는 것이다. 따라서 정신의 이념적인 내용과 형식은 그것의 표현을 위해서 이용되는 감성적 기호의 전체에 의해서만 인식될 수 있다. 이런 맥락에서 카시러는 언어, 예술, 신화, 종교에서 보이는 특수한 표현과 어법을 파악하는 것과 아울러 그것들을 일반적인 형태로 규정하는 상징기능에 대한 일종의 문법을 확보하는 것이 철학의 과제라고 본다.

카시러는 자신의 이러한 철학이 전통적인 관념론을 지배해온 감성계와 예지계의 이원론을 극복하는 것으로 본다. 이러한 이원론에서는 예지계에서는 정신적인 것의 자유로운 자발성이, 감성계에서는 감성적인 것의 피구속성과 수동성이 지배한다고 보았다. 그러나 카시러는 이 양자는 서로 무매개적으로 대립하는 것이 아니라고 본다. 정신적인 것의 순수한 기능은 감성적인 것에서만 구체적으로 실현될 수 있으며 따라서 그것은 감성과 독립적으로 존재할 수 있는 것이 아니다. 아울러 감성도 정신과 독자적으로 존재하는 것이 아니라 감성적인 상상력이라는 형태로 능동성을 갖고 있다. 감성적인 것은 지각의 세계뿐 아니라 정신이 창조하는 자유로운 상의 세계(Bildwelt)를 성립시키는 참된 매체이다. 이러한 상의 세계는 그것의 직접적인 성질 면에서 보면 아직 감각적인 성격을 갖고 있지만 그것은 정신에 의해서 형성되어 있고 지배되고 있는 감성의 세계이다.

이런 맥락에서 카시러는 감성적인 차원을 무시해온 전통적인 관념론뿐 아니라 독단적인 감각론도 감성이 갖는 의의를 제대로 평가하지 못한다고 말한다. 독단적인 감각론은 인식에서 우리의 능동적인 지적 요인들이 갖는 의의를 과소평가할 뿐 아니라 그것이 감성을 정신의 참된 기본능력이라고 주장하면서도 감성 자체의 전체적인 폭과 수행 전체를 고려하고 있지 않다. 감각론은 감성을 단순히 인상을 수동적으로 받아들이는 것으로 보고 있는데 이는 사실은 감성의 역할과 의의를 왜곡하고 있는 것이다.

예를 들어 언어형성의 과정만을 살펴보아도, 우리는 직접적 인상들의 카오스에 '명칭을 부여하고' 분절하는 방식으로 우리가 살고 있는 일상적인 세계를 구성한다. 언어기호로 구성되는 이러한 새로운 세계에서는 감각적인 인상들 자체도 전적으로 새로운 '존재방식'을 갖게 된다. 언어음운에 의해서 어떤 내용적인 계기들을 구별하고 분리하고 고정함으로써 언어음운은 감각적 질들의 단순한 직접성 이상의 것으로까지 높여지고, 그것은 우리가 단순한 감각의 세계에서 직관과 표상의 세계로 나아가는 것을 가능하게 하는 정신의 근본적 도구가 된다. 아울러 신화적인 형상세계 역시 감성적인 것에 뿌리박고 있다고 하더라도 감성적인 것의 단순한 수동성을 넘어서 있다.

그렇다고 해서 언어의 세계나 신화의 세계는 우리가 자의적으로 만들어내는 세계가 아니라 그것들의 특수한 모든 표현들을 관통하면서 작용하는 고유하면서도 근본적인 형성 법칙을 갖고 있다. 예술적 직관의 영역에서도 우리는 형상을 자발적으로 산출하지만 이러한 산출 역시 예술적인 정신활동의 법칙성에 결부되어 있다. 예를 들어 정신이 일련의 물리적인 음을 결합하여 하나의 언어적인 문장을 구성하는 것과 하나의 멜로디라는 통일체로 형성하는 것과는 분명히 다르며 양자에서 물리적인 음은 전적으로 다른 의미를 가지며 전적으로 서로 다른 법칙에 종속된다.

이와 같이 정신의 가장 고도의 것이면서 가장 순수한 활동조차 감성적 활동의 일정한 방식들에 의해서 제약되고 매개되어 있다는 사실이 분명하게 드러난다. 카시러는 이렇게 감성적 상징의 여러 체계들을 창조하는 것이 우리의 개인적인 자의가 아니라 '정신의 순수한 활동'이라는 것은 이러한 상징들이 애초부터 일정한 객관성과 가치를 요구하면서 출현한다는 데서도 나타나고 있다고 말한다. 카시러에 따르면 그러한 상징들은 단순한 개인적 의식현상의 영역을 초월하는 것이며 오히려 보편타당한 것을 제시하려고 하고 있다는 것이다.

이와 함께 카시러는 끊임없이 변화하는 우리의 의식내용들은 오히려 기호, 즉 상징의 도움을 얻어서 일정한 이념적 의미를 획득하게 된다고 말한다. 기호들은 하나의 통일적인 연관을 형성함으로써 의식의 흐름에서 부분적으로는 개념적이며 부분적으로는 직관적인 성질을 가진 특정한 불변적 근본형상이 부각되어 나오는 것이다. 이렇게 기호가 형성됨으로써 우리의 의식내용들은 지속적이고 통일적인 형상을 얻게 되지만 다른 한편으로 감성적인 차원도 기호로 변형됨으로써 이념적인 의미를 획득하게 된다. 예를 들어서 물리적 음은 그것 자체로서는 고저와 강도, 음색 등에 의해서만 구별되지만 그것이 언어음운으로 형성됨으로써 극히 미묘한 사상적·감정적 차이를 표현한다. 아울러 직접적인 형태에서의 음은 그것이 간접적으로 수행하고 '의미하는' 것의 배후로 완전히 물러나고 만다.

이렇게 우리의 의식내용들과 감성적인 차원이 상징을 통해서 변용되는 과정은 객체가 새롭게 구성되는 과정이기도 하지만 다른 한편으로는 주체가 새롭게 구성되는 과정이기도 하다. 어떤 사물을 예술적인 대상으로 파악하고 구성하는 것과 아울러 우리는 그러한 대상을 예술적으로 파악하는 주관으로서 구성되는 것이며, 과학적인 인식을 하면서 우리는 과학적인 인식의 주관으로서 우리 자신을 구성하는 것이다.

전통적인 철학에서는 인간의 정신활동을 파악하는 것과 관련해서 그동안 전통적으로 객관주의와 주관주의가 대립되어왔다. 객관주의는 우리 인간의 정신활동을 전적으로 외부현실을 모방하는 것으로 보았던 반면에, 주관주의는 우리 인간의 정신활동을 자신의 주관적인 정신상태를 단순히 외부로 표현하는 것으로 보았다. 그러나 언어든 예술이든 또한 과학이든 그것들이 단순히 내적인 것을 표현한다든가 외적 현실의 형태들을 재현한다든가 하는 것으로 이해될 수는 없다. 모든 정신적 형식들에서는 '주관적인 것'과 '객관적인 것', 순수한 감정과 순수한 형태가 서로 융합되고 이러한 융합에 의해서 새로운 존립과 내용을 획득하게 된다.

즉 주관과 객관은 이미 고정되어 존재하는 것이 아니라 우리의 정신적 형식들 자체에 의해서 주관과 객관이라는 경계선이 확정되고 그것들이 새로운 내용과 의미를 갖게 된다. 모든 특수한 정신적 에너지는 각각 특유한 방식으로 이러한 확정에 기여하며 그와 함께 자아개념과 세계개념의 구성에 협력한다. 따라서 정신적 상징들이 풍부해져 가면서 우리가 대면하는 현실 세계도 풍요로운 모습을 드러내게 되며 우리의 자아도 보다 풍부하고 내실이 있는 것이 된다.

5. 카시러의 언어철학

우리는 이상에서 카시러가 상징형식의 철학을 구상하게 된 계기와 그것의 개요를 살펴보았지만 다음에서는 제1권의 주제인 언어현상에 대한 카시러의 견해를 살펴보고자 한다.

카시러는 '언어적인 형식에 관한 현상학'이라는 제목의 제1부 제1장에서는 철학사에서 언어가 어떻게 고찰되어왔는지를 역사적으로 살펴보고 있다. 그는 우선 철학적 관념론과 경험론을 비롯하여 여러 철학사조에서 언어가 어떻게 고찰되었는지를 역사적으로 살펴보았지만, 단순히 다양한 철학적 관점들을 나열하는 데 그치지 않고 각각의 통찰과 한계를 예리하게 짚어내고 있다. 아울러 그는 훔볼트의 언어철학에서 언어에 대한 철학적 파악이 정점에 달한 것으로 보면서 그러한 철학적 단초를 발전시킬 것을 요청하고 있다.

제2장에서 마지막 장인 5장까지에서는 감각적 표현 단계에서의 언어, 직관적 표현 단계에서의 언어 그리고 개념적 사고 단계에서의 언어, 마지막으로 판단영역과 관계영역에서의 언어를 순차적으로 고찰하고 있다.

카시러는 자신의 언어철학은 우리가 앞에서 살펴본 철학적 관념론의 궤도 안에서 수행된다고 보고 있다. 그러나 카시러는 그동안의 철학적 관념론은 언어라는 정신적 형식이 갖는 독자성을 제대로 고려하지 못했다고 말한다.

카시러는 자신의 작업을 언어에서 '세계 전체의 최고의 것과 가장 심원한 것 그리고 다양한 것들을 파악하기 위한 수단'을 발견했다고 믿었던 빌헬름 폰 훔볼트의 언어철학적인 작업을 계승하는 것으로 보고 있다. 카시러는 훔볼트와 마찬가지로 언어에 대한 탐구를 통해서 인간의 정신과 생을 이해할 수 있다고 볼 뿐 아니라 언어에 대한 철학적 탐구도 언어에 대한 방대한 경험과 학적인 탐구에 입각하여 전개하고 있다.

그런데 카시러는 훔볼트 이후의 언어탐구와 언어철학은 이러한 훔볼트의 작업을 계승 발전시키지 못하고 심리주의와 실증주의에 빠졌다고 본다. 물론 카시러는 인간의 정신적 현상들마저도 자연과학적인 방법으로 파악하려는 이러한 독단적인 방법에 대해서 철학적 관념론이 지속적으로 투쟁해왔다는 사실을 인정한다. 그러나 이러한 철학적 관념론도 크로체와 같은 철학자에서 보는 것처럼 언어현상을 미적 현상으로 환원시키는 등 훔볼트가 언어에 부여했던 지위를 제대로 고려하지 못했다고 보고 있다. 이런 의미에서 카시러는 자신이 탐구의 길을 스스로 개척해 나갈 수밖에 없었다고 말한다.

다음에서는 카시러가 계승하고 있는 훔볼트의 언어철학에 대한 카시러의 고찰을 간략하게 살펴볼 것이다.

카시러는 훔볼트가 실질적으로는 카시러 자신의 상징형식의 철학과 동일한 철학을 단서로 하면서 이러한 단서에 입각하여 카비(Kawi)어 연구에 대한 상당한 분량의 포괄적인 서문에서 '언어연구에서 궁극적이고 가장 빛나는 실례'를 제시했다고 보고 있다.

1) 주관성과 객관성의 종합으로서의 언어

훔볼트에게는 모든 언어형성의 소재인 음운기호가 한편으로는 우리가 산출한 것이라는 점에서 주관적인 것이지만 다른 한편으로는 우리를 둘러싸는 감성적 현실의 일부라는 점에서 객관적인 것이다. 따라서 음운은 '내적'인 것이자 동시에 내적인 것이 형상화된 '외적'인 것이기도 하다. 정신은 자신이 자유롭게 고안한 각각의 기호에 의해서 '대상'을 파악하는 것이지만 그 경우 동시에 자기 자신과 자신의 형성 작업에 고유한 법칙성도 파악한다. 이러한 과정에서 정신은 주관성과 객관성을 보다 깊게 규정해간다.

정신이 언어를 통해서 주관성과 객관성을 규정해나가는 첫 번째 단계에서는 객관성과 주관성이 아직은 단순히 분리되어 나란히 대립해 있는 것처럼 보인다. 예를 들어 언어는 그것의 최초의 형성과정에서는 단순한 주관성의 표현으로 파악될 수 있으면서도 단순한 객관성의 표현으로 파악될 수도 있다. 전자의 경우에 언어음운은 흥분음운, 감정음운일 뿐이고 후자의 경우에는 단순한 모방음운〔의성어〕일 뿐인 것 같다. 카시러는 '언어의 기원'에 대해서 그동안 제기되었던 여러 가지의 사변적 견해들은 사실 이 두 극단 사이에서 움직이고 있지만 그것들 중 어느 것도 언어의 핵심과 정신적 본질 자체를 파악하고 있지는 않다고 말한다. 카시러는 이렇게 말한다.

> 왜냐하면 언어에 의해서는 주관적인 것이나 객관적인 것이 일방적으로 표시되고 표현되는 것이 아니라 그 안에서 두 요인 사이의 새로운 매개와 상호규정이 행해지기 때문이다. 따라서 단순한 감정의 표출도 객관적인 음운자극의 반복도 그것만으로는 아직 언어에 특유한 의미와 형식을 표현하지는 않는다. 오히려 이 양 극이 하나로 결합되고 이것에 의해서 이때까지 없었던 새로운 '자아'와 '세계'의 종합이 창조되는 곳에서 비로소 언어가 성립되는 것이다.

카시러는 훔볼트의 이러한 견해에는 주목할 만한 정도로 칸트와 셸링의 철학이 침투하고 있다고 보고 있다. 훔볼트는 인식능력에 대한 칸트의 비판적 분석을 한편으로 기반으로 하면서, 셸링에서 보는 것처럼 주관성과 객관성, 개체성과 보편성의 대립이 비롯되는 무차별적인 통일로까지 육박하려고 한다. 그러나 훔볼트가 이러한 궁극적 통일을 제시하기 위해서 취하는 길은 셸링에서 보는 것처럼 '유한한' 분석적 · 논증적 개념의 모든 한계를 넘어서는 지적 직관이 아니다. 훔볼트는 언어의 고찰이 우리를 인간의 궁극적인 깊이로까지 이끌지라도 공상적 사변으로 끝나지 않으려면 구체적인 언어에 대한 무미건조하면서도 심지어 기계적인 분석에서 출발하지 않으면 안 된다고 본다.

훔볼트는 칸트에서 대상이 인식 자체의 범주에 의해서 비로소 '가능하게 되는' 것처럼 언어의 주관성도 우리가 대상적인 존재를 파악하는 것을 방해하는 단순한 장벽이 아니라 감각적 인상들에 형식을 부여하고 '객관화'하기 위한 수단으로 간주하게 된다. 언어는 주어져 있는 객관적인 것을 수동적으로 반영하는 것이 아니라 객관적인 것에 대한 우리의 모든 표상에 결정적인 계기로서 개입한다. 언어에서 활동하는 주관성은 어떤 보편적인 내적 법칙에 입각하여 감각적인 인상들을 변형한다. 따라서 외관상으로는 객관 자체로 보이는 것은 실은 주관적이지만 보편타당성을 요구할 수 있는 파악방식에 의해서 형성된 것이다.

객관성이 정신적인 형식부여(Formung)를 통해서 비로소 쟁취되는 것이라면 우리는 이러한 정신적인 형식부여가 어떻게 해서 형성되는지를 '발생론적으로'(genetisch) 고찰해야만 언어에 대해서 올바르게 이해할 수 있다. 이는 언어의 시간적인 성립과정을 추적하고 그것의 생성을 경험적·심리학적 '원인'으로 설명한다는 것을 의미하는 것이 아니라 언어를 형성하는 요인들의 종류와 방향을 규정하는 것을 의미한다. 우리가 언어의 본질이라든가 형식이라고 부르는 것은 분절된 음운을 사고의 표현으로 고양시키는 정신의 노동에서 찾을 수 있는 항상적이고 동형적인 것일 뿐이다. 따라서 언어에서는 문맥으로부터 분리된 단어조차 하나의 실체처럼 이미 산출되어 있는 어떤 것을 전달하거나 이미 완결된 개념을 전달하는 것도 아니고 이러한 개념을 독자적인 힘으로 그리고 일정한 방식으로 형성하도록 자극하는 것일 뿐이다. 이와 관련하여 카시러는 훔볼트의 다음과 같은 말을 인용하고 있다.

> 사람들이 서로를 이해하는 것은 사물들의 기호에 자신을 내맡기는 것에 의해서도 아니며 완전히 동일한 개념을 산출하도록 서로 결심하는 것에 의해서도 아니다. 그것은 사람들이 인간의 감성적 표상들과 내적인 개념생산물의 연쇄 내에서의 동일한 고리에 서로 접촉하는 것, 즉 인간의 정신적인 악기의 동일한 건반을 두드리는 것에 의해서 가능한 것이다. …… 이러한 방식으로 연쇄의 고리, 악기의 건반이 만져지게 되면 전체가 울리는 것이며, 영혼으로부터 개념으로서 출현하는 것은 가장 멀리 떨어져 있는 연쇄의 고리에 이르기까지 개개의 고리를 둘러싸는 모든 것과 조화를 이루게 된다.

따라서 언어의 객관성의 확고한 기반과 보증을 제공하는 것은 여기에서도 언어에 모사된 존재의 단일성이 아니라 언어의 단어와 개념어 하나하나를 낳는 무한히 다양한 산출활동에서 보이는 조화다. 이런 맥락에서 훔볼트는 언어는 작품(에르곤)이 아니라 활동(에네르게이아)이며 따라서 언어에 대한 참된 정의는 항상 발생론적인 것일 수밖에 없다고 말한다.

2) 개별성과 보편성의 종합으로서의 언어

그런데 카시러는 훔볼트는 칸트와 셸링의 사상적 요소 이외에 라이프니츠의 보다 깊고 포괄적인 보편적·관념론적 견해에 의해서 영향을 받고 있다고 본다. 라이프니츠에서 우주는 한편으로는 각각의 단자들의 독자적인 '관점'으로부터만 지각되면서도 다른 한편으로 이렇게 관점적인 견해의 전체와 그러한 견해들은 서로 조화를 이루고 있으며 이러한 상호간의 조화가 바로 우리들이 현상들의 객관성이라든가 현상계의 현실성이라고 부르는 것을 형성한다. 이와 마찬가지로 훔볼트에서도 모든 개별적인 언어는 현실을 독자적으로 파악하면서 독자적인 세계관을 형성하는 것이며 이러한 세계관들의 총체가 비로소 우리들이 지각할 수 있는 객관적인 세계를 구성한다. 따라서 언어는 인식할 수 있는 자에게는 주관적인 것으로 나타나면서도 다른 한편으로는 경험적·심리학적 주관으로서의 개개의 인간에 대해서는 객관적인 것으로서 나타난다. 왜냐하면 모든 언어는 인간의 보편적 본성의 반향이기 때문이다.

이런 의미에서 훔볼트에게 언어는 '개인의 정신과 객관적 정신의 분리이자 이러한 분리의 재지양(再止揚)'이다. 모든 개인은 자신의 고유한 언어를 말하지만 그러한 언어는 또한 한 민족의 보편적인 언어이기도 하다. 자신의 고유한 언어를 말하는 방식으로 우리는 자신의 개성을 발전시켜나가지만 다른 한편으로는 어떤 한 민족의 보편적인 언어를 말함으로써 보편 속에 편입되어 있다. 훔볼트는 이렇게 말한다.

> 개체들은 분열된다. 그러나 그것들은 바로 그러한 분리를 통해서 통일감을 환기시키는 놀라운 방식으로 분열된다. 그뿐 아니라 개체는 이러한 통일성을 적어도 이념 안에서 산출하는 수단으로서 나타난다. …… 왜냐하면 인간은 깊은 내면에서 그러한 통일성과 전체성을 획득하려고 고투하면서 개체를 분리시키는 경계를 넘어서려고 하고, 어머니인 대지에 접촉함으로써만 힘을 얻게 되는 거인처럼 저 통일성과 전체성 안에서만 힘을 갖기 때문에 인간은 통일성과 전체성을 획득하려는 보다 높은 투쟁에서 자신의 개체성을 고양시켜야만 한다. 따라서 인간은 그 자체로 불가능한 노력을 하는 가운데 갈수록 진보해간다. 여기에서 참으로 놀라운 방식으로 언어가 인간을 돕게 된다. 언어는 개별화함으로써 결합하며 가장 개인적인 표현이라는 외피 안에 보편적인 이해의 가능성을 포함하고 있다. 어디에, 언제 그리고 어떻게 살든지 간에 개인은 자신이 속하는 종족 전체에서 분

리된 단편이며, 언어는 개인의 운명과 세계의 역사를 주도하는 이 영원한 연관을 증명하며 지탱한다.

3) 형식과 내용의 종합으로서의 언어

이상에서 보는 것처럼 카시러는 훔볼트의 언어철학에서 객관성과 주관성의 종합, 개별자와 보편자의 종합이라는 개념이 언어를 해석하는 중요한 단서가 되고 있다고 보면서 마지막으로 형식과 내용의 종합이라는 계기 역시 훔볼트가 언어를 해석하는 중요한 단서가 되고 있다고 본다. 형식과 내용 사이의 종합이라는 개념 역시 칸트의 사상에서 비롯된다. 완전히 형성된 모든 언어에서는 특정한 실질적 징표들에 의해서 어떤 개념을 표시하는 작용에 그것이 실체인지 속성인지를 구별하는 범주적·형식적 규정을 덧붙여야 하며, 그 경우에만 그것은 하나의 문장에 포함되어 우리가 무엇인가를 구체적으로 언표하는 데 사용될 수 있다. 그런데 이 경우에도 소재와 형식은 '주관적인 것'과 '객관적인 것', '개별적인 것'과 '보편적인 것'과 마찬가지로 언어를 구성하는 분리된 단편들이 아니라 바로 언어의 발생적인 과정 자체에 필연적으로 공속하는 계기들이며 우리의 분석에서만 서로 분리될 수 있다.

카시러는 이상과 같이 훔볼트의 언어철학을 파악하고 있지만 이러한 파악은 훔볼트의 언어철학의 외면적인 윤곽, 즉 지적인 틀만을 제시한 것에 지나지 않는다는 단서를 달고 있다. 카시러는 훔볼트의 언어철학이 중요하고 풍요로운 것이 될 수 있었던 것은 훔볼트가 구체적인 언어연구에 의해서 이러한 틀에 내용을 채움으로써 가능하게 되었다고 본다. 훔볼트는 끊임없이 현상으로부터 이념으로, 이념으로부터 현상으로 이행하면서 자신의 언어철학을 체계적이면서도 현실에 확고한 뿌리를 내리고 있는 풍요로운 것으로 전개할 수 있었다는 것이다.

카시러는 칸트가 수학과 수학적 물리학을 단서로 하면서 정초한 초월론적 관념론을 훔볼트가 언어라는 영역에서 다시 한 번 확증하고 심화했다고 보고 있다. 카시러는 이러한 훔볼트의 언어철학을 계승한 자신의 상징철학을 실마리로 하여 제1부 제2장부터는 인간의 언어 발전이 어떤 식으로 일어나는지를 각 민족들의 언어들에 대한 구체적인 언어학적인 탐구에 입각하여 체계적이면서도 구체적으로 분석하고 있다.

6. 맺으면서

서두에서 언급했듯이 카시러는 신칸트 학파에서 출발했다. 신칸트 학파는 20세기 초까지만 하더라도 유럽철학계를 지배했지만 1920년대부터 후설의 현상학과 야스퍼스와 하이데거를 중심으로 한 실존철학이 대두하면서 급격하게 영향력을 상실하고 철학계의 관심영역에서 벗어나게 된다. 그럼에도 불구하고 신칸트 학파의 철학 중 유독 카시러의 철학만이 영향력을 잃지 않고 지속적인 관심의 대상이 될 수 있었던 것은 그가 신칸트 학파에서 시작했으면서도 신칸트 학파의 협소한 권역을 벗어나 상징형식에 대한 철학이라는 독자적인 철학의 영역을 개척했기 때문이라고 할 수 있다. 그는 인간의 의식작용에 대한 내적인 반성으로 일관했던 신칸트 학파의 협소한 방법적인 틀을 넘어서 언어, 신화, 종교, 예술 등의 영역에서 구체적인 상징들이 어떻게 창출되고 어떻게 전개되는지를 탐구하고 있다. 역사학뿐 아니라 인류학이나 민속학 등 사회과학이나 인문과학이 무수한 경험적인 자료를 배출하고 있는 현재의 학문적인 상황에서 카시러의 상징철학은 철학이 나아가야 할 새로운 길을 보여준다고 할 수 있다.

박찬국(朴贊國)

서울대 철학과를 졸업하고, 같은 대학 대학원에서 석사학위를,
독일 뷔르츠부르크 대학에서 철학 박사학위를 받았다.
호서대 철학과 교수를 지내고 현재 서울대 철학과 교수로 재직하고 있다.
지은 책으로는 『하이데거와 나치즘』, 『에리히 프롬과의 대화』, 『하이데거와 윤리학』,
『들길의 사상가, 하이데거』, 『인간과 행복에 대한 철학적 성찰: 실존철학의 재조명을 통하여』,
『원효와 하이데거의 비교연구』, 『들뢰즈의 '니체와 철학' 읽기』, 『내재적 목적론』 등이 있고,
옮긴 책으로는 『헤겔 철학과 현대의 위기』, 『마르크스주의와 헤겔』, 『실존철학과 형이상학의 위기』,
『니체전집 16: 유고(1882년 7월~1883/84년 겨울)』, 『아침놀』, 『정신에 대하여』, 『비극의 탄생』,
『들뢰즈의 니체』, 『니체 I』, 『니체 II』, 『상징형식의 철학』 등이 있으며,
논문으로는 「니체와 하이데거 사상의 비교고찰-자연관을 중심으로」 등 다수가 있다.

상징형식의 철학

제1권: 언어

대우고전총서 028

1판 1쇄 펴냄 | 2011년 5월 9일
1판 4쇄 펴냄 | 2023년 1월 13일

지은이 | 에른스트 카시러
옮긴이 | 박찬국
펴낸이 | 김정호
펴낸곳 | 아카넷

출판등록 2000년 1월 24일(제406-2000-000012호)
10881 경기도 파주시 회동길 445-3
전화 031-955-9511(편집) · 031-955-9514(주문) | 팩시밀리 031-955-9519
www.acanet.co.kr

ⓒ 박찬국, 2011
마르부르크학파 KDC 165.74

Printed in Seoul, Korea.

ISBN 978-89-5733-204-7 94160
ISBN 978-89-89103-56-1 (세트)